TIZIANO TERZANI

Asien, mein Leben

W0247169

Tiziano Terzani

Asien, mein Leben

Die großen Reportagen

Herausgegeben
von Angela Terzani und Dieter Wild

GOLDMANN

Das Vorwort von Angela Terzani
übersetzte Christiane Rhein aus dem Italienischen.

Nicht in allen Fällen war es möglich, die Bildrechte zu klären. Rechteinhaber
wenden sich bitte an den SPIEGEL-Verlag Rudolf Augstein GmbH & Co. KG,
Brandstwiete 19, 20457 Hamburg.

FSC
Mix
Produktgruppe aus vorbildlich
bewirtschafteten Wäldern und
anderen kontrollierten Herkünften
Zert.-Nr. SGS-COC-001940
www.fsc.org
© 1996 Forest Stewardship Council

Verlagsgruppe Random House FSC-DEU-0100
Das FSC-zertifizierte Papier *München Super* für dieses Buch
liefert Arctic Paper Mochenwangen GmbH.

2. Auflage
Taschenbuchausgabe Februar 2010
Wilhelm Goldmann Verlag, München,
in der Verlagsgruppe Random House GmbH
Copyright © für diese Ausgabe 2008
by Deutsche Verlags-Anstalt, München,
in der Verlagsgruppe Random House GmbH,
und SPIEGEL-Verlag, Hamburg
Copyright © 2008 für Reportagen und Vorwort Angela Terzani
Copyright © 2008 für die Einführung Dieter Wild
In Kooperation mit dem SPIEGEL-Verlag, Hamburg
Umschlaggestaltung: UNO Werbeagentur, München
in Anlehnung an die Umschlaggestaltung
der Hardcoverausgabe (Büro Jorge Schmidt, München)
Umschlagabbildung vorne:
Tiziano Terzani in Ulan Bator, Mongolei (© Archiv Terzani)
Umschlagabbildung hinten:
Tiziano Terzani mit jungen Mönchen in Burma (© Archiv Terzani)
KF · Herstellung: Str.
Druck und Bindung: GGP Media GmbH, Pößneck
Printed in Germany
ISBN: 978-3-442-12996-6

www.goldmann-verlag.de

Inhalt

Er wollte teilhaben an etwas Epischem, Großem

Als wir Anfang 1972 nach Asien aufbrachen, war die Welt voller Hoffnungen. Den Zweiten Weltkrieg hatten die Alliierten gewonnen. Hitler und Mussolini, die beiden kriegerischen Diktatoren, waren tot. Die 1945 gegründeten Vereinten Nationen sollten dazu beitragen, den Frieden zwischen den Völkern zu sichern. Neue Verfassungen versprachen Demokratie, Gleichheit und Menschenrechte für alle. In diesem Geiste hatte auch die Entkolonialisierung in Afrika und Asien begonnen. Die sogenannte Dritte Welt wurde zu einer neuen, vielversprechenden politischen Kraft. Tiziano, der wie so viele Studenten seiner Generation für die Menschenrechte auf die Straße gegangen war, wollte sich als Journalist in den Dienst der neuen Ideale stellen.

Das große Vorbild war für ihn Mao Tse-tung, doch China war hermetisch abgeriegelt, ein Arbeitsvisum zu bekommen unmöglich. Das andere große Ideal war Gandhi mit seinem Pazifismus, aber zunächst hatte Tiziano anderes im Kopf: Er wollte nach Vietnam, wollte über diesen Krieg schreiben, den seine Generation als zutiefst ungerecht empfand. Die Amerikaner kämpften dort, um, wie sie behaupteten, die weltweite Ausbreitung des Kommunismus einzudämmen, doch Ho Chi Minhs Kommunisten im Norden des Landes und die mit ihnen verbündeten Vietcong im Süden leisteten seit Jahren heroisch Widerstand, um ihr Recht auf Unabhängigkeit und Selbstbestimmung zu verteidigen.

Ansonsten gab es in der westlichen Welt damals kaum Interesse für Asien. Nicht einmal große Blätter wie DER SPIEGEL hatten dort Büros. Als in seiner Hamburger Redaktion aber plötzlich ein junger Journalist aus Florenz in der Tür stand, zwei Universitätsabschlüsse in der Tasche und fünf Sprachen im

Kopf, darunter Chinesisch und Deutsch, und sich als Mitarbeiter für Südostasien anbot, stellte ihn das nach der Strauß-Affäre euphorisch gewordene Blatt ohne zu zögern ein. Er wurde freier Mitarbeiter auf Probe, bekam aber schon Ende des Jahres einen festen Vertrag als Auslandskorrespondent. In den 25 folgenden Jahren machte Tiziano jedes neue SPIEGEL-Büro in Asien auf: erst in Singapur, dann in Hongkong, Peking, Tokio, Bangkok und schließlich in Delhi.

Mit vier Koffern und zwei winzigen Kindern brachen wir 1972 nach Singapur auf. Bis wenige Jahre zuvor war die Äquator-insel eine britische Kolonie gewesen. Wir fanden einen weißen Bungalow im Alexandra Park, dem Park, in dem die Familien der letzten britischen Offiziere gewohnt hatten, und richteten uns mit den Möbeln ein, die sie zurückgelassen hatten. In den mächtigen, orange oder violett blühenden Bäumen waren die Schreie seltsamer Vögel zu vernehmen, und die ewige Hitze, die täglich von plötzlichen Sturzregen unterbrochen wurde, legte uns einen langsamen, ruhigen Lebensrhythmus auf, der uns neu war.

Die Kontakte zu Hamburg waren eher sporadisch. Es gab damals ja noch keine Computer, Faxgeräte oder Handys, und Telefonverbindungen mit dem Ausland waren noch sehr umständ-lich. Der SPIEGEL schickte seine Marschgenehmigungen also per Telex an die Nachrichtenagentur Reuters in Singapur, von wo Tiziano dann angerufen wurde: „Meldung für dich aus Hamburg: Flieg sofort nach Saigon, schick Story bis Donnerstagabend."

Tiziano sprang vor Freude in die Luft und brach nach Bang-kok auf, im Gepäck seine alte Olivetti-Schreibmaschine Let-tera 22, einen Stapel weißes Papier und eine Nikon mit zwei Objektiven, denn von Anfang an hatte er sich vorgenommen, wenn irgend möglich auch die Fotos für seine Artikel selbst zu machen. Unweigerlich in Weiß gekleidet, da er sich — schon sicherheitshalber — von den amerikanischen GIs in ihren kaki-farbenen Uniformen unterscheiden wollte. In Bangkok besorgte er sich die nötigen Visa, bestieg eine klapprige Caravelle-Maschine der Air France und flog seinem Ziel entgegen.

Es waren seine glücklichsten Jahre. Er entdeckte Vietnam, Laos und Kambodscha, die drei Kolonien des ehemaligen Französisch-Indochina, und verlor sein Herz an sie. Er wurde Kriegskorrespondent, sah die Schlachten, die Toten, die Gefahren der Front und eines Bürgerkriegs. Und traf sich insgeheim auch mit den „Anderen", den in den Dörfern des Mekong-Deltas versteckten Vietcong. Als diese „Anderen", die vietnamesischen Kommunisten, schließlich den Sieg über den amerikanischen Giganten davontrugen, fesselte ihn dieses historische Ereignis – die erste Niederlage, die den Vereinigten Staaten in ihrer gesamten Geschichte zugefügt wurde, und zudem noch von einem kleinen, bitterarmen kommunistischen Volk – dermaßen, dass er beschloss, das Land nicht fluchtartig zu verlassen wie die meisten Journalisten. Vielmehr ging er das Risiko ein, in Saigon zu bleiben, um den Einmarsch der Kommunisten in die Stadt und die ersten Schritte des neuen Regimes mitzuerleben: eines Regimes, das sich auf die Werte des Sozialismus berief, von denen auch er so glühend überzeugt war. Er blieb zwei Monate und schrieb sein erstes Buch, das in zahlreichen Sprachen erschien und in den kommunistischen Kaderschulen Vietnams sogar als Lehrbuch über die letzten Kriegstage und die Zeit des Umbruchs benutzt wurde. Der „Geschichte" beizuwohnen, während sie sich erfüllte, sagte Tiziano Jahre später, gab ihm das Gefühl, an etwas Epischem, Großem teilzuhaben, das ihn zutiefst berührte.

So begann sein Leben als Journalist. Zwei oder drei Mal pro Monat fuhr er fort, für fünf, sechs Tage oder länger. An den verschiedenen Kriegsfronten traf er auf die großen Korrespondenten seiner Zeit und lernte von ihnen sein Metier. Manchmal ließ er mich nachkommen, manchmal reiste ich für mich allein, während er zu Hause im Park blieb, neue Geschichten suchte, und die Kinder zu Drachentänzen und Tempelfesten mitnahm.

Noch war Asien etwas ganz Unbekanntes für uns, voller Zauber und Geheimnisse.

Gelegentlich verschwand Tiziano wochenlang, ohne Kontakt zu mir aufnehmen zu können. Doch ich war überzeugt, dass jeder Mensch sein eigenes Schicksal hat, ein Schicksal, das du nicht ändern kannst, selbst wenn du ihn zu Hause einsperrst. Und ich hatte Vertrauen in seines. Tatsächlich ist er immer wiedergekommen. Nicht ein einziges Mal hat ihn eine Kugel gestreift, nicht ein einziges Mal hat er sich eine Dysenterie oder sonstige Tropenkrankheit zugezogen. Sein Schicksal, jetzt wissen wir es, war ein anderes.

1975, nachdem der Krieg gewonnen war, verschanzten sich Vietnam, Laos und Kambodscha hinter ihren Grenzen, und wir zogen nach Hongkong. Tizianos großer Traum war China, aber noch immer war die Einreise unmöglich. So blieb ihm keine andere Wahl, als sich zu der kleinen Schar der *Indochina watchers* zu schlagen, die zwischen Hongkong und Bangkok hin- und herpendelten und zu verstehen suchten, was hinter den versiegelten Grenzen der drei indochinesischen Staaten vor sich ging.

Bereits 1976 gelang es Tiziano dank der guten Verbindungen, die er nach Hanoi unterhielt, in das neue Vietnam einzureisen. Aber was er dort sah, verstörte und enttäuschte ihn – und das schrieb er auch. Prompt setzten ihn die Vietnamesen auf die schwarze Liste. Ein paar Jahre später verziehen sie ihm wieder, und als sie 1980 in Kambodscha einmarschiert waren und das blutige Regime der Roten Khmer unter Pol Pot gestürzt hatten, stellten sie ihm auch für dieses Land ein Visum aus. So war er der Erste, der der europäischen Welt als Augenzeuge vom Holocaust in Kambodscha berichten konnte. Das sozialistische Experiment, aufgebaut auf einer Idee, die auch ihn inspirierte, hatte unmenschliche Opfer gefordert. Die Begeisterung seiner Jugend verwandelte sich zunächst in eine schreckliche Enttäuschung und dann in Horror. Auch das hielt er fest.

1980 gelang es uns endlich, nach Peking zu ziehen. Monatelang lebten wir im Hotel. China hatte seine Grenzen nur einen winzigen Spalt weit geöffnet, und die für die wenigen Ausländer vorgesehenen Wohnungen waren noch nicht bereit. Tiziano beschloss, unsere Kinder Folco und Saskia, die damals elf und neun Jahre alt waren, in eine ganz gewöhnliche chinesische, kommunistische Schule zu schicken, damit auch sie die Welt kennenlernten, statt sie nur aus der Perspektive der behüteten Kinder auf den internationalen Eliteschulen zu sehen. Es war nicht leicht für die beiden, doch am Ende war es ein Erfolg. Sie lernten nicht nur Chinesisch lesen und schreiben; sie lernten vor allem auch, mit schwierigen Situationen fertig zu werden, ohne dabei den Mut zu verlieren. Diese Erfahrung aus jungen Jahren hat ihnen Kraft gegeben für die Reise des Lebens.

Wenn Tiziano aufbrach, um in den verschiedensten Provinzen Chinas Material für seine langen Reportagen zu sammeln, ließ er – der mehr von dem elterlichen Beispiel hielt als von jeder Schulbildung – die Kinder von der Schule beurlauben und nahm uns alle mit. Begleitet von Mr. Liu, unserem Dolmetscher, stiegen wir in den Zug, alle im gleichen blauen, warm gefütterten chinesischen Mantel, die Pelzmütze aus Hundefell auf dem Kopf. Wir begannen mit der ehemaligen Mandschurei, dem Industriegebiet in Chinas Nordosten, wo Vorzeigearbeiter auf den eisigen Ölfeldern von Daqing jahrzehntelang heroische Opfer gebracht hatten. Folco und die kleine Saskia mit ihren blonden Zöpfen mussten stundenlang dasitzen und den Fabrikvorstehern zuhören, die, von Tiziano ins Kreuzverhör genommen, verzweifelt versuchten, das totale Scheitern des sozialistischen Produktionssystems zu verdecken; oder, was ihnen noch peinlicher war, sie mussten sich anhören, wie Tiziano dem Fahrer zornig befahl, uns umgehend ins Gästehaus zurückzufahren, wenn er merkte, dass man ihm wieder nur Potemkinsche Dörfer zeigen wollte: Scheinrealitäten, die einzig zu dem Zweck aufgestellt worden waren, die ausländischen Besucher in die Irre zu führen.

Doch es fehlte auch nie an herrlichen Abenteuern. Wie einmal, als man uns nach dem Abendessen in eine Parteiherberge im Norden Chinas eingesperrt hatte und Tiziano ein Türchen fand, durch das wir heimlich entwischen konnten. Auf der Straße angelangt, hielt er einen hoch beladenen Pferdekarren an, man ließ uns aufsteigen und fuhr uns in die Stadt. Die Nacht war so dunkel, dass niemand unsere ausländischen Gesichter bemerkte.

Die Länder, in die Tiziano uns mitnahm, interessierten zum Glück auch mich. Vor allem China, wo alles vollkommen neu war, wo es darum ging, ein politisches und soziales System zu erkunden, von dem bis dahin nichts als Propaganda in die kapitalistische Welt gedrungen war. Wir begannen die Tage damit, all die tragischen Lebensgeschichten, die man uns heimlich erzählte, wie ein Puzzle zusammenzufügen, um uns ein Bild von dem zu machen, was tatsächlich geschehen war. Alles führt zu einem einzigen Schluss: Das Leben unter Mao war in Horror ausgeartet.

Ausgelaugt von der exzessiven Politisierung aller Aspekte des öffentlichen und privaten Lebens, stand das Land am Rande des Bankrotts. Immer deutlicher trat Tiziano das Scheitern seiner Jugendträume vor Augen, und er berichtete darüber. Dann wandte er sich der Vergangenheit zu, der großen chinesischen Kaiserzeit, um herauszufinden, was von den 5000 Jahren Geschichte noch übrig geblieben war. Fast nichts. Mao hatte während der Kulturrevolution die chinesische Jugend, seine „Rotgardisten", *gegen* die Kultur aufgehetzt, sie durch das Land streifen und Tempel und Pagoden, Bibliotheken und Kunstschätze zertrümmern lassen.

Nach fünf Jahren Tätigkeit in China hatte das Büro für Öffentliche Sicherheit in Peking genug von diesem nicht zu bändigenden Korrespondenten, der jede Grenze überschritt. 1984 wurde Tiziano verhaftet. Nach einem Monat falscher Beschuldigungen und harter Geheimverhandlungen wurde er aus der Volksrepublik China ausgewiesen. Der SPIEGEL reagierte scharf und veröffentlichte seine gesamten chinesischen Reportagen noch einmal, diesmal als Buch mit dem Titel „Fremder unter Chinesen".

Die Ausweisung setzte Tizianos scheinbar vergnügten und siegesgewissen, in Wirklichkeit aber empfindsamen, leicht verletzlichen Seele schwer zu. Es war ein harter Schlag, der in Japan, wohin wir anschließend zogen, zur Depression führte.

Mit Tiziano zu leben war nicht immer ganz so leicht, wie es vielleicht aussah. Nie durfte man ihm mit den Nichtigkeiten des täglichen Lebens kommen, immer musste man seinen Initiativen und plötzlichen Einfällen, seinen wechselnden Stimmungen und seiner unendlichen Neugier folgen. Tat man das, war auch das Zusammenleben lustig und leicht. Doch in den fünf Jahren, die wir in Japan blieben, wurde es für mich immer schwieriger, einen Weg auszumachen, der ihn zu seiner alten Lebenslust und Produktivität zurückbringen konnte.

Morgens, wenn er mit unserem Hund durch die kleinen Straßen der Nachbarschaft gejoggt war, machten wir lange Spaziergänge, die stets in irgendeinem Café endeten, wo wir uns unterhielten und versuchten, Butter auf unseren Toast streichend, die Basis zu einem neuen, schwierigen Tag zu legen. In Japan sah Tiziano das Schreckgespenst der globalisierten Welt vor sich, George Orwells gefürchtetes 1984, das in Japan anscheinend noch radikaler umgesetzt wurde als in Orwells Vorstellung selbst. Wohin steuerte die Welt? Wie war es möglich, unsere Länder vor einem das Leben beherrschenden Materialismus zu bewahren, vor einem Leben, in dem der Mensch total entmenschlicht wird? Der Mensch, egal welcher Rasse oder Hautfarbe, war für Tiziano das Einzige, das zählte, das er nie aus den Augen verlor; der Mensch und sein kurzes, wertvolles Leben. Und in Japan sah er für den Menschen des 21. Jahrhunderts keine Möglichkeit auf Rettung mehr.

Manchmal, um sich abzulenken, unternahm er Reisen in abgelegene, oft lang vergessene Länder: auf die sowjetische Insel Sachalin, auf die Kurilen, nach Korea. Er liebte die Philippinen und verfolgte lange und leidenschaftlich den Erfolg der „gelben Revolution", die mit dem Mord an seinem Freund Ninoy Aquino begonnen hatte. Er liebte es, in Gegenden vorzustoßen, in die seit Jahrzehnten niemand mehr seinen Fuß gesetzt hatte. Sofern ein Volk Neues ausprobierte, sofern es sich nicht darauf beschränkte, den Westen nachzuäffen, interessierte er sich für seine Geschichte und ließ sich von seinen Erfahrungen inspirieren.

Tiziano verstand es, einen Ausweg selbst aus den ausweglosesten Lagen zu finden, immer wieder wusste er Menschen zu überzeugen, für sich einzunehmen. Unerschrocken erkundete er die Welt, die Politik und die Menschen und überschritt dabei furchtlos die Grenzen des Überlieferten und Gewohnten. War ihm das versagt, weil er in einer total vorhersehbaren, durchorganisierten Gesellschaft wie der japanischen lebte, fehlte ihm die Luft.

So bat Tiziano 1990 darum, zurück in das heiße, tropische Asien ziehen zu dürfen, in dessen Chaos er sich so viel wohler fühlte. Noch einmal kam der SPIEGEL seinem Wunsch entgegen und ließ ihn ein Büro in Bangkok eröffnen. Im Sommer 1991, als er gerade auf einem Schiff den Fluss Ussuri im äußersten Osten der Sowjetunion hinabfuhr, hörte er in der BBC, dass Gorbatschow gestürzt worden war. Die „Geschichte", wieder die „Geschichte"! Auch diesen Termin durfte er nicht versäumen! Nur gehörte die Sowjetunion nicht zu seinem Gebiet, er konnte dort für das Blatt nicht reisen. Also nahm er sich einen Monat Urlaub und durchquerte das gesamte sowjetische Imperium, von Wladiwostok bis Moskau, auf abenteuerliche Weise, wie es seit der Revolution von 1917 kaum jemand mehr getan hatte. In seinem Tagebuch, das er unter dem Titel „Gute Nacht, Herr Lenin" erscheinen ließ, erzählt er vom Zerbröckeln des riesigen kommunistischen Imperiums und vom Aufstieg einer neuen Macht in den ehemals sowjetischen Staaten Zentralasiens, einer Macht, mit der sich die Welt schon bald würde auseinandersetzen müssen: dem Islam.

Von Bangkok aus verfolgte er die Entwicklungen in seiner Region weiter, darunter auch den aufwendigen Versuch der UNO, Kambodscha wieder aufzuhelfen – eine Operation, die Tiziano schließlich als „unmoralisch und skandalös" geißelte, da sie die Mörder von gestern, die Roten Khmer, die für den Tod eines Drittels der kambodschanischen Bevölkerung verantwortlich waren, aus Gründen hoher Politik und weltweiter wirtschaftlicher Interessen ungestraft davonkommen ließ und damit eine echte Renaissance des Landes unmöglich machte.

Von einer Enttäuschung in die andere fallend, entfernte sich Tiziano allmählich immer weiter von der Politik, in deren Fähigkeit, den Völkern Gerechtigkeit zu verschaffen, er bei seinem Aufbruch nach Asien so große Hoffnungen gesetzt hatte. Und suchte nach anderen Wegen, das Leben des Menschen lebenswert zu machen. Schließlich nahm er die Prophezeiung eines Wahrsagers zum Vorwand, der ihm 1976 in Hongkong geraten hatte, im Jahre 1993 nie ein Flugzeug zu besteigen, und reiste per Zug, Schiff, Motorrad, ja einige Male sogar auf einem Elefanten kreuz und quer durch Asien – und tauchte dabei tief in die Mysterien des großen Kontinents ein. „Fliegen ohne Flügel", das Buch, das nach den Tagebuchaufzeichnungen aus jenem Jahr entstand, wurde ein großer Erfolg und vermochte zu erreichen, was Tiziano sich vorgenommen hatte: sich selbst und seinen Lesern neue Freude am Leben zu geben.

1994 zogen wir schließlich nach Indien, denn, wie Tiziano seit einiger Zeit ahnte, „in Indien lernt man zu sterben". In Delhi eröffnete er ein letztes Büro für den SPIEGEL. Gleichzeitig suchte er nach einem abgelegenen Ort, einem Schlupfwinkel, in den er sich zurückziehen konnte. Ende 1996, mit 58 Jahren, gab er den Journalismus auf. Kurz darauf entdeckte er, dass er Krebs hatte – eine Folge, davon war er überzeugt, seines sorgenvollen Grübelns in Japan über die Zukunft der Welt.

In den folgenden sieben Jahren, bevor er mit kaum 66 starb, zog sich Tiziano in den Himalaja zurück, um über den Sinn des

Lebens nachzudenken. Dort begann er mit den Aufzeichnungen für ein neues Buch, „Noch eine Runde auf dem Karussell". Noch immer forschte er, noch immer reiste er. Reiste auf der Suche nach dem Heilmittel für eine Krankheit, die er bald als unheilbar erkannte: unsere Sterblichkeit. Reiste in Wirklichkeit, weil Reisen für ihn immer das beste aller Heilmittel gewesen war. Jede Reise schenkte ihm neue Anregungen, seine Gedanken wurden immer freier und unabhängiger, immer mehr auf den Menschen und seinen kurzen Weg auf dieser Erde gerichtet. Das Reisen verband ihn mit sich selbst, mit der Schöpfung und endlich auch mit Gott.

Zum Sterben kehrte er nach Orsigna zurück, nicht weit von Florenz, der Stadt, in der er geboren war, aus der er fortgezogen war, die er aber immer als die seine empfunden hatte. Auf seinem Gedenkstein sollten nach seinem Wunsch nur diese Worte stehen:

Tiziano Terzani

1938 – 2004

Reisender

Angela Terzani
Florenz, Mai 2008

Einführung

„Ich hatte ein prächtiges weißes Pferd ergattert"

Von. Dieter Wild

Asien war sein Leben. Dabei verbrachte Tiziano Terzani nur 25 seiner 65 Lebensjahre in Ost-, Südost- und schließlich Südasien. Doch es waren die produktivsten Jahre eines Jounalisten, dem Frankreichs „Le Monde" bei seinem Tod nachrief, er sei „eine Persönlichkeit jenseits der Normen" gewesen – jenseits auch der über Generationen bewahrten Asiensicht des Westens, die Rudyard Kipling einst geprägt hatte:

> „Oh East is East and West is West.
> And never the twain shall meet.
> Till Earth and Sky stand presently
> at God's great Judgement Seat."

„Jenseits der Normen" war, dass Tiziano Terzani, ein italienischer Intellektueller, der für ein deutsches Nachrichtenmagazin, den SPIEGEL, auf Englisch schrieb, den englischen Kolonialschriftsteller Kipling korrigierte, wenn nicht widerlegte. Er urteilt: „Die materielle Gewalt der westlichen Weltsicht hat die östliche überrollt. Asien hat seinen Frieden verloren auf der Jagd nach jener Art von Glück, das uns bereits unglücklich gemacht hat."

Das war über die Jahre das große Thema des Journalisten Terzani, war auch der Grund für seinen Furor und seine Depression. Er kannte Asien, schrieb die „Frankfurter Allgemeine Zeitung" in ihrem Nachruf, „so gut wie keiner seiner Kollegen". In seiner Bibliothek standen, überwiegend englisch geschrieben, 9000 Bände Asiatica.

Eine unbändige Abenteuerlust und eine unersättliche Neugier trieben ihn, alles um sich herum bis in den letzten Winkel zu erkunden und seinen Lesern mitzuteilen. Wenn er dabei noch ein paar Begleiter sprachlos machen konnte, umso besser.

Wir saßen auf dem Deck eines Restaurantschiffs am Ufer des Chao Praya in der alten thailändischen Königsstadt Ayuthaya. Terzani verschwand und tauchte wenig später prustend aus den schmutzig gelben Fluten des gewaltigen Chao Praya auf, in den ich aus Angst vor Unrat und Ungetier keinen Fuß gesetzt hätte. Sichtlich erfrischt, stieg der Schwimmer wieder an Bord − niemand hätte sich gewundert, wenn er unter dem Schiff hindurchgetaucht wäre.

Ähnlich waghalsig und spontan schwamm − so möchte man sagen − Terzani in dem riesigen Kontinent Asien: von der tropischen Insel Sri Lanka bis zu der eisigen Insel Sachalin, von Afghanistan über das Königreich Mustang im Himalaja, das sagenhafte Shangri-La, die Wüste Gobi und die Dschungel Hinterindiens zu den Philippinen. Kein fernöstliches Land, das er sich nicht erschlossen hätte. „Asien", notiert er, „war die Bühne meines Vagabundenlebens."

Unermüdlich als Rechercheur machte er sich, liebenswürdig oder listig, an die Menschen heran: an Parteikader in Peking und Hofschranzen in Kambodscha, an Hoteldirektoren in Taipeh, Bangkok und Manila, an Diplomaten wie an Militärs und mit Vorliebe an Helden wie den „chinesischen Sacharow" Fang Lizhi oder auch an zwielichtige Gestalten wie den burmesischen Drogenkönig Khun Sa oder den blutigen Pol-Pot-Gehilfen Ieng Sary. Doch am liebsten tauchte er, fünf Sprachen sprechend, ein ins gemeine Volk: in die Scharen der Rikschafahrer, Straßenhändler und Spelunkenwirte. Sein Motto in Peking: jeden Tag fünf neue Chinesen ansprechen. Kaum eine Straßenküche, die vor Terzanis Appetit sicher gewesen wäre.

Dabei war mit ihm zu reisen vergnüglich und lehrreich zugleich. Gemeinsam recherchierten wir in China, auf Taiwan und in Japan. Gemeinsam interviewten wir so außergewöhnliche Gestalten wie den chinesischen General Wego Tschiang,

Sohn des berühmten Tschiang Kai-schek, damals Chef der Militärakademie in Taipeh, oder den Bürgermeister der Atombombenstadt Nagasaki, Hitoshi Motoshima, den wenig später ein japanischer Rechtsradikaler niederschoss.

Über seine atemberaubende Karriere staunte Terzani mitunter selbst: 1938 in Florenz geboren – jener Stadt, von der er sagte, dass man sie entweder schnell verlassen müsse oder auf ewig dort bleibe –, absolvierte er die juristische Fakultät der berühmten Scuola Normale in Pisa, perfektionierte sein Englisch an der Universität im britischen Leeds und studierte, nach einem Zwischenspiel als Auslandsinspizient von Olivetti, Sinologie an der Columbia University in New York. Dass er auch noch fließend Deutsch sprach, reichte uns, ihm einen zunächst schlecht bezahlten Job als Pauschalist in Singapur anzubieten. Als Auslandsressortchef des SPIEGEL (von 1965 bis 1990), danach noch als stellvertretender Chefredakteur, war ich sein unmittelbarer Vorgesetzter – und wurde sein Freund. Keinerlei Über- und Unterordnung prägte dieses Verhältnis. Seine Reisen unternahm er nach eigenen Vorschlägen, nur selten auf Weisung aus Hamburg.

Mit dem SPIEGEL, schrieb Terzani leicht ironisch, hatte er „ein prächtiges weißes Pferd ergattert". Es trug ihn nach Singapur (1971 bis 1975), Hongkong (1975 bis 1979), Peking (1979 bis 1984), nochmals nach Hongkong (1984 bis 1985), Tokio (1985 bis 1990), Bangkok (1990 bis 1995) und schließlich New Delhi (1995 bis 1997). Das Ergebnis: An die 200 meist viele Seiten lange SPIEGEL-Reportagen. Alle gingen über meinen Schreibtisch, keine einzige, die nicht gedruckt oder auch nur nennenswert gekürzt worden wäre. Sie vollständig nachzudrucken würde mehrere Bände füllen. Dieses Buch bietet eine Auswahl.

Terzani, in Ost und West, labte sich daran, Tischgäste und ganze Abendgesellschaften mit seinen Erzählungen zu unterhalten und unter Spannung zu setzen. Doch sein verbindliches

Auftreten und seine elegante Erscheinung – laut britischem „Guardian" „wie ein Kavallerieoffizier nach dem Dienst auf dem Weg zum Tennisplatz" – täuschten. Auskunftsverweigerer bekamen die Unerbittlichkeit des Befragers schnell zu spüren. Die parteitreuen Tiraden eines chinesischen Funktionärs rückte er schon mal freundlich, aber bestimmt zurecht: „Das stimmt nicht. Sie wissen es. Und Sie wissen, dass ich es weiß. Also, warum reden Sie so?"

So viel lächelnde Widerborstigkeit und dazu das fortwährende Eintauchen ins gemeine Volk gingen den Machthabern in China schließlich so auf die Nerven, dass sie ihn 1985 festnahmen, eine Woche lang unter Hausarrest umzuerziehen suchten – natürlich vergeblich – und schließlich unter dem Vorwand des Antiquitätenschmuggels auswiesen. Die wirklichen Gründe sind bis heute unaufgeklärt. In ihrem Chinabuch „Chinesische Jahre" (1986) vermutet Angela Terzani, es habe sich um einen der letzten Terrorakte der damals laufenden „Kampagne gegen die geistige Umweltverschmutzung" gehandelt.

Terzani war ständig in Bewegung, ständig auf Reisen. „Reisen", schreibt er, „die Freude eines ganzen Lebens. Ein Jugendtraum, der zum Beruf wurde, zu einer Lebensweise. Immer gleich und doch immer wieder anders." Dabei gelangen dem Reisenden in seinen Reportagen wundervolle Stimmungsbilder, etwa über die Wüste Takla Makan in der chinesischen Provinz Sinkiang: „Flach, trocken, beängstigend. Unter wolkenlosem Himmel in der flimmernden Hitze reicht die endlose Sand- und Kiesfläche bis hinter den Horizont. Sie übersteigt die Fantasie. Tagelang kann man in jede beliebige Richtung gehen, ohne etwas anderes als die eigene Endlichkeit zu treffen, in einer völlig leeren Mondlandschaft. Die Uiguren nennen diese Landschaft ‚Takla Makan'", zu deutsch: ‚Man geht hinein und kommt nie wieder heraus', die Mongolen nennen sie einfach Gobi: ‚die Wüste' (siehe Seite 94).

Aber Terzani war natürlich kein Reiseschriftsteller, sondern politischer Journalist, der von jung an ein großes Vorbild hatte: den amerikanischen Mao-Begleiter Edgar Snow, dessen berühmter Klassiker „Roter Stern über China" auch Jahrzehnte nach seinem Erscheinen (1936) noch durch seinen Faktenreichtum besticht. Dem kommunistischen Revolutionär Mao Tse-tung brachte Terzani zunächst ebenso viel Sympathie entgegen wie dem kommunistischen Revolutionär Ho Chi Minh. Fast hätte er seinen Sohn Folco noch Folco Mao genannt. Ein New Yorker Standesbeamter bewahrte ihn vor solch linker Torheit.

Verwegen ließ er sich 1975 in Saigon von den siegreichen Kommunisten überrollen – der letzte südvietnamesische Staatschef, General Duong Van („Big") Minh, sprach die Kapitulationserklärung seines Landes auf ein SPIEGEL-Tonbandgerät. Doch als klar wurde, welche Drangsal die rote Diktatur über das eine wie das andere Land brachte, war es mit Terzanis Sympathie vorbei.

Dabei gab er keineswegs allein den Kommunisten die Schuld. Die Trauer über die Pervertierung der Kultur der asiatischen Länder durch die technische Zivilisation und den Materialismus des Westens schimmerte durch die meisten seiner Berichte. Den westlichen Tourismus verachtete er als „eine der widerwärtigsten, zerstörerischsten Industrien auf der Erde".

Besonders intensiv zog ihn an, was ihn wie viele Westler am Osten stets besonders gereizt hatte: die Spiritualität Asiens, die mystische Welt der Wahrsager, heiligen Männer, Wunderheiler und Magier. 1976 hatte ihm ein alter Wahrsager in Hongkong angeraten, 1993 nicht zu fliegen, sonst komme er um. Also machte er sich auf, Europa auf dem Landweg zu erreichen, quer durch Hinterindien, China, die Mongolei und Sibirien, zurück nahm er den Seeweg.

„Fliegen ohne Flügel" heißt das Buch, in dem er von dieser Erfahrung berichtet, Untertitel: „Eine Reise zu Asiens Mysterien". Auf jeder Station suchte er die Hellseher, Handleser und Wahrsager auf, und so distanziert er ihren „Wahrheiten" gegenüberstand, veränderten sie doch auch seine Weltsicht.

Hatten ihn die unersättliche Reiselust und die noch so produktive Neugier womöglich in einer Welt der Äußerlichkeiten fixiert?, fragte er sich. Da war er 25 Jahre lang Menschen und Fakten nachgejagt, um sie anderen mitzuteilen, aber über sich selbst meinte er, so gut wie nichts zu wissen. Er fühlte sich „leer". So endet denn „Fliegen ohne Flügel" mit der Frage: „Und ich? Wohin bin ich unterwegs?"

Da kam dem „Grand Voyageur" der Gedanke, noch eine ganz andere Reise anzutreten – die zur eigenen Introspektion, also vom „Karussell" des journalistischen Forschers abzuspringen, um sich selbst zu erforschen. Es war, wie der britische „Independent" schrieb, „eine bittere Ironie, dass Terzani in diesem Augenblick der Befreiung von den Zwängen seines bisherigen Lebens 1997 vom Krebs ereilt wurde, dem er sieben Jahre später erlag. Keiner seiner zahllosen Wahrsager hatte ihm das prophezeiht".

Im fortschrittlichen „Memorial Sloan-Kettering Cancer Center" in New York unterzog er sich einer ersten Operation, anschließend einer Chemotherapie und einer Strahlentherapie durch hochqualifizierte „Instandsetzer", wie er seine Ärzte in Anlehnung an eine Autoreparaturwerkstatt nannte. Doch je mehr er mit der Wissenschaft und ihrer kühlen Vernunft zu tun bekam, desto neugieriger wurde er „auf die eher magischen Praktiken und ‚Verrücktheiten' alternativer Behandlungsmethoden".

Zwischen den alle drei Monate fälligen Kontrolluntersuchungen in New York machte sich der Kranke wieder auf die große Fahrt, diesmal nicht zu den Mysterien des Ostens, sondern mitten in sie hinein. Er startete erneut und schrieb „Noch eine Runde auf dem Karussell", so der Titel seines erfolgreichen letzten Buches. Es erzählt von den Stationen in Indien, Thailand, Hongkong, auf den Philippinen und dem Himalaja, wo er Heilung suchte.

Einer der staatlich approbierten indischen Wunderdoktoren führt alle Krankheiten auf einen Mangel an Metallen im Körper zurück und administriert ausschließlich metallische Pulver, vor allem das hochgiftige Quecksilber, ein weiterer ein selbst angerührtes Heilgelee, an dem Terzani das Aroma von Kuh-Urin schnupperte. Der Mann bot dazu kluge Erklärungen. Terzani: „Aber soll ich deswegen seine Kuhpisse trinken?" Sämtliche östlichen Wunderheiler erschienen ihm doch auch nur, wie die Ärzte in New York, als „Instandsetzer", die das Leiden behandelten wie die Werkstatt ein defektes Auto.

Schließlich landete er in einem Einsiedler-Haus aus Stein und Lehm auf dem Kamm des Himalaja, als Nachbar eines hochgebildeten alten Inders, der sein ganzes Leben damit verbracht hatte, über das Leben nachzudenken. Das tat nun auch, stundenlang vor einer Kerze sitzend, Terzani. Er schreibt: „Und dort oben, mit dem Herzen so leicht, wie ich es zuvor nie erlebt hatte, ohne Wünsche, ohne Ziele in einem immensen inneren Frieden, sah ich die erste Sonne des neuen Jahrtausends aufgehen wie die erste Sonne der Schöpfung."

Doch solche Ekstase hielt nicht an, der skeptische Europäer forderte sein Recht. Als der Westen unter Führung der USA in den Krieg gegen die islamistischen Taliban in Afghanistan zog und Islamisten das World Trade Center in New York umlegten, hielt es ihn nicht mehr in der Einsamkeit der erhabenen, mitunter haluzinatorischen Introspektion auf dem Himalaja. Er musste noch ein letztes Mal auf die Reise gehen, nach Afghanistan, in ein Land, das er noch nicht kannte. Er schrieb seine „Briefe gegen den Krieg" (2002), nahm sich darin die fanatische Antiislamistin Oriana Fallaci vor und protestierte gegen den „Entzivilisationsprozeß", den die USA in seiner Sicht gegen die Menschheit führen. Immer mehr wurde sein Thema jetzt, dass der Westen kein Monopol hat auf die Werte und die Wahrheiten der Menschen.

Seine legendären weißen Anzüge, die er ständig trug, tauschte er gegen weiße indische Gewänder, und den charakteristischen Schnauzer ließ er sich zu einem wuchernden weißen Rauschebart wachsen. So wurde er zur Ikone der italienischen Pazifisten und Antiglobalisten, die den Toten in Florenz zu Tausenden ehrten. Bei der Gedenkfeier, die die Stadt Florenz und die Provinz Toskana für ihn im historischen „Saal der Fünfhundert" des Palazzo Vecchio ausrichteten, sprach unter anderem der frühere Ministerpräsident Giuliano Amato, ein Schulfreund Terzanis, sprachen aber spontan und ungeplant auch etliche Menschen aus dem Volk.

Vor seinem Tod am 8. Juli 2004 gab der Grand Voyageur seinem Sohn Folco noch in langen Interviews „die große Reise des Lebens" zu Protokoll, die er nach eigenen Worten glücklich beschloss – oder vielmehr nach dem Tod fortsetzte. Das Buch „Das Ende ist mein Anfang" (Deutsche Verlags-Anstalt, 2007), hielt sich in Deutschland monatelang auf der SPIEGEL-Bestsellerliste.

Neben diesen großen Bucherfolgen könnten Terzanis SPIEGEL-Reportagen über Asien in Vergessenheit geraten. Sie dürfen es nicht. Sie zeigen einen detailgenauen Erzähler, zugleich einen unbestechlichen politischen Analytiker, der sich vom Augenschein nicht täuschen lässt. Begnadet wie wenige, nüchtern, aber doch engagiert, gleicht er das Gesehene mit der Doktrin ab – der eigenen wie jener der beobachteten Menschen. Manche dieser Reportagen, nie ideologisch und nie maniriert, ähneln im Stil den Erzählungen des großen Vorbilds Edgar Snow über Mao Tse-tung.

Vietnam

Für den Sinologen Tiziano Terzani war Asien in erster Linie China. Solange er keine Akkreditierung für Peking bekam, saß er auf dem Sprung in Singapur und, später, Hongkong. Das von den kommunistischen Vietcong und der Armee Nordvietnams eroberte Südvietnam wurde sein großes Thema, vor allem, ob es die neuen Herren ernst nahmen mit ihrer „Politik der Versöhnung".

„Die Hauptstadt wacht jetzt früher auf"
Saigon nach dem Einzug der Vietcong

Keine Massaker, keine erkennbaren Racheakte. Bringt der Sieg der Kommunisten nach 30 Jahren Krieg endlich den inneren Frieden? Noch scheint Terzani daran zu glauben.

„Mutter erwartet deinen Anruf, Mutter erwartet deinen Anruf!" hatte der US-Botschaftssender am 29. April laufend durchgegeben – das Signal zur Evakuierung der Amerikaner. Mit kleinen Taschen und Beuteln machen sich die verwirrten Flüchtenden auf den Weg zu den Sammelpunkten durch die verlassenen Straßen von Saigon: Das Ausgehverbot gilt für die ganzen 24 Stunden des Tages. Im Morgengrauen wird der Flughafen Tan Son Nhut angegriffen. In den Randgebieten der Stadt gehen die schweren Kämpfe weiter. Vom Dachgarten des Hotels Caravelle sieht man einen riesigen Rauchkreis rund um Saigon. Hinter den beiden Glockentürmen der Kathedrale zucken rote Blitze in Richtung Flughafen. Am Himmel erscheinen die Spuren kommunistischer Flak-Geschosse, die auf landende und startende Flugzeuge zielen: Drei werden abgeschossen.

Während die amerikanischen Journalisten, Geschäftsleute

und Unternehmer die großen Hotels im Zentrum Saigons verlassen — einige wurden vom Kassierer zurückgerufen, weil sie in der Panik ihre Hotelrechnungen nicht bezahlt hatten —, brechen Südvietnamesen in die Privathäuser, die Büros und die Discountläden („For Americans only") ein. Erst nehmen sie einige Flaschen mit, dann ein paar Stühle. Bald weitet sich das Ganze zu einer Orgie aus, einer Art Volksfest: Tische, Gemälde, Teppiche, Kühlschränke, Radios gehen mit, Ventilatoren und Leuchter werden von der Decke gerissen. Aus dem ärmsten Stadtteil Saigons strömen ganze Familien mit Karren, um ihre Beute fortzuschaffen. Unter den Tausenden, die vom Hotel Brinks kommen, der früheren Residenz alleinstehender amerikanischer Offiziere, laufen Frauen mit großen Stücken Gefrierfleisch auf den Schultern und Kinder, die unter der Last zu schwerer Bierkästen fast zusammenbrechen. Ein beinamputierter Soldat befördert auf seinem Rollstuhl ein Stück Teppich-Auslegeware. Polizisten zeigen sich beim Transport von Fernsehgeräten behilflich, selbst ein Armee-Oberst in voller Uniform beteiligt sich mit seiner Honda — auf dem Rücksitz sitzt seine Frau und balanciert einen roten Plüschsessel. Die geballte Kraft Tausender Habgieriger sprengt die Eisentore der amerikanischen Botschaft am Thong-Nhat-Boulevard. Als die Plünderer zum zweiten Stock durchgedrungen sind, eröffnen sie das Feuer auf den letzten amerikanischen Hubschrauber auf dem Dach der Botschaft. Die letzten Marine-Wachtposten werfen, um den vietnamesischen Mob in Schach zu halten, Tränengas. In einer weiß-roten Wolke kann der Hubschrauber erst um 7.45 Uhr abheben — knapp vier Stunden vor dem Einmarsch der ersten beiden kommunistischen Divisionen. Auf dem Boulevard vor der Botschaft liegen weit verstreut die Relikte der Plünderung: Bücher, Papiere, zerbrochene Karteikästen, abgerissene Vorhänge. Das Botschaftsgebäude wird angezündet. Der ganze Saigoner Apparat bricht innerhalb von Stunden zusammen — wie eine ihrer Fäden beraubte Marionette.

Am 30. April um 12.45 Uhr laufe ich hinter einem Lastwagen mit Soldaten der Provisorischen Revolutionsregierung her, die im Rathaus Stellung beziehen wollen. Aus dem Hinterhof schießen Maschinengewehre auf uns. Es dauert nur wenige Minuten. Die Guerilleros schießen sich ihren Weg frei. Ich sehe, wie ein Soldat an der Mauer sein Gewehr wegwirft und vor einem jungen Vietcong um sein Leben fleht. Der Vietcong läßt ihn abziehen. Ansonsten wird jeder, der Widerstand leistet, gefangengenommen. Es gibt kein Blutbad in der Stadt. Die Zahl der Widerstandsnester ist gering. Auf Tan Son Nhut kommt es zu einem kurzen Gefecht. Verluste: fünf Panzer der Befreiungsarmee, 200 Gefallene. Am Verteidigungsministerium in der Gia-Long-Straße steht neben dem Fahnenmast ein Oberst der Regierungstruppen, in der rechten Hand eine Pistole, als ein Lastwagen mit einem schweren Maschinengewehr vor dem Tor hält. Der Mann wollte sich erschießen, wird aber von den Vietcong noch rechtzeitig gepackt. Seine Pistole schwankt in der Luft, ein Befreiungssoldat hält seinen Arm fest, während die rot-gelbe Fahne der Thieu-Republik eingeholt wird.

In den kurzen gespenstischen Augenblicken vor dem Einmarsch der Befreiungsarmee war ein Polizist als einziger zurückgeblieben, um das weißgetünchte Gebäude der Nationalversammlung zu bewachen. Er hörte im Radio die Meldung vom Kapitulationsbefehl des Generals Minh, stellte das Radio weg, ging die Treppe hinunter, trat vor das riesige schwarze Denkmal des Unbekannten Soldaten, nahm Haltung an und schoß sich in den Kopf. Ein entlassener Thieu-Soldat holt sich von dem Leichnam die Pistole, ein anderer die Uhr. Zehn Minuten später fährt ein Jeep, der eine große rot-blaue Fahne mit gelbem Stern führt, aus Richtung Kathedrale die Tu-Do-Straße herunter. Zwei Stunden später umarmen alte Frauen über der Blutlache des Polizisten junge Vietcong in Dschungeluniform. Studenten berühren die Partisanen mit Neugier und Bewunderung.

In den am dichtesten besiedelten Gebieten Saigons wird die Befreiungsarmee begeistert empfangen. In der Le-Van-Duyet-Straße, auf dem Weg zum Gefängnis Chi Hoa, gerate ich auf einem Panzer in die fast hysterische Menge, die alle Fahnen des alten Regimes herunterreißt, auf die Panzer springt oder neben den Lastwagen voller junger Soldaten herläuft. Eine alte Frau mit einem Strohhut erdrückt fast einen Vietcong-Soldaten in ihren Armen. Sie weint und ruft: „Hoa Binh, Hoa Binh" (Frieden, Frieden). Auf einem der ersten Panzer, die über die Trung-Minh-Giang-Straße rollen, zeigt sich ein eurasischer Offizier – ein weißer Mann mit schwarzem Bart. Ein amerikanischer Deserteur? Nach den Panzern treffen überall Lastwagen mit Infanteristen ein; andere bringen Versorgungsgüter, viele beladen mit lebenden Hühnern. Das Gefängnis Chi Hoa wird gegen Mittag besetzt. Ein Panzer der Nationalen Befreiungsfront stoppt vor dem Tor, hinter dem sich bereits die Gefangenen drängen. Ein Offizier hält eine kurze Ansprache: „Das Volk möchte all denen danken, die sich geopfert und die gelitten haben." Alle Gefangenen, über 7000, darunter viele gewöhnliche Verbrecher, werden freigelassen. Im Laufe des Tages öffnen sich auch alle anderen Gefängnisse im Gebiet um Saigon. Doan Khac Xuyen, 24, ein katholischer Student, der drei Jahre lang als politischer Gefangener inhaftiert war, verläßt das Gefängnis Go Cong im Süden von Saigon am Nachmittag des 30. April: „Es lag etwas Seltsames in der Luft. Wir wußten nicht, was es war. Wir sahen, wie unsere Wärter ihre Habseligkeiten zusammenpackten. Dann zogen sich alle um und gingen fort. Daraufhin schlugen wir die Türen ein." Eine Gruppe eben freigelassener politischer Häftlinge versammelt sich – noch in den schwarzen Sträflingsanzügen – vor dem Präsidentenpalast. Dao Xuan Dieu, 44, aus Tuy Hoa, hat zwölf Jahre im Gefängnis verbracht, fünf davon in den Tigerkäfigen von Con Son. Dieu: „Ich wurde verhaftet, weil ich für die Revolution arbeitete. Von meiner Familie habe ich die ganze Zeit nichts gehört. Jetzt werde ich in mein Dorf zurückkehren und nach ihr sehen. Ich bin glücklich. Ich hätte nicht geglaubt, daß das Ende so schnell kommen würde" – nach Jahren. In Dinh laufen die Menschen auf die Straße. Die Haustüren tragen noch die unter der früheren Regierung aufgemalte Parole: „Diese Familie wird niemals unter den Kommunisten leben." Jetzt singen die Leute das Revolutionslied „Saigon erhebt sich". Sie können den Text nur durch heimliches Abhören des Befreiungssenders oder von Radio Hanoi gelernt haben. In ganz Saigon flattern nun die Fahnen der Provisorischen Regierung, die nicht mehr provisorisch ist – aus den Häusern, an jeder Tür, auf Autos, Fahrrädern und Dreiradrikschas. Studenten mit Gewehren und roten Armbinden sorgen zusammen mit den Soldaten der Befreiungsarmee für Ordnung. Nicht nur die Farben der Fahnen haben sich geändert, nicht nur die Uniformen der Soldaten, die Plakate, die Banner über den Straßen und die Lieder im Rundfunk sind anders geworden. Verändert ist auch die Stimmung in dieser Stadt: Die Gesichter der Menschen haben sich gewandelt.

Ein Geschäftsmann mittleren Alters sagt zu einem Major der Befreiungsarmee: „Ich, wir alle hatten große Angst vor euch – nach dem, was die Amerikaner uns gelehrt hatten. Jetzt aber begreife ich, wir alle gehören zu dem gleichen Haus." Auf den Straßen liegen die Überreste der jüngsten Vergangenheit – Uniformen, Helme, Bilder, Dokumente, Waffen und überall Soldatenstiefel. Als die Thieu-Soldaten den Kapitulationsbefehl hörten, zogen sie auf der Stelle ihre Uniformen aus. Viele marschierten in Gruppen von fünf oder sechs halbnackt weiter, nur in einer Unterhose und barfuß. So winkten sie den ersten kommunistischen Panzern zu, die am Befreiungstag die Tu-Do-Straße herunterrollten. Ein ehemaliger Oberst der Saigoner Armee, der nicht mehr hatte fliehen können, erklärt: „Ich hätte nie geglaubt, daß sie uns so großzügig behandeln würden." Nachdem er sich zwei Tage bei Freunden versteckt gehalten hatte, nimmt nun auch er an dem Treiben auf den Straßen teil, mischt sich unter die Soldaten der Befreiungsarmee.

Sie sind alle sehr jung. Alle tragen „Ho-Chi-minh-Sandalen". Kein Rangabzeichen unterscheidet Offiziere von Mannschaften. Sie haben ihre Wäsche zum Trocknen über die Zäune des Präsidentenpalastes Doc Lap gehängt. Unter den Bäumen des Platzes vor der katholischen Kathedrale stehen von einer roten Staubschicht überzogene Panzer, Lastwagen und mit grünen Zweigen getarnte Flak-Batterien. Tausende verschwitzter kommunistischer Soldaten kampieren im Zentrum der Stadt. Zum I. Mai gibt es keine offizielle Parade, wohl aber spontane Freuden- und Erleichterungskundgebungen des Volkes. Die ganze Bevölkerung scheint auf den Straßen zu sein. Nach den Küssen und Umarmungen der ersten Stunde drängen sich die Menschen um die Soldaten der Befreiungsarmee, stellen Fragen. Immer neue Einheiten treffen im Zentrum Saigons ein. Einige führen Stadtpläne bei sich, um sich zu orientieren. Die Soldaten und Offiziere, die an der Nationalversammlung oder dem Präsidentenpalast vorbeimarschieren, blicken sich erstaunt um — wie Touristen. Berichte über Hinrichtungen hat es nicht gegeben, nicht einmal Gerüchte. Verhaftungen fanden bisher nicht statt. Ausländer dürfen sich frei bewegen. Am 2. Mai werden die Läden wieder geöffnet. Es gibt genug Brot. Die Soldaten des alten Regimes haben ihre Waffen auf Sammelstellen abgeliefert, die von rasch gegründeten studentischen Revolutionskomitees kontrolliert werden und den Abgemusterten Zivilkleidung sowie neue Ausweispapiere aushändigen. Viele Südvietnamesen halten sich noch im „Grall Hospital" auf, aus Furcht vor Repressalien. Einige verlassen jetzt allerdings das Krankenhaus. Manche Flüchtlinge gehen auch aus Saigon fort, um aufs Land zu ziehen. Mitunter sind schwere Explosionen zu hören. Die Befreiungstruppen vernichten nutzlose Munitionslager. Hin und wieder kommt es zu Zwischenfällen — ausgelöst durch junge Saigoner Gangster, die noch immer plündernd umherziehen und sich jetzt als „Befreiungsmiliz" ausgeben.

Die Deutsche Botschaft und die Residenz des deutschen Botschafters sind geplündert worden. Seither stehen vor den meisten Gebäuden Wachtposten der provisorischen Regierung. Angeblich wurden zwei Plünderer auf dem Markt standrechtlich erschossen. Die Stadt kommt langsam wieder unter Kontrolle. Die Soldaten der Befreiungsarmee werden überall von Studentengruppen mit Gewehren begleitet. Obwohl Benzin knapp geworden und sein Schwarzmarktpreis immer mehr gestiegen ist, verstopfen unzählige Hondas, Autos und Busse zusammen mit Panzern, Truppentransportern und Jeeps die Straßen. Der Flughafen ist jetzt der stillste Ort der Stadt. Der Kontrollraum ist unversehrt, die Rollbahnen sind von Schrapnellresten und Hunderten von Raketeneinschlägen übersät. Inmitten der Trümmer von mindestens 100 zerstörten Flugzeugen und Hubschraubern üben sich vor der abgebrannten ehemaligen US-Militärkommandantur Befreiungssoldaten im Gebrauch neu erworbener amerikanischer Lastwagen und Jeeps, Hondas und Fahrräder. Andere Soldaten lauschen Übertragungen aus plastikverpackten Radios. Viele schreiben nach Hause.

Um 12.50 Uhr hören wir den Lärm eines Flugzeugs. Ein riesiger Hubschrauber russischen Typs, feldgrün mit einem großen roten Stern, landet in der Nähe des Passagierterminals — die erste Verbindung zwischen Hanoi und Saigon. Rund 40 Piloten, Funktionäre und Journalisten aus Nordvietnam klettern aus dem Helikopter. Sie werden von den in Tan Son Nhut stationierten Soldaten mit Küssen und Umarmungen empfangen. Viele weinen vor Freude — sie sind wieder zu Hause. Einer der Passagiere sagt: „Als ich vor 30 Jahren Saigon verließ, wußte ich, daß ich eines Tages zurückkehre." Das Leben hat sich wieder normalisiert — und überraschend vieles läuft nach alter Art. Sogar die Nutten und Transvestiten sind wieder auf die Terrasse des Hotels Continental zurückgekehrt, andere warten wie eh und je in der Rex-Bar an der Le-Loi-Straße auf Kunden. Der Schwarzmarkt blüht, das Plünderungsgut aus amerikanischen PX-Läden hat die Vorräte kräftig aufgefüllt. Auf den Gehsteigen bieten Händler wie früher kitschige Aktzeichnungen auf schwarzem Samt an, dazugekommen sind nun Porträts von Ho Chi Minh. „Wenn die Kommunisten nicht bald etwas unternehmen, werden ihre Soldaten eher von Saigon korrumpiert, als dass Saigon von ihnen diszipliniert wird", sinniert ein alter Vietnamese. Ein Major der Befreiungsarmee äußert ähnliche Sorgen: „Die Amerikanisierung des Lebens, der Mangel an Moral sind ungeheuer. Es wird lange dauern, bis wir Saigon in eine saubere, revolutionäre Stadt verwandelt haben." Auf dem Diebesmarkt werden die jungen, naiven Soldaten der Befreiungsarmee von gerissenen Schwarzhändlern erbarmunsglos übers Ohr gehauen. Ein 19jähriger Soldat kaufte ein gebrauchtes Transistorradio mit gebrauchten Batterien für 20 000 Piaster, mindestens das Doppelte des Normalpreises. Die meisten der roten Soldaten haben keine Piaster, aber es gibt schon einen schwarzen Markt für ihre nordvietnamesischen Dong – 900 Piaster für einen Dong.

Zielstrebig übernehmen die Eroberer die Verwaltung. Täglich bringt das Linienflugzeug Hanoi–Da Nang–Saigon mehr und mehr Kader, politische Kommissare, Fachleute aus dem Norden. Sie haben das MajesticHotel am SaigonRiver komplett übernommen. Die Kampftruppen, die als erste in die Stadt kamen, werden von anderen Einheiten abgelöst. Die Soldaten, die am Tag der Befreiung einrückten, haben inzwischen ihre Waffen geputzt und auch die Fahrräder, mit denen sie sich im Dschungel fortbewegt und Munition wie Nachschub für ihre letzte Offensive transportiert haben. Nach drei Tagen kommen weitere Truppen, als erstes machen sie auf Lastwagen oder zu Fuß die StandardStadtrundfahrt für Touristen: zum Präsidentenpalast, zur Nationalversammlung, auf die Hauptstraße TuDo. Dieser enorme Zustrom von Soldaten und politischen Kadern hat das Bild von Saigon völlig verändert. Soldaten ohne Waffen spazieren Hand in Hand die LeLoiStraße entlang und lassen sich vor den Sehenswürdigkeiten der Stadt photographieren: Das ist offenbar die größte Attraktion für sie (und ein fabelhaftes Geschäft für Photographen). Überrascht lächeln die Soldaten, wenn ihr Bild, von Polaroidkameras aufgenommen, schon nach wenigen Sekunden fertig ist, und sie betrachten es mit nicht endendem Staunen – mitten im dicksten Verkehr von Saigon. Dann wieder sieht man lange Reihen von Vietcong, die mit ihren Gewehren, Raketen, Kochgeschirren und Reisrationen auf dem Rücken einer hinter dem anderen durch die Stadt marschieren, als ob sie noch immer im Dschungel wären. Saigon wacht jetzt schon in aller Frühe auf. Um sechs Uhr morgens bereits übertragen die an jeder wichtigen Kreuzung angebrachten Lautsprecher revolutionäre Lieder sowie die Aufforderung ans Volk, zur Arbeit zu gehen. Die Bordelle und Tanzpaläste wurden geschlossen und die Bürger aufgefordert, die Straßen vor ihren Häusern zu säubern. Die Stadt scheint jetzt sauberer denn je. Die vom Feuer verschont gebliebenen Etagen der US-Botschaft wurden mit fließendem Wasser gründlich gereinigt, die Gerippe geplünderter, zertrümmerter und ausgebrannter Autos aus den Straßen weggeräumt. Soldaten, Offiziere, Angestellte und Beamte der früheren Verwaltung wurden aufgefordert, sich innerhalb eines Monats in ihren früheren Büros zu melden. „Ich ging hin, sie schrieben meinen Namen auf und waren sehr nett zu mir", erzählt ein hoher Beamter aus dem Büro des früheren Premierministers dem SPIEGEL, „sie sagten, ich solle mir keine Sorgen machen und jeden Tag kommen, bis das Büro wieder arbeitet – unter Vorgesetzten, die bisher noch nicht eingetroffen sind."

Das große Freudenfest, die Feier anläßlich der Befreiung Saigons, findet am 7. Mai statt, dem Jahrestag des Falls von Dien Bien Phu. Vor dem Doc-Lap-Palast sind seit den frühen Morgenstunden 200 000 Menschen zusammengeströmt, um dabeizusein, wenn sich das Militärkomitee vorstellt, das Saigon bis zur Berufung einer Zivilregierung verwalten wird. Vor den Toren des einstmals streng bewachten und abgeriegelten Thieu-Palastes drängen sich Studenten, Frauen und Soldaten und schwenken rote Fahnen, Photos von Ho Chi Minh und Flaggen der Revolutionsregierung. Im Garten haben Soldaten Dutzende Latrinengruben ausgehoben. Nach der Rede des Generals Tran Van Tra, des Vorsitzenden des Militärkomitees – jenes Mannes, der die Offensive gegen Saigon angeführt und schon 1968 die Tet-Offensive geplant hatte –, stürmen die Massen den Palast. Tausende laufen über die blauen, mit gelben Drachen durchwirkten China-teppiche in der Haupthalle, Studenten und Frauen schlürfen Kaffee aus den Tassen im Empfangsraum, die für andere Gäste bereitstanden: Ein offzieller Empfang polnischer und ungarischer Diplomaten wird auf diese Weise sozialisiert.

Die Städter fürchten die Umsiedlung aufs Land
Unterwegs von Hanoi nach Saigon

Tausende frühere Offiziere und Beamte sind in „Umerziehungslagern" interniert – auf unbestimmte Zeit. Ist das die „Politik der Versöhnung"?

Von Hanoi bis Saigon sieht Vietnam wie eine einzige gigantische Baustelle aus. Überall an der Straße sind Leute bei der Arbeit, zu Tausenden heben sie neue Kanäle aus, reparieren sie Deiche und Brücken, bauen sie – in kleineren Gruppen – Häuser. Im Norden bestehen die neuen Mauern aus Lehm, die Dächer aus Stroh, im Süden aber aus Backsteinen und Dachziegeln. Der Krieg hat zwar beide Teile des Landes gleich stark verwüstet, dennoch ist der Norden nach wie vor sehr arm, der Süden relativ reich. Auch nach einem Jahr des Friedens hat sich daran kaum etwas geändert. So sind die Warenhäuser der Regierung in Hanoi immer noch erschreckend leer. Trifft eine neue Lieferung Streichhölzer oder Hemden ein, stehen die Menschen Schlange. Von Seife können sie allenfalls träumen. Und die einzigen Schuhe, die es gibt, sind immer noch die aus alten Gummi- oder Kunststoff-Reifen gefertigten Ho-Chi-Minh-Sandalen. Im Süden dagegen genießen die Menschen noch fast alle Symbole des US-importierten Wohlstandes. In Hanoi führt der Anblick einer Honda, die ein stolzer Bo Doi, so heißen die Soldaten der Volksarmee, mitgebracht hat, noch zu einem Menschenauflauf; im Süden rattert sie zu Tausenden über den Asphalt. Seit 1965 flossen alle im Norden produzierten Überschüsse dem Krieg zu, so daß sich der Lebensstandard bei wachsender Bevölkerung ständig verschlechtert hat. Im Süden dagegen pumpten die Amerikaner während des gleichen Zeitraumes Milliarden Dollar in das Land, lieferten Hunderttausende Tonnen an Waren und ermöglichten damit einen Lebensstandard, der in krassem Mißverhältnis zur realen wirtschaftlichen Kraft des Landes stand. Jetzt wandert ein Teil des südlichen Wohlstandes mit den Bo Dois nach Norden. In Saigon werden gern die Ersparnisse eines Bauernvolkes ausgegeben, das in Hanoi nie etwas kaufen konnte.

An der Brücke des Ben-Hai-Flusses am 17. Breitengrad, einst die Grenze zwischen den beiden Vietnam, sind die Wachtposten, die meinen Paß hätten stempeln und mein Einreisevisum für den Süden kontrollieren müssen, abgezogen. Ein ständiger Strom von Bussen fließt nach Hanoi — beladen mit Menschen, Motorrädern, Ventilatoren, Nähmaschinen und Fernsehgeräten. Ein Bo Doi überquert die Grenzbrücke gemächlich zu Fuß, auf den Schultern zwei Fahrradgestelle und vier Räder. Um diesen Warenstrom aus dem Süden unter Kontrolle zu bringen, mußte die Provisorische Revolutionsregierung längst für alle politischen Kader und Soldaten, die zwischen den beiden Regionen hin- und herreisen dürfen, eine Sondervorschrift zur Beschränkung der Produkte erlassen, die in den Norden mitgenommen werden dürfen: eine Nähmaschine, ein Kühlschrank, ein Fernsehapparat, 10 Meter Stoff, ein Kilo Fadennudeln. Unverkennbar ist, daß der Süden, insbesondere die Städte, die heute ohne amerikanische Hilfe und ohne die zahlungskräftigen Amerikaner dastehen, durch die Ausgabenfreudigkeit der Bo Doi am Leben gehalten werden. Da die Banken alle Guthaben einfroren und die Währungsreform den Geldwert reduzierte, versetzt die Bourgeoisie im Süden nun tagtäglich die Symbole des vergangenen Wohlstandes. Wer nichts hat, steht vor der Alternative, in der Stadt zu verhungern oder durch Ackerbau auf dem Lande ein neues Leben zu beginnen. Aus Da Nang sind bereits eine halbe Million Menschen weggezogen, 50 000 haben Hué verlassen, eine weitere halbe Million Saigon, um in die „neuen Wirtschaftsgebiete" zu gehen. Das Revolutionsregime hat sie dazu aufgefordert und ermuntert, nicht aber erkennbar gezwungen.

. Tausende ehemalige Offiziere und Beamte befinden sich immer noch in Umerziehungslagern. Die Behörden weigern sich hartnäckig, zu diesem Thema Einzelheiten zu nennen; schätzungsweise jedoch sind es etwa 150 000 bis 200 000. Da die zurückgebliebenen das neue Regime nicht gerade stürmisch begrüßten, haben die Behörden beschlossen, die Städter nicht durch weitere Zwangsmaßnahmen zu verbittern, also nicht noch mehr von ihnen auf die Felder zu treiben. Doch diese Gnadenfrist, die den Leuten gewährt wird, damit sie selbst erkennen, daß die einzige Möglichkeit, zu überleben, die Produktion und die einzige Möglichkeit, zu produzieren, die Landwirtschaft ist, könnte bald abgelaufen sein. Noch verfügt Saigon über eine höhere Reisration pro Kopf als Hanoi; neun Kilo Reis pro Person zum offiziellen Preis in Saigon, während in Hanoi das Kontingent nur sieben Kilo pro Monat beträgt. In Saigon kann jeder Honda-Besitzer sechs Liter Benzin im Monat bekommen, jeder Autobesitzer 20 Liter.

Phan Van Lam, 45, Ehemann und Vater von sieben Kindern, arbeitete früher in einer Textilfabrik. Nach der Befreiung jedoch wurden die Baumwollieferungen aus Taiwan eingestellt, so daß die Fabrik vorübergehend geschlossen werden mußte und Phan Van Lam in einer armseligen Hütte in Phulam an der südlichen Peripherie Saigons Hunger litt. So erklärte er sich denn vor sechs Monaten bereit, aufs Land zu gehen. Jetzt gehört seine Familie zu den 986 anderen, die in dem neuen Wirtschaftsgebiet

Tan Hung jenseits der Straße Nr. 13 leben, nicht weit entfernt von der verwüsteten Stadt An Loc. Die Region, einst eine Kautschukplantage in französischer Hand, war nach der amerikanischen Entlaubungsaktion und den Flächenbombardements völlig verlassen worden. Die Siedler haben Bäume neu gepflanzt, aber sie sind noch kleiner als ein Mensch. Hunderte neuer Holz- und Strohhütten sind entstanden. Den Siedlern wurde ein Fünftel Hektar pro Kopf (einschließlich der Kinder) zugewiesen. Jede Familie bekam im Durchschnitt einen Hektar, der jetzt mit Maniok, Süßkartoffeln und während der Regenperiode mit Reis bepflanzt wird. Die Revolutionsregierung hat im ersten halben Jahr jedem Siedler monatlich 16 Kilo Reis und eine Beihilfe von einem Zehntel eines südvietnamesischen Dong (ein südvietnamesischer Dong entspricht etwa zwei US-Dollar) pro Tag gewährt. Nach den ersten sechs Monaten dann sollen die Siedler von ihrer Ernte leben, die sie auf dem freien Markt verkaufen können. Überhaupt werden die neuen Wirtschaftsgebiete im großen und ganzen nach den Regeln der Privatwirtschaft betrieben.

Die ersten Siedler hatten mit großen, unerwarteten Schwierigkeiten zu kämpfen. Teilweise waren die ihnen zugewiesenen Gebiete durch Bomben völlig zerstört und kaum für ihre Aufnahme vorbereitet. Es gab kein Wasser, keine Hütten, Werkzeug und Arbeitsmaterial waren knapp. Die Koordination durch die zentralen und regionalen Behörden fehlte oft, die örtlichen Revolutionskomitees verweigerten den Siedlern mitunter ihren Reis. Einige Familien gingen deshalb zurück. Das Gerücht, daß die neuen Wirtschaftsgebiete eine Hölle seien, verbreitete sich in ganz Vietnam. Heute können die Siedler in bescheidene, aber fertige Hütten einziehen, gebaut von den Bo Doi oder von Studenten aus den Städten, die auf diese Weise ein oder zwei Wochen lang ihren sozialistischen Arbeitseinsatz leisteten. Im neuen Wirtschaftsgebiet Tan Hung rekrutieren sich zehn Prozent der Siedler aus ehemaligen Soldaten der Thieu-Armee, die nach der Umerziehung arbeitslos und ohne Einkommen waren. Der Dorfälteste, das heißt der Vorsitzende des dörflichen Revolutions-komitees, ist ein ehemaliger Vietcong, der in den letzten sieben Jahren des Krieges in diesem Gebiet gekämpft hat. Waren die Lebensbedingungen für die Siedler in Tan Hung schon schlecht, in den anderen neuen Wirtschaftsgebieten ging es nach Berich-ten zurückgekehrter Siedler noch schlimmer zu: Es gab Malaria und Beriberi-Erkrankungen.

Schon unter dem Thieu-Regime gab es 1,5 Millionen Arbeits-lose. Mit der Auflösung der südvietnamesischen Armee und Verwaltung stieg die Arbeitslosenzahl auf weit über drei Mil-lionen, nicht gerechnet all jene, die von Nebenbeschäftigungen in Verbindung mit dem Krieg und der amerikanischen Präsenz lebten. Obwohl die Bevölkerung in Saigon und anderen Städ-ten immer noch auf jede nur mögliche Weise versucht, an ihrem alten Lebensstil festzuhalten, dürften die neuen Wirtschafts-gebiete für viele Südvietnamesen bald die einzige Chance zum Überleben sein – egal, ob die Umsiedlung erzwungen ist oder nicht. In den Städten ist kollektive Arbeit noch auf die Jugend beschränkt. Einmal im Monat werden die Familien in ganz Sai-gon aufgefordert, die Straße vor ihren Häusern zu fegen. Ganze Familien ziehen sonntags für gewöhnlich in die Dörfer, um dort im Rahmen des sogenannten „Tags der Sozialistischen Arbeit" Handarbeit zu leisten, was in den meisten Fällen mehr auf ein Picknick hinausläuft. Die Bevölkerung außerhalb der Städte wird dagegen häufiger aufgefordert, sich an Arbeiten für das Gemeinwohl zu beteiligen. So sieht man nördlich von Da Nang 3000 der 7000 Einwohner des Dorfes Hieu Duc unter sengender Sonne und unter Dutzenden roter Fahnen bei Bauarbeiten an einem Deich, der eine neugegründete kommunale Kokosnußplan-tage vor dem nahem Meer schützen soll. Unter den Arbeitern befinden sich viele ehemalige Soldaten der Thieu-Armee, die ihre Umerziehungskurse bereits absolviert und sich freiwillig gemel-det hatten, um ihre neuerworbene revolutionäre Gesinnung zu beweisen.

Auf dem Land sind Tausende dabei, das Verkehrsnetz wieder aufzubauen, offenkundig eine Schwerpunktaufgabe des Regimes. Im nördlichen Teil der Straße Nr. I war von Hunderten von Brücken nicht eine unversehrt geblieben, größere Flüsse müssen noch immer auf Pontons überquert werden. Die Eisenbahnlinie Saigon – Hanoi soll in diesem Jahr wieder instand gesetzt werden. Ganze Armee-Einheiten werden eingesetzt, um bei den Gleisarbeiten mitzumachen. 30 Kilometer südlich von Da Nang hilft eine Gruppe Froschmänner und Ingenieure 420 Arbeitern beim Wiederaufbau einer 500 Meter langen Brücke, die wie ein gigantisches verrostetes Skelett aus dem Wasser des Flusses Thu Bon ragt.

Überall weisen die lokalen Revolutionsbehörden auf „Sicherheitsprobleme" hin, um mir in Städten und Dörfern stets bewaffnetes Geleit zu geben. Allem Anschein nach aber ist die Sicherheit kein so großes Problem. Auf der Straße nach Süden über den Grenzfluß Ben Hai verkehren Tag und Nacht öffentliche Busse, viele mit der Aufschrift „Ho-Chi-Minh-Stadt Hanoi". Nirgends ist auch nur eine einzige Straßensperre zu sehen, und die wenigen Bo Doi, die einem begegnen, tragen keine Waffen. Obwohl Gerüchte in Saigon von Überfällen aus dem Hinterhalt durch „Rebellen" berichten – gemeint sind überzeugte antikommunistische Soldaten, die sich nicht ergeben wollten –, war acht Tage lang an der Straße Nr. I kein einziger Schuß zu hören. Man könnte die zehn Jahre Krieg vergessen, wären da nicht die riesigen ehemaligen US-Stützpunkte wie Da Nang und Cam Ranh. Sie wirken – aus der Luft gesehen – allmählich wie Wüsten, durchsetzt von verrotteten Kasernen, Trümmern von Hubschraubern, Panzern und Lastwagen.

Die Umerziehungslager für die Diener des Thieu-Regimes sind über das ganze Land verstreut. Für gewöhnlich liegen sie in einsamen Gegenden und im Dschungel. Von den Revolutionsbehörden werden sie „Schulen der Umerziehung" genannt, von den Familien der Lagerinsassen dagegen „Konzentrationslager". Ich bekomme eines dieser Lager zu sehen und verlasse es nach einem Tag mit dem Eindruck, in einem Mustergefängnis gewesen zu sein. Hier in der Tat werden die Insassen für ihre „Verbrechen" nicht einfach bestraft, sondern umerzogen, damit sie sich der neuen Gesellschaft anpassen. Das Lager liegt in der Provinz Tay Ninh. weit hinter dem Berg der Schwarzen Jungfrau, sehr nahe der kambodschanischen Grenze, in einem Gebiet, das während des Krieges lange Zeit vom Vietcong kontrolliert und daher von den Amerikanern stark zerbombt und entlaubt wurde. Meilenweit fuhren wir auf ungepflasterter, mit rotem Staub bedeckter Straße — kein einziges Dorf zu sehen, nur die Weite des trockenen Landes mit Büschen und Skeletten entlaubter Bäume.

Das Lager sieht wie eines der Dörfer aus, die in den „neuen Wirtschaftsgebieten" gegründet wurden: endlose Reihen einfacher Strohhütten. Der einzige Unterschied ist der Stacheldraht, der das Ganze umzieht. Am Eingang steht unter einem rotgestrichenen hölzernen Torbogen ein Wachtposten. In der Haupthalle des Lagers, wo die Insassen, ehemalige Offiziere der Saigoner Armee, ihre politischen Kurse besuchen, sind neben den Bildern von Ho Chi Minh, Lenin und Marx Parolen angebracht. Eine besagt: „Arbeit ist eine heilige Pflicht, denn sie ist die Quelle des Lebens und Wohlstandes." Das Lager wurde im Juli letzten Jahres eröffnet. Mehr als tausend Offiziere der Thieu-Armee rodeten hier das Land, bauten Hütten, pflanzten Bananen- und Papayabäume, die jetzt einen Meter hoch stehen. Sie legten Gemüsegärten an, die bereits einen großen Teil der Nahrungsmittel für die Lagerinsassen liefern. Außer in der Landwirtschaft ist jeder ehemalige Offizier in einer der Werkstätten des Lagers beschäftigt. Leutnant Truong Gia Khanh, 33, zum Beispiel, war Arzt in der Saigoner Armee. Jetzt arbeitet er als Tischler und lernt, Tische und Betten zu zimmern. Andere Insassen arbeiten als Schmiede, sie stellen Messer und Werkzeuge für die Landwirtschaft her. Im Lager selbst sind nur wenige Wachtposten zu sehen, keiner trägt Waffen. Einige Insassen sehen blaß und krank aus, doch ohne Spuren von Folterung. Sie erhalten die gleiche Verpflegung wie die Soldaten der Volksarmee, das heißt, nicht so viel wie sie als Offiziere der Thieu-Armee bekamen. Im Raum Saigon dürfen die Familien ihren Angehörigen in den Lagern einmal pro Monat schreiben. Sie dürfen sie aber nicht besuchen, wie es in anderen Regionen der Fall ist. Die Briefe müssen an eine Postzahl adressiert werden. In ihren zensierten Antworten aber können die Gefangenen Andeutungen machen, wo sie sich befinden. In Saigon zeigte mir die Frau eines Obersten einen Brief, in dem er geschrieben hatte: „Wenn ich zurückkomme, bringe ich Dir Meeresmuscheln und Fischsoße mit." Da die Insel Phu Quoc für diese beiden Produkte berühmt ist, befindet sich der Oberst wahrscheinlich dort.

Die Dauer der Inhaftierung hat inzwischen Zweifel an der Politik der nationalen Versöhnung aufkommen lassen, die nach dem Fall Saigons von den Revolutionsbehörden verkündet worden war. Vor allem in Saigon hatten die Diener des alten Regimes gefürchtet, sie würden von den Kommunisten umgebracht werden. Das aber war nicht der Fall. Vielmehr wurde ihnen erklärt, daß ihnen nach einer Zeit der „Hoc Tap", eben der Umerziehung, verziehen würde und sie dann Bürger des neuen Vietnams wie alle anderen wären. Die Menschen waren damals erleichtert. Jetzt aber befürchten die „Marionetten" ebenso wie ihre Familien, daß die Umerziehung eine lange Zeit der Haft bedeutet. Zwar wurde, wie die Behörden mitteilen, schon eine „gewisse Anzahl" von hohen Offizieren entlassen, doch sind offensichtlich nur sehr wenige wieder zu ihren Familien zurückgekehrt. Einer der Freigelassenen ist der ehemalige Verteidigungsminister General Nguyen Van Vy – doch er war schwer krank. Die Bedingungen einer vollzogenen „Umerziehung" sind vage gehalten; der Betroffene muß „guten Willen gezeigt" haben, von seiner früheren Umgebung akzeptiert werden, und die Familie muß für ihn bürgen. Die anfängliche Begeisterung und Dankbarkeit, die den neuen Herrschern entgegengebracht wurde, ist dadurch teilweise geschwunden. Verhärtung gegenüber den „Marionetten", Mißtrauen gegen alles und jeden, der mit dem früheren Regime etwas zu tun hatte oder unter amerikanischem Einfluß lebte, sind die Indizien einer neuen Haltung der Herrschenden ein Jahr nach dem Fall Saigons.

Obwohl das Land zum Wiederaufbau dringend qualifizierte Leute braucht, werden Ärzte, Ingenieure und Techniker noch in Lagern festgehalten, nur weil sie für das frühere Regime gearbeitet hatten. Schulen, Krankenhäuser, Fabriken und viele Abteilungen der neuen Zivilverwaltung wurden mit Leuten aus dem Norden besetzt, deren Zahl sich von Monat zu Monat erhöht. Selbst viele der Polizisten, die in ihren neuen sandfarbenen Uniformen den Verkehr in Saigon und in anderen Städten des Südens regeln, stammen aus dem Norden. Einige „Marionetten-Polizisten" wurden wieder angestellt, nachdem sie ihre „Hoc Tap" erfolgreich absolviert hatten. Auf den Straßen sind sie leicht zu erkennen, denn im Gegensatz zu den Kollegen aus dem Norden tragen sie keine Waffen. Vielfach haben die neuen Herrscher Schwierigkeiten, die richtigen Beziehungen zu den südvietnamesischen Massen herzustellen. So erwiesen sich erfahrene Guerillakader, die sich im Krieg bewährten, als es darum ging, Hinterhalte anzulegen und amerikanische Flugzeuge abzuschießen, für die Verwaltung von Dörfern und Städten als weniger brauchbar. Jüngere und politisch noch unreifere Kader sind oft autoritär, ungebildet, bürokratisch und sogar korrupt. Die alte Vorstellung, Saigon würde die Kommunisten mehr verändern, als von ihnen verändert werden, hat sich in manchen Fällen als richtig erwiesen. Zahlreiche Cando, politische Kader, mußten abgelöst werden. So der Politkommissar des Fünften Bezirks in Cholon, weil er den Bestechungsgeldern nicht widerstehen konnte, die ihm von den dortigen chinesischen Händlern angeboten wurden. Einzelne Funktionäre sollen für die Entlassung von Gefangenen aus Umerziehungslagern Geld genommen haben.

„Wenn sie nicht aufpassen", so ein ausländischer Beobachter in der südvietnamesischen Hauptstadt, „werden sie in Saigon mehr Kader in Friedenszeiten verlieren als während des ganzen Krieges." Tatsache ist, daß die Kommunisten während der Tet-Offensive und durch das von den Amerikanern unterstützte „Phönix"-Programm — Ermordung aller verdächtigen Candos in den Städten und auf dem Lande — so viele ihrer besten Leute verloren haben, daß sie jetzt unter den Verlusten schwer leiden.

Es heißt, zur Zeit der Befreiung habe das neue Regime in Saigon nur über 2000 treue und zuverlässige Parteimitglieder verfügt. Daher mußte es viele Kader aus Hanoi sowie neurekrutierte Kader aus dem Süden heranziehen. Die neuen Herrscher sind sich dieser Schwäche bewußt. Sie diskutieren darüber in aller Öffentlichkeit und fordern die Bevölkerung auf, jeden Beamten anzuzeigen, der sich schlecht benimmt. Das wiederum kann jedoch die moralische Überlegenheit untergraben, die die Revolutionäre unmittelbar nach der Befreiung Saigons genossen, und die Vertrauenslücke zwischen den neuen Herrschern und der südvietnamesischen Bevölkerung weiter vertiefen.

Jede Revolution hat, nachdem die Revolutionäre an die Macht gekommen sind, eine Tendenz, ihre Helden zu verherrlichen, die vietnamesische Revolution macht darin keine Ausnahme. Die Art, wie Ho Chi Minh jetzt behandelt wird, ist ein gutes Beispiel dafür. Zu seinen Lebzeiten und noch bis zur Befreiung Saigons wurde Ho Chi Minh von allen „Onkel Ho" genannt — eine bäuerliche Vaterfigur in einer Welt von Bauern. Jetzt wird Ho Chi Minh „ruhmreicher Präsident Ho" genannt. Sein Leichnam, von den Russen schlecht präpariert und jetzt makaber rot und gelb angestrahlt, liegt in einem gläsernen Sarg in dem neu fertiggestellten Mausoleum am Ba-Dinh-Platz in Hanoi. Sonntags morgens wartet eine lange Schlange Tausender Vietnamesen geduldig, um an dem gläsernen Sarg unter den argwöhnischen Augen der Wachtposten in Galauniform vorbeizudefilieren.

Geht man Saigons ehemalige Tu-Do-Straße entlang, die in „Straße der Erhebung" umbenannt wurde, würde man meinen, daß sich nur wenig geändert hat. Noch immer winken Mädchen in Miniröcken dem Passanten aus den dunklen Eingängen der offenen Bars zu. Noch immer fahren die Jungen in bunten Hemden auf ihren Hondas. Mit Ausnahme einiger weniger Läden, die landflüchtigen Indern gehörten, sind jene Boutiquen, in denen man billig eine Baseballmütze mit der goldenen Aufschrift „Boss" kaufen kann, noch geöffnet. Sie gehören einigen wenigen Russen und anderen Osteuropäern, die hier „die Amerikaner ohne Dollars" genannt werden.

„Sogar die Toten wurden betrogen"
Saigon zehn Jahre nach dem Ende des Krieges

Beim Einmarsch der Vietcong in Saigon haben die wenigen zurückgebliebenen Ausländer vor Freude geweint, unter ihnen Terzani. Jetzt muss er feststellen: „Friede ist nicht eingezogen in Indochina."

Die Menschen sehen gesund und froh aus, sie sind wohlgekleidet – aber nur auf den Plakaten. Unter Hunderten riesiger, bunter Phantasiebilder von Arbeitern, Soldaten und Kindern, die entschlossen oder lächelnd zum Himmel aufblicken, sehen ebenso viele hungrige, zerlumpte, kränkliche, schmutzige wirkliche Menschen auf die Erde. Sie spähen nach einem Zigarettenstummel, einem Fetzen Papier oder etwas Eßbarem. Saigon feiert den zehnten Jahrestag des Sieges vom April 1975: Öffentliche Bauten sind neu gestrichen, Dissidenten eingesperrt, Bettler von den Hauptstraßen des Zentrums in ein Lager am Stadtrand verbannt, damit sie das reine, das kämpferische Image des früheren Saigon, heutige Ho-Chi-Minh-Stadt, nicht beschmutzen. Nichts aber kann die Niedergeschlagenheit auf den Gesichtern der großen Mehrheit ihrer 3,5 Millionen Einwohner übertuschen. „Es ist ihr Sieg, nicht unserer", flüstert ein Saigoner dem Fremden zu. „Für uns bedeuten die Feierlichkeiten nur Verhaftungen und weniger Elektrizität. Die brauchen sie, um die Porträts von Onkel Ho zu erleuchten." „Sie" und „wir" – die Spaltung zwischen Siegern und Besiegten ist auch zehn Jahre nach dem Krieg nicht überbrückt. Vor zehn Jahren, als die staubigen Panzer mit der Vietcong-Flagge an der amerikanischen Botschaft vorbei auf den Palast des besiegten Präsidenten Thieu zurollten, als die ersten hageren, scheuen, jungen Vietcong die breite Tu-Do-Straße herunterzogen, haben die wenigen Ausländer, die dabei waren, geweint vor Freude: Ein grausamer Krieg war zu Ende, Vietnam schien seine Unabhängigkeit erlangt zu haben, einem wiedervereinten Volk würden nun Frieden und Gerechtigkeit widerfahren – so glaubten wir damals. Frieden ist nicht eingezogen in Indochina. Hunderte von jungen Vietnamesen fallen auf Kambodschas Schlachtfeldern. Gerechtigkeit ist ausgeblieben, wenn Gerechtigkeit anderes bedeutet, als daß eine Gesellschaft umgestürzt und eine Diktatur durch eine andere ersetzt wurde. Die Saigoner, kein Zweifel, leben heute schlechter, leiden unter mehr Inkompetenz und Korruption, haben größere Angst vor der Polizei als früher. „Die Revolution hat keines ihrer Versprechen gehalten", sagt ein Freund. „Sogar die Toten wurden betrogen." Auf dem alten Bien-Hoa-Friedhof, wo viele der im Kampf gegen den Kommunismus gefallenen vietnamesischen Soldaten begraben liegen, wurden die meisten Gräber von Bulldozern eingeebnet – obschon sich das neue Regime auch einen eigenen Friedhof der für die Revolution gefallenen Helden zugelegt hat. Noch weniger wurde das Versprechen auf nationale Versöhnung den Lebenden gegenüber gehalten. Im Mai 1975 war ein Offizier aus Thieus Armee zur „Umerziehung" befohlen worden. Mit Moskitonetz, Zahnbürste und Reis für 30 Tage meldete er sich; und er wie ich glaubten, in 30 Tagen sei er tatsächlich wieder zurück. „30 Tage, von wegen! Es wurden 3289", sagt er nun; er hat noch Glück gehabt. Viele der früheren Soldaten, Offiziere und Beamten des geschlagenen Regimes starben in den Umerziehungslagern. Viele sind immer noch in jenen Dschungelcamps, die kommunistische Funktionäre in Augenblicken von Unaufmerksamkeit heutzutage selber „Konzentrationslager" nennen. Im Jahre 1975 versprach das neue Regime jedem Vietnamesen eine Aufgabe beim Wiederaufbau des verwüsteten Landes. Heute haben all die Tausende, die aus den Umerziehungslagern zurückgekommen sind, keine Chance. Die Sünde, einem „Marionettenregime" angehört zu haben, läßt sich nicht wegwaschen. Im Gegenteil, sie ist wie eine Krankheit, die vom Vater auf den Sohn vererbt wird: Für „Marionetten" gibt es keine Jobs, für deren Kinder keine Plätze in Oberschulen oder Universitäten. Während kommunistische Beamte, allesamt aus Nordvietnam gekommen, in die Villenviertel und Privathäuser der alten Oberschicht des Südens eingezogen sind, wurden die Funktionsträger der südlichen Gesellschaft auf die Straße geworfen und geistern dort kümmerlich umher wie ein verirrter, zum Aussterben verdammter Volksstamm. Nach ihrem Sieg in Kambodscha hatten der Steinzeitkommunist Pol Pot und die Roten Khmer ihr Volk in zwei Kategorien eingeteilt: jene Bürger, die schon vor 1975 unter revolutionärer Herrschaft gelebt hatten, denen man somit vertrauen konnte; und dann die anderen, die diesen Vorzug nicht genossen hatten, also bekämpft oder gar ausgemerzt werden mußten. „Was hier in Vietnam passiert, ist wie Pol Pot mit Zeitlupe", meint ein Freund in Saigon. „Wir sind tot, aber wir können noch gehen. Ich fühle mich wie ein Gespenst aus einer anderen Zeit", sagt ein früherer Pilot der Luftwaffe, der über acht Jahre Umerziehungslager hinter sich hat und nun sein Heim auf einer vom Lions Club gestifteten Bank unter dem Denkmal des Nationalhelden Tran Hung Dao hat. Das einst lebenslustige Saigon ist voll von solchen gespenstischen Gestalten aus der Vergangenheit. Überall sind sie zu sehen: langes Haar, schmutzige Kleider, viele mit offenen Wunden und Ausschlag, manche verloren umherirrend, andere mit elender Arbeit befaßt: Teenager streifen mit Zange und Sack durch die Stadt, um Papier- und Plastikfetzen zu sammeln. Männer von mittlerem Alter und intellektuellem Aussehen füllen mit einer Spritze neue Tinte in alte Kugelschreiber. Andere hocken neben einem mit Wasser gefüllten Militärhelm und flicken Fahrradreifen. In Saigon gibt es 40 000 Fahrradrikschas. Die meisten der Fahrer sind ehemalige Soldaten und Offiziere. Sie schlafen auf Strohmatten vor dem früheren Parlament und an den Denkmälern der Stadt. Vor einem Regenguß verkriechen sie sich in Bunker aus der Kriegszeit. Sie stammen oft aus alten, wohlhabenden Saigoner Familien und sind nun obdachlos und arbeitslos aus den „Neuen Wirtschaftsgebieten" zurückgekehrt, in die sie zwangsweise verpflanzt worden waren. 1976 konnte man ein großes Neues Wirtschaftsgebiet im Norden der Hauptstadt besuchen, wo tausend Saigoner Familien unter flatternden roten Fahnen das Ödland in Reisfelder verwandeln sollten. Es gab weder Wasser noch Vegetation. Nach zehnjährigen Versuchen wurde das Experiment für hoffnungslos erklärt, die Menschen flohen in die Stadt zurück. Von den Neuen Wirtschaftgebieten ist seitdem keine Rede mehr.

Dem Regime des Nordens ist es nicht gelungen, die Bevölkerung des Südens für sich zu gewinnen. So leben zehn Jahre nach der Befreiung zwei Vietnams immer noch feindselig und argwöhnisch nebeneinander her. Selbst den vom Bürgerkrieg gespaltenen, durch die Befreiung wiedervereinten Familien brachten diese zehn Jahre keine Eintracht. „Mein kommunistischer Bruder hat mich als Kapitalisten angezeigt, um mich auszurauben", erzählt ein Bekannter, dem früher ein Restaurant gehörte. „Als ich nach drei Jahren Gefängnis zurückkehrte, waren die Wände meiner Wohnung voller Löcher, denn er dachte, wir seien reich und hätten Gold versteckt, das er finden wollte." In Saigon ist jeder wichtige Verwaltungsposten in Händen von Vietnamesen aus dem Norden – angefangen beim Polizisten an der Straßenecke und beim Postbeamten, der den Verkauf von Briefmarken überwacht. Angesichts dieser Personalpolitik fragt man sich, ob das kommunistische Regime des Nordens die nationale Versöhnung, die es vor zehn Jahren versprochen hat, wirklich wollte oder ob es, lange vor der Eroberung Saigons, schon entschlossen war, die gesamte Bevölkerung des Südens als unzuverlässig einzustufen. Man fragt sich auch, ob Hanoi es mit der „Umerziehung" ernst gemeint hatte oder ob diese nicht ein Trick war, den militärischen und zivilen Apparat des vorherigen Regimes mit einem Schlag aus den Angeln zu heben. Man fragt sich schließlich, ob der Plan der Neuen Wirtschaftsgebiete wirklich der Absicht entsprang, neue Arbeitsplätze für eine arbeitslose Stadtbevölkerung zu schaffen; ob er nicht vielmehr eine billige Methode war, Tausende von Saigoner Familien aus ihren Wohnungen zu entfernen und diese mit Familien aus dem Norden zu füllen. Tatsache ist, daß es 1975 in Südvietnam Tausende von Ingenieuren, Akademikern und gebildeten Leuten gab, die bereit waren, für das neue Regime zu arbeiten, daß ihnen dieses neue Regime die Mitarbeit aber verweigerte: eine ungeheure Vergeudung von Engagement, Fähigkeiten und Talenten. 1975 gab es in Saigon über 2000 Ärzte. 800 zogen mit den Amerikanern davon, die Hälfte derer, die zunächst blieben, hat das Land im Laufe der vergangenen zehn Jahre verlassen. „Armut fürchte ich nicht", sagt einer, der ausgehalten hat und nicht darüber klagt, daß sich seit 1975 niemand in seiner Familie mehr ein neues Hemd hat kaufen können. „Was aber schwer auszuhalten ist, ist das Gefühl, überflüssig zu sein." Er verdient heute sein Brot, indem er Landsleute, die sich auf die Flucht vorbereiten, in Englisch unterrichtet. Über eine Million Vietnamesen haben ihr Land seit 1975 verlassen, viele riskierten als „Boat people" auf See ihr Leben. Durchschnittlich 2000 Vietnamesen monatlich versuchen auch heute noch zu fliehen.

Zehn Jahre nach dem Sieg der Kommunisten und der formellen Wiedervereinigung Vietnams sind jene Intellektuellen des

Südens am tiefsten enttäuscht, die gegen Thieus Diktatur in der Befreiungsfront FLN gekämpft hatten oder ihr nahestanden und deshalb verfolgt wurden. „Alles, was die FLN versprochen hatte, hat Hanoi zunichte gemacht, eingeschlossen die FLN selbst", klagt ein früheres Mitglied des Vietcong. „Die Kommunisten aus dem Norden trauen nur sich selber. In ihren Augen waren auch wir ‚Marionetten', sagt ein prominenter Revolutionär aus dem Süden, der 20 Jahre lang für den Vietcong gekämpft hatte. Keiner der Männer, die während des Krieges als Führer des Vietcong aufgetreten waren, hat heute noch Einfluß. Madame Nguyen Thi Binh, die charmante Außenministerin des Vietcong, ist zwar Erziehungsministerin in Hanoi, gilt aber als „Paradeministerin für Ausländer". Die Entscheidungen werden angeblich von ihren beiden Stellvertretern getroffen, die dem Zentralkomitee der Partei angehören. Sogar Tran Van Tra, der Vietcong-General, der Saigon befreite und ein paar Jahre lang regierte, wurde mundtot gemacht, als er es wagte, in einem Buch Hanois Version von der Befreiung zu bestreiten. Das Buch wurde verboten. In Saigon feiern heute vier Ausstellungen den Sieg von 1975 mit Photos, Dokumenten und Andenken, die ausländische Delegationen ehrfurchtsvoll betrachten, auch eine aus der Bundesrepublik, die Abzeichen mit der Inschrift „Vietnam ist unsere Sache" auf der Brust trägt. Die Exponate sollen ausschließlich eines beweisen: die Rolle Hanois damals und die Führerschaft der Partei heute. Wenig wird gesagt über den harten Volkskrieg, den der Vietcong im Süden geführt hat. Das symbolische Bild der Befreiung Saigons ist heute das des nordvietnamesischen Panzers, der das eiserne Tor zu Thieus Palast niederwalzt, anstelle jenes der bäuerlichen Vietcong-Kämpfer, die Bambusfallen bastelten und den verlustreichen Kleinkrieg im Hinterland führten. „Es ist unsere eigene Schuld. Wir meinten, wir kämpften für Unabhängigkeit und Wiedervereinigung unseres Landes, in Wirklichkeit kämpfte Hanoi für den Sieg der kommunistischen Diktatur", sagt nun ein katholischer Priester, der in der Opposition gegen Thieu aktiv mitgemacht hatte.

1975 gab das Regime sich den Anschein, als sei es bereit, künftig alle Religionen zu tolerieren. Besonders zugeneigt schien es jenen Katholiken zu sein, die für die Revolution gekämpft hatten. Bald nach der Befreiung Saigons erschien denn auch die katholische Tageszeitung „Ting San" wieder auf dem Markt, von den Behörden sogar öffentlich empfohlen. Thieu hatte erfolglos versucht, den Besitzer und Herausgeber, Ngo Cong Duc, ermorden zu lassen, dann verbot er das Blatt. Vor zwei Jahren wurde die Zeitung wieder eingestellt. „Sie hat ihre historische Mission erfüllt", kommentierte Premier Pham Van Dong in Hanoi. Ngo Cong Duc, ein brillanter Intellektueller, der aus dem Exil zurückgekehrt war, um sich dem neuen Regime zur Verfügung zu stellen und beim Wiederaufbau zu helfen, malt jetzt Lackbilder für den Export. Wie alle Vietnamesen braucht auch er eine besondere Erlaubnis, wenn er einen Ausländer empfangen will. Langsam, aber systematisch haben die Kommunisten die Religionsausübung erschwert. Rebellische Katholiken sowie Führer der Sekten Hoa Hao und Cao Dai wurden verhaftet und zum Schweigen gebracht, das berühmte An-Quang-Kloster, Zentrum buddhistischer Opposition gegen Thieu, ist streng überwacht, sein geistiger Führer, der Mönch Thich Tri Quang, unter Hausarrest gestellt.

Ohne allzuviel Widerstand hervorzurufen, hat der Partei- und Verwaltungsapparat Nordvietnams im Süden Fuß gefaßt. In den ersten Jahren gab es noch Nester bewaffneten Widerstandes gegen die neuen Herren. Ein Untergrundsender hielt die Hoffnung auf eine Wende noch eine Zeitlang aufrecht. All das ist vorbei. Das Regime trifft auf keine aktive Opposition mehr. Die Menschen haben sich damit abgefunden, daß sie mit diesem System fertig werden müssen. Ein Polizist pro hundert Familien und ein Netz schwer erkenntlicher Informanten hält eine Bevölkerung unter Kontrolle, die ohnehin eine Erlaubnis braucht, um reisen oder bei Freunden übernachten zu können. „Con An" (öffentliche Sicherheit) ist für alle Vietnamesen die gefürchtetste Institution. „Glücklicherweise sind sie käuflich", sagt ein Händler ironisch über die Polizisten. Alles hat seinen Preis, von einem Ausreisevisum bis zur Zuteilung eines Arbeitsplatzes. Mit ein paar Geldscheinen lassen sich Strafen umgehen: Ein Radfahrer, der angehalten wird, weil er das Rot der Ampel nicht beachtet hat, drückt dem Polizisten 20 Dong in die Hand. „Nein, nein", sagt er, „ich muß Onkel Ho direkt in die Augen sehen." Der Fahrer versteht und bietet statt der 20-Dong-Note, auf der Ho Chi Minh im Profil zu sehen ist, eine 50-Dong-Note dar, die sein volles Antlitz zeigt. Der Polizist greift zu. Korruption ist die Regel, nicht die Ausnahme. „Lenin sagte, Sozialismus sei Sowjetmacht plus Elektrifizierung", scherzt ein Freund. „In diesem Regime ist er Polizeimacht plus Schwarzmarkt." Allgemein akzeptiert ist, daß jeder Mensch versucht, sich über Wasser zu halten, so gut er kann. So verkaufen Schullehrer ihren Schülern Gebäck, stehlen Soldaten Benzin aus Militär-Lkw, beschlagnahmen gewissenhafte Zollbeamte am Flughafen alle Videokassetten der Einreisenden: angeblich, um deren Inhalt zu prüfen, in Wirklichkeit, um Privatvorführungen im nahe gelegenen Tong-Binh-Hotel zu organisieren. Eintritt: 50 Dong pro Person.

Parteikader haben im Süden die Sitte des Nordens eingeführt, in ihren Wohnungen Schweine zu züchten und sie mit Staatsfutter zu mästen. So ist das einst elegante Saigon aufs Schwein gekommen. Überall, wo Kader wohnen, hört man Schweine grunzen und schnüffeln, und selbst hohe Generale der Armee legen Wert darauf, ein Schwein in ihrem Wohnzimmer zu haben, wenn sie Gäste zu Tisch laden: Das Tier dient als Erklärung für den hohen Lebensstandard, der sonst auf Devisengeschäfte oder gar Opiumhandel in Laos und Kambodscha zurückzuführen wäre. „1975 meinte ich, das neue Regime würde entweder rosa oder rot", sagt ein früherer Rechtsanwalt, der sich damals weigerte, das Land zu verlassen. „Nie hätte ich gedacht, daß es grau sein könnte. Dieses Regime hat unseren Herzen alle

Lust genommen. Das ist unsere Tragik." Der Ruf moralischer Überlegenheit, den die Kommunisten gleich nach der Befreiung genossen, verblaßte, als das Volk merkte, „daß ihr Verhalten von Eigennutz diktiert wird, ihre Ethik Heuchelei ist, und daß sie niemals das tun, was sie sagen", so eine Studentin, die am Tage der Befreiung 18 Jahre alt war.

Die Diskrepanz zwischen den öffentlichen Erklärungen des Regimes und der Wirklichkeit ist unübersehbar. An sich ist die Gesundheitsfürsorge für alle frei, doch Medikamente gibt es nicht in den Krankenhäusern. „Wer sich operieren lassen will, kauft sich am besten erst mal auf dem schwarzen Markt Betäubungsmittel und Faden", sagt ein Arzt. In der Wirtschaft haben die Kommunisten ihre größten Fehler gemacht. Zuerst schlossen sie alle Privatläden und verfolgten die Kaufleute der Saigoner Chinesenstadt Cholon als Spekulanten. Dann aber, als sie merkten, daß das Land dem Zusammenbruch nahe kam, lockerten sie den Druck und forderten die Chinesen sogar auf, wieder aktiv zu werden. „Die Lotterie, die Lotterie ist unsere letzte Hoffnung", ruft eine Zigarettenverkäuferin. Statt einer pro Woche, wie zu Thieus Zeiten, gibt es in Saigon heute drei Ziehungen pro Tag. Horden von jungen Leuten laufen morgens früh mit Packen von Lotterielosen durch die Stadt, zehn Dong das Stück, 100 000 Dong der erste Preis. Nachmittags um fünf erstarrt dann die ganze Stadt, wenn die Gewinnzahlen mit weißer Kreide auf die Schiefertafeln der Märkte und Straßen geschrieben werden. Die Vietnamesen haben ein Einkommen von 102 US-Dollar pro Kopf im Jahr. Armut und Unzufriedenheit („Selbst das Politbüro ist unzufrieden", scherzt ein Parteifunktionär) sowie andauernde Versorgungsengpässe sind Teil des täglichen Lebens des Bürgers geworden. „Gibt's wirklich nichts Positives?" Auf diese Frage antwortet ein alter Freund: „Doch, doch, die Kommunisten haben meine Augen geschärft. Vor 1975 brauchte ich eine Brille, jetzt kann ich auch ohne sie sehen."

Laos

Nach dem Fall Südvietnams fällt das Königreich, kleinster der Staaten Indochinas, dem Kommunismus sanft anheim.

Der Geist der patriotischen Einheit
Die neue Zeit im hinterindischen Dschungelland

Buddhistische Bonzen und kommunistische Kader stellen sich aufeinander ein. Vor Klöstern und Tempeln wächst Gemüse.

Das Bild des Königs hängt noch an seinem alten Platz in der Eingangshalle des Palastes, doch viel mehr ist nicht geblieben vom alten „Königreich der Millionen Elefanten": Als der rote Prinz Souphanouvong, Präsident der soeben geborenen demokratischen Volksrepublik Laos, vor den Palast tritt, um dem Diplomatischen Korps sein Kabinett vorzustellen — erst jetzt scheint das letzte Kapitel des Indochinakrieges abgeschlossen. Vieles hat sich geändert, wenn auch auf laotisch, das heißt sanft und leise. Ohne die monatelange Belagerung der Hauptstadt (wie in Kambodscha) und auch ohne den monatelangen Siegeszug kommunistischer Truppen (wie in Vietnam). So sanft in der Tat, daß noch nicht einmal der amerikanische Geschäftsträger geflohen ist — still und bescheiden steht er im Park des Palastes, friedlich in einer Reihe mit den Vertretern Moskaus und Hanois.

Vientiane ist nicht mehr, was es war: nicht mehr die Opiumhöhle Französisch-Indochinas und auch nicht mehr Amerikas Bastion auf dem asiatischen Festland. Das ausländische Kapital ist geflohen, die schicken Cafés sind geschlossen, die wenigen ausländischen Renommiergeschäfte mit Schmuck und Photoartikeln haben neue Gäste bekommen: russische „Touristen",

Piloten, Ratgeber, Journalisten, Experten. Vientiane heute ist nahezu ein Gemüsegarten. Seit das benachbarte Thailand die Grenzen dichtgemacht und den Warenverkehr unterbrochen hat, wachsen Kohl und anderes Gemüse vor jedem Haus, an jeder Straßenecke, in jedem Hinterhof. Schon am frühen Morgen, bevor die Behörden öffnen, die Schulen, die buddhistischen Tempel, sind die Angestellten da. Hübsch gekleidete Lao-Mädchen und ältere Beamte erfüllen vor der Arbeit ihr Gemüse-Soll: Sie lockern den Boden an den Rändern der Bürgersteige, pflanzen Salat und anderes Grünzeug unter Anleitung eines kommunistischen Pathet-Lao-Soldaten, der auch zuweilen mit anpackt. Nach Meinung ausländischer Agrarexperten wird die Ernte aus jenen Stadt-Kleingärten Vientiane durch die Trockenzeit bringen, ohne daß das Land wirklichen Hunger leiden muß.

Selbst die 20 000 buddhistischen Mönche sind Gärtner geworden und haben aufgehört zu betteln. Das neue Regime – weit entfernt davon, den althergebrachten Glauben zu unterdrücken und dadurch Unruhe im Volk zu stiften – hat den Mönchen klargemacht, daß sie ohne Einmischung der Behörden auch in Zukunft ihren Glauben praktizieren dürfen, unter ebendieser Bedingung: daß sie dem Volk nicht mehr zur Last fallen und sich selbst versorgen. Vor den Tempeln und Klöstern wachsen Bohnen und Erbsen, und im warmen Licht der Abendsonne gießen die Mönche in ihren orangefarbenen Gewändern die frisch bepflanzten Beete. Über Nacht und so ganz freiwillig haben sich die Buddhisten nicht dazu entschlossen, die jahrhundertealte Tradition des Bettelns aufzugeben. Ebenso wie alle anderen Laoten sind sie umerzogen worden: in politischen Seminaren, in Lehrgängen auf dem Land und in der Stadt. Ein junger Mönch hat die Rolle des Buddhismus in der neuen Gesellschaft besonders schnell akzeptiert: „In der Vergangenheit waren wir eine Last für das Volk. Uns wurde gesagt, daß es unbuddhistisch sei zu arbeiten. Jetzt wissen wir, daß das Gegenteil wahr ist." Ohne Schwierigkeiten haben sich die neuen Machthaber mit den Bonzen versöhnt. Premierminister Kaisone Phomvihane erwies den Mönchen schon in seiner ersten Rede vor dem Volkskongreß seine Reverenz. Er sprach von ihrem wesentlichen Beitrag dazu, „den Geist der patriotischen Einigkeit wiederzubeleben und die Massen dazu zu erziehen, daß sie sich auf dem richtigen Weg bewegen". Andere Religionen und insbesondere ausländische Missionare erfreuen sich nicht dieser verständnisvollen Sonderbehandlung. Alle ausländischen Priester und Nonnen haben die Provinzen verlassen müssen, die letzte Gruppe wartet in Vientiane darauf, ausgewiesen zu werden. Eben weil die Pathet Lao sich soviel Zeit genommen haben, weil sie überzeugen und nicht erzwingen wollten, hat es auch kaum ernsthaften Widerstand gegeben, als sie die bisherige Koalitionsregierung absetzten. Der König wurde kurzerhand zum Berater des Präsidenten ernannt, und der bisherige neutralistische Premierminister Souvanna Phouma zum Berater seines kommunistischen Nachfolgers Kaisone Phomvihane. Wer sich aber querstellt, der muß lernen. Ebenso wie in Kambodscha und in Vietnam haben die Kommunisten Dschungellager eingerichtet, in denen, weit entfernt von den Zerstreuungen der Hauptstadt, Lehrer und Beamte, Soldaten und Geschäftsleute für die neue Gesellschaft programmiert werden. Höhere Offiziere der früheren Königlichen Armee sind schon seit mehr als vier Monaten nicht mehr in Vientiane gewesen.

Nach dem ersten Abschnitt ihrer Umerziehung, einem längeren Aufenthalt in Vieng Sai, der revolutionären provisorischen Hauptstadt im Nordosten des Landes, wurden die „Marionettensoldaten" zu harter körperlicher Arbeit verpflichtet – sie sollen mit eigener Hand helfen, das Land wiederaufzubauen. Viele von ihnen bauen Brücken oder Straßen, fällen Bäume, arbeiten in Steinbrüchen. Das Beispiel eines jungen Laoten, dessen Vater Oberst in der Königlichen Armee war, steht für viele. Stolz zeigte er einen Brief, den sein Vater am unbekannten Ort seiner Umerziehung geschrieben hatte: „Ich habe gelernt, wie man ein

Netz macht, um Fische zu fangen, ich habe gelernt, wie man Reis anbaut. Sobald ich gelernt habe, wie man ein Haus baut, komme ich wieder." Der Junge und mit ihm die ganze Familie bezweifeln es nicht.

Umerziehung auf dem Lande, Gemüseanbau in der Stadt — und Säuberung der Kultur. Spezielle Komitees im ganzen Lande leiten eine intensive Kampagne, die alle Reste der dekadenten westlichen Kultur, alle Spuren des Kolonialismus beseitigen sollen: Tanzen ist verboten und der Verkauf wie die Lektüre von Büchern, die nicht ins Bild der reinen laotischen Kultur passen, ebenfalls. Geschickt verstehen es die neuen Herren, alte laotische Sitten und Bräuche für den Aufbau der neuen Gesellschaft zu nutzen. Zwar gibt es noch keine Landreform und auch keine Genossenschaften, aber alle Bauern sind aufgefordert, einander in den Reisfeldern zu helfen, gleichgültig, wem was gehört. Ein alter Bauer sagt: „So haben wir es noch als Kinder gelernt, und so war das früher überall. Jetzt soll es wieder so werden."

Kambodscha

Genozid am eigenen Volk – in keinem asiatischen Land wüteten Kommunisten so schrecklich wie die Roten Khmer.

„Ich höre noch Schreie in der Nacht"
Traumata im zerstörten Kambodscha

Die Vietnamesen haben das Regime des Massenmörders Pol Pot gestürzt. Terzani reist durch ein Land der Leichenfelder, voll niedergedrückter Menschen.

Kambodscha von heute fordert die Phantasie des Schreckens heraus. Ich hatte das Land im Jahre 1975 verlassen, kurz bevor die Roten Khmer Pnom Penh übernahmen. Ich hatte ein Kambodscha verlassen, das Krieg führte, aber immer noch lebendig war; mit Städten, mit normalen Menschen, vielen Freunden. Ich kam zurück und fand nur noch die Skelette der Gebäude und der Menschen wieder, die ich gekannt hatte. Kambodscha sieht heute wie ein Land aus, das von allen gottgesandten und menschengemachten Mißgeschicken heimgesucht wurde, von Pest und Krieg, Erdbeben und Neutronenbomben.

Seit Oktober 1975 hatte ich in thailändischen Flüchtlingslagern und später, 1978, auch in südvietnamesischen Berichten über die Pol-Pot-Massaker gehört, aber mein Verstand konnte die Dimensionen jenes Verbrechens nicht erfassen. Ich verbrachte 17 Tage in Kamputschea. In einem Fiat sowjetischer Bauart fuhr ich über 1500 Kilometer durch zehn der 19 kambodschanischen Provinzen auf Straßen, die von amerikanischen Minen zerbombt und von den Roten Khmer niemals repariert worden waren. Überall, wo ich anhielt, manchmal rein zufällig wegen Reifenschadens oder um Kokosnußsaft zu trinken, fand ich Massengräber und Vernichtungsfelder. Manchmal ließ es sich nicht vermeiden, über Knochen von Menschen zu gehen, die zwischen 1975 und 1978 umgebracht worden waren. In Pnom Penh war ich stundenlang mit dem Fahrrad unterwegs und suchte nach Plätzen, die ich kannte, nach Häusern, in denen ich gewohnt hatte, nach alten Freunden. Ich konnte nichts und niemanden finden. Ich hielt Ausschau nach meinem alten Dolmetscher, aber von dessen ganzer Familie gab es nicht eine einzige Spur, ausgelöscht. Statt dessen sah ich einige Bekannte der vietnamesischen Vietcong, die ich nach der kommunistischen Machtübernahme in Saigon getroffen hatte und die jetzt zu der Besatzungsarmee gehören, die Hanoi in Kamputschea unterhält.

Kambodscha 1980: In der Einsamkeit des Dschungels, hoch über den Zuckerpalmen, blicken rätselhafte Gesichter mit unruhigem Lächeln hernieder, die riesigen Steinfiguren der Tempelstadt Angkor. An den Wänden der Tempel und Paläste berichten riesige Flachreliefs von großen Schlachten, die die Kräfte des Lichtes und der Finsternis gegeneinander schlugen, von schrecklichen Folterungen, von erschlagenen, zerstückelten Menschen. Eine Inschrift lautet: „Der Wissende betrachtet das Leben als ein flackerndes Licht, bewegt von einem heftigen Wind." All dies wurde vor nahezu tausend Jahren geschrieben und geschnitzt als eine Warnung an die Menschen. Es sieht jetzt aus wie eine gespenstische Prophezeiung. Nur vier Kilometer weiter, vor den verrußten Ruinen des ehemaligen Gymnasiums von Siem Reap, bleichen die Reste Hunderter Menschen, die geschunden, erschlagen, zerstückelt wurden, in der sengenden Sonne. Die unglücklichen Nachkommen der Erbauer dieses Monuments kratzen jetzt die Steine von Angkor ab und sammeln die Exkremente der Fledermäuse, um sie als Dünger zu benutzen, und sie scharren in den Massengräbern. Einige suchen nach ihren Angehörigen, andere suchen in den Falten der vermoderten Hemden nach verstecktem Gold. Von oben lächeln die steinernen Gesichter der Gottkönige mit halbgeschlossenen

Augenlidern unentwegt und unbarmherzig auf die Menschen nieder, die so töricht sind zu glauben, in der Geschichte gebe es einen Fortschritt. Man hört das Lachen der Affen und das Klagen der Zikaden. „Sie schreien, weil die Trockensaison alle Blätter abgetötet hat, aber ich habe das Gefühl, daß sie schreien, weil so viele Khmer tot sind", sagt der Kurator der Tempelstadt, Pich Keo, der fünf Schwestern, einen Bruder, beide Elternteile und einen Sohn in den Massengräbern weiß.

Ein Wächter Angkor Wats führt mich durch die Ruinen des alten Khmer-Reiches, die an die vor langer Zeit eingefallenen Armeen aus dem Westen und Osten erinnern, und durch die neueren Ruinen, die der schreckliche Schicksalsgott namens Pol Pot zurückließ. 1970 lebten 36 Archäologen in Kambodscha. 21 wurden umgebracht, 12 sind in Paris, Pich Keo ist einer der drei, die blieben. Seine Bücher wurden vernichtet, alle Dokumente von Angkor verbrannt, und wie alle überlebenden Kambodschaner, die ich traf, kann auch er kaum den Mut zu einem Neubeginn aufbringen. Die Leute gehen in ihre Häuser zurück, aber finden leere Gemäuer vor, die Frauen gehen zu den Brunnen, aber finden kein Wasser; auf dem Grund liegen verwesende Leichen. Die Männer versuchen, die Reisfelder zu pflügen, aber graben Skelette aus. Wie die Bauern in anderen Ländern, die Steine von ihren Äckern klauben, sammeln die kambodschanischen Bauern Schädel auf und arbeiten weiter. Ein gelähmtes, verzweifeltes, gebrochenes Volk von Witwen, Waisen und wenigen noch lebenden terrorisierten Männern wandert umher, sammelt die Stücke seines Unglücks und sucht den verlorenen Faden des Lebens wiederaufzunehmen.

Überall haben kleine Märkte wieder geöffnet, die Kinder spielen auf Bergen von Abfall, zerbrochene Buddhas werden unter Strohdächern gesammelt, das alles, wo einst eine Pagode stand, die von den Roten Khmer dem Erdboden gleichgemacht wurde. Kambodscha lebt wieder, allerdings unter dem Schutz der Armee traditioneller Feinde, der Vietnamesen, die sich jetzt als Freunde bezeichnen und denen die Leute für ihr Überleben danken müssen. „Wenn sie nicht gekommen wären, wäre ich im vergangenen Jahr gestorben. Wenn sie gehen, werde ich im nächsten Jahr sterben", sagt Rim Rom über die Vietnamesen, ein früherer Student, der jetzt als Dolmetscher im Außenministerium arbeitet. Acht Mitglieder seiner Familie kamen um. In Kambodscha stehen derzeit mindestens 200 000 vietnamesische Soldaten, sie sollen garantieren, daß Pol Pot nicht an die Macht zurückkehrt und Kambodscha zu einer gewissen Form von Normalität zurückfindet. Pnom Penh soll das Symbol dieser Wiedergeburt Kamputscheas sein. In der Stadt selbst wohnen heute wieder 120 000 Menschen, weitere 130 000 leben in der Umgebung. An den Einfahrtstraßen wird niemand kontrolliert. Nur wer in der Stadt ständig wohnen will, muß einen Arbeitsplatz nachweisen, gewöhnlich erhält er ihn von der Regierung. Bald nach dem 7. Januar 1979, als die vietnamesische Armee in Pnom Penh einmarschierte und Pol Pot stürzte, stellte die neue Regierung des Präsidenten Heng Samrin jeden an, der sich in Pnom Penh meldete und gewisse Fertigkeiten vorweisen konnte. Ein Arbeitsplatz berechtigt zu einer Unterkunft, aber die früheren Einwohner Pnom Penhs durften nicht einfach in ihre Häuser zurückkehren. Die Stadt wurde in Abschnitte aufgeteilt und jedem Ministerium ein Stadtteil in der Nähe als Wohnquartier für die eigenen Mitarbeiter zugewiesen. Große frühere Wohngebiete blieben vietnamesischen Soldaten und Kadern reserviert. Ein quer über die Straße gelegter Bambuspfahl und ein vietnamesischer Posten in einer Holzkabine markieren das Gebiet, das kein Kambodschaner betreten darf. Während einige Stadtteile am Rande noch gespenstisch aussehen, verdecken im Zentrum Pnom Penhs große Beete mit überschwenglichen Bougainvilleas und Mimosen einige der schlimmsten Narben. Die größten Boulevards sind nach zwei früheren kambodschanischen KP-Führern benannt, die beide getötet wurden, einer angeblich von den Chinesen, der andere von Pol Pot. Und das alte Hotel „Royal" wurde jetzt in „Samaki" (Solidarität) umbenannt. Die Kokospalmen, die die Roten Khmer mitten auf den Gehwegen pflanzten, verbergen hinter ihrem prächtigen Grün einen Teil der Zerstörung. „Sehen Sie nicht, daß diese Kokospalmen größer sind, als es eigentlich ihrem Alter entspricht?" fragt mich mit einem verängstigten Blick in den Augen der Dolmetscher Rim Rom: „Sie haben einen besonderen Dünger erhalten." Unter Pol Pot war es verboten, Leichen einzuäschern. „Holz ist dazu da, um Feuer zum Kochen zu machen, und sollte nicht verschwendet werden", pflegten die Roten Khmer zu sagen. So begruben sie ihre Opfer zusammen mit Samen der Kokospalmen. „Ich betrachte die Kokospalmen und habe noch im Ohr, wie die Tschhlop (die jungen Garden der Roten Khmer) mir zuflüsterten: ‚Gute Kokosnuß, gute Kokosnuß, töten, um einen guten Kokosnußbaum zu bekommen …'", sagt Rim Rom, der zwei Jahre auf einer Kommune in Svay Rieng arbeitete. Ständig wurde er daran erinnert, daß er immer noch einen guten Dünger abgeben würde, wenn er als Arbeitskraft nicht mehr tauge. Jetzt glaubt er wie viele andere Kambodschaner, unter jeder „Pol-Pot-Kokospalme" liege eine Leiche. Tausende dieser Bäume wachsen in jeder verlassenen Stadt und in jedem verlassenen Dorf Kambodschas. Der frühere Zentralmarkt von Pnom Penh, der noch geschlossen ist, liegt hinter einem dichten Wald von Kokospalmen versteckt.

Die Nationalbücherei – unter Pol Pot ein Stall für Schweine – wurde wiedereröffnet mit Büchern, die man im Garten verstreut gefunden hatte, und mit dem, was noch vom alten buddhistischen Institut übriggeblieben war. Dessen unersetzliche Sammlung alter Manuskripte hatten die Pol-Pot-Leute in den Mekong geworfen. Jouk Kun, ein früherer Universitätsprofessor, dessen Frau, sechs Kinder und fünf Brüder unter Pol Pot hingerichtet wurden oder den Tod fanden – einer wurde getötet, weil er „dick" war und daher eindeutig ein Bourgeois –, arbeitet an einem neuen Katalog: „Wir haben wenigstens die Regale", sagt er. „Die Roten Khmer benutzten sie zum Abstellen ihrer Kochtöpfe und Reisschüsseln." Das Hauptpostamt wurde in seinem alten französischen Kolonialgebäude wiedereröffnet und nimmt Briefe ins Ausland entgegen. Aber es gibt keine Briefmarken. Von den früher 1700 Angestellten haben sich 85 zur Arbeit gemeldet. Das alte berühmte Nationalmuseum in Pnom Penh ist wieder eröffnet, obwohl alle hölzernen Exponate, selbst alte Waagen und Spieße fehlen. „Die Khmer Rouge benutzten sie zum Feuer machen", sagt Taou Sun Heng, ein früherer Student der Archäologie, der jetzt das Museum leitet. Statuen und Bronzegeräte sind noch an ihren Plätzen, die meisten haben weiße Farbflecken. Die Roten Khmer wollten das Museum als Schaustück für Ausländer wiedereröffnen und versuchten es neu zu streichen. Doch statt des traditionellen Kalks benutzten sie Ölfarbe, die überall hintropfte. „Wir brauchen Hilfe, um die Statuen zu säubern, ohne sie zu beschädigen", sagt der Kurator. An der Universität hat nur die medizinische Fakultät ihre Vorlesungen wiederaufgenommen. Es sind nur noch einige Bücher vorhanden und nur sieben der ehemals 70 Professoren. Von den über 500 Ärzten, die 1975 in Kambodscha lebten, haben sich nur 56 zur Arbeit gemeldet. Einen entdeckte ich zufällig in einem Dorf Ostkambodschas. Aber er weigert sich, wie viele andere Intellektuelle, seine Identität zuzugeben. „Bitte, bitte, sagen Sie niemandem, wer ich bin", bat er mich. Leute seiner Art haben unter Pol Pot nur überlebt, weil sie vorgaben, sie seien Analphabeten. Jetzt tun sie sich schwer zu glauben, daß alles vorüber sei. „Seit 1975 habe ich nichts gelesen, nicht ein einziges Wort geschrieben. Ich weiß nicht, wer ich bin", sagt die Kambodschanerin Tschham Tschhajasi (Ehemann und zwei Kinder tot), die ich über den Markt von Sisophon stolpern sah. Sie war im Orchester von Pnom Penh Flötistin. In Pursat sah ich an einer Straßenecke in der Mitte eines Niemandlandes eine zitternde Frau, die vor vier kleinen Reiskuchen kauerte, die sie zum Verkauf anbot. „Bonjour Madame", sagte ich. Sie blickte mich an, als sei ich eine außerirdische Erscheinung, und stammelte langsam: „Bonjour

Monsieur." Ith Sithon, die einzige Überlebende einer 16köpfigen Familie, war früher Lehrerin in Pnom Penh. Ihr Mann wurde vor ihren Augen erschlagen. Ihre sechszehn Monate alte Tochter starb bald danach an Unterernährung. Obwohl erst 28 Jahre alt, sagte sie ständig: „Wieder anfangen zu leben – ich weiß nicht mehr, wie man es macht."

Etwa viereinhalb Millionen traumatisierter, verschreckter Khmer sind in Kambodscha übriggeblieben. Zumindest ein Drittel ist an Malaria oder Beriberi erkrankt. Alle haben einmal an Unterernährung gelitten und sind noch schwach und verwundbar. „Wir haben es mit einer Bevölkerung zu tun, die keine Belastungen mehr aushält", sagt ein Uno-Beamter, der in Pnom Penh arbeitet. In einem Land, das zu Sihanouks Zeiten in jeder Provinzhauptstadt ein vollausgestattetes Krankenhaus hatte, in jedem Distrikt eine Sanitätsstelle, vernichtete Pol Pot systematisch jede Spur der westlichen Medizin. Und da er sich ausschließlich auf traditionelle Praktiken verließ, verwandelte er sogenannte Waldkrankenhäuser in Warteräume des Todes: Die Lebensmittelration der Patienten wurde halbiert, junge Bauernkinder führten Operationen aus. „Eines Tages sah ich, wie die Khmer Rouge ein siebzehnjähriges Mädchen in das Krankenhaus brachten. Sie war gesund und meinte, sie solle dort als Krankenschwester arbeiten. Statt dessen sah ich, wie man ihr ein Schlafmittel verabreichte, sie an den Operationstisch band und wie sie von zwei jungen Ärzten in Stücke geschnitten wurde. „Die Stücke wurden später im Garten vergraben", erinnert sich Dr. Hun Tchhen Ly, der jetzt an dem Krankenhaus in Battambang arbeitet (fünf Brüder, seine Frau und zwei Kinder wurden getötet). Er sagt auch noch: „Pol Pot war schlimmer als Hitler, denn er tat das mit seinem eigenen Volk." Diesem Pol Pot gelang es wenigstens, mit einer Krankheit fertig zu werden, der Lepra. Er ließ alle Leprakranken ausrotten.

Seit einem Jahr bemüht sich die Regierung, wieder ein Gesundheitssystem für das gesamte Land aufzubauen, aber die

Schwierigkeiten sind ungeheuer groß. In Provinzen wie Pursat und Kampong Tschhnang gibt es überhaupt keine Ärzte. Von internationalen Hilfsorganisationen übersandte Arzneimittel sind zwar eingetroffen, werden aber wie „Bonbons" (so ein vorübergehend anwesender ausländischer Arzt) verteilt. In Battambang, einer Provinz mit 830 000 Einwohnern, ist der einzige, der operiert, ein Pfleger. „Ich habe dem Chirurgen von 1968 bis 1975 assistiert, und ich erinnere mich genau, wie es gemacht wird", sagt Tschuon Bun Thol (der sieben Mitglieder seiner unmittelbaren Angehörigen verloren hat). Wie alle anderen Provinzkrankenhäuser hat auch das in Battambang kein Röntgengerät. „Unter diesen Umständen ist es absurd, von einem Gesundheitsprogramm für Kamputschea zu sprechen", sagt ein ausländischer Arzt, der gekommen war, die Situation zu untersuchen und Ratschläge zu erteilen. „Das Beste ist, die Bevölkerung zu ernähren." Im Augenblick hungert niemand, nirgends sieht man die wandelnden Skelette, die noch im Oktober zu Tausenden unter den Flüchtlingen über die thailändisch-kambodschanische Grenze kamen. Aber die allermeisten der Patienten in den Krankenhäusern, die ich besichtigte, litten an schwerer Unterernährung, ebenso wie die Kinder mit aufgeblähten Bäuchen und bräunlichem Haar in den Dörfern entlang der Straße in Westkambodscha. Ein ausländischer Fachmann kleidete das in die Worte: „Hinter der Fassade der Normalität lauert immer noch die Zeitbombe Hunger."

Die Rechnung ist einfach. 1979 wurde in Kamputschea auf einem Viertel des Ackerlandes Reis gepflanzt. Wegen der schlechten Bewässerung, des Mangels an Düngemitteln und einer außergewöhnlich harten Dürre brachte die Ernte nur 40 Prozent des erwarteten Ertrages. Die Kambodschaner, die bislang die Massaker, den Krieg und Hunger überlebt haben, müssen zwischen April und Dezember 260 000 Tonnen importieren, wenn sie am Leben bleiben wollen. „In der Vergangenheit haben wir uns vom Wald ernährt. Wir werden das wieder tun", sagt Khunn Thach (sie hat ihren Mann, zwei Schwestern und einen Sohn verloren), Leiterin des früheren Grand Hotels von Siem Reap, das jetzt verfallen ist und kein Wasser hat. Ernährungsexperten sehen die Lage so: Wenn die Menschen wieder Blätter, Eidechsen und Ratten essen, werden sie nicht in der Lage sein, in der nächsten Saison wieder Reis anzupflanzen, und so wird der Hungerzyklus niemals aufhören.

Die neuen Herren konnten die Agrarproduktion nicht so schnell wieder in Gang bringen, vor allem weil die Pol-Pot-Kader das Bewässerungssystem grundlegend geändert hatten: Sie ließen die Zwangsarbeiter aus den Städten, die aufs Land geschickt worden waren, riesige Kanäle graben, taten dies jedoch ohne jegliches Ingenieurwissen, so daß viele Deiche brachen, als der Regen kam. Der Provinz Battambang geht es am schlimmsten. Wie überall im Land erhielt jeder, der für die Regierung arbeitete, seine Reisration, wer aber nicht für die Regierung arbeitete, bekam nur ungefähr 700 Gramm im Monat. 1975 liefen in Battambang 500 Wasserpumpen, jetzt sind es nur fünf. Damals fuhren 1000 Traktoren, jetzt nur 60. Die noch übriggebliebenen Ochsen und Büffel reichen kaum aus, ein Drittel des Ackerlandes der Provinz zu bebauen.

Ein weiterer Grund für die unzulängliche landwirtschaftliche Produktion: Die Bevölkerung ist noch nicht wieder seßhaft geworden. Obwohl formell immer noch Ausgangssperre besteht, hört man nachts in Pnom Penh das Quietschen von Karren, die langsam durch die unbeleuchteten Straßen geschoben werden. Von Norden nach Süden, von Westen nach Osten. Die Menschen ziehen immer noch im Lande umher auf der Suche nach ihren Angehörigen, auf der Suche nach Dingen, von denen sie hoffen, sie könnten sie hier und dort wiederfinden. Vor dem Bahnhof lagern Hunderte und warten, daß ein Zug nach Sisophon oder Kampong Som abfährt, was gänzlich unwahrscheinlich ist. Im ganzen Lande fahren nur noch zwei Lokomotiven. Vor dem alten Staatskino habe ich eine Woche lang 400 schmutzige und hungrige Waisenkinder und Frauen gesehen, die auf einen Last-wagen warteten, der sie in ihre Dörfer in der Provinz Kampot zurückbringen sollte. Sie waren zu Fuß aus Pursat eingetroffen, wohin die Roten Khmer sie 1976 getrieben hatten. Die meisten Männer waren getötet worden. Vietnamesische Truppen, die in den Dschungelgebieten des Landes Reste der Roten Khmer verfolgen, finden immer noch Kinderbanden, die im Wald über-lebt haben. Die Soldaten schaffen die Kinder an eine Haupt-straße und sagen ihnen dann, sie sollen in ihre Geburtsdörfer zurückkehren.

In Pnom Penh, wo die Menschen durch die augenscheinliche Rückkehr zur Normalität wieder Mut fassen, versuchen Mütter, ihre Töchter schon mit 15 Jahren zu verheiraten, aber es sind nicht genügend junge Khmer-Männer übriggeblieben. „Warum heiraten Sie nicht einen dieser vietnamesischen Soldaten?" fragte ich ein paar dutzendmal und bekam immer die gleiche Antwort: „Einen Joun? Nie und nimmer." In dem Wort „Joun", einer herabsetzenden Bezeichnung für die Vietnamesen, kommt die ganze komplizierte Beziehung zwischen diesen beiden Völ-kern zum Ausdruck, die seit Jahrhunderten Nachbarn sind und einander seit Jahrhunderten verachten. Die Vietnamesen betrachten die Khmer traditionell als ein primitives Volk, die Khmer wiederum die Vietnamesen als grausam, engstirnig und hinterlistig. „Sie sagen etwas und meinen es ganz anders." Neben den mythischen Ungeheuern ihrer Legenden sind die Vietname-sen die bösen Gestalten in vielen Märchen der Khmer, und es gibt wohl kein Khmer-Kind, dem die Großeltern nicht die „Tee-geschichte" erzählt haben: „Vor langer Zeit gab es einen vietna-mesischen König. Er nahm einen Khmer gefangen und ließ ihn auf einem Deich arbeiten. Der König sagte, er arbeite zu langsam und müsse bestraft werden. Er ließ ihn bis zum Hals eingraben und setzte einen Topf mit Wasser auf seinen Kopf, um seinen Tee zuzubereiten. Der König zündete ein Holzfeuer um den Kopf des armen Khmer an, der begann zu schreien und den Kopf zu bewegen. Du siehst, sagte der vietnamesische König, ich muß dich noch stärker bestrafen, weil du mein Teewasser verschüttest." Seit dem Niedergang des alten mächtigen Khmer-Reiches von Angkor sind die Khmer immer schwächer, die Vietnamesen immer stärker geworden. In der Mitte des 18. Jahrhunderts gingen sie daran, das, was von Kambodscha noch übriggeblieben war, zwischen sich und den Thais aufzuteilen. Die Franzosen, die kamen, um Vietnam zu kolonisieren, beendeten diesen Prozeß und „schützten" Kambodscha. Jetzt, ein Jahrhundert später, hat die Geschichte die Vietnamesen wieder nach Kambodscha gebracht. Hanois Propaganda spricht von den „brüderlichen Beziehungen" zwischen den drei Völkern Indochinas. Die Franzosen pflegten diese drei Völker so zu kennzeichnen: Die Vietnamesen bauen den Reis an, die Khmer beobachten, wie der Reis wächst, die Laoten hören zu, wie der Reis wächst.

Es war immer ein Traum der Vietnamesen, sich ihre wirtschaftliche Basis durch die Beherrschung ganz Indochinas zu sichern. Jetzt haben sie ihr Ziel erreicht, und jeden Morgen preisen die Lautsprecher in ganz Kambodscha die „militante Solidarität" der drei indochinesischen Völker und die „Liebe der Vietnamesen zu den Khmer". „Ja, sie lieben uns, wie der Fuchs die Henne liebt", sagt Khuon Sokour, einziger Überlebender einer siebenköpfigen Familie. Der frühere Regierungsbeamte verdient sich jetzt seinen Lebensunterhalt, indem er auf dem Tou-Tam-Pon-Markt westlich von Pnom Penh Waren kauft und verkauft. Zwischen Stößen von Abfall und dem Gestank verdorbenen Gemüses herrscht noch die Atmosphäre der alten Zeit. Die Leute hocken am Boden, essen Nudelsuppe und Kuchen aus klebrigem Reis. Die Frauen verkaufen alles, von Seife bis zu Batterien, alte Bücher, die auf den Straßen aufgesammelt wurden, und rote Saphirringe. Die Mädchen nähen Hemden und Sarongs in schreiendsten Farben: Violett, Rot, Hellblau, Grün, Reaktion auf das Schwarz der Pol-Pot-Leute. Schwarze unförmige Anzüge waren die Uniform der Roten Khmer, Schwarz wurde der gesamten Bevölkerung aufgezwungen. „Ich brauche nur jemanden zu sehen, der sich schwarz gekleidet hat, und schon zittre ich wie ein Vogel, der in einen Teich gefallen ist", sagt Neag Savann (der Ehemann, eine Tochter und zwei Schwestern liegen in Massengräbern). Es scheint die Frau nicht zu stören, daß sie zwischen Stapeln von Schädeln in dem Dorf Toul Kok lebt. Die Roten Khmer richteten dort in den ersten Tagen nach ihrem Sieg in Pnom Penh mindestens 30 000 Menschen hin. „Die Lebenden jagen mir mehr Schrecken ein als die Toten", sagt sie und ist stolz auf ihren neuen geblümten Sarong, den sie für sechs Hühner erstanden hat.

Die Leute versuchen, die Zeichen der Vergangenheit auszu-löschen. Arm, wie sie sind, werfen sie die bequemen billigen Gummisandalen weg, die sie unter Pol Pot trugen, und ziehen statt dessen die teuren, bunten Plastiksandalen an, die aus Thai-land kommen. Alles, was jetzt in Kambodscha zum Kauf ange-boten wird, kommt aus Thailand über den „Heng-Samrin-Pfad", wie die Ausländer diesen Weg nennen. Jeden Tag fahren lange Kolonnen auf Fahrrädern den Weg von Kampong Tscham nach Sisophon nahe der thailändischen Grenze, alle Fahrer haben Gold in den Taschen versteckt. Sie kommen zurück mit Zigaret-ten, Stoffen, Uhren, Batterien, Radios, Sandalen und Frucht-getränken. Sie fahren stets in Gruppen. Von 20 hat immer einer ein Gewehr bei sich. „Es gibt viele Banditen, vor allem, wenn wir durch den Wald fahren", sagte einer von ihnen, den ich an einer „Raststätte" außerhalb von Kampong Thom traf, „und die größte Gefahr ist, eine Reifenpanne zu haben und allein gelas-sen zu werden." Fünf Tage dauert die Hinfahrt, fünf Tage die Rückfahrt, aber der Profit lohnt das Risiko. Ein Sarong, den man in Sisophon für fünf Dollar einkauft, ist in Kampong Tscham zehn wert, in Pnom Penh zwischen 13 und 15. Jeder Radfah-rer kann bis zu 40 Kilo transportieren. Die meisten Männer auf dem „Heng-Samrin-Pfad" sind Bauern ohne Reisfelder, Ange-stellte ohne Arbeit, die allerdings das Glück hatten, ein Fahrrad zu finden. Pol Pot hatte alle Fahrräder beschlagnahmt und sie in Lagerhäusern zum Verrotten gestapelt. Jetzt werden sie, meist ohne Bremsen, für drei Zehntel Unzen Gold angeboten. Sobald diese Investition gemacht worden ist, läßt sich das Kapital zur Finanzierung des Pendelverkehrs zwischen der thailändischen Grenze und dem Zentrum Kambodschas leicht auftreiben. Viele Menschen, die 1975 ihr Vermögen vergruben, graben es jetzt, da sie überlebt haben, wieder aus und machen Geschäfte. Eine Unze Gold, die man an einen Radfahrer zehn Tage lang ausleiht, bringt zehn Prozent Zinsen. Viele dieser „Bankiers", die von Kampong Tscham und Pnom Penh aus operieren, sind Überlebende der ehemals 300 000 Menschen starken chinesischen Gemeinde, die seit Generationen in Kambodscha lebte. „Der Kapitalismus steigt aus der Asche des zerstörerischen Sozialismus von Pol Pot auf", sagt ein ausländischer Experte in Pnom Penh. Die Regierung hat gegen diesen Schwarzhandel nichts unternommen, im Gegenteil, es scheint, daß sie die Aufrechterhaltung des „Heng-Samrin-Pfades" für lebensnotwendig hält. Der ständige Güterstrom kann helfen, den Wert der neuen Währung zu garantieren, in die die meisten Leute noch kein großes Vertrauen setzen.

Händler, die die Grenze nach Thailand überqueren und Waren auf den Markt nach Sisophon zurückbringen, nur 28 Kilometer von der Grenze entfernt, müssen den Thais die Waren in Gold bezahlen. Gold ist neben der vietnamesischen Währung, dem Dong, das willkommenste Zahlungsmittel in ganz Kamputschea. Gold-Wiegemeister ist ein neuer Beruf, ausgeübt auf den Märkten von Leuten, die mit großer Sorgfalt Splitter eines Armbandes oder Glieder einer Kette auf kleine Waagen legen. Für diese Arbeit erhalten sie eine Zigarette vom Käufer und eine vom Verkäufer; ein ganzes Päckchen ist zwei Kilo Reis wert. Sisophon, die Endstation des „Heng-Samrin-Pfades" lebt im Goldrausch. Die alte Stadt, immer noch leer und verfallen, ist von der vietnamesischen Armee besetzt. In einer früheren Apotheke unterhält sie ein kleines Gefängnis für vietnamesische Zivilpersonen, die bei einem Fluchtversuch nach Thailand gefangen wurden. Außerhalb der Stadtgrenze, auf einer offenen Ebene ohne den Schatten eines einzigen Baumes, stehen die Menschen vor Stapeln von Waren, die an schäbigen Buden aufgebaut sind. Radfahrer laden auf, Leibwächter reicher Kaufleute, die ihre Pistolen unter dem Hemd versteckt tragen, blicken wachsam in die Runde. Vietnamesische Offiziere kaufen Stereokassetten, Waisenkinder betteln an den Ständen, wo man − natürlich für Gold − eine eisgekühlte Coca-Cola bekommen kann.

Es wird noch dauern, bis die kambodschanische Industrie in der Lage sein wird, die Güter zu liefern, die jetzt thailändische Händler in das Land schicken und dafür alles Gold aus Kambodscha abziehen. Von den 80 wichtigsten Industriebetrieben, die Kambodscha 1975 hatte, konnten weniger als die Hälfte ihre Arbeit wiederaufnehmen, und die nur teilweise. Es fehlt an Energie, Rohstoffen, Ersatzteilen und Werkzeugen. „Ohne Hilfe von außen werden sie nie zurechtkommen", hört man ständig von den ausländischen Experten, die jetzt die kambodschanische Industriestruktur untersuchen. Wohin ein Fremder auch kommt, er wird um Hilfe gebeten. „Könnte Ihre Regierung uns nicht ein paar chinesische Schraubenschlüssel schicken?" fragte mich Hoc Lim (in seiner Familie wurden 30 Personen getötet), technischer Direktor einer Textilfabrik in Kampong Tscham. Sein Bericht über die Fabrik ist ein Beispiel für die tragische Ironie der jüngsten Geschichte Kambodschas. 1960 schenkten die Chinesen die Anlage dem Prinzen Sihanouk, Premier Tschou En-lai kam zur Eröffnung. 1975 ließ Pol Pot die Fabrik schließen, alle Arbeiter davonjagen, die Maschinen demontieren. Im Dezember 1978 wurde die Fabrik wieder geöffnet: vollständig neu, wiederum ein Geschenk der Chinesen, diesmal an Pol Pot. Gearbeitet wurde nur 26 Tage. Als die vietnamesische Armee näherrückte, schafften die Pol-Pot-Arbeiter und die chinesischen Techniker alle Werkzeuge der Fabrik weg, einschließlich der Schraubenschlüssel, ohne die die Maschinen jetzt nicht angeschlossen werden können. Es ist eine der modernsten Textil-fabriken, die ich je gesehen habe, aber von 210 Webstühlen arbeiten nur 50, und auch sie werden bald stillstehen, wenn die 72 Tonnen Rohbaumwolle aufgebraucht sind, die von der Unicef gespendet wurden. Bis 1975 gab es auf 9000 Hektar Baumwoll-plantagen um Kampong Tscham, jetzt liegen die Felder brach und trocken in der Sonne. Pol Pot hatte für sie eine andere Verwendung.

Nur einen Kilometer von der Textilfabrik entfernt, zu beiden Seiten der Straße, die zu dem alten Provinzflughafen führt, sind die Felder ein endloser Schreckensteppich: Schädel, Oberschen-kelknochen, Schienbeine und andere Knochen, so weit ich sehen kann. Wie oft habe ich von kambodschanischen Flüchtlingen gehört, die Roten Khmer hätten Leute abgeführt, die man nie wiedergesehen habe. Hier sind nun die Abgeholten, namenlose Schädel, darunter viele winzige kleiner Kinder. „Ein Schlag mit der Hacke, ein Schlag mit der Axt, ein Schlag mit dem Stock", pflegten die Mörder zu sagen, um ihre Untertanen darauf vorzu-bereiten, daß sie nicht einmal eine Kugel wert seien. Hier sind sie: eingeschlagene Schädel. 50 000 Menschen liegen auf diesen Feldern: Soldaten und Beamte früherer Regierungen mit ihren Familien, Studenten, Lehrer, Leute, deren Sünde darin bestand, daß sie gebildet waren. Warum ist das alles passiert? „Ich arbeite hier, weil ich die Antwort suche. Ich habe Unmengen Dokumente gelesen, aber keine Antwort gefunden", sagt Ing Pech, 53 (fünf Kinder und zwei Brüder wurden hingerichtet), im früheren Lyzeum Toul Sleng im südwestlichen Distrikt von Pnom Penh. Durch Folterkammern dieses Gebäudes gingen zwischen 1975 und 1978 über 20 000 Kambodschaner. Man sieht die Eisenbetten, auf denen sie geschlagen und mit Elek-troschocks gequält wurden, die winzigen Zellen, wo man sie ohne Nahrungsmittel in Ketten verhungern und verwesen ließ, darunter Botschafter und hohe Funktionäre, die des „Verrats" angeklagt waren. Ing Pech ist einer von ihnen, man hatte ihn als

CIA-Agenten abgestempelt, aber am Leben gelassen, weil er die Lastwagen reparieren konnte, mit denen die Roten Khmer ihre Opfer in das Gefängnis brachten. „Unser Leben hier war wie ein Haar. Am Morgen ist es noch da, am Abend nicht mehr. Ich höre noch die Schreie in der Nacht. Manchmal denke ich, ich werde von diesen Schreien taub. Deshalb habe ich darum gebeten, hier zu arbeiten. So kann ich zurückkommen, ich kann versuchen, das zu begreifen." Die Bürokratie des Todes der Roten Khmer hat stapelweise Material zurückgelassen, das Ing Pech aufarbeitet: 16000 Akten über Opfer, dutzendweise Kisten mit Photographien der Menschen, vor und nach der Hinrichtung aufgenommen, darunter 1200 Bilder von Kindern, einige von ihnen unter zehn Jahre alt. Nichts geschah hier offenbar ohne Eintragung: Ankunftstag, Geständnisse, Hinrichtungstag. Mit einem Arbeitsteam von fünf Leuten hat Ing Pech Listen der Hingerichteten zusammengestellt und mit ihren Bildern in drei Zimmern von Toul Sleng die Wände bedeckt. Viele Leute, deren Angehörige von den Roten Khmer „abgeholt" wurden und die jetzt etwas über ihr Schicksal erfahren wollen, beginnen ihre Suche hier. Mit weit geöffneten Augen betrachten sie langsam diese Kataloge des Todes und hoffen, niemanden wiederzuerkennen.

Von dem künstlichen Hügel in der Mitte Pnom Penhs sagt man, er sei vor Jahrhunderten von Chinesen über dem „Naga" erbaut worden, der siebenköpfigen Schlange, dem Symbol der Khmer. Denn der Kaiser in Peking hatte angeblich gehört, der Naga wolle herauskommen und ganz China verschlingen. Jetzt ranken sich um jeden Fluß, jeden Hügel, jedes Feld, jeden Teich neue schreckliche Geistergeschichten – wie um jenen Teich in Battambang, in den die Roten Khmer angeblich ganze Lastwagenladungen mit Menschen warfen, die dann von Krokodilen zerrissen wurden. Auf dem abschüssigen Hügel von Kirirom, 12 Kilometer von Battambang entfernt, im kühlen Schatten einer prächtigen Höhle, lächelt ein riesiger liegender Steinbuddha mit abwesendem Blick in den Augen. Vor ihm liegen Hunderte verwester Leichen von Männern, Frauen und Kindern in ihren zerrissenen schwarzen Lumpen. Ihre Arme sind noch mit Kabeldraht zusammengebunden, sie liegen durcheinander und übereinander neben den Stöcken und Stangen, mit denen sie zu Tode geprügelt wurden. Die Roten Khmer hatten ihre Opfer vor den Gott der Barmherzigkeit gebracht, um sie zu verhöhnen: „Bittet ihn doch um Hilfe. Mal sehen, was er für euch tun kann." Das selige Lächeln des Buddha war ihr letzter Anblick von der Welt gewesen, bevor die Stöcke auf ihre Schädel niedersausten. Man kann noch den kurzen Weg sehen, den die Opfer zurücklegen mußten, wenn sie von der nahe gelegenen Pagode heruntergeführt wurden, die ihr Gefängnis war. Durch die Fenster sieht man auf die Ebene, eine der reichsten Regionen Kambodschas, hier und da vom dunklen Fächer der Zuckerpalmen gesprenkelt. „Wie kann die Natur so schön sein, wenn ich so verzweifelt bin", hat jemand in zittriger Schrift mit Holzkohle geschrieben, bevor er zum Sterben geführt wurde. „Adieu Hügel Kirirom. Auf Nimmerwiedersehen."

„Die Chinesen pflegten zweimal wöchentlich herzukommen, um die Todesarbeit zu überprüfen", sagt Ing Pech, Forscher im früheren Lyzeum Toul Sleng, in dem an die 20 000 Opfer gequält und getötet wurden. Er wiederholt damit die derzeitige Standardpropaganda der Vietnamesen: Die Chinesen hätten Pol Pot zu den Massakern veranlaßt, sie hätten ihm gar versprochen, für jeden treulosen Khmer, den er beseitige, 30 „gute Chinesen" zu schicken, die ihm helfen würden, ein starkes Kamputschea aufzubauen. So absurd sie auch klingt, diese Erklärung der Massaker wird im heutigen Kambodscha ständig wiederholt, man hört sie fast wörtlich von den unterschiedlichsten Menschen in den unterschiedlichsten Teilen des Landes. Eines ist sicher: Die Chinesen wußten sehr wohl, was unter Pol Pot geschah. Ihre Botschaft in Pnom Penh, jetzt ein Gästehaus des Verteidigungsministeriums, war nur einen Block weit entfernt von dem Toul-Sleng-Gefängnis. „Sie konnten die Schreie der gefolterten Menschen hören", behauptet jetzt die Propaganda. 20 000 chinesische Berater waren seinerzeit in Kambodscha. Sie konnten den Holocaust gar nicht übersehen. Tatsächlich sollen sich einige dieser Berater bei Chinas Botschafter Sun Hao und sogar beim damaligen Pekinger Politbüromitglied Wang Tunghsing über die Massaker beklagt haben. Ihnen sei jedoch bedeutet worden zu schweigen, weil dieses „eine innere Angelegenheit Kamputscheas" sei. Jetzt haben die Vietnamesen leichtes Spiel, Pol Pot mit China gleichzusetzen und den Kambodschanern zu erklären, ohne chinesische Hilfe hätte Pol Pot nie tun können, was er tat. Zweifelsfrei steht fest, daß Peking nach der Übernahme Pnom Penhs durch die kommunistischen Guerillakämpfer im April 1975 seinen Favoriten Pol Pot gegen gemäßigtere Rote-Khmer-Führer unterstützte. Da die Chinesen Pol Pot für ihren besten Verbündeten gegen die Vietnamesen hielten — die in Chinas Augen bereits damals Marionetten der Sowjetunion waren —, gewährten sie ihm reichlich Hilfe und lieferten ihm hochentwickelte Waffen. Über den alten Hafen Kampong Som und den neuen Flughafen Kampong Tschhnang, den die Chinesen völlig wiederaufbauten, lieferte Peking Pol Pot Panzer, 130-mm-Geschütze und Flugzeuge. „Die Chinesen rüsteten 23 Khmer-Divisionen aus, um uns anzugreifen", sagte ein hoher Vietnamese in Pnom Penh. Die Chinesen antworten darauf, diese Waffen hätten den Kambodschanern helfen sollen, sich gegen vietnamesische Eroberungsversuche zu verteidigen.

In Kambodscha glauben die Menschen heute alles mögliche. Nach vier Jahren Massaker, Krankheiten, Hunger und täglichem Terror scheinen die überlebenden Kambodschaner in keiner Hinsicht normale Menschen zu sein. Viele Menschen können die Tatsache nicht verkraften, daß sie überlebt haben. Dr. Hun Tschhen Ly etwa (fünf Brüder wurden mit ihren Frauen und Kindern ermordet, seine Frau und zwei Jungen verschwanden), Direktor des Battambang-Krankenhauses, schluchzt und zittert, als er seine Familiengeschichte erzählt, und entschuldigt sich, daß er als einziger am Leben geblieben sei. Die Menschen fürchten sich vor dem Schlaf, weil sie von Alpträumen gequält werden. „Ich träumte, daß Pol Pot zurückgekommen ist, daß seine Soldaten die Kartoffeln entdeckt haben, die ich gestohlen hatte", sagt die Kambodschanerin Long Vanthan (vier Kinder verhungerten, der Ehemann wurde hingerichtet, weil er nicht eine Zuckerpalme hinaufklettern konnte und damit bewies, daß er ein Bourgeois war). Andere quält die Tatsache, daß sie nicht rebellierten, daß sie nicht einmal den Versuch unternahmen, ihre Angehörigen zu retten. „Sie nahmen meinen Mann mit, und ich fragte nicht einmal nach dem Grund. Ich wußte, sie hätten mich auch mitgenommen", sagt eine andere Frau. Manche Kambodschaner scheinen über die Erlebnisse ihre Identität verloren zu haben. „In meinem nächsten Leben hoffe ich, nicht wieder als Khmer geboren zu werden", hörte ich während meiner Reise zweimal von verschiedenen Menschen. Verhuscht, traumatisiert, in ihrem eigenen Land verloren – die Kambodschaner wirken wie Patienten, die einer psychologischen Massentherapie bedürfen. Statt dessen werden sie von einer neuen Dampfwalze erfaßt: von Hanois Propagandamaschine.

Jeder Khmer, der für die neue Regierung arbeitet, jeder Student, bald auch jeder Bürger, nimmt an der vietnamesischen „Umerziehung" teil. „Die drei Völker Indochinas müssen sich gegen die chinesischen Imperialisten und Reaktionäre vereinigen, denn sie sind wie die Beine eines Dreifußes, der einen Topf über dem Feuer hält. Wenn ein Bein schwächer ist oder bricht, kippt der Topf um", bekommen die Kambodschaner in den politischen Kursen zu hören. Das Ergebnis ist durchschlagend: Menschen verschiedener Herkunft und Erziehung aus den verschiedensten Gegenden des Landes wiederholen die Parolen wie Papageien: Die Kurse werden bewertet, und diejenigen mit den besten Noten erhalten die besten Arbeitsplätze. Hochwürden Tep Veng, der neue Leiter der wiedererstandenen

buddhistischen Kirche, hat nur 15 Tage an der „Umerziehung"
teilgenommen, aber sie reichten aus, um ihn davon zu überzeugen, daß Buddhismus und Sozialismus die gleichen Werte hegen, daß sie „Wasser der gleichen Quelle" sind. Und ein Besuch in Moskau hat ihn überzeugt, daß es in der Sowjetunion große Religionsfreiheit gibt.

China

Endlich im Reich der Mitte akkreditiert, besichtigt Terzani die Hinterlassenschaft Mao Tse-tungs und seiner Roten Garden, besonders die Zerstörung der alten chinesischen Kultur und die Öffnung unter Teng Hsiao-ping. Dass er 1984 ausgewiesen wurde, erbittert ihn zutiefst, wütend beschreibt er seine Festnahme und „Umerziehung". Von Tokio aus wagt er sich 1989 inkognito nochmals nach Peking und entdeckt „schreckliche Ungeheuer in Chinas Herz".

Einkaufen heißt das neue Zauberwort
China nach dem Sturz der Viererbande

Die Kulturrevolution ist vorüber, der „Große Steuermann" Mao Tse-tung tot. Terzani erforscht die neue Zeit der kleinen Freiheiten.

Peking liegt unter einem Sandsturm. Aus den westlichen Wüsten fallen trockene Windstöße ein, die Wolken gelblichen Staubs hochwirbeln und die gebogenen Dächer der Paläste in der Kaiserstadt wie in winterlichem Nebel versinken lassen. Unter den weißen, lotusförmigen Straßenlaternen der Hauptstadt kämpfen sich Tausende Radfahrer, über ihre Lenkstangen gebeugt, mühsam nach Hause. Aber um Viertel vor neun, wenn die Glocken der großen Warenhäuser den bevorstehenden Ladenschluß ankündigen, hasten immer noch unzählige Menschen an die Ladentische, um letzte Einkäufe zu tätigen. Einkaufen, einkaufen ist das neue Zauberwort. In Wang Fu Dsching in Peking, an der Nanking-Straße in Schanghai, an der Dschie-Fang-Straße in Hangtschou und in den Geschäftsvierteln aller anderen chinesischen Großstädte läuft derzeit jeder Tag ab wie in einem deutschen Kaufhaus vor Heiligabend. Die Volksrepublik China hat keinen Sonntag. Fabriken, Schulen, Betriebe wechseln ihren wöchentlichen Ruhetag, so daß durch die Straßen von morgens bis abends ohne Pause ein unendlicher Menschenstrom flutet, Menschen, die an Schaufenstern vorbeibummeln und ihren natürlichen Besitzdrang zu stillen suchen: eine neue Teetasse, ein Paar Schuhe, ein Spielzeug, ein Hemd, ein Buch. Um die Ladentische stehen Gruppen alter und junger Menschen, die über die Qualität der Ware sprechen, verschiedene Seifensorten vergleichen. Junge Mädchen schnuppern an hübschen Cremedosen. Die Kaufhäuser in den Städten sind voll Ware, die Märkte bersten vor Obst und Gemüse. Die Vernichtung der Viererbande, die weitgestreuten Lohnerhöhungen des vergangenen Oktobers und die angekündigte Liberalisierung haben den Menschen ein Gefühl der Erleichterung vermittelt und den Drang geweckt, verlorene Muße nachzuholen, Freuden lang zurückliegender Vergangenheit endlich wieder zu genießen. „Wir wollten schon lange hierherkommen, aber die Viererbande hat es uns nicht erlaubt", klagt eine Gruppe Arbeiter aus Sinkiang bei Besichtigung der Großen Mauer. „Während der Kulturrevolution haben wir so viele Bücher verbrannt. Jetzt versuchen wir, eine kleine Familienbibliothek für die Kinder aufzubauen", erzählte eine Lehrerin in einem Schanghaier Bücherladen, wo gerade chinesische Romane und Übersetzungen ausländischer Klassiker angekommen sind – weswegen sich eine riesige Menschenmenge versammelt hat.

Den Chinesen ist neuerdings nicht mehr verboten, mit Ausländern zu reden. Die Leute fürchten sich nicht mehr, kritisiert zu werden, weil sie ein farbiges Hemd tragen, ihre persönliche Meinung sagen oder einen Goldfisch oder ein anderes Haustier besitzen. „Hunde sind ein Luxus der Bourgeoisie. Sie fressen zuviel", wurde während der Herrschaft der „Radikalen" immer wieder dekretiert. Unter den ausländischen Diplomaten Pekings machte der Witz die Runde, der Schäferhund des österreichischen Botschafters habe das Bellen verlernt, weil er der einzige Hund in der Hauptstadt gewesen sei. Ein durchreisender Schauspieler habe ihm die artgerechte Artikulation wieder beigebracht. Heutzutage sieht man in den schmalen Gassen Pekings, wo die Menschen in denselben alten Höfen, unter denselben alten grauen Dächern, in denselben alten Häusern mit hübsch geschnitzten Türen wohnen wie vor Jahren, gelegentlich Kinder mit einem kleinen Haustier spielen. In Städten und Dörfern donnern nicht mehr die Lautsprecher Regierungspropaganda. Anstelle der herkömmlichen Militärmusik hört man heute viel eher junge Mädchen, die die Melodie des neu freigegebenen Liebesfilms „The Guest of the Icy Mountain" pfeifen oder „Why are the Flowers Red, when our Relationship is only of Friendship?" Bis vor einem Jahr gingen Chinesen hauptsächlich in Gruppen ins Kino. Fabriken, Schulen, Produktionsteams kauften die Karten für ihre Mitglieder, und die Einheit ging gemeinsam. Nun kann jeder gehen und sich eine Karte kaufen.

Nach Jahren radikaler Politik, radikaler Aufrufe und strengster politischer Kontrolle erlebt das China des Parteichefs Hua Kuo-feng einen tiefen Wandel, der die Menschen oft überwältigt. Zeitungen und Radiosender sind zu lang vergessenen Tönen zurückgekehrt, das Wort „Revolution" wurde durch „Produktion" ersetzt, „revolutionäre Komitees" der Fabriken und Kommunen heißen nun „Verwaltungskomitees", einst hinausgesäuberte Führer sind überall wieder an die Macht gekommen, gelobte Helden der Vergangenheit werden als Bösewichte gebrandmarkt, die Bösewichte von früher sind heute für jeden nachahmenswert geworden. Die Veränderungen waren im großen und ganzen willkommen, aber das plötzliche Umstoßen eines ganzen Wertsystems, das in über zehn Jahren tagtäglich den Menschen eingehämmert wurde, hat doch auch Verwirrung gestiftet.

Da ist zum Beispiel die Schwermaschinenfabrik Kwangtschou am Rand der Südstadt Kanton. Sie stellt Ausrüstungen für Maschinenbau, Ölraffinerien und Bergbau her. Früher erhielten die 5800 Arbeiter in den üblichen acht chinesischen Tariflohn-gruppen festgesetzte Löhne, völlig unabhängig von der Qualität und Quantität ihrer Arbeit, entsprechend dem Gedanken, daß jeder sein Bestes für die Gemeinschaft leisten müsse. Ein bekann-ter Witz war, daß ein Arbeiter, der kein einziges Mal im Monat zur Arbeit erschien, mehr verdiente als einer, der nie fehlte, da der Faulenzer noch das Fahrgeld sparte. Nach dem neuen Prinzip, genannt „sozialistische Nachahmungskampagne", sollen Arbei-ter „entsprechend ihren Leistungen" bezahlt werden. Offen-sichtlich sind damit jene „materiellen Anreize" gemeint, die den Radikalen als Wiederherstellung von Kapitalismus erschienen waren. Die Fabrikkader schämen sich, dies einzugestehen, und fühlen sich bei der Erklärung, wie das System der materiellen Anreize, also der Sonderzahlungen, funktioniert, nicht wohl in ihrer Haut. In der Tat gibt es auch noch kein einheitliches System. In der Kwangtschou-Schwermaschinenfabrik hat jede einzelne der 13 Werkstätten eine andere Interpretation der neuen „sozialistischen Nachahmungskampagne". In der Berg-bauabteilung werden die Arbeiter von einer Sonderkommission in vier verschiedene Kategorien eingeteilt, in der Schmelzerei gibt es nur drei Kategorien, aber die Arbeiter entscheiden selbst, wer als ausreichend, gut oder sehr gut klassifiziert wird. In der Zentrifugenabteilung bekommen die Abteilungsleiter Punkte nach der Quantität ihrer individuellen Leistung. Nach dem Sturz der Viererbande wurde in der Fabrik das alte revolutionäre Komitee aufgelöst, eine neue Leitung eingesetzt, die Kampagne gegen die Anhänger der „Radikalen" ist noch in Gang. Überall in der Fabrik hängen große Fahnen zur Unterstützung Hua Kuo-fengs und des neuen Zentralkomitees. Auf speziellen Plakaten haben die Arbeiter in jeder Werkstatt Parolen aufgeschrieben, in denen die Verbrechen der Viererbande angeprangert werden. Große farbige Poster mit Zahlen, Pfeilen, Prozenten und gepunk-teten Linien zeigen Produktionsziele an und loben neuerliche Leistungen. Die Wirklichkeit scheint dem graphischen Optimismus zu widersprechen: Arbeiter stehen herum, manche lesen Zeitung, eine Gruppe schaut zu, wie ein Arbeiter ein großes Stück Eisen mit einer Feile kitzelt. Einige Maschinen sind offensichtlich nur angestellt worden, um Besucher zu beeindrucken, und arbeiten mit minimalem Tempo, an der Drehbank dreht sich nichts. Die leistungsfähigste Abteilung der Fabrik scheint das Lazarett zu sein, wo krank geschriebene Arbeiter mit Akupunktur behandelt werden, und der Kindergarten, wo einem Dutzende wohlgekleideter, sauberer Kinder die Hand geben und auf englisch „Welcome, foreign friends" sagen. Noch vor wenigen Jahren führten Dreikäsehochs an gleicher Stelle mit Holzgewehren die „Liquidierung des kapitalistischen Klassenfeindes" vor.

Obwohl keine offenkundige Spannung zu spüren ist, hat es den Anschein, als hielten sich die Menschen zurück, um abzuwarten, was die seltsame neue Politik ihnen bringt. Einige Nachteile sind schon zutage gekommen. So konnten früher Arbeiter, die als politisch gefestigt galten, auf die Universität gehen und somit ihre Position ausbauen. Heute sind sie durch neueingeführte Eintrittsexamen vom Aufstieg mehr oder weniger ausgeschlossen. Von den 600 Arbeitern der Schwermaschinenfabrik Kwangtschou, die in diesem Jahr Anträge auf höhere Bildung eingereicht haben und die in der Vergangenheit fast alle automatisch zugelassen worden wären, haben nur zehn die schwere Aufnahmeprüfung bestanden. „Die Arbeiter haben die neue Politik gutgeheißen. Sie verstehen, daß nur diejenigen, die sich qualifizieren, befördert werden und daß es eine falsche Politik der Viererbande war, keine Prüfungen abzuhalten, sagt Li Jüangang, 38, stellvertretender Vorsitzender des Führungskomitees der Fabrik, selbst Absolvent einer Technischen Hochschule. Rationalisierung bedeutet offensichtlich klarere Arbeitsteilung und mehr Kontrolle. „Der Arbeiter, der die gebrauchte Spule nicht zurückbringt, bekommt keine neue. Der Arbeiter, der eine alte Spule verliert, erhält drei Strafpunkte. Der Arbeiter, der einen Faden beschmutzt, erhält drei Strafpunkte", heißt es in den neuen Arbeitsregeln der Seidenfabrik Hungmien in der Provinz Kwangtung, die 1500 Personen, hauptsächlich Frauen, beschäftigt. Zwischen den Webstühlen gehen, unter ohrenbetäubendem Lärm, dessentwegen westliche Textilarbeiter in den Streik treten würden, Kontrolleure mit Stoppuhren herum, um die Zeit der Arbeitsgänge zu messen und die Werte für die Akkordarbeit festzulegen. In den letzten zwei Jahren wurde die Fabrik vollständig reorganisiert. Statt vier Webstühle beaufsichtigt jeder Arbeiter jetzt sechs, für jeden ist ein individuelles Tagessoll festgelegt. Die Zeit der Viererbande wird als eine Zeit der „Anarchie" bezeichnet, die Wiedereinführung der Disziplin in allen Lebensbereichen als ein Mittel angesehen, Schäden der Vergangenheit zu heilen. Überall lautet die Parole Disziplin. Aber die Rückkehr zur Disziplin bedeutet nicht notwendigerweise auch Rückkehr zur Arbeit. In der Cloisonné-Abteilung der Pekinger Kunstgewerbefabrik sind von 36 Arbeitsplätzen nur 17 besetzt, in der Schnitzerwerkstatt für Jade stehen neun der 25 teuren, aus Japan importierten Maschinen still und sind mit Plastiktüchern zugedeckt: Die Arbeiter sind nicht da. „Er ist krank", „er nimmt an einer Sitzung teil", heißt die Antwort auf die Frage, weshalb so viele Arbeiter nicht an ihrem Arbeitsplatz sind.

„Wie kann man Arbeiter neu motivieren?" lautet heute die grundlegende Frage der meisten chinesischen Manager. Dabei gibt es vor allem auch eine schwer faßbare Opposition zu überwinden: Tausende junger Studenten und Arbeiter, in den Wirren der Kulturrevolution aufgewachsen, müssen den neuen Trend als Verrat an den radikalen maoistischen Idealen ansehen. Sie wissen aber offenbar auch, daß offener Widerstand selbstmörderisch wäre. „Wir müssen jetzt gegen die Mitläufer kämpfen", heißt es auf einem Riesenplakat in der Seidenfabrik Hangtschou. Die „Mitläufer" sind diejenigen, die den „Radikalen" halfen, jetzt aber sagen: „Ich kann mich nicht erinnern ... ich habe niemals erklärt. daß ...", so werden sie in Karikaturen dargestellt.

Die Fabrik von Hangtschou (4700 Arbeiter, 280 Tonnen Seide und sechs Millionen Meter Brokat Jahresproduktion) war eine Hochburg der Radikalen, und Weng Seng-ho, ein Arbeiter in der Färberei-Abteilung, Vizevorsitzender des Revolutions-komitees der Fabrik sowie Mitglied des Politbüros der Provinz Tschekiang, einer ihrer eifrigsten Gehilfen. „Er war ein Dieb", behauptet jetzt Fräulein Wang Tsung-ji, 26, Sekretärin des neuen Managementkomitees. Er verwendete angeblich 700 Jüan aus der Fabrikkasse für private Zwecke. Einmal warf er gar einen Eimer nach einem Arbeiter, der sein Werkzeug nicht zum Streik niederlegen wollte. Weng Seng-ho, von Hua Kuo-feng selbst als schwarze Hand der Viererbande angeklagt, wurde aus der Fabrik entlassen, aus dem Parteikomitee ausgeschlossen und zusammen mit drei weiteren „radikalen" Arbeitern verhaftet. 17 andere Arbeiter mußten zur Umerziehung aufs Land. Der neue Slogan in der Seidenfabrik von Hangtschou lautet: „Tu dein Bestes während der acht Arbeitsstunden und leiste danach einen noch größeren Beitrag." Überstunden? „Nein", sagt Fräulein Wang, „freiwillige Arbeit." Obwohl die Geschäfts-führung leugnet, die Fabrik habe ein System „materieller Anreize" eingeführt, erzählen Arbeiter, daß die „freiwillige Arbeit" extra bezahlt wird: für jede Stunde ein Achtel des Tages-lohns.

Diese Unsicherheit, die heute in den Industrieunternehmen Chinas zu spüren ist, verliert sich, sobald man aufs Land fährt. Dort sind die Leute überall bei der Arbeit. Jeder Zoll Land wird bestellt, dazu die Böschung von Straßen, das Ufer von Kanälen. Von den leuchtendgelben Rapsfeldern in den Provinzen Tschekiang und Kiangsu bis zu den grauen Hügeln weit im Norden, die mit Tausenden blühender Obstbäume bewachsen sind, scheint das Leben auf dem Land mehr von den Gesetzen der Jahreszeiten beherrscht zu sein als vom Rhythmus der politischen Kampagnen. An den Lehmmauern entfernt liegender Dörfer in der Provinz Hopeh kann man noch die antirevisionistischen Parolen der Linken aus der Vergangenheit sehen, die in Sonne und Regen verwittern. Die Leute haben vergessen, sie zu beseitigen und durch die neuen Parolen mit entgegengesetzter politischer Tendenz zu ersetzen. Auch auf dem Lande haben die Revolutionskomitees ihre Bezeichnung geändert, aber entgegen der Praxis in den Fabriken ist die Zusammensetzung der neuen Managementkomitees im großen und ganzen die alte geblieben. Feng Hsin-fa, 53, Vorsitzender der „Drachen-Brunnen-Brigade", die den berühmten „Double Peak Tea" in der Umgebung von Hangtschou produziert, sitzt unverändert seit 20 Jahren auf seinem Führungsposten. Tschang Guan-je ist seit 1969 Stell-vertretender Vorsitzender im Führungsgremium der Tung-Ting-Kommune am See Tahu außerhalb von Sutschou. „Sie haben die Kampagnen für und gegen Lin Piao geführt, die Kampagne gegen und für Teng Hsiao-ping, dann wiederum gegen ihn und jetzt für ihn. Haben Sie kein Problem der Glaubwürdigkeit gegenüber den Massen?" fragte ich ihn. „Nein", antwortete Herr Tschang, „die Massen wissen, daß wir bei allem, was wir tun, den Anord-nungen aus Peking folgen. Unsere Disziplin besteht darin, daß der Untergebene dem Vorgesetzten gehorcht und die Minderheit der Mehrheit."

Der neue Ruf nach mehr Effizienz lenkt das Denken offen-kundig auf hierarchischen Aufstieg und Status. In der Volks-befreiungsarmee, wo sich Offiziere vom gemeinen Soldaten nur durch ihre vier (statt zwei) Uniformtaschen unterscheiden, gehen Gerüchte um, neue Uniformen mit Rang- und Tätigkeits-abzeichen, vor mehr als zehn Jahren abgeschafft, würden wie-der eingeführt. In Universitäten, medizinischen Zentren und Forschungsinstituten werden hierarchische Titel bereits wie-der verliehen. Freilich, die klassenlose Gesellschaft Chinas war stets ein Mythos: Die Züge führten zwar keine verschiedenen Wagenklassen, dafür aber Wagen mit drei unterschiedlich har-ten Sitzplätzen. Und so war auch die Gesellschaft in Schichten aufgeteilt, die sich nicht so sehr durch Einkommen als durch

Zugang zu Privilegien wie Autos, besseren Krankenhäusern, besserer Erziehung und Information unterschieden.

Während das gemeine Volk in öffentlichen Bücherhallen nur die offiziell genehmigten Bücher ausleihen darf, können Parteifunktionäre unter einem weit größeren Angebot wählen, sogar Übersetzungen ausländischer zeitgenössischer Literatur wie Eric Segals „Love Story" oder frühe Werke Solschenizyns lesen. Hinter der Nanking-Straße in Schanghai findet ein geschäftiger Schwarzmarkt mit illegalen Werken statt, die irgendwie aus dem inneren Zirkel herausgelangt sind und entweder in Untergrundläden nachgedruckt oder per Hand auf Zwiebelpapier abgeschrieben wurden. Unter dem Regime der Radikalen konnten gewöhnliche Leute nur ein paar von Maos Frau Tschiang Tsching sorgfältig überprüfte und zensierte Filme sehen. Heute sind 60 von 600 Filmen, die China vor der Kulturrevolution produziert hat, für die Öffentlichkeit wieder freigegeben. Hohe Parteifunktionäre können natürlich weitaus mehr als diese 60 Filme sehen.

Eines Nachts um halb zwölf, als fast die ganze Stadt schläft, füllt sich der Innenhof des „Nanking Guest House" am Nordende der Giung-Schan-Straße mit offiziellen Limousinen. In der Empfangshalle des Hotels läuft ein polnischer Historienfilm mit Szenen gewaltiger Schlachten und leidenschaftlicher Liebe, nackte Frau inbegriffen. Die Vorstellung ist „nur für geladene Gäste", und als sie um ein Uhr zu Ende geht, eilen die Chauffeure die Motoren der Wagen anwärmen, bevor gutgekleidete Funktionäre auf den Rücksitzen Platz nehmen und leise in der Nacht verschwinden. Dreißig Jahre nach der Befreiung ist China ein geeintes Land. Seine Menschen sind gut ernährt, bekleidet, haben Dächer über den Köpfen. Der Schulbesuch und die ärztliche Versorgung sind so gut wie kostenlos. Sein Produktionssystem, wenngleich von Perfektion weit entfernt, hat sich entwickelt – aber mehr noch. Sieht man die Massen von Chinesen in den Parks lustwandeln, die einst Privatbesitz reicher Großgrundbesitzer waren und nun dem Volksvergnügen offenstehen, sieht man sie im Schanghai-Garten auf den Bänken Schach, im Zoo von Kanton Karten spielen, an den Ufern des Westsees in Hangtschou schlendern oder sich in Nankinger Restaurants mit Mao Tai betrinken, gewinnt man den Eindruck eines nicht unterdrückten, leichtlebigen Volks. Verglichen mit den Millionen Auslandschinesen in Südostasien, die pausenlos tätig sind, um ihr Überleben in einer feindlichen Umwelt sicherzustellen, und die dabei reicher und reicher werden, scheinen die Chinesen der Volksrepublik fast einer anderen Rasse anzugehören: Sie wirken entspannt und zufrieden, fast faul. In der Vergangenheit beantwortete der einzelne Chinese fast jede Frage nach persönlichen Wünschen und Plänen mit der Standardformel: „Ich will, was die Partei von mir will." Heute sagen die meisten: „Ich will meinen Lebensstandard verbessern."

In ganz China ist dieser Standard noch primitiv. Die überwiegende Mehrheit der Bevölkerung lebt in Häusern ohne fließendes Wasser, WC und separate Küche. Sogar in den meisten der neugebauten Apartmentblocks, die in den Städten hinter den alten grauen Häusern entstanden sind, gibt es nur ein WC pro Etage und eine Küche für jeweils zwei, drei Wohnungen. Die Fabrikschlafsäle, in denen ledige Arbeiter Jahr um Jahr verbringen, bevor sie – meist nicht vor dem 29. Lebensjahr – heiraten, sind Baracken. 30 oder 40 Menschen teilen sich einen Raum, sie schlafen auf langen Holzbänken und stehen zum Waschen vor einem einzigen Wasserhahn an. Studentenunterkünfte sind nicht anders. In jedem der vier mal vier Meter großen Räume an der Universität Nanking schlafen acht Jungen oder Mädchen auf Kisten. Sie lernen an einem gemeinsamen, von einer einzigen Glühbirne nur dürftig beleuchteten Tisch. Fabriken, Forschungsinstitute, Werkstätten überall im Land arbeiten unter Bedingungen, die wohl schon vor 30 Jahren niemand modern genannt hätte. Die Gebäude sind schäbig, die Maschinen alt, die Instrumente abgenutzt. Im Vergleich zu dem China aus der Zeit vor der Befreiung hat das Land sich bemerkenswert entwickelt. Verglichen mit anderen Industrienationen jedoch liegt China noch immer hoffnungslos zurück.

Mit der Parole von der eigenen Selbstgenügsamkeit haben die Chinesen ihre Mängel in Tugenden verwandelt, aber sich auch selbst von den Hauptströmungen der technologischen Entwicklung im Rest der Welt abgeschnitten. „Man hat uns über die großen Erfolge chinesischer Chirurgen erzählt, die abgeschnittene Hände und Finger von Arbeitern wieder annähen können, aber niemand hat uns erklärt, daß so viele Arbeiterhände abgeschnitten wurden, weil die Arbeitsbedingungen in China so schlecht und die Sicherheitsvorkehrungen am Arbeitsplatz so mangelhaft sind", kommentierte ein westlicher Beobachter in Peking. Jahrelang haben die Chinesen sich an den eigenen Propagandameldungen über Rekordernten, verdoppelte Produktionszahlen und staunenswerte Errungenschaften auf jedem erdenklichen Gebiet selbst berauscht. Jetzt hören sie verblüfft, wie ihre Führer ihnen sagen: „Wir sind 20 Jahre zurück." Und: „Wir müssen aufhören, uns selbst was vorzumachen."

Vielfach sagt man heute dem Besucher ganz offen, was alles nicht funktioniert, die verantwortlichen Kader weisen ihn auf Mängel und Rückständigkeiten hin. Die Leute prahlen nicht mehr. Und in dem Maße, wie China das strahlende falsche Image vergangener Propaganda verliert, enthüllt es sich als ein Land mit Menschen, die reale Sehnsüchte und Nöte haben. „In zwei Jahren habe ich meine Frau nur einmal gesehen", steht auf einem kleinen handgeschriebenen Zettel an einer Bushaltestelle in Schanghai. „Ich arbeite in der Textilfabrik Nummer 13, sie steht in der Provinz Liaoning. Wer seinen Arbeitsplatz mit mir oder mit ihr tauschen will, so daß sie und ich wieder zusammenleben können, möge sich bitte an ... wenden." Früher hat die Polizei solche Zettel, die chinesische Form unserer Kleinanzeigen und Leserbriefe, stets entfernt. Jetzt hängen sie überall. Neben Kauf- und Verkaufsangeboten findet man den Anschlag einer Frau, die sich beschwert, weil der Fisch immer schon verfault ist, wenn er auf den lokalen Markt kommt, oder den Zettel eines Vaters, der eine Untersuchung über den Tod seiner Tochter fordert, die nach einer Injektion in der Klinik gestorben ist. China versucht nicht mehr, nach dem Bild eines fast perfekten Landes zu leben, das all die Schwächen westlicher Industriegesellschaften vom Verbrechen bis zur Umweltverschmutzung angeblich nicht kennt – ein Bild, das europäische Linksintellektuelle bis zum Mythos hochstilisiert haben.

Der Besucher bemerkt rasch, daß die Tausende chinesischer Fahrräder, die man überall sieht, zwar keine Beleuchtung, wohl aber große Schlösser haben, offenkundig, weil es in China Diebe gibt wie anderswo auch. Und auch in China landen Diebe im Gefängnis. Das Gefängnis von Nanking sieht mit seinen bewaffneten Wachen auf roten Backsteintürmen und dem Stacheldraht rundherum genauso aus wie Gefängnisse überall auf der Welt.

In Sachen Umweltverschmutzung erklärt der Touristenführer dem Besucher, der von der Nanking-Brücke die schwarzen Abwässer aus einer nahen Fabrik in den Strom fließen sieht, immer noch gern: „Diese Art Umweltverschmutzung mögen die Fische. Die Fabrik ist eine Fleischverwertungsfabrik." Aber die Fische in dem See außerhalb des nördlichen Stadttors von Nanking sind ohne Zweifel alle an den chemischen Abwässern einer anderen Fabrik eingegangen. In Kanton fließt aus einer Fabrik weißer Schaum in einen Kanal, der in den Perlfluß mündet, und Schanghai sieht mit seinen rauchenden Schornsteinen und seiner Dunstglocke von schwerem, grauem, stinkendem Rauch am frühen Morgen ebenso aus wie jede andere große Industriestadt auf der Welt.

Heute geben Chinas politische Führungskräfte die Mängel, Fehlentwicklungen und Rückständigkeiten ihres Landes offen zu. Freilich – die Verdrängung ist schon wieder am Werk: Schuld an allem ist die Viererbande. Diese Fabrik produziert nichts? Schuld hat die Viererbande. Die Züge haben Verspätung? Schuld der Viererbande. Der böse Einfluß der Viererbande wird in jeder Fabrik, jedem Krankenhaus, jeder Schule unermüdlich immer wieder beschworen. Doch die Namen der vier, ihre Lebensläufe, ihre Verbindungen etwa mit Mao, werden nie erwähnt. Sie sind zu einem gesichtslosen anonymen Unwesen geworden. Auf dem Pekinger Platz des Himmlischen Friedens, wo die Porträts von Marx, Engels, Lenin und Stalin prangen, schockierte kürzlich ein naiver australischer Tourist seine chinesischen Begleiter, als er fragte: „Ist das die Viererbande? Ich dachte, die seid ihr los." Die Chinesen freilich scheint es wenig zu berühren, wer ihre ideologischen Ziehväter sind. Sie finden heute mehr Gefallen an Greifbarem, etwa sich photographieren zu lassen. In kriegerischen Posen mit geschwellter Brust stehen sie vor Denkmälern, historischen Grenzsteinen und berühmten Landschaften, während ein Verwandter oder Freund mit einer Kamera Marke „Seemöwe", eine nahezu perfekte Nachbildung der alten Rollei, durch die Linse blickt und Anweisung erteilt: „Ein bißchen mehr nach rechts, nein, nein, nach links." In Hangtschou wird das obligatorische Photo am Westsee aufgenommen. Sogar Generale, die in dem nahe gelegenen Militärsanatorium eine Genesungskur machen, lassen sich dort photographieren, während sie die Goldfische in den berühmten „drei Teichen" füttern, „die den Mond widerspiegeln".

In Sutschou ist der bevorzugte Photoplatz vor der Tigerberg-Pagode. Sie steht auf einem Stein, der bei jedem Regen auf geheimnisvolle Weise rot wird, weil der Legende zufolge der Sohn des Kaisers Wu dort 1000 Leute, die das Grab seines Vaters ausgehoben hatten, niedermetzeln ließ. An der Großen Mauer wird das unerläßliche Bild auf einem Wachtturm aufgenommen, wobei ein Teil des prächtigen, 5000 Kilometer langen Bauwerks, das wie eine Schlangenlinie über die Hügel und Berge läuft, den Hintergrund bildet.

Eine Gruppe Pekinger Teenager hatte einen Verwandten aus Hongkong hierherbegleitet. Nacheinander zog jeder von ihnen seine blaue Mao-Uniform aus und zog zum Photographieren das westliche Jackett des wohlhabenden Besuchers an. Sie haben keinerlei Erinnerung an die radikalen Utopien der Vergangenheit. Es ist sicherlich leichter, sie zu disziplinieren als diejenigen, die zehn Jahre lang der Ideologie der Viererbande ausgesetzt waren. „Wenn sich ein Schüler schlecht benimmt, wenn er keine Fortschritte macht oder auf die Umerziehung nicht reagiert, haben wir verschiedene Möglichkeiten, auf ihn Druck auszuüben", sagt Hu Min-sheng, Direktor der Nankinger Mittelschule Nr. 45, sehr autoritär, aber er weiß, daß ihn deswegen jetzt niemand mehr kritisieren wird. Wie in allen anderen Schulen Chinas richtete die Kulturrevolution auch in dieser Schule Verwüstungen an: Die Lehrer verloren die Kontrolle über die Klassen, politische Diskussion war wichtiger als das Lernen in traditionellen Unterrichtsfächern, Zensuren und Klassenarbeiten waren praktisch abgeschafft, am Ende eines jeden Schuljahres hatte keiner mehr das Klassenziel verfehlt. Der Held unter den Schülern war Tschang Tieh-scheng, ein Junge, der sein leeres Prüfungspapier mit den Worten zurückgegeben hatte: „Dieses Auswahlsystem ist ein bürgerliches Überbleibsel. Ich bin ein Bauernsohn." Unter den 1935 Schülern der Nankinger Mittelschule Nr. 45 ist heute kein Bauernsohn mehr. Die Schule, ein elegantes Gebäude im alten französischen Viertel der früheren Hauptstadt der Republik China, hat heute eine Umgebung, in der hauptsächlich politische Kader, Armeeoffiziere und Intellektuelle wohnen. Die Kinder sind gut angezogen, gut erzogen und haben bereits eine bessere Bildung als ihre gleichaltrigen Zeitgenossen in ähnlichen Schulen auf dem Land. Vergangenes Jahr wurden die Zensuren wieder eingeführt, wöchentliche Klassenarbeiten messen die Fortschritte eines jeden Schülers.

Die Radikalen hatten einst verordnet, daß alle Absolventen einer Mittelschule vor Beginn des Universitätsstudiums zwei Jahre in einer Kommune oder in einer Fabrik zubringen mußten. Jetzt ist das Zwischenspiel „bei den Massen" abgeschafft. Die

Schulen waren während der letzten zehn Jahre der bevorzugte Kampfplatz der Radikalen gewesen. Inspiriert durch Maos Slogan „Rebellieren ist gerechtfertigt", kämpften die Schüler gegen ihre Lehrer und oft auch untereinander. „Allein in den Schulen Pekings wurden während der Kulturrevolution 200 000 Quadratmeter Glas zerbrochen", schreibt die „Volkszeitung". An der Nankinger Mittelschule Nr. 45 ist die Ordnung wiederhergestellt. Die Klassenzimmer sind sauber, die Schüler ruhig und höflich. Auf Plakaten in den Korridoren steht neben Topfblumen der Aufruf „Lerne mehr, lerne fleißiger!" Die Vokabel „Genosse" wird nicht mehr benutzt, die Lehrer und Schüler reden sich untereinander mit dem traditionellen „Herr" und „Fräulein" an. Jeder Schüler trägt an seinem Hemd ein Abzeichen mit dem Namen der Schule in Weiß, die Lehrer tragen rote Abzeichen. Die Schüler haben kein Mitspracherecht mehr bei der Leitung der Schule, und selbst Herr Hu, vom Erziehungsausschuß der Provinz ernannt, handelt, wie er sagt, „auf Befehl von oben". Er hat die Aufgabe, „die Ideologie der Schüler umzuformen und die wertvollen, qualifizierten Nachfolger der Revolution auszubilden". Die Unterrichtsmethoden sind altmodisch, der Unterrichtsstoff wird auswendig gelernt, Mengenlehre ist unbekannt. Die Schule hat eine Bücherei, aber die Schüler können nur unter Aufsicht eines Lehrers, der für ideologische Fragen zuständig ist und der „ihnen hilft, den Inhalt zu verstehen und zu kritisieren", Bücher ausleihen. Alle chinesischen Klassiker sind vorhanden, aber sie sind nur nach einem Auswahlprinzip zugänglich, weil „gewisse Teile für Kinder ungeeignet sind", erklärt Herr Hu. Zu der Bücherei gehört auch eine Abteilung, die nicht betreten werden darf, weil dort die Werke der in Ungnade gefallenen Führer stehen, etwa die Lin Piaos. Der Leistungswettbewerb in der Schule ist sehr hart. Nur die besten Schüler kommen weiter, nur eine ausgewählte Gruppe darf die Universität besuchen oder wird in die speziellen Eliteschulen aufgenommen, die neuerdings für die Superbegabten eingerichtet wurden. Wang Hsi-Iin, 17,

Sohn eines Musiklehrers, der ihn insgeheim während der Herrschaft der Radikalen ausbildete, ist der beste Violinist der Schule und wurde bereits zum weiteren Studium am Pekinger Musikinstitut ausgewählt.

„Es ist sehr, sehr schwer, gute junge Künstler zu finden, da in den letzten zehn Jahren niemand Musik zu studieren wagte, so daß jetzt die einzigen Musiker, Schauspieler und Tänzer, die wir haben, alle über 40 sind", sagt Liu Schih-kun, Chinas berühmtester Pianist und führendes Mitglied des Pekinger Konservatoriums. Liu, 1940 in Nordchina geboren und mit der Tochter des Marschalls Jeh Tschien-jing verheiratet, der jetzt Nummer 2 in der Pekinger Hierarchie ist, wurde während der Kulturrevolution schwer angegriffen. In Berichten im Ausland hieß es, die roten Garden hätten ihm Finger gekappt, damit er keine „bürgerliche Musik", wie Beethoven oder Chopin, mehr spielen könne. „Nein, meine Finger sind in Ordnung, aber meine Arme wurden verrenkt. Im Oktober 1966 kamen die roten Garden an das Institut und befahlen mir, ich solle bekennen, daß ich ein Spion sei. Ich weigerte mich, sie schlugen mich mit Lederriemen. Ich sagte ihnen, sie benähmen sich wie Faschisten, daraufhin schlugen sie mich immer mehr." Im August 1967 wurde Liu in ein Pekinger Gefängnis gesteckt und dort fünf Jahre und neun Monate in Einzelhaft gehalten. 1973 ordnete Mao Tse-tung persönlich die Freilassung Lius an, aber die Verfolgung durch die Viererbande ging weiter. „Jetzt sind wir schließlich wieder frei. Frei, um zu studieren, frei, um die Musik zu spielen, die uns gefällt", sagt er. „Wirklich? Jede Art von Musik?" „Nein, keineswegs. Wir spielen zum Beispiel nicht Richard Strauss, weil er ein Exponent der offiziellen Musik Hitlers war, und in China achten wir ihn nicht", antwortet Liu.

In der Tat wurden Künstler und Intellektuelle während der Herrschaft der Radikalen derart hart verfolgt, daß viele von der „Vernichtung der Viererbande" als „zweiter Befreiung" sprechen. „Ich hatte schon mein Testament gemacht, da ich sicher war, daß sie mich umbringen wollten", sagt der Dichter Li Ji mit feuchten Augen. Tan Jun, 69, in Schanghai einer der bekanntesten Maler, berichtet: „Ich hatte ein Huhn gemalt mit einem langen Schwanz und den halbgeschlossenen Augen, die bei Hühnern üblich sind. Die Viererbande meinte, daß das Huhn auf den Sozialismus herabblicke und daß der Schwanz die Arroganz Intellektueller wie mich widerspiegele." Als Strafe für diese Weltschau mußte er ein Jahr lang ins Gefängnis, bis er ein Geständnis ablegte. 1974 wurde er erneut kritisiert. „Dieses Mal hatte ich zwei Lotosblumen gemalt. Die große Blume war weiß, die kleine rot. Die Viererbande beschuldigte mich, gegen den Sozialismus zu sein, da ich die rote Blume sonst größer gemacht hätte."

Lauthals wird die Befreiung von der Viererbande gefeiert — aber die Arbeiten etwa der Studenten und Lehrer des Nanking-Instituts der Schönen Künste sind noch von der gleichen Poster-Art, die unter der Viererbande en vogue war: lächelnde Arbeiter, glückliche Bauern, stets bereite Soldaten und steife Porträts von Tschou En-lai. Der Versuch der Radikalen, die chinesische Kultur von allen ausländischen und bourgeoisen Einflüssen zu säubern und eine neue Kultur des Proletariats zu entwickeln, ist gescheitert. Aber die neue Richtung hat es bislang nicht geschafft, Phantasie und Kreativität der chinesischen Künstler wieder anzuregen. Vieles, was heute als neu gefeiert wird, ist lediglich die Rückkehr des Alten: alte Filme, alte Musik, alte Bühnenstücke. Das Theater in Sutschou ist bis zum letzten Platz gefüllt, pünktlich um 19 Uhr geht der Vorhang hoch für die alte Oper „15 Stränge Silber". Die Zuschauer sind Bauern, die ihre großen Strohhüte auf dem Schoß halten, junge Fabrik-arbeiterinnen in blauen Uniformen, Arbeiter, ganze Familien mit kleinen Kindern, die die phantastisch bestickten Kostüme der Schauspieler und die suggestiven Kulissen mit großen Augen anstarren. Jeder von ihnen kaut gesalzene Sonnenblumenkerne und spuckt sie wieder aus.

Die Oper spielt während der Ming-Dynastie: In einem kleinen Dorf lebt ein Schlachter, der ständig betrunken ist, zusammen mit seiner Stieftochter. Nie hat er Geld. Eines Nachts kommt er mit 15 Strängen Silber nach Hause, die ein Freund ihm geliehen hat. Seiner Tochter aber erzählt er, daß dies der Preis sei, für den er sie an einen reichen Landeigentümer verkauft habe. Verzweifelt flieht das Mädchen, während ein Dieb in das Haus einbricht, den Schlachter tötet und das Geld erbeutet. Im Wald trifft das Mädchen einen jungen Mann, der zum Markt geht und 15 Stränge Silber bei sich hat, um Ware zu kaufen. Die Dorfbewohner ergreifen beide in der Annahme, sie hätten den Mord an dem Schlachter begangen — Todesurteil. Ein hoher Richter jedoch läßt die Exekution aufschieben, geht verkleidet durch das Dorf und findet natürlich den richtigen Mörder. Das Paar wird befreit, die Zuschauer sind erleichtert. Beim Verlassen des Theaters diskutieren sie über das Komplott. Man hört den Namen Teng Hsiao-ping — er wird mit dem hohen Richter verglichen, der gegen alle Beweise und Gefahren um jeden Preis für die Wahrheit kämpft, Teng, der große Feind der Viererbande.

„Der Himmel ist hoch und der Kaiser weit"
Sinkiang, die chinesische Provinz an der Sowjetgrenze

In Chinas fernem Westen stehen muslimische Uiguren und eingewanderte Chinesen einander feindselig gegenüber.

Flach, trocken, furchteinflößend: Unter wolkenlosem Himmel, der halluzinierende Hitze ausströmt, reicht die endlose Sand- und Kiesfläche bis hinter den Horizont, sie übersteigt die Phantasie. Tagelang kann man in jede beliebige Richtung gehen, ohne etwas anderes als die eigene Endlichkeit zu treffen, in einer völlig leeren, dauernd die Farben wechselnden Mondlandschaft aus Staub, der vom Wind unerbittlich hochgeweht wird. Die Uiguren nennen diese Landschaft „Takla Makan", „man geht hinein und kommt nie wieder heraus", die Mongolen nennen es einfach Gobi, „die Wüste". Vor Millionen Jahren war sie der Boden eines Meeres, jetzt ist sie ein riesengroßer Korridor, der Sinkiang, Chinas westliche Provinz, durchzieht. Jahrhundertelang führte durch diese Wüste der Pfad der Geschichte, große Schlachten und Königreiche wurden auf diesen Sandflächen gewonnen und verloren. Hier zogen die Kamelkarawanen auf der Seidenstraße durch, die den Warenaustausch zwischen dem Westen und dem Reich des Himmels sicherstellten, hier drang mit den ersten Nestorianer-Missionaren das Christentum nach Osten vor. Durch diese Wüste kam der Islam mit den türkischen Eroberern, hier zog Marco Polo auf der Suche nach den Reichtümern Chinas nach Osten.

Unter dem schweren Geruch der zum Kauf angebotenen Gewürze und dem Rauch des Schischkebab, auf Holzkohlenfeuer von bärtigen Muslims zubereitet, mischen sich Kasachen mit Adlernasen, Pelzhüten und Lederstiefeln, stämmige Uigurenfrauen mit Mondgesichtern in bunten Kleidern über dunklen Hosen, fast blonde usbekische Jungen mit großen, hellen Augen und Mongolen mit hohen Wangenknochen. Gelegentlich trifft man auf einen Weißrussen, der nach der sowjetischen Revolution im Jahre 1917 hier Zuflucht suchte und nach der chinesischen Revolution im Jahre 1949 widerwillig dablieb. Von allen Völkern, die nach Sinkiang kamen, sind die Chinesen, obwohl seit dem zweiten Jahrhundert vor Christus militärisch präsent, die jüngsten Siedler und als solche unbeliebt. Der westliche Besucher, der allein durch die Seitenstraßen von Urumtschi schlendert, wird als eine Art entfernter Verwandter angesehen. Amüsiert deutet man auf die Ähnlichkeit von Nasen und Gesichtszügen, die unterscheiden die Einheimischen wie die Leute aus dem Westen von den Chinesen. Die Herrschaft über Sinkiang, die natürliche Einmarschroute von Westen nach China, wurde von den Herrschern des Reichs der Mitte allezeit als lebensnotwendig betrachtet. „Wenn Sinkiang verlorengeht, kann die Mongolei nicht mehr verteidigt werden, ist Peking gefährdet", hieß es jahrhundertelang. Um die früher arabisch schreibenden Uiguren von ihren Stammesgenossen jenseits der sowjetischen Grenze, die seit 1940 kyrillisch schreiben müssen, weiter zu trennen, verordnete ihnen Peking eine lateinische Umschrift. Sie ähnelt jener, die auch für Chinas Schriftzeichen eingeführt wurde. Sinkiang war für die Chinesen, was der ferne Westen für die Amerikaner war: eine „neue Grenze", die erforscht und erweitert werden mußte, ein neues, noch zu erschließendes Territorium. Und das ist es noch heute: eine Landmasse, ebenso groß wie Deutschland, Frankreich und Italien zusammen. Riesige Reserven von Öl, Uran, Kohle und Kupfer sind unberührt. Die Provinz, die ein Sechstel des gesamten Territoriums Chinas bildet, wird bislang nur von knapp einem Hundertstel seiner Gesamtbevölkerung bewohnt. Durch die Jahrhunderte stellten einfallende Völker die chinesische Herrschaft über Sinkiang in Frage, während des letzten Jahrhunderts versuchte vor allem das Zarenreich, die Verbindung zwischen Peking und seiner fernen Provinz zu unterbrechen. Rußland erwarb im Zuge der „ungleichen Verträge" weite Landstriche Sinkiangs. Die Zaren bedienten sich dabei der tiefen Ressentiments der zum Teil gerade ins Russische Reich eingemeindeten Kasachen, Uiguren und anderen Minderheiten gegen die noch repressivere, „ausländische" Herrschaft der Chinesen. Im ganzen setzten sich die Chinesen durch, aber noch heute reagieren sie empfindlich auf die Beschuldigung, hauptsächlich aus Moskau, sie hätten kein Recht, in Sinkiang anwesend zu sein, sie seien hier als ausländische Kolonialisten, sie unterdrückten die einheimische Bevölkerung.

Das Provinzmuseum in Urumtschi, in dem die Uigurenmädchen als Aufseherinnen still herumsitzen, während ein chinesischer Führer rituelle Erklärungen abgibt, scheint lediglich dem Zweck zu dienen, diese Anklagen zurückzuweisen. In den beiden wichtigsten Ausstellungshallen, an denen das übliche Mao-Zitat „Laßt die Vergangenheit der Gegenwart dienen" prangt, weist kein einziges Ausstellungsstück auf die Geschichte der zwölf verschiedenen nichtchinesischen Minderheiten hin, die in Sinkiang leben. Die Sammlung besteht ausschließlich aus Exponaten, die für die Anwesenheit der Chinesen in der Region sprechen: Seidenbrokate der Han-Dynastie, Pferde und Soldaten als dreifarbige Lehmplastiken der Tang-Periode und Steintafeln, die an die Taten chinesischer Kaiser und Generale erinnern. Für den Fall, daß dem Besucher das Wichtigste entgangen sein könnte, belehrt ihn eine kleine Broschüre, das gesamte seit der Befreiung ausgegrabene Material zeige, „daß Sinkiang seit uralten Zeiten ein unveräußerlicher Bestandteil unseres großen Mutterlandes ist". Die gleiche Botschaft wird denen zuteil, die 180 Kilometer südöstlich von Urumtschi in der Wüstenmulde von Turfan, 155 Meter unter dem Meeresspiegel, die berühmten Ruinen der Seidenstadt Kao-Tschang besichtigen. Im Sommer ist es dort brütend heiß, während im Winter hier die kälteste Stelle ganz Chinas liegt. Mitten in einem Niemandsland, einer Landschaft aus rosaroter Lehmerde, stehen die Reste von Wällen, Mauern, Tempeln und Häusern, welche die Chinesen im ersten Jahrhundert vor Christus aus Schlamm und Stroh für ihre Truppen bauten und so die Grenzen des Han-Reiches ausweiteten. Die Ruinen wurden Anfang dieses Jahrhunderts von den Berliner Forschern Le Coq und Grünwedel wieder ausgegraben. Heute beschließt der chinesische Führer die Besichtigung mit den Worten: „Die lange Geschichte Kao-Tschangs beweist, daß Sinkiang seit uralten Zeiten ein unveräußerlicher Bestandteil Chinas ist." Obwohl die militärische Präsenz der Chinesen in Sinkiang schon über 2000 Jahre zurückreicht, vollständige Kontrolle über die Region erreichten sie nur selten. „Der Himmel ist hoch und der Kaiser weit" – hieß es nach einem russischen Sprichwort in Sinkiang. Immer wieder brachen Aufstände gegen die Chinesen aus mit dem Ziel, aus Sinkiang eine von Peking unabhängige politische Einheit zu machen, zuletzt 1944, als mit sowjetischer Hilfe eine „Ostturkestanische Volksrepublik" gegründet wurde.

Seit dem Ende des chinesischen Kaiserreiches im Jahre 1911 hatte Sinkiang im wesentlichen unter russischer Schirmherrschaft gestanden, das ganze Gebiet war wirtschaftlich auf die Sowjetunion orientiert, bis Stalin im Krieg seine Garnison abziehen mußte, weil er sie an der deutschen Front brauchte. In Jalta setzte er sich für die Abschaffung der „unabhängigen Republik" ein, Sinkiang wurde 1946 offiziell als Teil von Tschiang Kai-scheks China anerkannt. Selbst 1949, nachdem die Kommunisten in der Provinz die Macht übernommen hatten — Mao Tse-tungs Bruder Tse-min wurde von den Nationalisten Sinkiangs ermordet —, überlebte zunächst noch eine antichinesische Unabhängigkeitsbewegung. Heute stellt wohl niemand mehr die Regierungsgewalt der Volksrepublik China über Sinkiang in Frage. Rund eine Million Soldaten verteidigen die Grenzen der Provinz, sie hat die gleichen Umstürze und Umwandlungen durchgemacht wie das übrige China. Weit öfter als in irgendeiner anderen Provinz prangen an den Straßen heute noch MaoZitate. In Fabrikhallen, Schulen, Theatern und öffentlichen Gebäuden wachen große, weiße Gipsstatuen des verstorbenen Vorsitzenden, hier sichtlich stärker als anderswo Symbol der Einheit und des ideologischen Zusammenhalts. Soweit sich die nichtchinesische Bevölkerung noch antichinesischen Gefühlen hingibt, sind die Auswirkungen unter Kontrolle, die Chinesen fühlen sich heute in Sinkiang selbstsicher: Vergangenes Jahr öffneten sie die Provinz ausgewählten Besuchern, seit diesem Jahr gehört sie zu den Reisezielen einer größeren Zahl von Touristen. „Die Minderheitenbevölkerung heißt uns hier willkommen", erklärt Tschang Ping-scheng, ein chinesischer Beamter, in Urumtschi dem Besucher, „wir haben ihnen Eisenbahnen, Straßen, Fabriken und Entwicklung gebracht."

Das stimmt. 1949 gab es in Sinkiang lediglich eine 3000 Kilometer lange Piste, jetzt verbinden 24 000 Kilometer gepflasterter Straßen die wichtigsten Städte der Provinz. Vor der Befreiung führte die Eisenbahnlinie von Peking lediglich bis Lantschou, der Hauptstadt der Provinz Kansu. Jetzt reicht das Eisenbahnnetz bis Urumtschi. Die Anlagen zur Ölförderung bei Karamai im Norden wurden ausgebaut, Dutzende kleiner und mittlerer Textil- und chemischer Fabriken in Betrieb genommen. Der industrielle Fortschritt hat allerdings den Nichtchinesen kaum genutzt: den Uiguren, die im großen und ganzen Oasenbewohner und Bauern sind (und mit fünf Millionen Menschen die stärkste nationale Gruppe in Sinkiang), und den halbnomadischen Kasachen, die vorwiegend als Hirten in den Bergen leben. Von den 200 000 Industriearbeitern in Urumtschi sind die meisten Chinesen. Obwohl der Durchschnittschinese die anderen Nationalitäten immer noch als „Barbaren" betrachtet, ist die offizielle Politik Pekings kaum noch diskriminierend. Besonders nach dem Bruch zwischen China und der Sowjetunion waren die Chinesen darauf aus, keine Unzufriedenheit unter den anderen Völkerschaften entstehen zu lassen, die von den Sowjets zu subversiven Zielen ausgenutzt werden könnte. Peking sah sehr wohl, daß der ständige Vergleich zwischen der Behandlung der gleichen ethnischen Gruppen auf beiden Seiten der Grenze — Uiguren, Kasachen, Mongolen, Kirgisen, Tadschiken und andere Nationalitäten leben auch in der Sowjetunion — der endgültige Prüfstein für die Loyalität dieser Nationalitäten sein würde. Die Provinzverwaltung von Sinkiang, die laut Verfassung ebenso wie Tibet und die Innere Mongolei einen höheren Grad an Autonomie genießt als die anderen Provinzen Chinas, hat den Nichtchinesen im Erziehungswesen und der Verwaltung Aufstiegschancen eröffnet. Nur wenige dagegen dienen in der Armee, ganz wenige sind Offiziere.

An der Universität Sinkiang in Urumtschi sind von den 2380 Studenten 1360 und 43 Prozent des Lehrkörpers Nichtchinesen. „Minderheitenstudenten werden gegenüber den Chinesen praktisch bevorzugt", erklärt der Vizepräsident der Universität, Anwar Hanbaba, selbst ein Uigure. „Um die neu eingeführte Aufnahmeprüfung zu bestehen, muß ein chinesischer Student 260 Punkte erreichen, ein Minderheitenstudent nur 90 Punkte." Diese „Bevorzugung" bleibt während des ganzen Universitätsstudiums bestehen. Grund: Die Unterrichtssprache ist Chinesisch, das die Alteingesessenen nicht sprechen. Uiguren, Kasachen und andere Stämme konnten unter den chinesischen Kommunisten die meisten ihrer Bräuche beibehalten. Die chinesische Sprache wurde ihnen nicht aufgezwungen, die Familien können selbst entscheiden, ob sie ihre Kinder auf eine chinesische Schule schicken wollen oder auf eine Schule ihrer ethnischen Gruppe. Automatisch erhält damit, wer Chinesisch lernt und sich assimilieren läßt, bessere Aufstiegsmöglichkeiten in einer Gesellschaft, die immer stärker durch Chinesen geprägt wird. Der Busfahrer im Pendelverkehr zwischen Urumtschi und Turfan ist ein früherer Soldat der Volksbefreiungsarmee aus Kanton, der Leiter der Färbeabteilung in der Textilfabrik „1. Juli" im Außenbezirk der Provinzhauptstadt kommt aus Hangtschou, der Reiseleiter des chinesischen Reisebüros in Sinkiang ist ein früherer Rotgardist, der in der Mitte der 60er Jahre herkam, um „Revolution zu machen". Eine der Lehrerinnen am Fremdspracheninstitut in Urumtschi stammt aus Schanghai, aus einer wohlhabenden Familie: Ihr Vater war vor 1949 Direktor einer US-Firma. Als Kind besuchte sie die Missionsschule, ihr gutes Englisch weckte in den fünfziger Jahren Mißtrauen – sie ging nach Sinkiang. Dort arbeitete sie in der Stadt Altai als Buchhalterin, nach 1966 – im Zuge der Kulturrevolution – als Gemüseverkäuferin auf dem Markt und bewarb sich voriges Jahr an der Uni Urumtschi als Sprachlehrerin, mit Erfolg; Experten sind wieder gefragt.

Obwohl die Pekinger Regierung aus Rücksicht auf die Nichtchinesen ihre Familienplanung in Sinkiang nie angewandt hat – chinesische Bürger sollen nur zwei Kinder haben, neuerdings sogar möglichst nur eins –, ist der Anteil der Chinesen in Sinkiang ständig gestiegen, vor allem dank der Besiedlung des unerschlossenen Landes mit Armeeveteranen und der erzwungenen Umsiedlung der Stadtjugend. Seit 1949 wurden Tausende entlassener Soldaten der Volksbefreiungsarmee in verschiedenen Teilen Sinkiangs auf Staatsgütern angesiedelt, hauptsächlich entlang der Grenze. Tausende von Hochschulabsolventen aus Ostchina wurden zusammen mit Tausenden von Kadern im Rahmen der Säuberungen während der verschiedenen Antirechts- und Antirevisionistischen Kampagnen aufs Land geschickt. Das Ergebnis: 1949 hatte Sinkiang 4,9 Millionen Einwohner, davon lediglich 300 000 Chinesen. Heute leben in Sinkiang elf Millionen Menschen, davon nahezu fünf Millionen Chinesen, fast soviel wie die bodenständigen Uiguren, die mit Kasachen und anderen Nichtchinesen vor 1949 die weit überwiegende Mehrheit in Sinkiang stellten. Heute sind sie nach dem Sprachgebrauch der Chinesen „ethnische Minderheiten". Für China mit seinen übervölkerten Gebieten in den Ebenen der beiden wichtigen Ströme, des Gelben Flusses und des Jangtsekiang, und den überfüllten Städten an der Ostküste des Landes war diese Politik der internen Umsiedlung in das weite und reiche Sinkiang nur logisch. Tausende neuer Arbeiter und Kader aus den Städten des Ostens ziehen derzeit nach Sinkiang, verlockt durch Anreize besonderer Art. Ein Lehrer, der in Schanghai 60 Jüan (75 Mark) monatlich verdient, bekommt 79, wenn er nach Urumtschi geht. Ein Arbeiter der zweiten Kategorie (es gibt acht Kategorien für Arbeiter) verbessert sich von 35 Jüan im Monat auf 50. Ein Kader der 18. Klasse (es gibt 25 Klassen für Kader), der in Peking 90 Jüan verdient, bekommt für seine Arbeit in Sinkiang 124.

Die chinesische Gemeinde sondert sich von den „Minderheiten" strikt ab. Chinesen, die schon seit über zwanzig Jahren in Sinkiang leben, und sogar chinesische Kader, die täglich mit den Minderheiten zu tun haben, sprechen deren Sprache nicht.

Erst im vorigen Jahr wurde erstmals eine Elementargrammatik der uigurischen Sprache für Chinesen gedruckt. Alles trennt sie voneinander, einschließlich der Ernährung: Die Angehörigen der „Minderheiten" sind Muslime, essen also kein Schweinefleisch. Die Fabriken müssen separate Kantinen für Chinesen und Nichtchinesen einrichten. Obwohl rechtlich möglich, sind Mischehen äußerst selten. „Die Regierungspolitik geht dahin, davon abzuraten", erklärt Liu Jia-hsiang, ein Kader aus Urumtschi. „Vor allem, wenn ein junger Chinese ein Mädchen einer Minderheitsvolksgruppe heiratet, könnte das so aussehen, als ob wir ihre Frauen nehmen, und das könnte Ressentiments auslösen." Gemeinsam ist Chinesen wie Nichtchinesen die Primitivität des täglichen Lebens. Selbst in einer Großstadt wie Urumtschi (chinesisch: Wulumtschi) leben die meisten Menschen noch in Lehmhäusern ohne Wasser und Toilette, sind die meisten Straßen noch ungepflastert, gackern die Hühner, werden Ziegen und Esel als Zugtiere für kleine Karren benutzt, die als Taxen dienen. Außerhalb der Großstädte leben die Chinesen und die Nichtchinesen völlig getrennt. In der Volkskommune „Ostwind" im Tienschan-Gebirge (Berge des Himmels) an der Nordseite der Wüste sind alle 7600 Bewohner Kasachen: Hirten und Halbnomaden wie die meisten der 700 000 in Sinkiang lebenden Kasachen. In der Volkskommune „Fünf Sterne" in der Turfan-Ebene leben 35000 Menschen, alle Uiguren und Bauern. Die chinesischen Kommunisten gerieten mit diesen Nationalitäten zweimal in Konflikt: einmal, als sie versuchten, die nomadisierenden Kasachen seßhaft zu machen und ihnen einen Teil ihres Weidelandes wegzunehmen, um es in Kornfelder zu verwandeln. Die Folge war, daß 1962 an die 60 000 Kasachen Sinkiang verließen und über die Grenze in die Sowjetrepublik Kasachstan gingen; das zweite Mal, als während der Kulturrevolution Rote Garden alle Moscheen in Urumtschi schlossen und sich blutige Straßenschlachten mit den muslimischen Uiguren lieferten. Unter der Beschuldigung, Moskau habe die Kasachen zur Flucht

aufgefordert, sperrten die Chinesen die drei sowjetischen Konsulate in Sinkiang zu, wiesen alle sowjetischen Berater aus und
schlossen die Grenze.

Sie schafften die arabische Schrift ab, in der die uigurische
wie die kasachische Sprache geschrieben wurden, und verordneten eine lateinische Umschrift, die jener ähnelt, die heute
für die chinesische Sprache eingeführt ist. An den Schulen
für Nichtchinesen wird jetzt in der neuen Schrift gelesen und
geschrieben, die MaoZitate an den Straßen sind transkribiert,
die Lokalzeitungen für die „Minderheiten" verwenden dieselbe
Umschrift. Persönliche Mitteilungen aber werden immer noch
arabisch geschrieben, arabisch ist auch das einzige Exemplar
des Korans, das in der NanliangMoschee verblieb, der wichtigsten von Urumtschi. „Wir retten und verstecken es", sagt der
Imam und zeigt auf eine Holzkiste mit einem großen Schloß. Die
NanliangMoschee liegt an der Hauptverkehrsader von Urumtschi, an der sich früher alle 300 Meter eine Moschee befand. Die
riesigen, morschen Gebäude sind noch da, die zerbrochenen Zinnen der Minarette, von denen die Muezzins die Gläubigen zum
Gebet riefen, ragen noch über die Dächer schäbiger alter Häuser,
aber die meisten sind zweckentfremdet. Eine wurde Warenhaus,
eine andere Schule, eine dritte Lager für Baumaterial. Bis 1966
konnten die Muslime in Sinkiang ihre Religion relativ frei ausüben, damit machte die Kulturrevolution Schluß. Rote Garden
besetzten die Moscheen, verbrannten die heiligen Bücher, zerstörten die alten arabischen Inschriften über den Eingängen und
„schlugen und schlugen uns, um den Glauben aus uns herauszutreiben", erinnert sich ein 67 Jahre alter Uigure. Seit dem vergangenen Jahr wurde die NanliangMoschee zusammen mit sechs
weiteren in Urumtschi wieder geöffnet, täglich kommen ungefähr 500 Gläubige, um auf den zerschlissenen roten Teppichen in
dem trüben Licht zu beten, das durch die zerbrochenen Fenster
und das undichte Dach dringt. Die meisten sind alte Männer mit
langen weißen Bärten, die verlegen und traurig blicken, wenn

man sie fragt, wie viele von ihnen schon in Mekka gewesen seien. „Niemand", lautet die Antwort. Aber es gibt auch junge Leute, die stolz erklären, daß sie nach den Gebeten noch bleiben, um den Koran abzuschreiben, damit sie „lesen und schreiben" lernen: Das Studium des Arabischen, das die chinesischen Behörden als offizielle Sprache abgeschafft haben, scheint für junge Uiguren Wahrung ihrer Identität zu bedeuten. Ein Kader in Turfan scheut sich nicht, den Fremden eine arabisch geschriebene Kopie der „Geschichte Turfans und der Uiguren" zu zeigen. „So etwas kann man nicht kaufen", sagt er.

„Wie Hunde mit gebrochenen Gliedern"
Tibet nach 30 Jahren chinesischer Besetzung

Systematisch zertrümmern die Chinesen in Tibet die alte buddhistische Kultur.

Ehrfurchtgebietend, majestätisch erhebt sich aus der Mitte des Lhasa-Tals, einem Zauberwerk gleich, der Potala, eine Festung aus Stein, Stroh und Gold auf einem Berg aus nacktem Fels – Symbol des menschlichen Wunsches, den Himmel zu erreichen, ein trutziges Bauwerk, errichtet von Sklaven für ihre Gottkönige. Seit Jahrhunderten machten sich Millionen asiatischer Pilger, besessen von der Hoffnung, einmal in ihrem Leben den Potala zu sehen, zu Fuß auf die monatelange Reise. Viele starben auf diesem Weg. Auch ein paar kühne westliche Abenteurer und Missionare, die von diesem mythischen, verbotenen Ort jenseits des eisigen Gebirgshangs gehört hatten, kamen, angezogen von seiner Ferne, um das letzte Geheimnis des Ostens zu begreifen. Wer diesen Ort erreicht, kann sich seinem magischen Zauber nicht entziehen: Vom Gipfel des weißen und dunkelroten, von Menschenhand geschaffenen Berges inmitten der kahlen, toten

Berge der Natur verfolgen wie Hunderte von Augen die Fenster des Potala den Wanderer an jeder Stelle im Tal, mal wohlwollend und tröstend, mal drohend und erschreckend. Unter den ersten Sonnenstrahlen glitzern seine Dächer aus purem Gold im Dunstschleier des anbrechenden Tages. Im Schatten der Nacht schwebt seine gespenstische Gegenwart über der Stadt, beladen mit Erinnerungen an Mord, aber auch an Erlösung. Für die Chinesen, die Tibet jetzt besetzt halten, ist der Potala ein Museum des Greuels und des Aberglaubens, von dem sie die Tibeter vor 30 Jahren „befreiten". Für die Tibeter aber ist er immer noch der Sitz ihres göttlichen Herrschers, der Heilige Tempel.

Sonntags, wenn der Potala seine riesigen Holz- und Messingpforten am Ende atemraubender Steintreppen öffnet, strömen Tausende Tibeter in das Heiligtum, durchstreifen ein Labyrinth dunkler Gänge, werfen sich vor den 10 000 Schreinen nieder, schlagen ihre Köpfe gegen heilige Steine, erklettern steile Holztreppen zu den verborgenen Altären, gießen Jak-Butter in Hunderte bebender Lämpchen vor den 200 000 Bildern, viele aus massivem Gold, von Göttern, Dämonen und Ungeheuern. Sie bringen den Mumien früherer Lamas Opfergaben, von Geld bis zu Sicherheitsnadeln, kriechen unter riesige Regale mit Stapeln heiliger Schriften, als wollten sie von ihrer Weisheit durchdrungen werden, fordern ihre Kinder auf, sich das Gesicht mit läuterndem Wasser zu waschen und es zu trinken, das angeblich einem riesigen unterirdischen See mit goldenen Inseln in der Tiefe dieser Festungskathedrale entspringt. Schweigend knien sie unter den leeren Wohnungen des Dalai Lama, ihres jetzt im Exil lebenden Gottkönigs. Sie gehen an Wänden mit ebenso prächtigen wie erschreckenden Fresken entlang und murmeln, betäubt und besessen, Anrufungen und Gelübde. Verzückt drehen sie ihre Gebetsmühlen, endlos den heiligen Refrain wiederholend: „Om mani padme hum" (Oh, du Kleinod in der Lotosblüte). Einige uniformierte chinesische Soldaten, die einen Ausflug hierher gemacht haben, schauen ungläubig und verloren zu.

Nach 1959, als Pekings Truppen den letzten antichinesischen Volksaufstand niederschlugen und der Dalai Lama mit 85 000 seiner Anhänger nach Indien floh, war der Potala für die Tibeter gesperrt. Seit Januar dieses Jahres ist er wieder geöffnet, allerdings nur einmal in der Woche. Die nun erfolgte Explosion bisher unterdrückter religiöser Gefühle hat die Chinesen überrascht. Sie hatten diese begrenzte Freiheit der Religionsausübung als eine Art Sicherheitsventil für unterschwellige Unruhen im tibetischen Volk gewährt. Es wurde ein Fanal. Peking, tief beunruhigt, ordnete sofort eine grundlegende Überprüfung der früheren Politik an und entsandte einige seiner Spitzenpolitiker nach Lhasa, darunter im Mai 1980 den ZK-Generalsekretär Hu Jao-bang und den Vizepremier Wan Li. In der Hoffnung, die Gefolgschaft der aufsässigen Provinz zurückzugewinnen, machten die Chinesen unlängst liberale Zugeständnisse, viel weitergehend als im übrigen China. Tibet stellt ein Achtel des gesamten chinesischen Territoriums dar. Durch seine lange gemeinsame Grenze zum immer noch nicht befreundeten Indien, noch dazu nicht allzu weit vom ewig unruhigen Afghanistan entfernt, ist Tibet die einzige chinesische Provinz, in der die übergroße Mehrheit (1,68 von 1,83 Millionen) Nichtchinesen sind – eines der empfindlichsten Gebiete entlang der chinesischen Grenzen. Eine Rebellion gegen die chinesische Herrschaft in Tibet würde sich auf Chinas Image im Ausland verhängnisvoll auswirken und könnte destabilisierende Folgen in China selbst haben, wo unzufriedene Minderheiten die meisten Grenzprovinzen bewohnen. Seit 30 Jahren, vor allem aber in den letzten 20 Jahren, haben die Chinesen Tibet mit starker Hand regiert und versucht, dort die gleiche Politik mit den gleichen harten Mitteln durchzusetzen wie im übrigen Land. Damit hatten sie jedoch keinen Erfolg, so wurde denn der Kurs geändert. „Man kann verschiedene Arten Haar nicht mit derselben Bürste bürsten", erklärte dem SPIEGEL Jin Fa-tang, der chinesische Parteichef in Tibet und Nachfolger des unlängst abgesetzten Generals Ren Rong, der 19 Jahre lang unumstrittener Herrscher der Region war.

Tibet hat sich in der Tat als eine andere Art Haar erwiesen. 20 Jahre der marxistisch-leninistischen Ideologie und des wissenschaftlichen Sozialismus haben nicht vermocht, auch nur die Oberfläche des tibetischen Wesens anzukratzen. Selbst wenn tibetische Häuser und Hütten jetzt mit Bildern von Marx und Engels, Lenin und Stalin geschmückt sind und einige der Menschen, die sich im Potala niederwerfen, eine Mao-Plakette tragen, die im übrigen China schon verschwunden ist, haben die neue Ideologie und die neuen Weisen hier keine Wurzeln geschlagen. Das jahrhundertealte Bild des merkwürdigsten aller Länder, bewohnt von Göttern und Weisen, vermochte Peking nicht zu ändern. Tibet ist immer noch das Land, dessen übernatürlicher Zauber über die Jahrhunderte die Menschen anlockte. So bestieg Laotse am Ende seines Lebens einen Büffel und machte sich auf den Weg in ein Land, aus dem er nie zurückkehrte – nach Tibet. Vor 70 Millionen Jahren lag Tibet an den Küsten des Meeres. Dann drifteten die Landmassen Indien und China gegeneinander, die Himalajakette entstand. In ihrer Mitte wurde das tibetische Plateau aufgeworfen. Noch heute sind auf den höchsten Gipfeln, unter dessen Ausläufern zwei der sprühendsten Ströme der Welt entspringen, der Brahmaputra und der Mekong, riesige Muscheln in lebhaften Farben, versteinerte Schwämme und Korallenriffe zu finden. Und die Seen Tibets sind, Rückstände aus dem Meer, immer noch salzig. Der Zusammenstoß der beiden Kontinente ist noch nicht beendet. „Der Himalaja wächst immer noch zehn Zentimeter im Jahr", sagt der leitende Geophysiker einer französischen Delegation, die sich in Lhasa aufhält, um dieses Phänomen zu untersuchen – den Grund für die Erdbeben, die China immer noch verwüsten. Von der übrigen Welt isoliert und von der Natur gezwungen, in der schönsten, aber auch unwirklichsten Umgebung zu überleben, entwickelten die Tibeter aus Buddhismus, tantrischen Bräuchen und einem alten einheimischen Glauben die Religionsform des Lamaismus. Er ließ sie alle Leiden und Entbehrungen ertragen und beflügelte sie, ihren Göttern riesige Monumente zu errichten. Er gab ihnen ein Wertsystem, das auserwählte Männer und Frauen erzog, fast unbegreifliche Kräfte zu entwickeln, zum Beispiel lange Zeit nackt bei Temperaturen unter null Grad zu überleben, durch Telepathie über große Entfernungen zu kommunizieren und in dieser Landschaft zu überleben, in der jeder Fleck eine eigene Legende hat und jeder Fels einen Geist beherbergt, stärker als der Fels selbst. Jahrhundertelang war Tibet als ein Reservoir seltsamster Schätze bekannt. Schon Herodot schrieb: „Hier gibt es Ameisen, so groß wie Hunde, die, während sie im Erd- reich wühlen, riesige Haufen Gold aufwerfen." In unserer Zeit berichtete Heinrich Harrer, der österreichische Bergsteiger, der im Zweiten Weltkrieg einem britischen Gefangenenlager in Indien entfloh, um „Sieben Jahre in Tibet" (so der Titel seines Buches) zu verbringen: „Man kann beim Schwimmen Goldstaub im Sonnenlicht glitzern sehen." Die Tibeter jedoch, durch Tabus gebunden und durch ihren eigenen Aberglauben eingeschüchtert, gruben nie nach Erzen, versuchten auch nie, Straßen zu bauen, weil sie glaubten, daß dadurch der Boden unfruchtbar würde. Die Religion ließ die Zahl der Mönche, der Lamas, ständig wach- sen. Da sie ehelos bleiben müssen, schrumpfte die Bevölkerung allmählich: Vor 1000 Jahren zählten die Tibeter zwölf Millionen, am Ende des 18. Jahrhunderts noch vier Millionen, 1949 knapp eine Million. Religion und Bevölkerungsschwund hielten Tibet gefangen in stagnierender materieller Entwicklung, vergleich- bar unserem Mittelalter.

Als die chinesische Armee auf Befehl Mao Tse-tungs 1950 in Tibet und Lhasa einmarschierte – von der chinesischen Propa- ganda heute als „friedliche Befreiung" bezeichnet –, war Tibet eine Theokratie der Lamas und des Adels mit dem Dalai Lama, dem „Ozean der Weisheit", an der Spitze, ein Land, das den Anschluß an die Zeit schon lange verloren hatte. Es gab weder

Straßen noch Schulen, Krankenhäuser oder Fabriken. Drei Autos hatte der 13. Dalai Lama in den 30er Jahren Stück für Stück auf den Rücken von Jaks und Männern aus Indien über den Himalaja anschleppen lassen, wegen Benzinmangels standen sie schon bald ungenutzt herum. Von ihnen abgesehen, waren die einzigen Räder, die sich in ganz Tibet drehten, die der Gebetsmühlen. Eine alte Weissagung nämlich tat kund: „Wenn Räder ins Land kommen, wird der Frieden verloren sein." Die Chinesen kamen auf Lastwagen. Sie brachten Traktoren, Wasserpumpen und Maschinen ins Land, also war der Frieden für die Tibeter verloren, und also gelang es Peking nicht, Tibet wie versprochen ins „Mutterland" zu integrieren. Das heutige Lhasa symbolisiert dieses Scheitern. Wenn ein chinesischer Soldat im Morgengrauen von demselben Fort zum Wecken bläst, das die britischen Truppen 1904 besetzten, und aus den Lautsprechern den ganzen Tag „Der Osten ist rot" erklingt, erwachen zwei Städte. Da ist das moderne, saubere, gut beleuchtete neue Lhasa mit gepflasterten Straßen und quadratischen Backsteinhäusern, von den Chinesen für sich selbst errichtet. Und dann das alte, schmutzige, verfallene Lhasa der Tibeter mit Lehmhäusern und flachen Dächern, krummen, ungepflasterten Straßen, auf denen ein Gemisch aus Schlamm und Exkrementen liegt – eine Stadt, eingehüllt in den Gestank von ranziger Jak-Butter und Jak-Dung, in dem holzarmen Land noch immer der meistbenutzte Brennstoff. In dieser Altstadt haben die Chinesen den Straßen Namen und den Häusern Nummern gegeben, „um uns besser zu kontrollieren", wie die Tibeter behaupten. Die Menschen aber verrichten ihre Notdurft noch immer in offenen Gräben, denn das erste Kanalisationssystem wird erst jetzt gebaut, und eine Wasserleitung gibt es noch nicht. Nach zwei Jahrzehnten sozialistischer Bautätigkeit gleicht Lhasa mit seinen dunklen, stinkenden Hinterhöfen, wo die Kinder inmitten von Schweinen und Ziegen im dicken Qualm der großen Kessel spielen, in denen die Frauen die Wolle kochen, noch immer der Stadt, die der Jesuit Johann Grueber im Jahre 1661 als erster Reisender aus dem Westen erblickte. Das neue Lhasa, das sich jetzt zum westlichen Tal hin erstreckt, und das alte Lhasa, das am Fuße des Potala nistet, stoßen an einer Hauptstraße zusammen. Morgens sieht es hier so aus: Auf der einen Seite treiben die Chinesen ihre Morgengymnastik und ihr Jogging, auf der anderen Seite beginnen die Tibeter, die Finger am Rosenkranz, ihre täglichen Gebete. Beide Gruppen sprechen nicht miteinander und verstehen die Sprache der jeweils anderen meist auch nicht. Zuweilen scheinen sie in zwei verschiedenen Zeitaltern zu leben: Auf der Straße zum Flughafen zieht eine Armee-Einheit die Telefonkabel, über die Lhasa jetzt mit der übrigen Welt verbunden ist. Ihm folgen Gruppen von Tibetern, die ihre Gebetzettel daran befestigen.

In ganz Tibet leben, die hier stationierten Soldaten ausgenommen, nur 120 000 Chinesen, über sechs Prozent der Bevölkerung, davon 70 000 allein in Lhasa als führende Kader, Techniker und Verwaltungsbeamte dieser Provinz. Obwohl nach amtlichen Statistiken 46 Prozent der Führungskader im heutigen Tibet bereits Tibeter sind, stößt man doch überall auf den Chinesen, hier „Han" genannt. Auch die Angestellten der Zweigstelle der Bank von China, im Hauptpostamt und im Reisebüro sind fast ausschließlich Han. Die überwältigende Mehrheit von ihnen spricht kein Tibetisch. „Ich lerne lieber Englisch, da habe ich mehr Chancen", sagt ein junges Chinesenmädchen, das aus Szetschuan stammt und jetzt in einem Regierungsbüro arbeitet. Sie träumen nur davon, ins „Inland" zurückzukehren, wie das übrige China hier genannt wird. Für Menschen aus dem flachen Land ist das Leben in 4000 Meter Höhe nicht leicht. Die Chinesen haben im Tal von Lhasa Tausende von Bäumen angepflanzt, um so den Sauerstoffgehalt der Luft um ein Prozent zu erhöhen. Die dünne Luft im tibetischen Bergland macht den Tiefland-Chinesen Atembeschwerden. Hier kocht das Wasser bei 89 Grad. Viele Bakterien werden daher nicht abgetötet, so daß Zugereiste über Magenbeschwerden klagen. Als Ausgleich für all diese Härten zahlt Peking seinen Han-Kadern eine Prämie von 30 Prozent auf ihren Lohn. Peking hat zur Bewachung Tibets etwa 300 000 Soldaten seiner Volksbefreiungsarmee im Land stationiert. Aktiver Widerstand wird gegen die chinesische Herrschaft nicht geleistet. Berichte über tibetische Freischärler, die chinesische Patrouillen aus dem Hinterhalt angriffen, liegen mindestens 15 Jahre zurück.

Seit 1959 macht Peking imponierende Anstrengungen, Tibet zu verändern. Es pumpte 4,5 Milliarden Mark ins Land, errichtete 252 Fabriken, eröffnete 6624 Schulen, baute 22 000 Kilometer Straßen, etwa eine von Tschengdu in Szetschuan über zwölf Flüsse und 14 Gebirgsketten, alle durchschnittlich 4000 Meter hoch. Wie andere Kolonialisten zeigen auch die Chinesen voller Stolz diese beachtlichen Leistungen, begreifen aber nicht, warum sie dennoch nicht geliebt werden. „Weil sie uns mit unserer Seele dafür bezahlen ließen", sagt Lobsan K., 32, ein tibetischer Lehrer, der mich eines Abends in sein Haus einlädt. Dort trifft sich eine Gruppe anderer Tibeter, die alle seine Ansichten zu teilen scheinen. „Die Han bauten Straßen, zerstörten dafür aber unsere Tempel. Mit ihren Krankenhäusern retteten sie Menschen das Leben, mit ihren Gewehren aber töteten sie die Lamas. Wir Tibeter sind wie Hunde mit gebrochenen Gliedern." 1959, nachdem die antichinesische Rebellion niedergeschlagen worden war und Peking die Periode „demokratischer Reformen" einleitete, gab es in Tibet noch 106 000 Lamas und Nonnen. Heute ist ihre Zahl auf weniger als 1000 geschrumpft. Damals auch gab es noch 2464 Klöster, heute sind etwa zehn übriggeblieben.

In einer riesigen Höhle des Tals, 20 Kilometer von Lhasa entfernt, baute Tsong Kapa, der große Reformer des Buddhismus, der Martin Luther Tibets, 1409 das riesige Kloster Gandan. Er errichtete es an einem so abgelegenen und verborgenen Ort, weil ihm ein Orakel prophezeit hatte, der Buddhismus werde eines Tages zerschlagen. So wollte er seinen Anhängern einen Zufluchtsort schaffen, an dem sie ihre Tradition aufrechterhalten könnten. Heute steht von diesem alten, riesigen Bau kein Stein mehr auf dem anderen. Die Zerstörung der Religion verlief geplant, systematisch und erbarmungslos. Sie veränderte die tibetische Landschaft von Grund auf. Jeder Bezirk hatte seinen Dzong, eine Art religiöser Festung, auf dem Gipfel eines Hügels. Fast alle wurden dem Erdboden gleichgemacht. Auf den Feldern standen einst Stupas. Die Rotgardisten verwandelten sie in Vogelscheuchen. In jedem Haus standen auf den Altären Tonfiguren von Göttern. Alle wurden zerschlagen, die Gebetsfahnen, die an Stangen über Dächern und auf den Hügeln wehten, eingeholt und durch die rote Fahne der Partei ersetzt. Auf den Bergen zertrümmerten die neuen Herren Tausende Felssteine, auf denen buddhistische Bilder eingemeißelt oder gemalt waren. Vor dem Potala auf dem Gipfel des Eisernen Hügels stand einst die berühmte Medizinschule, die den Lamas jahrhundertelang als Lehrstätte diente und zu der die Tibeter pilgerten, um den Kalkstein abzukratzen und als Medizin zu essen. Heute ist kaum noch etwas davon zu sehen. Die chinesische Artillerie zerstörte 1959 den Tempel als Nest reaktionärer Kräfte. Rotgardisten besorgten den Rest, indem sie die letzten Steine beseitigten und eine ganze Seite des Hügels mit Hunderten eingemeißelter Figuren abtrugen. Nicht einmal ein heiliger Weidenbaum mitten in Lhasa, angeblich dem Haar Buddhas entsprossen, blieb verschont. Heute ist nur noch ein vertrockneter Stumpf zu sehen, mit Gebetszetteln bedeckt. Jak-Butter in den Votivlämpchen zu verbrennen wurde als Verschwendung verboten, Hunde wurden als „Schmarotzer" bezeichnet. So kam es, daß fromme Eltern zusehen mußten, wie ihre Kinder indoktriniert wurden, Hunde zu steinigen und mit Keulen nach ihnen zu schlagen, obschon der Hund nach tibetischem Reinkarnationsglauben wie alle anderen Lebewesen die Seelen anderer Menschen, oft der ihrer eigenen Verwandten, auf dem Wege der Seelenwanderung verkörpert.

Der heilige Refrain „Om mani padme hum", der Gutes nicht nur verheißt, wenn er ausgesprochen, sondern auch, wenn er gelesen, gesehen oder in die Gebetsmühlen eingegeben wird, war überall auf Felsen und Wände geschrieben. Die Rotgardisten löschten ihn überall aus und ersetzten ihn durch „Lange lebe der Vorsitzende Mao". Jetzt, wo Zeit und Regen der Vergangenheit Gerechtigkeit widerfahren lassen, schimmert die alte Schrift an vielen Stellen unter der roten Farbe der Maoisten wieder durch. Die Tibeter setzen jetzt alles wieder zusammen, was sie an Trümmern aus der Katastrophe nur finden können. An den Straßen bauen sie die kleinen Stupas wieder auf. In Gandan widmen Gruppen junger Menschen ihre Freizeit regelmäßig dem Wiederaufbau eines Schreins auf dem Gelände des zerstörten alten Klosters. In Sera liegt die Hälfte eines einst prächtigen Komplexes von Häusern, Zellen und Tempeln am Fuße eines felsigen Berges noch in Trümmern – erschreckendes Zeugnis der Gewalttätigkeit, der Rotgardisten. Ein Hof im westlichen Teil des Klosters ist völlig ausgebrannt, von den Zellen und Balustraden ist nur noch ein schwarzes Skelett übriggeblieben, in der angrenzenden Kapelle alles zerschlagen, zerfetzt und demoliert, kein einziges Bild der Fresken mehr zu erkennen. Der Wind verbreitet von Lhasa aus die Kakophonie der Lautsprecher mit ihrer ewigen chinesischen Propaganda. Er läßt aber auch die Dutzende kleiner goldener Glocken auf einem heilen Dach in der Einsamkeit erklingen.

Ein alter Lama, der mich allein durch die Trümmer wandern sah, lädt mich in seine Zelle ein, in die er unlängst zurückgekehrt ist (siehe Photo im Bildteil). Im Garten hat er einen Thangka, eine Schriftrolle mit religiösen Gestalten, ausgegraben.

Noch immer kratzt er die Wände ab, die er mit Lehm bedeckte, um die Fresken vor den Rotgardisten zu retten. Auf seinem Tisch steht eine neue Thermosflasche aus Schanghai – ein Geschenk der Regierung als Entschädigung für seine verlorene Habe. Die Regierung zahlt den wenigen überlebenden Lamas jetzt Gehälter. Sie wendet eine halbe Milliarde Dollar für die Restauration der Klöster auf, so des Klosters in Drepung, fünf

Kilometer westlich von Lhasa, wohin jetzt die ausländischen Besucher geführt werden. Drepung war das größte Kloster der Welt. 1959 lebten hier über 10 000 Lamas, 1962 waren es nur noch 700. Im Zuge ihrer „demokratischen Reformen" zwangen die Chinesen die Mehrheit der Mönche, zu arbeiten oder zu heiraten. Ab 1966 vollendeten die Rotgardisten das Werk, indem sie vertrieben und töteten, wer Widerstand leistete. „Wie viele?" Niemand scheint es zu wissen oder sich daran erinnern zu wollen. Unter den wachsamen Augen der chinesischen Reiseführer wirkt Genosse Lama Gandunjiacuo, für die geistliche Arbeit in Drepung verantwortlich, schon recht merkwürdig, wenn er die Überlegenheit des Marxismus gegenüber der Religion erklärt und den Untergang des Buddhismus in Tibet voraussagt, weil, so seine Worte, „der Marxismus am Ende obsiegen wird".

Derzeit liegt die größte Bedrohung der buddhistischen Tradition im Mangel an Lama-Nachwuchs für die Klöster. In der chinesischen Regierungspropaganda heißt es zwar, daß jeder die Freiheit habe, Mönch zu werden. Eine grundsätzliche politische Entscheidung dieser Frage aber wurde wahrscheinlich noch nicht getroffen – wohl aus Furcht, daß sich dann Tausende junger Männer in den Klöstern einfinden könnten. Bisher haben zahlreiche Verwaltungsmaßnahmen die Tibeter daran gehindert, etwa die für ganz China gültige Vorschrift, nach der niemand seine Arbeitseinheit ohne besondere Erlaubnis verlassen darf. Dennoch hat die Liberalisierung bereits einige alte tibetische Traditionen wiederaufleben lassen. So gehen im Kloster Drepung junge Männer den alten Lamas wieder im traditionellen Meister-Schüler-Verhältnis zur Hand. Die Kunde von der neuen Freiheit der Religionsausübung, die erst vor drei Monaten voll gewährt wurde, hat sich schnell im ganzen Land verbreitet. Lhasa wurde wieder eine Pilgerstadt. Täglich ziehen aus allen Teilen Tibets sowie den Nachbarprovinzen Szetschuan, Tschinghai und Sinkiang, wo weitere 1,7 Millionen Tibeter verstreut sind, Hunderte von Hirten und Nomaden, meist zu Fuß nach monatelanger Reise, in das heilige Tal ein und bleiben im Umkreis des heiligsten Tempels, des Jokhang. Der Tempel wurde vor 1300 Jahren erbaut, wiederum über einem verborgenen See, in dem man nach der Legende die Zukunft lesen kann. Für einige dieser Menschen, eingemummt in ihre schwere Wollkleidung oder in Mäntel aus Jak-Leder, ist dies die letzte Reise: Sie sind gekommen, um hier zu sterben. Für andere wiederum ist es die Erfüllung eines Gelübdes oder die langersehnte Gelegenheit, sich um ihre nächste Inkarnation verdient zu machen.

Für die Tibeter ist Lhasa Mekka, Lourdes und Jerusalem zugleich. Den Jokhang zweimal täglich in Uhrzeigerrichtung zu umschreiten, wobei der Tempel stets zur Rechten liegen bleibt, ist heilige Pflicht. Das alte Bauwerk beherbergt das älteste Buddha-Bild in Tibet und die Statue des berühmtesten tibetischen Königs, Srong-Btsan-Sgan-Po, dazu Dutzende dunkler, übelriechender Nischen mit goldenen Bildern. Ein ständiger Strom marschierender, kriechender, hinkender Körper bewegt sich durch das Heiligtum. Auf den Bürgersteigen strecken Bettler die Hand aus, versuchen die Leprakranken Mitleid zu erregen, indem sie ihre Wunden zeigen, lesen Leute die Sutras, verkaufen alte Frauen Jak-Butter, kaufen Händler von den Pilgern die Korallen, Türkise und die Bernsteine, mit denen diese ihre Pilgerreise finanzieren, schneiden Schlachter auf dem Pflaster Scheiben rohen Fleisches vor Hunden, die auf die Überreste warten, während sich auf der Straße selbst die Prozession der Tiere und Menschen unentwegt fortsetzt: die meisten in Lumpen, alle jedoch freudig erregt, voll Glückseligkeit, opfern zu dürfen. Alte Männer, junge Frauen mit Babys auf dem Rücken, Kinder, deren Augen zum Teil bereits vom Trachom zerstört sind, inmitten von Staubwolken, dem permanenten Gestank ranziger Butter und dem Rauch, der aus riesigen Messingkesseln aufsteigt. In ihnen werden auf dem ganzen Weg duftende Kräuter verbrannt. Ich sah bei dieser Prozession innerhalb weniger Stunden, wie eine

Frau ein Kind gebar, ein Mann in der Menge starb und eine alte Frau den Urin eines kleinen Jungen neben ihr trank.

Viele umkreisen den Jokhang, indem sie sich, die Hände nach vorn, auf die Erde werfen, dann den Rücken heben und sich wieder niederwerfen, ihr Gesicht eine Maske aus Staub und Schweiß. Einige schützen ihre Hände mit hölzernen Handschuhen, andere wiederum hinterlassen eine Blutspur auf ihrem Weg. Nachts zünden die Pilger ihre Lagerfeuer an, wobei jede Gruppe sich um ihre Alten versammelt. Aus einer gemeinsamen Schüssel gießen sie Buttertee und kneten mit den Händen Kugeln aus Gerstenmehl, während ein alter Mann das Feuer mit einem Blasebalg aus Katzenhaut schürt.

Vor dem geschlossenen roten Tor des Jokhang, unter seinem Dach aus reinem Gold, werfen sich unablässig die Menschen über denselben Steinen nieder, die Millionen von Pilgern im Laufe der Jahrhunderte blankgerieben haben.

Futter für Geier und Raben
Als Augenzeuge bei einem „Himmelsbegräbnis" in Tibet

Immer wieder hatten Asienkenner behauptet, daß es in Tibet noch die „Himmelsbeerdigung" gebe. In alten Büchern stand geschrieben wo: hinter den Hügeln östlich des Sera-Klosters. Das letzte Stück Weges waren die Aasgeier meine Führer. Ich sah sie wartend auf der Spitze eines hohen Felsens hocken. Dann verschwanden sie hinter einem Hügel und kehrten wieder zurück, Beute zwischen den Klauen. Ich kletterte den Berg hoch, bis auf den Geierfelsen. Unten, im nächsten großen Tal neben einem silbernen Flußlauf, war das Ritual zu sehen, das die Tibeter seit Jahrhunderten kennen. Denn in einem Land, in dem die Erde zu hart ist, als daß man Gräber ausheben könnte, und in dem es fast kein Feuerholz gibt, um Tote einzuäschern, wurde die „Himmelsbeerdigung" durch die Natur erzwungen.

Unten geschah es nun: Angehörige brachten ihre Toten zu einem riesigen flachen Stein. Sie entkleideten die leblosen Körper und legten sie, mit dem Gesicht nach unten, auf den Fels. Dann wurde der Schädel gespalten, damit die Seele ihren Weg in ein neues Leben finden kann. Anschließend öffneten die Bestatter die Brust der Toten und gaben Herz und Leber dem größten Geier. Danach schnitten sie weitere Stücke aus dem Körper, und nun bekamen auch die Raben was ab. Schließlich nahm ein Mann die Knochen, die übriggeblieben waren, und zerkleinerte sie mit dem Hammer zu Vogelfutter. Am Ende blieben drei erschöpfte Männer zurück, die sich auf dem Stein von ihrer Arbeit ausruhten. Eine alte Frau brachte ihnen ein Getränk.

Der Fluß glitzerte im Tal. In der Ferne schwebte der Festungstempel Potala mit seinen Hunderten von Fenstern im Dunst. Am Himmel nur das Krächzen der Raben und das Flügelrauschen der Geier. „Was für ein Unterschied soll da sein?" fragt ein Tibeter an diesem Abend. „Ihr laßt eure Toten von den Würmern fressen, wir von den Vögeln."

„Die Mandschurei ist eine Schatzkammer"
Mißwirtschaft in Chinas Ruhrgebiet

Die Ölfelder von Datsching in der Mandschurei, einst Mythos des industriellen Fortschritts, sind Inbegriff einer gigantischen Fehlplanung geworden.

Land, nichts als Land. Graues, flaches, monotones, gefrorenes Land, so weit das Auge reicht. Tagelang überquert der Zug auf seiner Fahrt durch die Wildnis riesige zugefrorene Flüsse, die im kalten Sonnenlicht wie Spiegel glänzen, durchschneidet graue, kahle Wälder, fährt an Reihen grauer Lehmhäuser vorbei. Aus Fabriken strömt schwarzer Rauch in das milchige Weiß des Winterhimmels. Die Steppe nimmt kein Ende, und der Zug scheint den flachen Horizont niemals zu erreichen, aus dem gnadenlos ein lähmender Wind bläst. Er peitscht dieses ungastliche Land und läßt es erstarren. Die Welt nennt dieses Land die Mandschurei, die Chinesen nennen es heute „Tungpei", den Nordosten, den reichsten Teil ihres Staates, die Industriebasis der Volksrepublik China, ihr Ruhrgebiet. Hier steht ein Drittel der Schwermaschinen-Industrie, lagern 50 Prozent der Kohlevorkommen, wird die Hälfte des chinesischen Öls gefördert. Chinas Panzer, Kanonen und Flugzeuge werden in Fabriken gebaut, die irgendwo in der trostlosen Weite dieser Region versteckt sind. Sollte der Feind aus Moskau China überfallen, würde er hier angreifen müssen, denn dieses Gebiet ist wirtschaftlich am wichtigsten und strategisch besonders verwundbar. Tungpei hat eine 1840 Kilometer lange gemeinsame Grenze mit Sibirien. Jenseits der Grenze hat Moskau seine besten Panzerdivisionen aufgestellt. Hier fand die erste blutige Schlacht zwischen zwei kommunistischen Staaten statt, 1969, als chinesische und sowjetische Soldaten wegen der Hoheitsrechte über eine unbedeutende mandschurische Insel in der Mitte des Ussuri aufeinander schossen, wobei Hunderte fielen.

Die Mandschurei, jahrhundertelang hinter der Großen Mauer vergessen, welche die Chinesen vor rund 2500 Jahren gebaut hatten, um sich gegen die Nomaden zu schützen, war ursprünglich ein einziges weites Ödland gewesen. „Obwohl nicht feststeht, wo Gott das Paradies gründete, können wir sicher sein, daß er einen anderen Platz gewählt hat als diesen", schrieb der französische Priester Huc, der 1846 hier durchreiste. Bald danach wurde die Mandschurei aber plötzlich „das Land der Verheißung Asiens": Abenteurer hatten Gold, Silber und Kohle gefunden. „Die Mandschurei ist eine Schatzkammer, und alle Großmächte sind bemüht, den Schlüssel dazu zu finden", schrieb um die Jahrhundertwende ein Brite. Der Schlüssel war die Eisenbahn. Der russische Zar erhielt 1896 vom untergehenden Chinesischen Reich die Konzession, eine Eisenbahn von Mandschuria nach Dairen durch die Mandschurei zu bauen. Japan führte 1904 gegen Rußland Krieg, um an der Konzession teilzuhaben.

Dieser graue leere Landstrich, der bei Temperaturen von 30 bis 40 Grad unter Null hart wie ein Fels gefriert, wurde die „Arena der internationalen Ambitionen" (so ein Buchtitel jener Zeit). Hunderttausende ausländischer Soldaten, Russen und Japaner, ließen ihr Leben in Schlachten, die die Welt erschütterten: Mukden, Tsuschima, Port-Arthur. Der Eisenbahnbau kam voran, und die Züge, die die Steppe durchquerten, brachten Eroberer und Ausbeuter, Elend und Fortschritt gleichermaßen in die Mandschurei. Mitten in der verlassenen Gegend bauten die Russen aus dem Nichts das prachtvolle Harbin, eine Miniaturausgabe des kaiserlichen Moskau; im Süden gründeten sie den Hafen Dairen, bis zum heutigen Tage einer der wichtigsten Häfen Chinas. Die Japaner machten aus dem alten Schenjang der Mandschus ein blühendes Industriezentrum, und an der Stelle, wo die Nord-Süd- mit der Ost-West-Strecke der mandschurischen Eisenbahn zusammentraf, bauten sie das neue Tschangtschun, Prototyp einer modernen Großstadt mit breiten Boulevards, großen Parks und imposanten öffentlichen Gebäuden aus Granit. Die Mandschurei zog Abenteurer und Geschäftsleute aus der ganzen Welt an, Weißrussen strömten hier zu Tausenden ein, gefolgt von europäischen Juden. Ausländische Kapitalisten gründeten Fabriken, Geschäfte und Bergwerke und entwickelten Inseln des Wohlstandes, um welche die Barackenstädte von Millionen eingewanderter Chinesen entstanden. Sie waren vor den Hungersnöten in ihrer Heimat geflohen, arbeiteten nun in den ausländischen Konzessionsbetrieben unter den Bedingungen halber Sklaverei, plagten sich unter dem brutalen Regime des kurzlebigen Mandschukuo-Reiches, das die Japaner 1932 als Satellitenstaat errichteten. In der Absicht, die Mandschurei als Sprungbrett zur Eroberung Chinas zu benutzen und mit ihren Mitteln den Krieg in Asien zu führen, beschleunigten die Japaner die Industrialisierung der Region und investierten Riesensummen. Als die Chinesen am Ende des Zweiten Weltkrieges die Mandschurei erbten, erhielten sie das am stärksten entwickelte Gebiet des ganzen Landes. Mao Tse-tung beschloß, es zur eigentlichen Industriebasis für den Aufbau des „Neuen China" zu machen – mit Hilfe der Sowjets. Seit 1949 tätigte Peking hier die größten Investitionen, die besten Techniker kamen. Tausende junger Leute und Tausende politischer Gefangener wurden zwangsweise hierhergeschickt, um das Land urbar zu machen und in den neuen Bergwerken zu arbeiten.

Heute, 30 Jahre nach diesen großen Anstrengungen, ist die Mandschurei immer noch das am weitesten entwickelte Gebiet Chinas, aber mehr als jede andere Region ist sie auch das Symbol der Konfusion, der Unordnung, der Mißwirtschaft und der Vertrauenskrise, die das ganze Land erschüttert. Die natürlichen Reserven wurden überschätzt und werden jetzt knapp. Die Fabriken sind alt, ihre Kapazitäten bei weitem nicht ausgelastet. Die Industriebetriebe leiden ständig unter Mangel an Energie und Rohstoffen. Es fehlt Kapital für Neuinvestitionen. Nach einer kurzen Periode der Dezentralisierung hat Peking nun wieder alle Befugnisse an sich gerissen, und hier bedeutet die neue zentral geleitete Politik der „Neuordnung", daß alle Pläne für die Erweiterung der alten Industriebetriebe fallengelassen wurden, daß die Planung einiger hundert neuer Fabriken plötzlich gestoppt und für ungewisse Zeit ausgesetzt ist. Den Menschen wird zunehmend klar, daß das große Programm der „vier Modernisierungen", die nach dem Sturz der „Viererbande" bombastisch verkündet wurden, nur ein Wunschtraum ist, und daß selbst, wenn alle Pläne durchgeführt werden könnten, „erst die Kinder der Kinder meiner Kinder in den Genuß kommen würden", wie ein Arbeiter sagt.

Die Automobilfabrik Nr. I in Tschangtschun etwa, der früheren Hauptstadt Mandschukuos, gehörte zu den Glanz-stücken des „Neuen China". Diese Fabrik, vollständig von den Sowjets entworfen, gebaut und ausgestattet, begann 1956, den berühmten dunkelgrünen Lkw „Befreiung" zu produzieren, den man überall im Lande sieht. Mit einer Belegschaft von 233 000 Arbeitern wurden 1958 rund 30 000 Stück gebaut. Der amerika-nische Journalist und Mao-Freund Edgar Snow erhielt 1960 von den Direktoren der Fabrik die Auskunft, das Werk plane bis zum Ende 1962 jährlich 150 000 Lkw zu bauen, eine Zahl, die nie erreicht wurde. Die Fabrik schaffte 1972 mit 72 000 Lkw ihre Jahresbestleistung. Trotz eines Personalbestandes von 40 000 Arbeitern − von denen aber nur ein Drittel in der Produktion beschäftigt war − ging die Produktion im vergangenen Jahr auf 60 000 Lkw zurück. Das äußere Bild der Fabrik ist immer noch beeindruckend: große solide Gebäude aus roten Ziegelsteinen, aber in den Werkhallen Anzeichen von Alter und Krise. Über die Hälfte der Maschinen sind noch die Originalmodelle der Sowjets, inzwischen langsam und altmodisch. Nur ein einziges Montageband läuft, einige Arbeiter sind daran beschäftigt, viele andere sitzen herum, unterhalten sich und lesen Zeitungen. Die einzige sichtbare Erinnerung an die neuen Lkw-, Bus- und Pkw-Modelle, die die Fabrik ab 1985 produzieren wollte, ist ein großes Ölgemälde am Haupteingang, das diese Fahrzeuge zeigt.

Im Gegensatz zur früheren Praxis in den Werken gibt es in dieser Fabrik an den Wänden keine farbigen Graphiken, die mit nach oben weisenden Pfeilen die Produktionsziele und Leistungen zeigen. Dagegen hängen in den Werkhallen Zeug-nisse mit den Prüfungsergebnissen von Arbeitern, die, da die Fabrik keine Arbeit für sie hat, zum Studium abkommandiert wurden: Die eingeschränkte Produktion hat dazu geführt, daß die Mitarbeiter fast jeder Arbeitseinheit „zur Hälfte studieren" und „zur Hälfte arbeiten". „Wir können niemanden entlassen. Daher ist das eine gute Gelegenheit, das Wissen und die Qualifikation unserer Leute aufzufrischen", sagt der stellvertretende Direktor Wu. Bald dürften noch viel mehr Arbeiter der Automobilfabrik Nr. I in Tschangtschun dieser Art bezahlter Halbbeschäftigung folgen. Seit 1958 stellt die Fabrik auch die schwarze Limousine „Rote Fahne" her, die das Statussymbol für die Mächtigen in der Volksrepublik China geworden ist. Wie viele dieser besonderen Fahrzeuge bereits im Verkehr sind oder wie viele produziert wurden, ist ein gut gehütetes Geheimnis („eine Staatsangelegenheit", sagt der stellvertretende Direktor Wu). Seit einigen Wochen kursiert das Gerücht, Peking könne die Einstellung der Produktion beschließen. Die „Rote Fahne", heißt es, koste zuviel und verbrauche zuviel Benzin. Die luxuriöse Innenausstattung aus Holz und die protzige schwarze Karosserie, für die auf allen Straßen und an allen Kreuzungen absolute Vorfahrt gilt, sei zudem Quelle eines leicht zu schürenden Ressentiments in einem Volk, dessen überwiegende Mehrheit immer noch auf Karren mit Pferden und Mauleseln angewiesen ist. Würde die Produktion der „Roten Fahne" eingestellt, wäre das ein weiterer harter Schlag für die 150 000 Menschen, die von der Automobilfabrik leben. Bereits vergangenes Jahr konnte das Werk Tausenden junger Chinesen, die auf den Arbeitsmarkt kamen, keine neuen Arbeitsplätze anbieten, und auch in diesem Jahr wird niemand neu eingestellt.

Die Wirtschaftsreformen, die in China nach dem Sturz der „Viererbande" eingeführt wurden, im Westen als ein gutes Omen auf den Anbruch quasikapitalistischer Verhältnisse betrachtet (freies Spiel der Marktkräfte, Wettbewerb zwischen Betrieben, mehr lokale Entscheidungsgewalt im Management, bei der Planung und im Marketing), haben in der Tat zu unterschiedlicher Entlohnung innerhalb der Arbeiterschaft geführt, aber sie haben auch das früher streng kontrollierte System bei der Rohstoffverteilung unterbrochen. Da die Fabriken und andere Unternehmen nicht mehr gezwungen sind, all ihre Produkte an den Staat abzuliefern, haben sie nach den günstigsten

Möglichkeiten Ausschau gehalten, ihre Waren zu kaufen und zu verkaufen, und das beeinträchtigte natürlich die Produktion anderer Einheiten. Große Zigarettenfabriken hatten plötzlich keinen Tabak mehr, da die Erzeuger ihn lieber an kleinere kommunale Verarbeitungsbetriebe verkauften. Andere Werke dagegen blieben auf Waren sitzen, von denen sie in der Hoffnung auf höheren Gewinn zuviel hergestellt hatten. Die Fabrik der Gemotang-Kommune, nicht weit von Tschangtschun entfernt, mußte etwa ihre Arbeiter bitten, Sprungfederrahmen, die niemand haben wollte, mit Rabatt von 40 Prozent an Freunde loszuschlagen. Stahlfabriken stellten mehr schwere Eisenplatten her, als gebraucht wurden, während die Turbinenfabrik in Harbin die Arbeitszeit kürzen mußte, da ihr Feinstahl für die Produktion fehlte. Konservenfabriken in der Provinz Kirin standen still, da sie kein Material für die Herstellung der Dosen hatten. „Ein paar kapitalistische Maßnahmen in einem sozialistischen System verbinden die Fehler beider Welten, ohne daß ihr Vorteile entstehen", sagt ein ausländischer Wirtschaftsfachmann, der dieses Experiment jetzt in der Mischwirtschaft studiert.

Während die meisten Fabriken im chinesischen Nordosten unter Rohstoffknappheit leiden, behindert Energiemangel die Produktion aller. In der Traktorenfabrik von Schenjang, die 1958 mit der Produktion des berühmten Traktors „Ostwind" begann, stehen zwei von drei Fließbändern still, ganze Werkhallen sind geschlossen, die Drehbänke mit alten Zeitungen zugedeckt: Um drei Uhr nachmittags wird das ganze Werk nach einer einzigen Schicht von nur sechs Stunden geschlossen – kein Strom. Ein Unfall, der sich kürzlich in einem Kraftwerk im nördlichen Tungpei, an der Grenze zur Sowjetunion, ereignete, hat zu weiterer Verknappung der bereits unzureichenden Stromversorgung für die Fabrik geführt. „Das ist nicht nur unser Problem. Wir sind alle vom Wetter abhängig, und im Winter ist nicht genügend Wasser in den Bassins", sagt der stellvertretende Direktor Li Tschang-fu, „die Knappheit setzt gewöhnlich im November ein und dauert bis April." Die ganze Mandschurei hängt von einem Elektrizitätssystem ab, das fast das halbe Jahr über nicht in der Lage ist, das Industrienetz der Region ausreichend zu versorgen. In der Mandschurei gibt es auch Öl und Kohle, aber alle Pläne, diese Rohstoffe in großem Rahmen zu nutzen, um die Energienot zu lindern, wurden zurückgestellt. Deshalb entscheidet der Staat über die Menge an Energie, die den Betrieben jeweils zugeteilt wird, und zwar anhand der Prioritätenliste. Die Traktorenfabrik in Schenjang, ebenso wie viele andere Werke, die jetzt nur vier Tage in der Woche arbeiten, steht nicht oben auf der Liste. Die Fabrik, 1953 von den Chinesen um einen alten Komplex herumgebaut, den bereits die Japaner errichtet hatten, beschäftigt jetzt 5300 Arbeiter. Sie könnten bis zu 8000 Traktoren im Jahr produzieren, aber die vom Zentralplan für 1981 zugeteilte Quote sieht lediglich 3700 Stück vor. „Peking hat eine generelle Vorstellung von den nationalen Bedürfnissen. Man hat uns gesagt, die Bauern brauchten keine Traktoren mehr, und so befolgen wir die Anordnung", sagt der stellvertretende Direktor Li. In der Vergangenheit waren Traktoren Symbol für die Modernisierung der Landwirtschaft, sie wurden in dem landwirtschaftlichen Kollektivsystem auf großen Ackerflächen eingesetzt. Seit dem Sturz der „Viererbande" aber und mit der fortschreitenden Auflösung der Volkskommunen wird in ganz China mehr und mehr Land zur privaten Nutzung freigegeben, ein neues Abrechnungs- und Lohnsystem wurde eingeführt: Die Bauern sind nicht mehr am allgemeinen Einkommen der Kommune oder Brigade beteiligt, sondern werden dafür bezahlt, was ihre Familie produziert. Die Folge ist, daß die Bauern dazu neigen, sich auf die Arbeit auf ihrem Stück Land zu konzentrieren, das ihnen zugeteilt wurde, und da diese Parzellen nicht groß sind, können Traktoren nicht mehr eingesetzt werden. Folge: Die Produktion von Traktoren und ähnlichen Maschinen wird nicht mehr befürwortet. „Können wir Ihre Fabrik besichtigen?" fragte der SPIEGEL bei einem Werk an, von dem in der Vergangenheit bekannt war, daß es Traktoren und anderes landwirtschaftliches Gerät produzierte. „Es tut uns leid", lautete die Antwort, „wir produzieren diese Dinge nicht mehr. Wir stellen jetzt Nähmaschinen her." Da wäre es interessant gewesen, zu sehen, wie eine solche Umstellung wohl funktioniert, aber die Besichtigung wurde als „unpassend" abgelehnt. „Die ,Neuordnung' bedeutet, daß der Vorrang von der Schwerindustrie auf die Leichtindustrie verlagert wird und daß das produziert wird, was die Leute brauchen", erklärt Liang Wan-jo vom Produktionskontrollbüro in Liaoning, einer der drei Provinzen der Mandschurei. In der ganzen Region werden die Betriebe der Schwerindustrie, die früher die symbolträchtigen Ausrüstungen für den Fortschritt des Landes herstellten, jetzt aufgefordert, zur Produktion der langersehnten neuen Symbole des individuellen Wohlstandes beizutragen: Fernsehgeräte, Radios, Fahrräder, Nähmaschinen, Tonbandgeräte, Uhren. Für viele Betriebe ist die Umstellung mühsam, für manche unmöglich. Fast immer ist die Schließung von Werkhallen die Folge, viele Arbeiter haben keine Arbeit mehr (obwohl sie noch bezahlt werden), alle früheren Pläne, die bestehende Produktion auszuweiten, sind hinfällig, die alten Werke können nicht erweitert werden, neue nicht entstehen.

In der Mitte der mandschurischen Ebene liegen die Ölfelder von Datsching, die größten Chinas. Längs der Straße, die von der Raffinerie in Datsching durch das Marschland führt, das jetzt vollständig gefroren ist, läuft eine neugestrichene orangefarbene Pipeline. Sie ist einige Kilometer lang. Dann bricht sie plötzlich irgendwo ab. Weiter unten am Verlauf der Straße sieht man aus der flachen Steppe eine Reihe neuer großer Öltanks aufragen – leer. Im vergangenen September wurde die große Plastikfabrik, die hier gebaut und durch die Pipeline und jene Tanks versorgt werden sollte, im Namen der Neuordnung geopfert: In der Ferne sieht man die Stümpfe der Betonpfeiler, auf denen die Fabrik stehen sollte, man sieht die schwarzen Skelette der großen modernen Gebäude, in denen 4500 Menschen, die bereits für die

Arbeit in der Fabrik eingestellt wurden, untergebracht werden sollten. Die in Deutschland für dieses Werk gekauften Maschinen sind bereits eingetroffen und liegen ungenutzt, noch in Plastik verpackt, im Schuppen. Die 1200 ausländischen Experten, die bei dem Projekt helfen sollten, wurden nach Hause geschickt, einige Arbeiter erhielten neue Arbeitsplätze, andere wurden zum Studium delegiert, wieder andere überwachen die leere verlassene Baustelle, über die jetzt der Steppenwind heult. Datsching produziert nicht mehr genügend Öl, um diese Fabrik und andere Projekte zu versorgen, die im Hochgefühl des Ehrgeizes und der Illusionen nach dem Sturz der „Viererbande" entworfen wurden. „Die Rohölproduktion in Datsching ist jährlich um durchschnittlich 28 Prozent gestiegen", heißt es in einer offiziellen chinesischen Broschüre aus dem Jahre 1978. Das stimmte schon damals nicht, aber anhand dieser und anderer gefälschter Zahlen wurde seinerzeit geschätzt, daß Datsching 1985 mit ungefähr 100 Millionen Tonnen Rohöl zu den „Vier Modernisierungen" beitragen könne. In Wahrheit aber erreichte Datsching 1976 eine Produktion von 50 Millionen Tonnen und hat diese nie überschritten. „Wir haben jetzt das gleiche Produktionsvolumen, und wenn wir es bis 1985 aufrechterhalten können, wird das durchaus ein Weltrekord sein", sagt Li Wenhai, ein Parteifunktionär auf den Ölfeldern von Datsching, mit falschem Triumph. Diese Menge wäre genau die Hälfte dessen, was man erhofft hatte.

Die Entwicklung Datschings ist typisch für die Folgen der politischen Schwankungen in China. Zu Beginn des Jahrhunderts, als die Russen die Eisenbahn durch die Steppe legten, richteten sie eine winzige Bahnstation namens Sartu ein. 30 Jahre später witterten die Japaner, daß es in dieser Gegend Öl gebe, aber sie fanden keins. Eine Gruppe chinesischer Techniker stieß 1959 nach monatelangen Versuchen darauf. Es war wenige Tage vor dem zehnten Jahrestag der Gründung der Volksrepublik, und der Name Sartu wurde umgewandelt in Datsching: „Große Feier."

Der erste Winter war schrecklich. „Wir hatten keine Unterkünfte. Nachts sank die Temperatur auf 40 Grad unter null. Wir hoben Gräben aus, wir bedeckten sie mit Plastikplanen und dort schliefen wir", erinnert sich ein Arbeiter, der hier schon von Anfang an lebt. Das war die Zeit, als die Sowjets ihre gesamte Hilfe zurückzogen und ihre Experten aus China abberiefen, und so wurde die Entdeckung des Öls in Datsching dazu benutzt, die Moral Chinas zu stärken. Datsching wurde zum Prüfstein der Fähgkeit des Landes, sein Schicksal selbst in die Hand zu nehmen, zum Symbol des Selbstvertrauens der Chinesen. Aus allen Teilen des Landes strömten Arbeiter herbei, die unfruchtbare wilde Ebene belebten Tausende von Menschen, die gegen die Natur kämpften, indem sie eine Bohrstelle nach der anderen anlegten. Sie waren erfolgreich, und die Produktion stieg ständig. 1963 stand die Raffinerie in Datsching, ganz allein von den Chinesen erbaut, wie eine Kathedrale aus Stahl in der Weite der Steppe. Später folgten das Kunstdüngerwerk und die Fabrik für synthetische Textilien. 1964 besuchte Mao die Ölfelder und schrieb das berühmte Motto: „In der Industrie müssen wir von Datsching lernen." Datsching wurde ein Mythos. Funktionäre aus allen Teilen Chinas pilgerten hierher. Geschichten über die Heldentaten in Datsching füllten die Lehrbücher des Landes, und vorbildliche Arbeiter, wie der „Eiserne Wang", später ins Zentralkomitee der Partei berufen, wurden Helden der Nation, zum Nacheifern empfohlen. Ein altes chinesisches Gedicht, in dem beschrieben wird, was man sieht, wenn man vom Mond herunterschaut, wurde modernisiert, Generationen von Kindern lernten es auswendig mit dem Zusatz, daß man auch die Ölfelder von Datsching sehe. Die Kulturrevolution berührte Datsching nicht. Im Gegenteil, sie unterstrich seinen Mythos sogar noch. Die Menschen wohnten in primitiven Lehmhäusern, aber die Ölfelder breiteten sich weiter aus. Das Motto lautete: „Zuerst die Produktion, dann der Lebensunterhalt." Auch der Sturz der „Viererbande" betraf Datsching nicht. 1977 entwarf eine nationale Konferenz zur Auswertung der Erfahrungen auf diesen Ölfeldern den Plan, „zehn weitere Datschings bis zum Ende des Jahrhunderts" zu erschließen. Die Ölproduktion und Datsching sollten die Säule der „Vier Modernisierungen" sein. Schulkinder wiederholen noch immer auswendig die Ruhmestaten von Datsching, in China sind die Mauern noch immer mit den vier weißen Zeichen auf rotem Untergrund bedeckt: „In der Industrie müssen wir von Datsching lernen." Der einzige Ort des Landes, wo man diese Losung nicht findet, ist Datsching selbst.

Von den Hunderten von Losungen und Mao-Zitaten, die einst als Farbtupfer in der Ebene von Datsching standen, ist nur noch eine auf dem Hofe des riesigen Gästehauses für Besucher übriggeblieben, die nicht mehr eintreffen. Sie preist „die große Einheit der Völker der Welt". Datsching ist nun für nichts mehr ein Vorbild. Sein Untergang ist das Ende einer ganzen geschichtlichen Epoche des „Neuen China". Die Werte, für die Datsching Symbol war, lauteten: „Harte Arbeit und Selbstvertrauen". Jetzt sieht der Besucher als erstes aus Rumänien importierte gelbe Busse, die zwischen den Fabriken hin- und herpendeln. „Wir könnten auch in China gebaute Busse benutzen, aber die Regeln des internationalen Handels haben uns diese vorgeschrieben", sagt der Reiseleiter ein wenig verlegen. Die aus der Vergangenheit bekannten Helden von Datsching werden beiseite geschoben. Der „Eiserne Wang", dessen Bild immer noch die Schulbücher Chinas ziert, wird in Datsching selbst nicht mehr erwähnt; die Ausstellungshalle, die ihm nach seinem Tode im Jahre 1970 gewidmet wurde, ist heute ein technisches Museum für Bohr- und Pumpanlagen.

Abends, wenn der große rote Sonnenball am violetten Himmel hinter dem schwarzen flachen Horizont verschwindet und sich über den Reihen der halb vergrabenen Lehmhäuser widerspiegelt, über denen kleine Papierlaternen zur Begrüßung des Mondjahres funkeln, ist es traurig und entmutigend, sich vorzustellen, „das Blut der Industrie", wie das Öl in China genannt wird, könne austrocknen und dieses „heldenhafte" Datsching eine tote Stadt werden, wie jene, die im Goldrausch des Wilden Westens der USA entstanden und wieder dahinschwanden.

„Wir lehren, nicht zu rebellieren"
Qufu – die Geburts- und Kultstadt des Philosophen Konfuzius

Lehrer und Eltern zu achten – das lehrte Konfuzius die Chinesen um 500 vor Christus. Die Kommunisten versuchen, seine Vorstellungen von einer vollkommenen Gesellschaft zu nutzen.

Vor 2200 Jahren befand der große Kaiser, der China einte und entlang seiner Nordgrenze die Große Mauer baute: Um das ganze Land fest im Griff zu behalten und „unter der Bevölkerung Zweifel und Unordnung" zu vermeiden, müßten die alten Vorstellungen und Gedanken ausgerottet werden. Er befahl daher, sämtliche Bücher mit Ausnahme medizinischer, astronomischer und landwirtschaftlicher Werke zu verbrennen. Der Befehl wurde pflichtgemäß erfüllt. Außerdem ließ er 460 Gelehrte lebendig begraben, damit sie nicht weitergaben, was ausgemerzt werden sollte. So wahrscheinlich wurde in China versucht, die Lehre des großen Philosophen Konfuzius auszulöschen, der von 551 bis 479 vor Christus gelebt hatte. Nur 70 Jahre nach der großen Säuberung fand aber einer der Nachkommen des Konfuzius bei Erweiterungsarbeiten an dem Haus, in dem der Weise geboren worden war, ein Exemplar der Gespräche des Meisters, das sein Großvater dort versteckt hatte. An den Reproduktionen jenes Exemplars studierten Millionen Chinesen über 2000 Jahre lang ihre Ethik. 2000 Jahre lang lernten Menschen den Inhalt auswendig, auch um die kaiserliche Prüfung zu bestehen und die Würde von Mandarinen zu erlangen. Der Konfuzianismus wurde Eckpfeiler der Gesellschaft. Qufu, eine kleine Stadt im Süden der Provinz Schantung, in der Konfuzius geboren wurde, entwickelte sich — wie Mekka oder Jerusalem — zum Wallfahrtsort von Millionen Pilgern. Die Nachfahren des Konfuzius, mit der Pflege seines Tempels, seines Hauses und seines Grabmals betraut, wurden selbst von den höchsten Instanzen des Landes respektiert — bis in unsere Zeit.

Dann jedoch glaubte ein anderer großer Einiger Chinas, Mao Tse-tung, er müsse den Konfuzianismus abschaffen, um eine neue Gesellschaft aufzubauen und Zweifel unter den Menschen auszuräumen. So nahm das zerstörerische Werk erneut seinen Lauf. Die erste Welle begann im August 1966 mit der Einleitung der Kulturrevolution, die zweite 1974 mit der Kampagne zur „Kritik an Lin Piao und Konfuzius". Wiederum brannten Bücher, mußten Gelehrte sterben. Qufu selbst wurde von Vandalen angegriffen, die im Namen der Revolution Tempel in Brand steckten, die unschätzbaren Sammlungen im Museum zerstörten, die Statuen, zum Teil 2000 Jahre alt, mit Seil und Hammer niederrissen. „Am schlimmsten waren die Studenten des Pekinger Lehrerseminars. Tagelang trieben sie ihr zerstörerisches Unwesen", erzählt ein Einwohner Qufus. Obwohl die Zentralregierung bereits fast zwei Millionen Jüan für den Wiederaufbau Qufus und des Konfuzius-Tempels ausgegeben hat, sind die Spuren der Verwüstung noch überall zu sehen. So ist die große Statue des Konfuzius, die einst in der Halle des Haupttempels stand und deren Nachbildungen jahrhundertelang in jedem Verwaltungsgebäude Chinas zu sehen waren, verschwunden und durch ein modernes Schriftrollengemälde des großen Meisters ersetzt worden. Von den über tausend Steintafeln, einige drei bis vier Meter hoch, die einst im Tempelhof aufgestellt waren, haben nur noch wenige Dutzend überdauert. Vom nördlichen Stadttor führt eine eineinhalb Kilometer lange Allee unter alten Bäumen zum Friedhof, auf dem

Konfuzius und seine Nachfahren aus 76 Generationen bestattet sind. Im Jahre 1900 hatten deutsche Ingenieure beim Bau der Schantung-Eisenbahn diese Allee ursprünglich beseitigen wollen. Aus Furcht vor einem Volksaufstand gegen die Entweihung des heiligen Bezirks jedoch änderten sie ihre Pläne. Die roten und schwarzen Parolen auf dem Marmorbogen, durch den die Pilger zum Grab des Konfuzius ziehen, wurden nur notdürftig entfernt. Auch das Grabmal selbst ist schlecht restauriert. An seiner Vorderfront wurde eine häßliche Steinmauer hochgezogen und in kitschiger Weise mit alten chinesischen Schriftzeichen bemalt, die den Meister als „höchst vollkommen" und als „Heiligen" ausweisen. Kinder und alte Männer lungern hier herum. „Wie heißt du?" „Kong." „Und du?" „Ich heiße Kong." Die Menschen schämen sich nicht mehr, ihren Namen zu nennen. Von den 50 000 Einwohnern des heutigen Qufu heißen mindestens drei Viertel Kong — wie der große Meister. Alle betrachten sich irgendwie als seine Nachfahren. Der wirkliche Nachfahre in direkter Linie, ein Mann der 77. Generation namens Kong Descheng, verließ Qufu 1948 und floh nach Taiwan, wo ihm die chinesischen Nationalisten den Titel und die Ehren eines „Ministranten des Großen Weisen und Meisters" verliehen. Obwohl Qufu wieder aufgebaut wird und der Konfuzius-Tempel erstmals seit 1966 geöffnet ist, wirkt der Ort keineswegs wie eine Kultstätte. Räucherstäbchen werden nicht mehr abgebrannt. „Wir wollen Qufu zu einer Touristenattraktion machen, die es mit der Großen Mauer aufnehmen kann", sagt ein einheimischer Reiseführer. Inzwischen nämlich ist Konfuzius — teilweise — rehabilitiert: Auf jenem Symposium, das im November 1980 an seinem Geburtsort stattfand, wurde er „eine der ruhmreichen Gestalten Chinas" genannt. Es geht also um mehr als nur um den Tourismus, wenn Konfuzius wieder etwas gilt. Jahrhundertelang wurde das chinesische Leben von der konfuzianischen Vorstellung einer vollkommenen Gesellschaft geprägt, als eine Pyramide, in der jeder an seinem Platz eine moralische Verpflichtung gegenüber

Älteren und Vorgesetzten hat. Auch heute noch sind Millionen Chinesen, wenn auch unbewußt, von konfuzianischen Werten wie Ehrfurcht der Kinder vor ihren Eltern, Wohltätigkeit und Gehorsam durchdrungen. Genau diese Werte möchten die Behörden jetzt wieder fördern, um erneut ein moralisches Empfinden im Volk zu wecken, das durch die Kulturrevolution jede Orientierung und das traditionelle Ethos verloren hat. „Wir lehren unsere Schüler, nicht zu rebellieren", sagt Qu Siguang, Parteisekretär der 17. Mittelschule in Tsingtau. „Im Gegenteil, wir möchten, daß sie die Partei und das sozialistische System lieben und ältere Menschen und Lehrer respektieren. Ziel unserer Erziehung ist es, Schüler heranzubilden, die körperlich und moralisch gesund sind." Aufgefordert, einige Beispiele „moralisch gesunder" Schüler zu nennen, verweist der Parteisekretär auf diejenigen, die in diesem Jahr öffentlich gelobt wurden, weil sie auf der Straße gefundene Uhren in der Schule abgaben, alten Menschen nach Hause halfen und Kissen für die Stühle ihrer Lehrer anfertigten.

„Jeder Parteisekretär ist ein Kaiser"
Die kulturelle und städtebauliche Verwüstung Pekings

Tempel, Tore und Paläste sind zerstört, die einstige Harmonie einer kosmischen Ordnung ist zu einem amorphen Slum geworden. Das alte Peking liegt im Sterben.

Es war einmal, vor langer Zeit in einem fernen Land, eine wundervolle Stadt. Sie besaß prachtvolle Paläste, herrliche Tempel, farbenprächtige Triumphbögen, lauschige Gärten und Tausende grauer Häuser, jedes um einen friedlichen Innenhof erbaut, alle säuberlich aufgereiht in einem wohlgeordneten Schachbrettmuster von Straßen und Gassen. Die Stadt war ganz von einer imposanten, 26 Kilometer langen Mauer umschlossen. In die Mauer waren prunkvolle Tore eingelassen, von steinernen Löwen bewacht. Es war eine heilige Stadt, errichtet am Rande einer Sandwüste nach Plänen, die nach der Sage direkt vom Himmel gekommen waren. Sie besaß einen magischen Zauber, sie hatte einen verwirrenden Charme. „Peking ist das letzte Refugium des Unbekannten und des Wunderbaren auf Erden", schrieb der französische Schriftsteller Pierre Loti im Jahre 1900. Der Brite Arnold Toynbee fand die Stadt 1930 „ehrfurchtgebietend". Als die chinesischen Kommunisten 1949 an die Macht kamen, war Peking immer noch einmalig auf der Welt − ein erhabenes Beispiel architektonischer Pracht, eine Stadt, mahnend an eine Größe, die offenbar für die Ewigkeit bestimmt war. Heute liegt Peking im Sterben.

Die Mauern, die Tore und Triumphbögen sind verschwunden. Verschwunden auch sind die meisten Tempel, Paläste und Gärten. Jeden Tag fällt ein Stück mehr des jahrhundertealten Peking den Spitzhacken, Preßluftbohrern und Bulldozern zum Opfer. Die Stadt hat ihre innere Ordnung verloren, die einst Ausdruck der Geometrie des Universums war. Wo früher Harmonie und Perfektion bestanden, haben sich Chaos und Verwirrung ausgebreitet. „Wenn Venedig im Meer versinkt, schreit und protestiert die ganze Welt. Wenn Peking untergeht, nimmt niemand davon auch nur Kenntnis", sagt Philippe Jonathan, ein französischer Städteplaner, der an der Universität Tsinghua arbeitet und bisher als einziger einen Feldzug zur „Rettung Pekings" führt. „Das Schicksal dieser Stadt sollte uns alle angehen, denn die Größe Pekings gehört zur Kultur der Menschheit." Dennoch geht das zerstörerische Werk weiter. Obschon die chinesische Zentralregierung ihre Entschlossenheit bekundet, die Überreste der alten Hauptstadt des Reiches zu schützen und zu restaurieren, macht sich ausgerechnet das Kulturministerium daran, eine aus dem 18. Jahrhundert stammende Fürstenresidenz im Nordosten der Stadt abzureißen, um dort Unterkünfte für seine Angestellten zu bauen. Während ein Architektenteam beauftragt ist, ein Projekt zur Erhaltung eines der klassischsten Stadtviertel im Umkreis des berühmten Trommelturms auszuarbeiten, werden in diesem Gebiet alte Häuser und Läden mit holzgeschnitzten Fassaden und farbenprächtigen Ziegeldächern in aller Eile abgerissen, um neuen Backstein- und Zementbauten Platz zu machen. Während das Observatorium aus dem 13. Jahrhundert mit seinen von europäischen Jesuiten geschmiedeten bronzenen Instrumenten im Südosten der alten Kaiserstadt zu einem Museum umgebaut wird, entsteht unmittelbar daneben ein großer, häßlicher Wohnblock. Er versperrt nicht nur die Sicht, sondern reduziert auch die einst imposanten Ausmaße des historischen Monuments auf eine geradezu lächerliche Dimension. „Ja, wir hätten das Haus dort nicht bauen sollen", sagt Liu Keli vom Pekinger Amt für Denkmalspflege, „das war ein Fehler."

Es war nicht nur ein Fehler, es waren Tausende. Heute wird zugegeben, daß die zehn Jahre der Kulturrevolution, in der Millionen junger Rotgardisten Altes niederbrannten oder zerschlugen, ein „Fehler" waren. Ebenso wird der „Große Sprung nach vorn", der die Menschen zwang, alles Metallische, alte Statuen und Vasen eingeschlossen, in den Hinterhofschmelzofen zu Töpfen und Pfannen einzuschmelzen, inzwischen als Fehler anerkannt. Ein Fehler auch war es, die Mauern Pekings abzureißen, die Tore, Bögen und Tempel zu zerstören. Seit 1949 hat eine ununterbrochene Kette von Fehlern das einst prächtige Peking in einen amorphen Slum verwandelt, in ein wenig reizvolles Konglomerat verfallender alter Bauten und neuer häßlicher Gebäude, die modern sein sollen. „Die Zerstörung Pekings ist das schlimmste Verbrechen, das die Kommunisten begangen haben", sagt ein amerikanischer Wissenschaftler chinesischer Herkunft, der nach 33jähriger Abwesenheit zurückgekehrt ist, um seine Geburtsstadt zu besuchen. Das Peking seiner Erinnerung ist jetzt „bis zur Unkenntlichkeit verstümmelt und entstellt" – wenn nicht ein Verbrechen, so doch ein Vandalismus gegenüber Kultur und Geschichte der „Nördlichen Hauptstadt" (so die chinesische Bedeutung von „Peking").

Es ist eine Geschichte voller Dynamik und Abenteuer, eingehüllt in mythisches Dunkel. Im Jahr 1403 verlegte Kaiser Yung Le aus der Ming-Dynastie die Regierung aus der „Südlichen Hauptstadt", Nanking, in den Norden. Einer Legende zufolge übergab ein geheimnisvoller taoistischer Priester, der vom Himmel herabgestiegen war, dem Kaiser ein Paket mit großartigen Plänen für eine neue Stadt. Und in der Tat: Was dann in der gestaltlosen Monotonie der nordchinesischen Tiefebene durch menschliche Phantasie und Arbeit erstand, schien durchaus Bezüge zum Göttlichen zu haben. Mit seinen vielen Mauern innerhalb anderer Mauern und seinen unzähligen Wallgräben war Peking steinerner Ausdruck der kosmischen Ordnung. Jedes Gebäude stand an einem vorausberechneten Platz: der Tempel der Sonne im Osten und der des Mondes im Westen, der Tempel des Himmels im Süden und der Tempel der Erde im Norden; in ihrer Mitte dann die purpurne „Verbotene Stadt", das „Große Innere Zentrum", wie sie genannt wurde, Herzstück Chinas, Zentrum des Zentrums der Welt, der Sitz des Kaisers, von dem alle Macht ausging, Fixpunkt aller Abendländer, die sich vom Osten magisch angezogen fühlten. Jahrhundertelang war den Einwohnern Pekings bewußt, daß sie an einer außerordentlichen Stätte lebten. Zwei Dinge fürchteten sie am meisten: zum einen den Drachen des Wassers, der angeblich im Erdinneren Pekings – der Stadt ohne Fluß – hauste und jederzeit aus einem berühmten Brunnen neben dem Hatamen-Tor an die Oberfläche kommen konnte, um die Stadt zu überfluten; zum anderen die Eindringlinge, die voller Neid auf Schätze und Schönheiten Pekings immer versuchen würden, die Stadt anzugreifen und zu zerstören. Um den Drachen abzuwehren, stellten die Einwohner über dem Brunnen riesige marmorne Schildkröten auf, die Wache halten sollten, bis der Gong ertönte und jemand sie ablösen würde. Jedes Tor war mit einem Gong ausgestattet, der um Mitternacht geschlagen wurde. Später dann ersetzten die Einwohner den Gong des Hatamen-Tors durch eine Glocke. So hielt die Schildkröte jahrhundertelang Wache, bis sie unlängst zusammen mit dem Brunnen zerstört wurde, um einer neuen Straße Platz zu machen.

Um die Gefahr von Eindringlingen zu bannen, brachten die Bewohner Pekings einem besonderen Gott, der die Stadtmauern in einen magischen Zauber getaucht hatte, um Peking gegen alle Feinde von außen zu schützen, Räucherstäbchen dar. Beides wirkte Wunder: Peking wurde nie überflutet und nie zerstört. Obwohl die Eindringlinge kamen und gingen, obwohl Dynastien aufstiegen und fielen, tat der geheimnisvolle Zauber der Mauern seine Wirkung, so daß die Hauptstadt größere Zerstörungen nie erlitt. Als Mao Tse-tung am 1. Oktober 1949 auf der Terrasse des Tors des Himmlischen Friedens stand, mit dem Rücken zur Verbotenen Stadt, die Augen nach Süden gerichtet, und die Volksrepublik China ausrief, hatte sich das Peking zu seinen Füßen seit der Kaiserzeit nicht wesentlich geändert. Selbst die Japaner hatten, als sie Peking besetzten, die großartige Anlage der alten Stadt respektiert, das historische Zentrum ungeschoren gelassen; sie waren in die westlichen Vororte gezogen, um dort ein neues Peking zu errichten. Ganz anders dagegen die chinesischen Kommunisten. Für sie war Peking Symbol des alten China, der Inbegriff all dessen, was sie bekämpft hatten und ändern wollten. „Schon die Anlage Pekings war Ausdruck der Feudalgesellschaft und sollte die absolute Macht des Kaisers beweisen", sagt Professor Ho Renzhi von der Universität Peking. „Wir mußten das ändern, wir mußten Peking zu der Hauptstadt des sozialistischen China machen."

Sie taten es mit Erfolg. Zunächst rissen sie die „Pailou" ab, jene Triumphbögen aus Marmor und bemaltem Holz, die im Laufe der Jahrhunderte über allen großen Straßen zum Gedenken an keusche Witwen, treue Mandarine und tapfere Generale errichtet worden waren. 55 prächtige Pailou hatten sogar die Einführung von Auto und Straßenbahn in Peking überlebt. Nun wurden sie alle innerhalb weniger Wochen niedergerissen. Heute müssen Peking-Besucher eine Stunde über Land fahren, um nördlich der Stadt, vor den berühmten Ming-Gräbern, noch einen dieser Pailou sehen zu können. Die Behörden behaupten, die Bögen seien ein großes Verkehrshindernis gewesen. Höchstwahrscheinlich jedoch wurden sie abgerissen, weil sie an alte Tugenden und Werte gemahnten, die das Volk nach dem Wunsch des neuen Regimes nicht mehr hochhalten sollte. Dann änderten die Kommunisten sogar die Ausrichtung der Stadt. Statt der alten kaiserlichen Süd-Nord-Achse wurde die alte Straße des Ewigen Friedens, die Chang An, zum großen, politisch sinnträchtigen Ost-West-Boulevard verbreitert und verlängert. Früher betrat der Reisende die Stadt von Süden her, nachdem er zuvor einen ganzen Kilometer lang durch prunkvolle Pailou, über Brücken, durch Tore wie durch ein gewaltiges musikalisches Crescendo auf die atemberaubende Pracht der purpurnen Verbotenen Stadt mit ihren gelben Dächern unter blauem Himmel eingestimmt worden war. Heute dagegen fahren die Besucher vom Flugplatz im Osten in die Stadt auf der gesichts- und charakterlos gewordenen Straße des Ewigen Friedens, die sich durch nichts weiter auszeichnet als durch die großen Apartmenthäuser des Ausländergettos und das Hotel Peking. Sie landen in einer gigantischen Leere – auf dem Platz des Himmlischen Friedens.

Im alten Peking gab es keine öffentlichen Plätze. Damals hatten die Menschen nach Massenversammlungen offenbar kein Verlangen. Dann aber walzten die Kommunisten einen ganzen Bezirk nieder, um dort den größten Platz der Welt zu schaffen. Dieser Tienanmen-Platz, der Platz des Himmlischen Friedens, flankiert von der im gräkostalinistischen Stil errichteten „Großen Halle des Volkes" und dem Museum der Revolution, wurde das Herzstück des neuen China. Hier gingen die großen Feiern der neuen Herren über die Bühne, nahm die Kulturrevolution ihren Anfang, demonstrierte China mit Millionen schreiender Menschen seine Unterstützung für Vietnam, seinen Haß auf Amerika und seine Ablehnung des Revisionismus. Seit Maos Tod, dessen Mausoleum in der Mitte des Platzes die noch verbliebene Harmonie der Leere vollends stört, wird der Tienanmen nur noch von Einwohnern benutzt, die dort Drachen steigen lassen, und von fremden Besuchern, die sich dort unter dem letzten Mao-Porträt photographieren lassen. Nachdem einige Chinesen während des kurzen „Pekinger Frühlings" 1978 bis 1979 den Platz als Forum für ihre Beschwerden benutzt hatten, wurden an allen Ecken neue Vorschriften angebracht: „Es ist verboten, ohne Genehmigung der Regierung des Volkes Demonstrationen und Versammlungen zu veranstalten, Reden zu halten oder irgendwelche Propaganda zu schreiben, zu verteilen oder anzubringen."

Im alten China waren die Stadtmauern der größte Stolz ihrer Bewohner gewesen. Die schlimmste Strafe, die ein Kaiser für ein Verbrechen der Einwohner verhängen konnte, war es, die Mauern teilweise oder völlig zu schleifen. Pekings Mauern waren die größten, mächtigsten, legendärsten. Nicht einmal die internationale Expedition der Kolonialmächte, die 1900 in Peking einrückte, um die ausländischen Gesandtschaften von der Belagerung durch die Boxer zu befreien und China für den Boxeraufstand zu bestrafen, wagte es, die Mauern der Hauptstadt anzutasten. Den Kommunisten waren solche Bedenken fremd. Als fürchteten sie, kostbare Zeit zu verlieren, begannen sie ihr zerstörerisches Werk schon 1950. Aus Furcht vor der Rache der Bevölkerung, die über den Verlust des schützenden Zaubers ihrer Mauern zutiefst verbittert sein könnte, wurden die Demolierungstrupps zunächst nur nachts eingesetzt. „Mir war, als würde mir mein eigenes Fleisch abgerissen, als würde mir die Haut abgezogen", schrieb der führende chinesische Architekt Liang Sitcheng. Er wurde später angeklagt, dem „rechten Lager" anzugehören, mußte Selbstkritik üben und seine Kollegen denunzieren und starb 1973 in Ungnade. Der Abbruch der Mauern löste zunächst eine heftige Debatte zwischen denen aus, die einen Teil als „Geschmeide um den Hals Pekings" erhalten wollten, und jenen, die sie als „Kette an Pekings Füßen", welche den Aufbau der Stadt behindere, zerstören wollten. 1958 noch wurde der Vorschlag gemacht, die Überreste der Mauern in eine Hochpromenade mit Lebensmittelständen und Souvenirläden umzubauen. Von hier aus hätte man einen herrlichen Blick auf die Stadt gehabt – wie seit 1860, als ein kaiserlicher Sondererlaß Ausländern, jedoch nicht ihren Frauen, gestattete, diese Bastionen zu besteigen. Doch es fruchtete nichts. Die letzten Teile der Mauern und die letzten Tore fielen während der Kulturrevolution – diesmal durch Einsatzkommandos von Intellektuellen, die als politische Gefangene der Rotgardisten gezwungen wurden, diese letzten Relikte des „feudalistischen China" zu zerstören, an das sie angeblich glaubten. „Bei jedem Schlag wußte ich, daß wir eine Art kulturellen Selbstmords begingen", sagt heute ein Geschichtsprofessor. „Damals jedoch hätte ich, wenn mich die Rotgardisten dazu gezwungen hätten, sogar die Verbotene Stadt abgerissen. Welchen Sinn hatte es, ein einziges Denkmal zu schützen, wenn das ganze Land ohnehin zerstört wurde?" Einige Mitglieder der obersten Staatsführung hatten das alte Peking ganz abreißen wollen. So machte Marschall Peng Te-huai, Held des Koreakriegs, Opfer der Kulturrevolution und danach post mortem wieder ein Held, den Vorschlag, sogar die Verbotene Stadt als bedeutsames Symbol der Vergangenheit zu zerstören. Er wurde überstimmt. Mao Tse-tung und vor allem Ministerpräsident Tschou En-lai begriffen, daß sie einige der alten Stätten als Schaustücke ihres Nationalstolzes schützen mußten. 1958 ließ die Regierung alle Monumente Pekings zusammenstellen, die einen historischen, religiösen oder künstlerischen Wert hatten. Es waren immerhin noch 8000. Daraufhin wurde beschlossen, 78 Monumente zu erhalten, der Rest konnte getrost fallen oder verfallen. Während der Kulturrevolution wurden selbst diese 78 Denkmäler noch angetastet und teilweise zerstört. 1981 sollte eine neue Erhebung feststellen, was noch gerettet und wieder aufgebaut werden könne. Zu den alten 78 Monumenten kamen weitere 70 hinzu. In einigen Fällen müssen die alten Stätten fast völlig neu aufgebaut werden. So wurde unlängst das De-Schen-Men-Tor im Norden der Stadt wiederhergestellt — größtenteils aus Zement, da von dem ursprünglichen Bauwerk so gut wie nichts übriggeblieben war.

Wo einst die Mauern standen, verläuft jetzt eine moderne Autostraße. Wo einst die innere Mauer stand, südlich des Tienanmen, ragt heute die „Hua-Kuo-feng-Mauer" auf, wie die Chinesen jene lange Reihe großer, grauer, einförmiger Wohnblocks nennen, die Maos Nachfolger für die Parteikader errichtete. Monatelang standen diese Wohnungen leer, da ein großes Gerangel um die Vermietung ausgebrochen war. Als sie verteilt wurden, waren die meisten Fensterscheiben bereits zerbrochen, der Wasserdruck für die oberen Stockwerke zu niedrig, die Aufzüge blieben stecken. Was jetzt neue Architekten bauen, ist nicht viel anders. Angesichts eines ungeheuren Bevölkerungswachstums — die Einwohnerzahl Pekings steigt jährlich um etwa 360 000 — und der Entschlossenheit der Regierung, den Lebensstandard in der Hauptstadt zu verbessern, werden überall in der Stadt Wohnblocks aus vorgefertigten Teilen hochgezogen, die dann bald wieder verfallen. Kein Wunder, denn diese Wohnkomplexe werden mit den billigsten Baustoffen nach den simpelsten Methoden errichtet, Hunderttausende von Menschen in einem Labyrinth neuer Wohngebiete angesiedelt, in denen es keine Märkte und Läden, keine Schulen und Grünflächen gibt, in denen, wie aus vielen Beschwerdebriefen an die Zeitungen hervorgeht, nicht einmal Abstellplätze für Fahrräder vorgesehen sind. „Wir mußten dieses Anwesen zerstören, wir hatten keine andere Wahl", sagt ein verantwortlicher Kader vom Historischen Institut der Sinologischen Akademie, das im vergangenen Jahr im Norden der Verbotenen Stadt ein prächtiges Haus mit vielen Innenhöfen, erhabenes Beispiel der klassischen Architektur der Ming-Dynastie, abriß und an seiner Stelle ein erbärmliches Hochhaus errichtete. „Wir brauchten Platz und konnten ihn woanders nicht bekommen." So ist das alte Peking seit 1949 fast zur Hälfte zerstört worden. Dabei fielen ausgerechnet die prächtigsten und geräumigsten, die bedeutsamsten und kostbarsten Gebäude als erste. Als die kommunistische Armee am 31. Januar 1949 kampflos in Peking einzog, das ein Kuomintang-General widerstandslos übergab, um es vor der Zerstörung zu bewahren, waren die fürstlichen Paläste, die prunkvollen Tempel und die prächtigen Häuser von der nach Taiwan fliehenden herrschenden Klasse des nationalistischen Regimes verlassen. Die Eroberer beschlagnahmten sie sofort für die Tausende von Bauernsoldaten, die in die Hauptstadt strömten. Die schönsten Gebäude Pekings verwandelten sich zu Kasernen, alle Häuser und Besitztümer sogenannter „Feinde des Volkes" in Verwaltungszentren des neuen Regimes. In den zwölf berühmtesten Wang-fus, den fürstlichen Palästen Pekings, fanden unter anderem das Gesundheitsministerium, das Zentralkonservatorium, das Erziehungsministerium, ein Verlag und das Kulturensemble der Armee Platz – nach erheblichen Umbauten, versteht sich. Die größte Residenz in ganz Peking, der Palast des Prinzen Kung, mit unzähligen Pavillons, Teichen, Empfangsräumen und Gärten teilten verschiedene Einheiten unter sich auf, an ihrer Spitze die Pekinger Fabrik für Klimatechnik. Dieser Palast, der, wie alle Chinesen wissen, den Autor des beliebten Romans „Der Traum der roten Kammer" inspirierte, gehört jetzt zu den Monumenten, welche die Pekinger Stadtverwaltung restaurieren möchte. Doch inzwischen sind weite Teile des Gebäudes irreparabel beschädigt, andere völlig zerstört. Die verbliebenen Räumlichkeiten dienen als Unterkünfte für Polizisten, deren Einheit nicht ausziehen will. „Die Einheiten der Volksbefreiungsarmee müssen soweit wie möglich vermeiden, daß alte Bauten und berühmte landschaftliche Schönheiten beschädigt werden", befahl unlängst der Generalstabschef in einem Rundschreiben an alle Regimenter in Peking – es wird nicht helfen. 33 Jahre nach der Befreiung stehen einige zentrale Bezirke der Hauptstadt unter der Kontrolle der Armee, die auch heute noch in einigen der schönsten Gebäude verschanzt ist, verborgen heute allerdings hinter anonymen grauen Back-steinmauern.

Wer Peking nun durchstreift auf der Suche, wenn schon nicht nach den Monumenten von gestern, so doch zumindest nach den Plätzen, wo sie einst standen, hat deprimierende Erlebnisse. Die Pekinger Stadtpläne aus der Zeit vor 1949 sind „neibu", zu deutsch: nur für den internen Gebrauch, das heißt geheim. „Die Kommunisten", so ein älterer Intellektueller, „wollen nicht, daß die Leute erkennen, wieviel sie zerstört haben." Die heute in den Buchhandlungen frei erhältlichen Stadtpläne sind auf schlichte Verkehrspläne reduziert. Sie zeigen lediglich die Hauptstraßen, das Bus- und U-Bahn-Netz, enthalten keinerlei Hinweise auf die Tausenden kleinen Gassen, „hutong" genannt, die das Pekinger Stadtbild prägen. Sie enthalten auch keinen Hinweis auf histo-rische Stätten. Die alten Leute können noch immer den Stand-ort eines früheren Tempels oder Palastes angeben. Die Jüngeren dagegen haben sich daran gewöhnt, daß ihr Weg von Mauern versperrt ist, ohne sich je zu fragen, was sich dahinter verbirgt. An dem baufälligen Eingang des Gelben Tempels, außerhalb der früheren nördlichen Tore der Stadt, hängt ein Schild: „Besuche nicht gestattet". Der nahegelegene Schwarze Tempel ist eben-falls unzugänglich. Er liegt inmitten eines militärischen Sperr-gebiets. Der Portugiesische Friedhof Schala, in einem westlichen Vorort Pekings gelegen, auf dem der Missionar Matteo Ricci und andere europäische Jesuiten seit dem 17. Jahrhundert begraben liegen, ist nur mit Sondergenehmigung zu besichtigen. Er beher-bergt jetzt die kommunistische Parteischule. Einige Grabsteine, etwa der von Ricci, wurden geborgen und wieder zusammenge-setzt. Die anderen jedoch liegen zerbrochen auf der Erde und dienen den Parteischülern als Picknicktische.

Peking war eine Stadt mit vielen Tempeln, vielleicht zu vie-len. In etlichen waren schon zu vorkommunistischer Zeit Schulen und Krankenhäuser und Quacksalber eingezogen oder Märkte eingerichtet worden. Einige wie der Lama-Tempel wurden Zufluchtsort für Banditen, Deserteure und Rowdies, die gelegentlichen Besuchern Geld abpreßten. Die Kommunisten hatten für alle Tempel gute Verwendung. „Peking ist von einer Konsumstadt in eine Produktionsstadt umzuwandeln", lautete ihr Motto. Um aber produzieren zu können, brauchte Peking Fabriken, die wiederum brauchten Platz. So boten sich die Tempel mit ihren vielen offenen Innenhöfen als Gelände für die Industrie-Entwicklung geradezu an. Die Strategie war eindeutig, die Produktion zu steigern und gleichzeitig die Religion zu vernichten, das Verfahren immer das gleiche: Eine Produktionseinheit rückte mit einigen Maschinen unauffällig in einen Tempelkomplex ein und nahm dort ihre Arbeit auf. Der Parteikader der Einheit erklärte den Mönchen, daß die Produktion für das Land doch wichtiger sei als ihre Gebete. Dann wurden immer mehr Maschinen herbeigeschafft, den Mönchen immer mehr Raum genommen, bis diese schließlich verschwanden. Über den farbenprächtigen Ziegeln der Tempeldächer wuchsen neben den Glockentürmen zunächst Dutzende, dann Hunderte von Schornsteinen hoch, aus denen schwarzer Rauch aufstieg, bis sich schließlich ein Tempel nach dem anderen zur Fabrik gewandelt hatte. Allein während des „Großen Sprungs nach vorn", 1958/59, wurden im Zentrum der Stadt 1400 Fabriken eröffnet. Sie stehen dort heute noch – zum großen Teil in Tempeln. Gußformen für Eisenschmelzöfen kommen zum Beispiel aus dem Tempel des Großen Buddha, Schmelzöfen, Elektrokabel vom Tempel der Kultivierten Weisheit, Glühbirnen aus dem Tempel des Feuergottes. Der Bai Yün Guan (Tempel der Weißen Wolken), Zentrum taoistischer Studien in China, entwickelte sich zu einem riesigen Lager mit Mechanikerwerkstätten. Der Tempel der Großen Stille und der Tempel des Schlafenden Buddha wurden einfach zerstört, weil man Platz für Straßen brauchte, andere abgerissen, um neuen Gebäuden Platz zu machen. So steht an der Stelle des früheren

Tempels der Rechtspagode heute das Pekinger Stadion der Arbeiter und an der Stelle jenes der Blühenden Glückseligkeit ein Warenhaus. Die beiden großen marmornen Schildkröten, die einst diesen Tempel bewachten, landeten bei den Ruinen des Alten Sommerpalastes, wo sie immer noch herumliegen. Nur einige Tempelstätten blieben bei ihrer alten Zweckbestimmung, um die Fiktion von der „Religionsfreiheit" zu bewahren, die nach 1949 in jeder chinesischen Verfassung verankert war. Der Tempel des Östlichen Gipfels etwa, „Dong Yue Miao", bestand bis 1959. Tausende Andächtiger besuchten täglich die 105 Gebäude des Komplexes und beteten vor den über tausend Gottheiten, die er beherbergte. In diesem Tempel stellten sich die Seelen der Toten angeblich den Teufelsgöttern, die über die Gefängnisse der Unterwelt herrschen und entscheiden, welche Folterqualen die Sünder erwarten. Dieser Tempel, das größte taoistische Heiligtum Nordchinas, war bei der Bevölkerung Pekings deshalb überaus beliebt, weil sie dort für das Schicksal ihrer verstorbenen Angehörigen Fürsprache hielt. Bei seiner Schließung wurde der Tempel der gefürchteten Sicherheitspolizei übergeben, die das Leben aller Chinesen überwacht. Alle Statuen verschwanden, viele der alten Gebäude sind abgerissen, in der Mitte des Innenhofs entstand ein neues rotes Backsteingebäude: Der Tempel ist die Schule für Sicherheitspolizisten geworden. „Zumindest hier haben die Kommunisten den Geist der Stätte respektiert", höhnt ein älterer, in der Nähe wohnender Intellektueller. „Früher ging es im Tempel um Gefangene, heute ist es nicht anders." In ganz Peking gibt es inzwischen keinen einzigen wirklichen Tempel mehr, wie er sein sollte, wie Tempel überall sind, wo Chinesen leben, überall auf der Welt außer in China: ein Ort, an den die Menschen kommen, wie es ihnen gefällt, ohne eine Eintrittsgebühr zu bezahlen, ein Ort, an dem sie beten, den Göttern Weihrauch spenden und meditieren.

Drei Tempel in den Westlichen Hügeln wie auch der Tempel der Fünf Pagoden, der unlängst wieder geöffnet wurde, nachdem er 15 Jahre lang Farm für Polizeihunde war, sind bessere Vergnügungsparks. Die Andachtstätte des Konfuzius ist ein Museum, derzeit mit einer Sammlung von Bronzestatuen von der städtischen Müllabfuhr. Im Tempel der Quelle des Gesetzes ist das neuerstandene Buddhistische Institut untergebracht. Es betreut Glaubensbrüder aus dem Ausland, die Peking besuchen, während sich der Lama-Tempel im Norden der Stadt hauptsächlich um ausländische Touristen kümmert. Die wenigen alten Mönche, die sich in den Innenhöfen den Kameras neugieriger Touristen stellen, wurden aus der Inneren Mongolei importiert. Die jungen Mönche dagegen, welche die einzelnen Hallen bewachen und dabei so unheilige Bücher wie „Kino heute" oder das Sportblatt lesen, wirken eher wie verkleidete junge Polizisten als wie Novizen eines Klosters. Bietet die oberflächliche Rückkehr zur bescheidenen Tempeltätigkeit der Zeit vor der „Kulturrevolution" noch einen schönen Schein, so ist die private Welt der Hofhäuser Pekings unwiederbringlich verloren. Anfang der sechziger Jahre war es dem Regime zwar schon gelungen, für seine Vorstellung von einer sozialistischen Hauptstadt Zeichen zu setzen: Der Kommunismus erhielt seine Symbole in den großen Klötzen um den Tienanmen-Platz, die Arbeiter bekamen ein riesiges Stadion und die Bauern eine gewaltige Ausstellungshalle, die nationalen Minderheiten ihren pompösen Palast, die Eisenbahn einen neuen Bahnhof. Doch die eigentliche Struktur der Hauptstadt war noch nicht angetastet, Peking noch eine Stadt voller Privatsphäre: Jede Familie lebte in einem Haus, das um einen Innenhof mit hohen Mauern erbaut war – Abschirmung gegen die äußere Welt.

Diese Innenhof-Häuser, auf chinesisch „Si-he-yuan" genannt („der Hof, der vier Gebäude vereint"), lagen nach dem Schachbrettmuster der Gassen, der Hutong, ausgerichtet, die der Stadt ihre Struktur gaben: 999 größere Hutong durchzogen sie, kleinere gab es so viele wie Federn auf einer Gans, sagten die Einwohner. Die Zahl der Si-he-yuan, der Innenhof-Häuser –

ein typisches Merkmal nordchinesischer Architektur seit dem 12. Jahrhundert – ging in die Zehntausende. Das Si-he-yuan war der letzte Hort der Selbständigkeit, höchstes Refugium des Individuums, welches das neue Regime nun aufzuheben gedachte. Zu diesem Zweck entsandte Mao Tse-tung 1966 seine Rotgardisten durch die Hutong. „Dieses Haus ist für Sie zu groß. Für Ihre Familie genügt ein Raum. Die anderen Räume müssen dem Volke dienen!" so der ständig hergeleierte Befehl. Banden Jugendlicher mit roten Armbinden stürmten die Innenhöfe, gefolgt von Nachbarn, Wohnungsuchenden, Gaffern, und hielten über die Besitzer und ihre Familien ein „Volksgericht" ab. Die Häuser wurden ausgeräumt, sämtliche Besitztümer beschlagnahmt. Möbel, Vasen und Porzellan, Kleidung und Schmuck verschwanden. Der Rest flog in die Innenhöfe, wurde zertrümmert und verbrannt. Die Hauseigentümer wurden geschlagen, mitunter zu Tode. Viele begingen Selbstmord, zerstörten ihre eigene Habe oder verkauften ihre Bibliotheken kiloweise als Packpapier.

Nach der Schnelljustiz im Innenhof zogen neue Leute von außerhalb der Stadt und aus den überfüllten Unterkünften der Tempelfabriken in die Häuser ein. Sie wohnten neben den ursprünglichen Besitzern, die jetzt ebenso arm und mittellos waren wie alle anderen. Wo einst eine einzige Familie lebte, fanden zehn, zwanzig oder noch mehr Familien Unterkunft. Sie fällten die Bäume und errichteten in den Innenhöfen Hütten als Küchen und Lagerräume. Die Rotgardisten gingen methodisch zu Werke. Haus für Haus, Hutong für Hutong eroberten sie das Zentrum der Stadt. Heute besteht keine einzige Gasse mehr, die noch an die vornehme Eleganz des alten Peking erinnert, mit ihren langen grauen Mauern, hier und da unterbrochen von einer kleinen roten Tür und dem Geäst der Bäume über den gewölbten Dächern, unter denen die Menschen jahrhundertelang die Traditionen einer großen Zivilisation bewahrt hatten. Heute auch gibt es keinen einzigen Innenhof mehr, der noch jene geläuterte Atmosphäre atmet, in der Gelehrte mit geladenen Freunden die blühenden Chrysanthemen betrachteten und die Nacht damit verbrachten, Gedichte an den Mond zu schreiben.

„Die Zerstörung der Tempel und Paläste bedeutet mit Sicherheit einen großen Verlust", sagt ein chinesischer Historiker. „Doch was das alte Peking wirklich tötete, war die Zerstörung des Alltäglichen, des Innenhof-Hauses." Die Hutong bieten nun ein miserables, schmutziges, verworrenes Bild. Die Innenhof-Häuser, einst Musterbeispiele stiller Harmonie, sind verfallen, oft zu chaotischen Lagerplätzen verkommen — wirre Gebilde aus Hütten und Baracken voller Öfen, Fahrräder, Kohlen- und Backsteinhaufen, über denen die Leute ihre Wäsche trocknen. Auf dem Straßenpflaster davor sitzen die Menschen, um zu kochen und zu waschen, zu arbeiten und mit ihren Kindern zu spielen. An vielen Häusern ist über den Türen die alte Parole zu lesen: „Ein sozialistischer Innenhof bedeutet Glückseligkeit". Viele haben inzwischen ein neueres, realistischeres Schild angebracht: „Schließt eure Fahrräder ab, und hütet euch vor Dieben". Das alte Peking war eine Stadt der Freude, der Vergnügen und auch des Lasters, eine Stadt der Feste und der Tempelmessen. So gab es Feiern zur Begrüßung des Frühlings, zur Huldigung an Mond und Sterne, es gab ein Laternenfest und eines, wenn die Winterkleidung in die Sonne gehängt wurde. Im alten Peking gab es sogar in den schlimmsten Jahren des Bürgerkriegs und der japanischen Invasion immer einen Ort, an dem die Menschen Zerstreuung oder Ablenkung von der Not des Tages fanden. Die Himmlische Brücke, „Tian Tschiao", im Westen des Himmels-Tempels gelegen, war ein Stadtviertel voller Theater und Teehäuser, Opiumhöhlen, Restaurants und „Hühnerfeder-Lokalen", so die Bezeichnung der billigen Massenhotels für Kulis und Bettler. Heute, nachdem alle Spuren des früheren bunten Lebens verschwunden sind, bietet das inzwischen völlig sanierte Stadtviertel Tian Schiao ein ebenso düsteres und trostloses Bild wie jeder andere Bezirk der Stadt. Ein einziges Theater wurde renoviert, es spielt hauptsächlich für ausländische Gäste.

Bis zur Kulturrevolution gab es in Peking noch einige Teehäuser, in denen Geschichtenerzähler ihre Kunden anlockten, die beim Tee den endlosen Erzählungen heroischer Taten der Vergangenheit lauschten. Dann jedoch wurden alle Teehäuser geschlossen. Nur zwei öffneten unlängst wieder, das eine in einer armseligen Baracke an der früheren Hinrichtungsstätte Pekings, das andere im berühmten Trommelturm. Hunderte von Jahren war die Peking-Oper mit ihrem breitgefächerten Repertoire – etwa 1000 verschiedene Aufführungen – eine Manifestation der chinesischen Kultur. Vor der Bühne der Wandertruppen, Dutzenden von Theatern und Jahrmärkten hörten die Menschen von ihrer Geschichte und Literatur, ihren Bräuchen und ihrer Dichtung. Da wurden die Volksweisheiten von Generation zu Generation weitergegeben. Diese Kunstform war Ausdruck des alten Feudalsystems und prägte die Weltanschauung des Volkes. So brachten die Kommunisten die Peking-Oper nach 1949 sofort unter ihre Kontrolle. Zunächst kappten sie das Repertoire, nur einige Dutzend Stücke blieben übrig. Opern, in denen Grundbesitzer positiv dargestellt wurden, durften zu einer Zeit nicht gespielt werden, in der die Grundbesitzer vor Volksgerichtshöfen standen, schlimmster Verbrechen angeklagt und oft hingerichtet wurden. Der letzte Schlag gegen die Peking-Oper fiel kurz vor der Kulturrevolution: Die Schauspieler wurden ins Gefängnis oder in Arbeitslager gesteckt.

Peking war einst eine riesige Schatzkammer, in der sich im Laufe der Jahrhunderte erlesene Kunst aus allen Teilen des Reiches angesammelt hatte. Die Verbotene Stadt war ein einziges Museum. Alles in Peking hatte gleichsam musealen Charakter, die fürstlichen Paläste ebenso wie viele Häuser, in denen einfache Leute wohnten. 1949, als Tschiang Kai-schek nach Taiwan floh, nahm er die großen Kunstsammlungen der Verbotenen Stadt mit und füllte damit das Nationalmuseum von Taipeh. „Für China ist das ein Verlust, der für Europa nur mit dem Verlust des Louvre vergleichbar wäre", sagt ein ausländischer Kunsthistoriker. Die restlichen Schätze der Paläste, Tempel und normalen Wohnhäuser wurden größtenteils während der politischen Kampagnen der letzten 20 Jahre zerstört, vor allem wenn sie religiösen Charakter hatten. In den Privathäusern der Pekinger erinnert nichts mehr an die alte Zeit: kein Tisch, kein Stuhl, kein einziges Stück Porzellan, keine Bücher, keine Uhr. „Der Staat verkauft an Ausländer, was noch geblieben ist", sagt ein Mann, dessen gesamter Besitz, einschließlich einer Kunstsammlung, von den Rotgardisten mitgenommen oder zerstört wurde.

Zu den kleinen Freuden des täglichen Lebens im alten Peking gehörten Tiere. Die Beschäftigung mit Hunden, Tauben, Vögeln und sogar Grillen war ein beliebter Zeitvertreib. Nicht einmal der ist mehr erlaubt. Als erste verschwanden die Hunde, 1950 erging ein Befehl, sie sämtlich umzubringen. Peter Lum, die Frau eines britischen Diplomaten, beobachtete das Massaker und berichtete darüber in ihren Memoiren „Peking 1950 bis 1953": „Die Hunde wurden in kleinen Karren erschlagen. Diese Karren waren hermetisch abgeschlossen. Wenn man an ihnen vorbeiging, konnte man hören, wie drinnen geprügelt wurde, und sehen, wie das Blut an den Seiten der Karren herunterfloß." Die Pekinger Bevölkerung reagierte auf diese sinnlose Brutalität erbittert. Die Behörden redeten sich heraus, die Anweisungen seien zu radikal durchgeführt worden.

Dennoch wurden die Massaker fortgesetzt, bald schon waren alle Hunde verschwunden. Als offizielle Begründung wurde damals angeführt, die Tiere hätten die Tollwut. 1956 dagegen erklärte der Gesundheitsminister vor ausländischen Journalisten, die Hunde hätten getötet werden müssen, weil die Vereinigten Staaten in Korea mit der bakteriologischen Kriegsführung begonnen hätten und Hunde nachweislich die schrecklichen Krankheiten übertrügen. Die Pekinger hielten sich jedoch an eine einfachere Erklärung: Die Hunde seien abgeschafft worden, damit sie nicht mehr anschlagen konnten, wenn Geheimpolizisten nachts Spione, Grundbesitzer oder Konterrevolutionäre verhafteten. Andere wiederum erklären das Vorgehen noch heute mit einer Episode aus dem Leben Mao Tse-tungs: Er war als junger Mann auf der Flucht aus dem Gefängnis einmal von einem bellenden Hund aufgehalten worden. „Sollte ich je Kaiser von China werden", schwor angeblich der junge Mao damals, „werde ich alle Mauern und Hunde vernichten." Nur Ausländer halten auf ihrem gettoähnlichen Areal immer noch einige Hunde. Das wird zwar toleriert, ist aber nicht ganz unproblematisch. Anfang dieses Jahres zum Beispiel wurde ein osteuropäischer Botschafter aufs Polizeirevier geladen, wo man ihm eine Liste von „Verbrechen" vorhielt, die sein Hund angeblich bei Ausflügen außerhalb des Ausländerareals begangen hatte. Das Urteil ließ nicht lange auf sich warten: Der Hund sollte hingerichtet werden. Es folgten stundenlange Verhandlungen. Schließlich wurde der Hund gerettet, nachdem sich der Botschafter im Namen des Tieres schuldig bekannt und um Gnade gebeten hatte. Nach den Hunden kamen, 1956, die Spatzen an die Reihe. Ihr Verbrechen bestand darin, daß sie zuviel Getreide fraßen. Während der Kulturrevolution folgten die Goldfische und die Katzen, die Tauben und die Grillen. Die kleinen Freuden, die diese Tiere den Menschen bereiteten, galten als „bürgerlich". Tauben wurden in Peking seit Jahrhunderten gehalten. Die Menschen brachten an ihrem Schwanz eine leichte Mehrtonpfeife an und ließen sie dann von ihren Höfen aufsteigen. Während ihres Fluges ertönte über der Stadt dann eine faszinierende Melodie, die ein Ausländer in den 30er Jahren als „Sphärenklänge der Planeten" beschrieb. Tauben waren schon einmal zur Zeit des Kaiserreichs verboten worden, als die Polizei entdeckte, daß die in der Nähe staatlicher Getreidekammern lebenden Menschen ihre Vögel abgerichtet hatten, sich die Schnäbel zu füllen und mit der Beute nach Hause zurückzufliegen. Ein Mann mit 100 Tauben konnte es so auf 25 Kilo Getreide am Tag bringen. Dann wurden die Tauben, unter der Kulturrevolution verboten und danach wieder zugelassen, erneut für unerwünscht erklärt, weil sie angeblich zuviel Lärm machen, die öffentliche Ordnung stören und die in den Höfen zum Trocknen aufgehängte Wäsche beschmutzen.

Peking war einst eine Stadt der Gelehrten, der Kunsthandwerker und Intellektuellen, der Künstler und Regierungsbeamten, die alle einer jungen bürgerlichen Schicht entstammten. Der Einzug der maoistischen Armeen in die chinesische Hauptstadt war wie alle kommunistischen Siege der Beginn einer tiefgreifenden gesellschaftlichen Revolution, die Peking in eine Stadt der Bauern und Arbeiter, der Soldaten und Funktionäre verwandelte. Der alten herrschenden Klasse wurde alles genommen — ihre Häuser wie ihre Privilegien. Ein völlig neuer Menschenschlag übernahm die Herrschaft. Seither weisen die Herren der Stadt, vom Zoodirektor bis zum Chef der Transportunternehmen und dem Elektrizitätsdirektor, den einzigen Vorzug auf, sich der Revolution schon früh angeschlossen zu haben und das Vertrauen der Partei zu genießen. Das hat alle Aspekte des Lebens entscheidend verändert. Fast ein Jahrhundert lang war China dahingesiecht, eine scheinbar sterbende Zivilisation, die den Aggressionen oder auch nur der friedlichen Konkurrenz der übrigen Welt nicht mehr standzuhalten vermochte. China war „der kranke Mann Asiens", die damaligen Großmächte standen bereit, sich die Siegesbeute zu teilen. Da traten die Kommunisten als Retter auf, als die einzige Kraft, die der ausländischen Einmischung trotzen und China neue Hoffnung geben konnte. Sie galten als Wegbereiter eines Neubeginns. Daher opferten Tausende der kommunistischen Sache ihr Leben, daher auch schlossen sich viele Intellektuelle der Revolution an, obwohl sie keine Kommunisten waren. 1949 wartete in dem alten Peking eine korrupte und sterbende Gesellschaft auf Wandel oder Wiedergeburt. Um diese Veränderungen durchzuführen, beschlossen die Kommunisten, alles Alte zu beseitigen. Sie versprachen, das alte Peking in eine neue Hauptstadt umzuwandeln, in ein Symbol des sozialistischen China.

Nach 30 Jahren großer Umwälzungen und großer Anstrengungen hat sich Peking zu einer anonymen Steinwüste aus Straßen, Gebäuden und Plätzen entwickelt, die kaum noch als Stadt bezeichnet werden kann. 30 Jahre widersprüchlicher Politik haben Peking zu einer Hauptstadt gemacht, die weder chinesisch noch sozialistisch ist, sofern Sozialismus nicht Monotonie und Trostlosigkeit, Mangel an Phantasie und Vitalität bedeutet. Schuld an dieser Entwicklung sind die kommunistischen Herrscher, die jedes selbständige Denken unterdrückten und die Intellektuellen mundtot machten. Jede Einheit baute, wie es ihr gerade gefiel. Jede Diskussion wurde unterdrückt. Schon bald wagte niemand mehr, seine Meinung zu äußern oder zu kritisieren, was geschah. Tausende von Intellektuellen wurden rechter Ideen beschuldigt und im Verlauf verschiedener, eigens gegen sie gerichteter Kampagnen aus Peking weggeschafft. Nachdem die Kommunisten die Mauern Pekings niedergerissen hatten, angeblich um die Hauptstadt von ihren feudalistischen Ketten zu befreien, errichteten sie in den Köpfen der Menschen eine neue Mauer, die sie nur noch mehr knechtete – eine Mauer der Angst und des ideologischen Vorurteils. Hinter dem heutigen Peking verbirgt sich kein Konzept, kein Plan, kein Gedanke. Stundenlang kann man durch die Stadt gehen, ohne auch nur auf ein einziges Gebäude der letzten zwei Jahrzehnte zu stoßen, das durch eine architektonische Aussage auffiele oder als Modell der Errungenschaften des neuen China zu werten wäre. Auf der eiligen Suche nach Abhilfen für die elenden Bedingungen, unter denen die meisten der neun Millionen Einwohner der Hauptstadt immer noch leben, haben die Pekinger Behörden ohne jeden Plan wahllos und gigantoman zu bauen begonnen. So schießen überall riesige, gesichtslose Hochhäuser in den Himmel, die auch noch das wenige vernichten, das von der alten Stadt geblieben ist. Ende dieses Jahres sollen 55 Millionen Quadratmeter neuer Wohnraum fertiggestellt werden. Peking stirbt also weiter.

Nach einer alten Weissagung wird die Stadt am Rande der Wüste eines Tages wieder von der Wüste zurückerobert werden. Wenn die Sandstürme über Peking hereinbrechen und die Sonne am gelben Himmel sich blau verfärbt, wenn der Sand alles bedeckt, durch Türen und Fenster eindringt, entsteht tatsächlich der Eindruck, als wollten die alten Sanddämonen ihre hochgeschätzte Stadt zurückerobern. Die Sandstürme aber dauern nur wenige Stunden. Die Bulldozer und Spitzhacken des Regimes dagegen sind jeden Tag am Werke. Sie stampfen das alte Peking erbarmungslos in den Abgrund des Vergessens.

„Das beste Baby ist ein totes Baby"
Geburtenkontrolle in China – schärfste der Welt

Eine Schwangerschaft muss von der jeweiligen Arbeitseinheit genehmigt sein, Schwangerschaftspatrouillen wachen darüber. Bei „illegaler" Schwangerschaft drohen Zwangsabtreibung oder Zwangssterilisation.

In Kanton warf eine junge Witwe ihre beiden Kinder in einen See, Grund: Sie wollte wieder heiraten und mit ihrem neuen Mann ein „erstes und einziges Kind" haben – denn der Staat erlaubt ihr nur ein Kind. In einer Kommune der Provinz Schantung flehte eine Bäuerin, die kurz vor der Entbindung stand, die Hebamme an, sie möge ihr Kind ersticken, wenn es ein Mädchen sei. Anderenfalls werde ihr Mann sie schwer schlagen. Bei einer neuen Schwangerschaft könne es dann vielleicht ja der erwünschte Junge werden. In einer Kommune der Provinz Kuangtung wurde eine Gruppe schwangerer Frauen, einige bereits im achten Monat, auf einen Lastwagen verfrachtet und gegen ihren Willen zur Abtreibung in eine Klinik gebracht. Dramen wie diese dokumentieren die Auswüchse der wohl schärfsten

Geburtenkontrolle der Welt. Sie wurde vor drei Jahren in China zur Eindämmung des Bevölkerungswachstums eingeführt, und der Lohn ließ nicht auf sich warten: Im März erhielt der Chef der chinesischen Kommission für Familienplanung den erstmals verliehenen „Bevölkerungspreis" der Uno, weil es Peking gelungen war, das Bevölkerungswachstum auf 1,4 Prozent zu senken – mit welchen, teils wenig humanen Methoden, nahm die Uno nicht zur Kenntnis. Was derzeit in China in Sachen Geburtenkontrolle abläuft, ist durchaus preiswürdig, wenn auch in einem ganz anderen Sinn, als die politisch blauäugigen Uno-Idealisten wahrhaben wollen.

Der bevölkerungspolitisch-statistische Hintergrund der derzeitigen Kampagne gegen den Kinderreichtum scheint unabweisbar zu sein: Alle zwei Sekunden wird ein neuer Chinese geboren, täglich sind es 47 520. Jährlich vermehrt sich die eine Milliarde Chinesen, so die Volkszählung des letzten Sommers, um weitere 11,5 Millionen. Von den 20,6 Millionen 1981 geborenen Kindern waren vier Millionen trotz aller Geburtenkontrollen bereits Dritt-, Viert- oder gar Fünftgeborene. Auch heute hat jedes chinesische Ehepaar im statistischen Durchschnitt immer noch 2,2 Kinder. „Wenn die Bevölkerungszahl nicht auf 1,2 Milliarden eingedämmt wird", schrieb Kommentator Wang Shengkan am 17. Februar in der Pekinger „Volkszeitung", „wird es den Chinesen um die Jahrhundertwende nicht viel besser gehen." Und so stehen die chinesischen Führer denn tatsächlich unter einem Zwang, dem sie durch Zwangsmaßnahmen gegenüber dem Volk zu entkommen hoffen: In den ländlichen Gebieten, in denen 80 Prozent der Chinesen leben, ist der Mangel an Agrarland bereits fühlbar geworden. 1949 noch kamen auf den Kopf der Bevölkerung 0,2 Hektar, heute ist es schon nur noch die Hälfte. Konsequenz: Obwohl die Getreideproduktion erheblich stieg, wird jedem Chinesen heute ein jährliches Getreidekontingent von 316 Kilo zugeteilt, halb soviel wie unter der Tang-Dynastie vor über 1000 Jahren.

Mao Tse-tung hatte das Bevölkerungsproblem überhaupt noch nicht gesehen – einer seiner größten, mit Sicherheit sein folgenschwerster Fehler. „Mehr Menschen bedeuten mehr Ideen, mehr Enthusiasmus und mehr Energie", lautete einer der meist-zitierten Aussprüche des „Großen Steuermanns". Als Professor Ma Yinchu es wagte, Mao zu widersprechen, und erklärte, ohne Geburtenkontrolle werde das Land in die Katastrophe stürzen, wurde er als „Reaktionär" bezeichnet und 18 Jahre lang zum Schweigen verurteilt. „Nur wer das Volk nicht liebt, kann von ihm verlangen, keine Kinder zu haben", warf das Regime ihm vor. Professor Ma jedoch hatte recht. Die Kommunistische Par-tei aber mußte bis zum Tode Maos (1976) warten, ehe sie diese Politik ändern konnte. Zunächst hieß die Parole: „Pro Ehepaar zwei Kinder." Inzwischen lautet das offizielle Gebot: „Pro Ehe-paar nur ein Kind." „Wir sind ein sozialistisches Land", sagte Staatsberaterin Chen Muhua, als Kandidatin des Politbüros die höchste Beamtin in der kommunistischen Hierarchie Chi-nas. „Wenn wir die landwirtschaftliche und die industrielle Pro-duktion planen können, sollten wir auch in der Lage sein, die Produktion von Leben zu planen." Dieser Plan nun sieht eine strikte Durchführung des Grundsatzes „Pro Ehepaar nur ein Kind" vor. In den Einzelheiten allerdings unterscheidet er sich von Region zu Region und von Stadt zu Stadt.

Generell hebt ein Katalog von Strafen und Belohnungen darauf ab, Heirat und damit Fortpflanzung tunlichst hinaus-zuzögern, Verhütungsmittel leicht zugänglich zu machen und bei „illegaler Schwangerschaft" eine Abtreibung zu erleichtern oder gar zu erzwingen. Das rigorose Kontrollsystem, das 1949 nach dem Sieg der Kommunisten in China eingeführt wurde, dürfte einen wirksamen Vollzug dieser Maßnahmen erleich-tern: Jeder Chinese gehört einer Arbeitseinheit an, einer soge-nannten „Danwei", sei es Fabrik, Schule, landwirtschaftliche Produktionseinheit oder der Künstlerverband. Die Danwei in Gestalt ihres kommunistischen Parteisekretärs überwacht das

Leben ihrer Mitglieder in praktisch allen Bereichen: Sie zahlt die Gehälter und weist die Wohnungen zu, verteilt die Lebensmittelkarten und gibt die Bezugsscheine für Fahrräder aus. Inzwischen entscheidet die Danwei auch, ob und wann ihre Mitglieder Kinder haben dürfen. Das legale Verfahren läuft wie folgt ab: Wenn ein Ehepaar sich ein Kind wünscht, trägt die Frau sich in die Gebärliste ihrer Danwei ein. Da jede Einheit aufgrund der Zahl ihrer Mitglieder nur über eine gewisse Kinderquote verfügt, muß jede Frau warten, bis sie an der Reihe ist. Manche Arbeitseinheiten führen über die monatliche Periode ihrer weiblichen Mitglieder sogar Buch, weil sie meinen, damit die Reihenfolge legaler Schwangerschaften besser festlegen zu können und gleichzeitig die Frauen zu kontrollieren, die illegal, also ohne Genehmigung ihrer Danwei, schwanger werden. In solchem Fall ist die Danwei für die vorzunehmende Abtreibung verantwortlich. Die gesamte Einheit engagiert sich, die zugewiesene Kinderquote einzuhalten, weil die Mitglieder dann entsprechende Prämien und Preise erhalten. Also ist der soziale Druck auf die Frauen und Familien groß. Hält sich eine Frau nicht an diese Regeln, werden nicht nur sie und ihre Familie, sondern wird auch ihre ganze Danwei bestraft. Die von der jeweiligen Arbeitseinheit ausgestellte „Schwangerschaftsgenehmigung" gilt für ein Jahr. Wird die zur Schwangerschaft berechtigte Frau innerhalb dieses Jahres nicht schwanger, kann sie Verlängerung um ein weiteres Jahr beantragen.

In manchen Teilen Chinas, zum Beispiel in Kanton, werden Schwangere nur gegen Vorlage dieser Genehmigung überhaupt ärztlich untersucht und zur Entbindung in eine Staatsklinik aufgenommen. In anderen Gebieten, in denen eifrige Parteikader Stichproben-Kontrollen „illegaler Schwangerschaften" eingeführt haben, müssen die Frauen ihre Schwangerschaftsgenehmigung stets bei sich tragen, um sie den „Schwangerschaftspatrouillen" vorzeigen zu können, die jede schwangerschaftsverdächtige Frau kontrollieren. In Dongguan in der südlichen Provinz Kuangtung beobachtete ein chinesischer Journalist aus Hongkong, wie eine Gruppe illegal schwangerer Frauen zusammengetrieben wurde: „Einigen waren Handschellen angelegt, alle wurden auf Lastwagen verfrachtet. Als sich die Fahrzeuge in Bewegung setzten, ertönte großes Wehklagen." Im Bezirkskrankenhaus bekamen die Frauen eine Spritze, und schon bald darauf hatten alle eine Fehlgeburt. Früher wurde eine Abtreibung in der Regel nur bis zum dritten Schwangerschaftsmonat vorgenommen. Seit Einführung der verschärften Geburtenkontrolle gilt der Eingriff auch bis zum siebten Monat als üblich und normal. In einigen Regionen haben die Ärzte vor allem ländlicher Krankenhäuser Anweisung von der Partei, das dritte oder vierte Kind eines Ehepaares im Zweifelsfall nicht am Leben zu erhalten und den Eltern zu erklären, dieses Kind sei tot geboren. In einem Bezirkskrankenhaus der östlichen Provinz Hopei stellte der Parteisekretär unlängst das Schild auf: „Das beste Baby ist ein totes Baby". Das löste unter den Ärzten Protest aus – sie streikten.

Die Zwangsabtreibungen in einem späten Schwangerschaftsstadium führen zu Konflikten vor allem auf dem Land, wo männliche Nachkommenschaft dringend gewünscht wird. Im Februar dieses Jahres wurde ein Bauer einer Kommune der Provinz Schantung vom dortigen Parteikader gezwungen, seine im achten Monat schwangere Frau zur Abtreibung ins Krankenhaus zu bringen. Das Ehepaar hatte bereits zwei Töchter. Nach dem Eingriff stellte sich heraus, daß das getötete Baby ein Junge war. Daraufhin ging der Bauer zum Haus des Parteikaders und tötete unter dem Ruf „Jetzt sind wir quitt" dessen dreijährigen Sohn mit einem Küchenmesser. Seit die Parteiorganisationen den Auftrag haben, die Geburtenkontrolle so streng wie möglich durchzuführen, sind viele Kliniken dazu übergegangen, den Frauen unmittelbar nach der Geburt des ersten Kindes intrauterine Verhütungsmittel einzusetzen. Frauen, die schon ihr zweites oder drittes Kind geboren und damit ihre Quote weit überschritten haben, werden durch Tubenligatur sterilisiert – Einwilligung nicht erforderlich. Die Entfernung amtlich eingesetzter Verhütungsmittel bei Bäuerinnen, die trotz offiziellen Verbots mehr Kinder haben wollen, gehört inzwischen zu den von der Parteipresse verurteilten „Untergrundaktivitäten", mit denen skrupellose Helfer Geld verdienen. Der Preis schwankt zwischen fünf und 20 Jüan. Offizielle Stellen warnten zwar vor diesen Eingriffen, da sie oft mit rostigen Instrumenten vorgenommen würden; Gerichte verhängen Urteile, die abschreckend wirken sollen. So wurde im März in Peking ein Mann hingerichtet, weil er 83 Frauen ein eingesetztes Verhütungsmittel entfernt (und angeblich 16 von ihnen dabei vergewaltigt) hatte.

Die „Untergrundaktivitäten" jedoch werden fortgesetzt, da reguläre Ärzte kein Verhütungsmittel entfernen dürfen. Ärzte, die solche Eingriffe dennoch vorgenommen hatten, wurden bereits der „Obstruktion der Geburtenkontrolle" angeklagt. Um diese Praxis zu unterbinden, haben einige Bezirke sogenannte Röntgenpatrouillen eingesetzt. So wurden in der Provinz Honan sechs Teams mit Röntgengeräten in die Kommunen geschickt. Stellte sich heraus, daß eine Frau ihr Verhütungsmittel entfernt hatte, mußte sie es sofort ersetzen lassen. In den Kommunen der Provinz Schantung, deren Funktionäre die Kontrolle illegaler Schwangerschaften besonders streng handhaben, ist es inzwischen beinahe üblich geworden, daß Frauen, die im siebten oder achten Monat schwanger sind, „ihre Verwandten" in der Provinz Schansi besuchen, in der die Kontrollen weniger rigoros ausfallen, und dort ihr Kind zur Welt bringen. Nach einigen Monaten kehren Mutter und Kind dann zurück. In den meisten Fällen haben sie dann nur eine Geldstrafe zu gewärtigen. Diese Geldstrafe besteht meist aus einer Pauschalzahlung an den Staat: in einigen Gebieten 400 Jüan für das zweite, 800 Jüan für das dritte Kind. (Monatsverdienst eines Durchschnittschinesen: 50 Jüan). Die Strafe kann in Raten gezahlt werden. In gewissen Bezirken der Provinz Hopei beträgt die Rate für das zweite Kind jährlich 50 Jüan – zahlbar für einen Zeitraum von 14 Jahren. Geldstrafen selbst dieser Höhe scheinen aber die Bauern nicht sonderlich abzuschrecken. Viele südchinesische Familien etwa, die Verwandte in Hongkong oder in Südostasien haben, erhalten von ihren Auslandsverwandten Geldüberweisungen, speziell für den Zweck, ihre Kinderstrafe zahlen zu können. Der offiziell ausgeübte Druck, nur ein Kind zu haben, hat die traditionelle, auf dem Lande ohnehin noch lebendige Einstellung wieder verstärkt, daß Jungen wichtiger, also wünschenswerter, seien als Mädchen: Söhne garantieren den Fortbestand der Familie, bleiben zu Hause und sind für den Unterhalt der Eltern verantwortlich, wenn die nicht mehr arbeiten können. Jungen erscheinen in dieser Wertung als Stütze der Familie, Mädchen dagegen als Belastung. Wenn ein Ehepaar also nur ein Kind haben darf, dann muß es wenigstens ein Junge sein.

Die sozialen Folgen liegen auf der Hand: Frauen, die von ihren Männern mißhandelt, von ihren Schwiegermüttern verflucht und von ihren Nachbarn verachtet werden, weil sie Mädchen gebären. Jährlich begehen viele Frauen aus diesem Grund Selbstmord. Die Zeitungen sind voll von solchen Schicksalen. So veröffentlichte die Pekinger „Volkszeitung" am 23. Februar einen langen Brief von 15 Frauen aus der Provinz Anhwei. Unter der Überschrift „Wir fordern eine zweite Befreiung" beklagen sich die Leserinnen, daß sie „unter der Schande und dem Kummer", nur Mädchen geboren zu haben, seit Einführung der verschärften Geburtenkontrolle „geradezu unmenschlich leiden". Es gibt aber auch schwere kriminelle Folgen. In einigen Dörfern der Provinz Kuangtung stellen die Bauern bei der Niederkunft einen Eimer mit Wasser neben das Bett der Gebärenden – ist das Kind ein Mädchen, wird es sofort ertränkt. In der Provinz Kiangsu wurden in Flüssen, auf Feldern und selbst in öffentlichen Toiletten die Leichen neugeborener Mädchen gefunden. Kindermord an Mädchen ist inzwischen so verbreitet, daß die Zeitung der chinesischen Jugend einen aufrüttelnden Appell veröffentlichte, „die neugeborenen Mädchen zu retten". Ministerpräsident Zhao Ziyang und Parteichef Hu Yaobang sahen sich veranlaßt, auf die Bedeutung der Frau in der Gesellschaft hinzuweisen und frauenfeindliche Relikte aus der Feudalzeit zu verurteilen. Auch die Presse hat sich des Themas inzwischen angenommen. So veröffentlichte die „Peking Rundschau" einen Beitrag ihres zuständigen Redakteurs, der seine Leser unter Hinweis auf einen Artikel des Ehegesetzes daran erinnerte, daß Kindermord ein Verbrechen sei. Nach diesem Artikel sind „Kindermord durch Ertränken und andere Vergehen, durch die Kindern schwerer Schaden zugefügt wird, verboten". Die Pekinger „Volkszeitung" wiederum entsandte zwei Reporter, die das Problem in ganz China recherchieren sollten. Ihre Schlußfolgerungen, in der „Volkszeitung" vom 31. Januar 1983 veröffentlicht, waren eindeutig. Die Recherchen in mehreren Provinzen und Städten hatten ergeben, daß die überwiegende Mehrheit ausgesetzter, verstümmelter und getöteter Kinder – abgesehen von kranken und verkrüppelten Jungen – Mädchen waren, daß die Waisenhäuser in einigen Bezirken zu 99 Prozent mit Mädchen belegt sind und in einem nicht genannten Bezirk allein in zwei Monaten 65 Kinder ausgesetzt wurden, allesamt Mädchen. Der Wunsch nach einem Sohn hat bereits zu einem schwunghaften Kinderhandel geführt. Die Tageszeitung „Gung Ming" berichtete unlängst über einen Entführungsfall in der Provinz Szetschuan: Der zweijährige Liu Yi wurde beim Spielen an einen „Menschenhändler" verkauft. Der wiederum verkaufte den Jungen an ein kinderloses Ehepaar in der Provinz Hopei für 450 Jüan weiter. Nach langem Suchen wurde der Junge gefunden und an seine Eltern zurückgegeben, die erneut 200 Jüan auf den Tisch legen mußten. Mädchen dagegen brauchen nicht entführt zu werden – die Eltern verkaufen sie oft selbst an Familien, die Frauen für ihre Söhne suchen. So berichtete die Tageszeitung der Provinz Szetschuan über ein 15jähriges Mädchen aus Tschengtu, das von seinen Eltern für 750 Jüan an eine Familie in der Provinz

Honan verkauft wurde, weil deren Sohn eine Braut suchte. Das Mädchen jedoch lief weg, die Sache wurde bekannt. Die Leser der Zeitung rührte der Vorfall so sehr, daß sie Geld sammelten, um das Mädchen zurückzukaufen. Allein in Szetschuan wurden im letzten Jahr 68 Prozesse wegen „Mädchenverkaufs" angestrengt, 83 Menschenhändler verurteilt. In den größeren Städten preisen einige Krankenhäuser Verfahren an, das Geschlecht des Kindes vor der Geburt zu erkennen und so den Eltern im Falle eines unerwünschten Mädchens Gelegenheit zur Abtreibung zu geben. Diese Praxis jedoch wurde von Wissenschaftlern angegriffen: Sie würde das bereits offensichtliche Ungleichgewicht zwischen Männern und Frauen in der chinesischen Bevölkerung noch verschärfen. Nach der Volkszählung von 1982 kamen in China 106,3 Männer auf jeweils 100 Frauen. „Dieses Mißverhältnis ist gefährlich", schrieb das sozialwissenschaftliche Blatt „Gansu". „Setzt es sich fort, wird uns das Gesetz der Natur in 20 Jahren erbarmungslos strafen, wenn unsere Söhne keine Möglichkeit mehr haben, eine eigene Familie zu gründen."

Eine weitere Langzeitfolge des Zwangs zur Ein-Kind-Familie ist bereits fühlbar: Der Chinese der Bürgerkriegs- und Revolutionszeit war robust, war es gewohnt, in großen Familien zu überleben, war abgehärtet durch das oft schwierige Zusammenleben mit anderen Kindern. Von frühester Jugend an war ihm bewußt, daß der begrenzte Lebensmittelvorrat geteilt werden mußte. Die Politik der Geburtenkontrolle bringt nun eine völlig andere Generation von Kindern hervor: einsam, verzärtelt, verwöhnt. Eine erste Untersuchung, die in einem Schanghaier Kindergarten unter Einzelkindern durchgeführt wurde, ergab: „Diese Kinder achten weder ihre Eltern noch ihre Umgebung. Sie sind in bezug auf Essen und Kleidung sehr wählerisch. Sie sind egoistisch, kümmern sich nicht um andere und können nicht auf sich selbst aufpassen." Eine ähnliche Studie über einen Kindergarten in einem westlichen Bezirk Pekings kam zu der Schlußfolgerung: „Einzelkinder weisen weit mehr Schwächen auf als andere Kinder." Chinesische Pädagogen sorgen sich über diese Entwicklung. 32 Bücher wurden über das Problem bereits geschrieben; sie enthalten Anleitungen für Eltern, wie sie ihre Einzelkinder erziehen sollen.

Während die Experten mithin solche langfristigen Konsequenzen durchaus sehen, bekräftigen Regierung und Partei erneut, daß sie diese einmal eingeschlagene Politik energisch fortführen wollen: Seit Anfang des Jahres läuft eine großangelegte Kampagne, welche die Notwendigkeit der Geburtenkontrolle unterstreicht, alle einschlägigen Methoden und Verfahren propagiert und die Bevölkerung von den Nachteilen großen Kinderreichtums zu überzeugen sucht. „Ein Kind bedeutet Glückseligkeit", verkünden die Großplakate, die inzwischen in jeder Stadt angeschlagen sind und auf denen ein lächelndes Ehepaar mit einem einzigen Baby zu sehen ist. Eine Druckerei in Schanghai griff auf das in China bekannte väterliche Bild zurück, auf dem Karl Marx das Baby seiner erwachsenen Tochter hält. Das Poster war zum chinesischen Neujahr in allen Buchhandlungen zu haben. Motto: „Glücklich die Ein-Kind-Familie". Die Pekinger „Abendnachrichten" stellten, historisch getreuer, ihren Lesern dar, daß sich Marxens Kinderreichtum — er hatte acht Kinder — „negativ auf seinen Kampf und seine Lebensumstände" ausgewirkt habe.

Die Vorteile für Ehepaare, die sich verpflichten, nur ein Kind zu haben, werden im ganzen Lande groß herausgestellt: garantierte Lebensmittelmarken für jedes Kind, gesicherter Platz im Kindergarten, kostenlose Erziehung und Vorrang bei Wohnungszuweisung. Gegen Vorlage einer Bescheinigung, daß sie nur ein Kind haben, können Ein-Kind-Ehepaare in Sonderläden 30 Prozent Rabatt auf Lebensmittel, Kleidung und Spielzeug für ihr Kind bekommen. In einigen Schulen werden Einzelkinder vor anderen Kindern geimpft, in einigen Krankenhäusern Einzelkinder, die an Kinderlähmung leiden, vorrangig vor anderen behandelt — so verkommt die Gleichheitsidee des großen Mao

Tse-tung im Dienst der Bevölkerungspolitik. Die Geburtenkontrolle wird daher noch verschärft werden, da die Regierung die Bevölkerungsexplosion in den Griff bekommen will. Bislang beweisen allein die gegen Parteimitglieder wegen „illegaler" Kinder verhängten Strafen, daß die neue Politik der Geburtenkontrolle nicht funktioniert. In Kanton wurde ein hoher Kader aus der Partei ausgeschlossen und verlor sogar seinen Job. Sein Vergehen war in der Tat unentschuldbar: Bereits Vater von sechs Töchtern, versuchte er noch ein siebtes Mal, endlich einen Sohn zu zeugen.

Wenn Teng 100 Jahre leben würde
Maos China ist tot

Eine freiere Wirtschaft, freieres Denken — allerdings nur in den Grenzen, die die Partei setzt — sind das Verdienst des Revolutionärs Teng Hsiao-ping.

Im Zentrum dessen, was die Chinesen als Zentrum der Welt ansehen, liegt ein Leichnam, den niemand zu entfernen wagt. Eingehüllt in die rote Fahne der Kommunistischen Partei, zur Schau gestellt in einem Glassarg, ruht der einbalsamierte Körper des „Großen Steuermannes" Mao Tse-tung in einem riesigen, düsteren Mausoleum auf dem Platz des Himmlischen Friedens in Peking — symbolisches Bindeglied zwischen dem heutigen China und seiner jüngsten Vergangenheit, aber auch bedeutungsschwerer Bezugspunkt für seine Zukunft. Teng Hsiao-ping, der Mann, der Maos Stelle einnimmt, „hat den Himmel auf die Erde und die Erde auf den Himmel gewälzt", wie die Chinesen über die gewaltigen Veränderungen sagen, die unter seiner Führung stattgefunden haben. Doch vor dem Mao-Denkmal aus Marmor und Granit, in das die ideologischen Richtlinien für die kommenden Generationen einzementiert wurden, hat Teng haltgemacht. Anders als Mao schreibt Teng keine Gedichte, sein Gedankengut besteht hauptsächlich aus Prinzipien des gesunden Menschenverstandes. Von ihm gibt es keine Statuen im Land, keine Porträts in den öffentlichen Gebäuden oder Wohnhäusern. Dennoch ist Teng bereits als einer der größten Revolutionäre anerkannt, die dieses Land hervorgebracht hat. Denn er macht rückgängig, was Mao angebahnt hatte, er lobt, was Mao verdammt hatte, er versucht wiederaufzubauen, was Mao in seinem Wahn zerstört hatte.

Maos Wahn hatte Logik. Er dachte, durch die Revolution gewaltige Kräfte zu entfesseln, er meinte, China könne auf seiner Suche nach Gerechtigkeit und Glück einen Weg einschlagen, den keine menschliche Gesellschaft je erkundet hatte. Deshalb verriegelte er das Reich der Mitte gegen alle äußeren Einflüsse und versuchte, eine neue Gesellschaft von Gleichen aufzubauen, in der jeder nach bester Kraft zum allgemeinen Wohl arbeitete. Doch sein Plan mißlang. Seine Kulturrevolution stürzte das Land in einen verheerenden Bürgerkrieg und brachte es an den Rand des Zusammenbruchs. Teng Hsiao-ping war der Erbe dieser geschichtlichen Katastrophe. Die Bauern waren unzufrieden, die Minderheiten längs der Landesgrenzen aufsässig, die Intellektuellen gebrochen; die Jugend war unausgebildet, die Armee zersetzt, die Wirtschaft lag in Trümmern. Großer Mut war nötig, die Scherben des Desasters aufzusammeln und mit einer Utopie abzurechnen, die Millionen von Menschen inspiriert, aber auch Millionen in Mitleidenschaft gezogen hatte. Teng Hsiao-ping besaß diesen Mut. Um seine „neue Gesellschaft" aufzubauen, hatte Mao − wie andere Revolutionäre seiner Art von Stalin bis Pol Pot − den lästerlichen Plan gefaßt, den „neuen Menschen" zu schaffen. Teng, der das Elend mit angesehen hatte, das diese Absicht hervorrief, gab den Menschen sich selbst zurück und befreite seine Instinkte. Mao hatte den moralischen Anreizen den Vorrang vor den materiellen gegeben. Teng sprach von der „Erhöhung des Lebensstandards der Bevölkerung". Keinen Aspekt des chinesischen Lebens ließ er unberührt, so daß Tengs China heute total anders aussieht als das China Mao Tse-tungs. Das China von heute ist ein Land wie viele andere Länder auch; ein Land, in dem die Menschen farbige Kleider tragen und miteinander reden; ein Land, wo Liebende einander auf der Straße umarmen und Kinder auf die Frage, was sie wohl werden wollen, wenn sie groß sind, antworten: Pilot, Arzt oder Lokführer, und nicht, wie in der Vergangenheit: „das, wozu die Partei mich bestimmt". Das äußere Bild der chinesischen Städte hat sich durch die Wohn-blocks verändert, die Teng bauen ließ. Auf dem Land erschei-nen die Felder nicht mehr als einfarbige Flächen. Sie sind jetzt aufgeteilt in kleine Parzellen, auf denen jeder Bauer anpflanzt, was ihm beliebt. Das Propaganda-Image von Maos China zeigte ein Gruppenbild lächelnder Bauern, die gemeinsam den neues-ten Leitartikel der „Volkszeitung" lesen. Das Propaganda-Image von Tengs China erschien vor kurzem in einer chinesischen Zei-tung: das Photo der ersten chinesischen Bäuerin, die sich ein japanisches Automobil privat gekauft hat und stolz davor posiert. Alles was charakteristisch war für Maos China — Teng hat es rückgängig gemacht und neu geformt, nur eines hat er nicht angetastet: den ideologischen Rahmen, in den China eingefügt ist. Der Marxismus-Leninismus und Mao Tse-tungs Gedanken bleiben wie eh und je das Leitprinzip dieses Landes, die Kom-munistische Partei Chinas der Inhaber der Macht.

Aus diesem Grund werden die Reformen, so kühn sie auch sein mögen, immer dann wieder zurückgenommen, wenn jene Prinzipien in Frage stehen, werden die Freiheiten immer dann wieder beschnitten, wenn die absolute Herrschaft der Partei bedroht erscheint. Einer der entschiedensten Schritte Maos in Richtung auf die Verwirklichung seiner Utopie war die Ein-führung der Volkskommunen im Jahre 1958. Eine der kühnsten und in ihren Folgen bedeutsamsten Maßnahmen Teng Hsiao-pings war die Abschaffung dieser Kommunen, durch die er die Bauern von den unproduktiven Zwängen des Kollektivismus befreite und die unternehmerischen Energien von Millionen Menschen entfesselte. Die Ergebnisse sind eindrucksvoll: Die landwirtschaftliche Produktion stieg um 5,7 Prozent, fast doppelt soviel wie die durchschnittliche Steigerung während der vorhergehenden 20 Jahre; überflüssige Arbeitskräfte wandten sich privaten Unternehmungen zu; freie Märkte blühen in ganz China, die wieder gestiegene Bedeutung des Geldes hat das chinesische Bauernland praktisch in einen einzigen riesigen Markt für Konsumgüter verwandelt. „Mao verdanken wir die Befreiung − Teng den Wohlstand", ist einer der Slogans, die heute auf dem Lande angeschlagen sind. „Vor 30 Jahren lebten wir zusammen mit einer Kuh, heute leben wir in einem zweistöckigen Haus", schreiben Bauern an ihre neugebauten Häuser. Wie lange aber kann dieses „System der Selbstverantwortung" dauern? Die Ackerparzellen, die den Bauern heute auf der Basis von Jahresverträgen überlassen werden, sind bereits maximal ausgebeutet. Um die derzeitige Wachstumsrate beizubehalten, müßte investiert werden. Die Bauern aber sind nicht bereit, ihr Geld in Land zu stecken, das ihnen nicht gehört. Teng steht also vor einer schicksalhaften Wahl: Entweder der Staat läßt den Kräften des Marktes freies Spiel und erlaubt den Bauern, mehr Land zu erwerben. Oder aber der Staat rationalisiert die Landwirtschaft, kombiniert kleine Parzellen mit größeren und beginnt von neuem jenen Prozeß der Kooperativen und der Kollektivierung der fünfziger Jahre, den die Bauern heute wieder fürchten.

Ähnliches gilt für den privaten Sektor der Wirtschaft. Mao hatte ihn ausgemerzt − Teng ließ ihn wieder zu und ermutigte ihn: private Restaurants, Cafés, Hotels, private Schneider, Friseure, Ärzte, Händler, private Baufirmen und Fabriken, ja private Transportmittel und Schulen gaben Millionen unbeschäftigter junger Stadtmenschen und halbbeschäftigter Bauern Arbeit. Die innere Logik dieser Unternehmen will, daß sie wachsen, sich erweitern − aber Regeln, die ihre Grenzen bezeichnen, und rechtliche Garantien für ihr Überleben gibt es nicht. Grundsätzlich hat die Wirtschaft sozialistisch zu bleiben, der private Sektor muß sich im Rahmen des nationalen Planes bewegen. „Es ist wie bei einem Vogel, der frei fliegen darf, aber nur innerhalb seines Käfigs", sagt ein führender Pekinger Wirtschaftsexperte. Mao hatte eine Vorstellung von dem neuen China. Teng Hsiao-ping hat eine solche Vorstellung nicht. Viele seiner Reformen wirken wie Experimente zur Lösung dieses oder jenes Problems, die aber die letzte Schlußfolgerung scheuen. Teng sieht die Notwendigkeit ein, ausländische Technologie zu importieren. Doch das Gedankengut, das jene Technologie erst schuf, will er nicht mit importieren. Deshalb gab er seine Einwilligung zur Kampagne gegen die „geistige Umweltverschmutzung". Um die Minderheiten zu befrieden und um internationales Ansehen zu gewinnen, verkündet er „Religionsfreiheit". In Wirklichkeit aber bezieht er diese nur auf den Islam, den Lamaismus und das Christentum – in China die Bekenntnisse kleiner Gruppen. Er unterbindet dagegen das Wiederaufleben von Buddhismus und Taoismus, der traditionellen chinesischen Glaubensbekenntnisse. Teng will die Industrie wieder aufbauen, überläßt die Entscheidungen aber nicht den Technikern – die Parteisekretäre haben immer noch das letzte Wort. Er sieht wohl ein, daß es keine Modernisierung geben kann ohne eine Beteiligung der Intellektuellen, doch er will ihnen die Freiheit, zu denken und ihre Gedanken auszudrücken, nicht zurückgeben. Wenn sie gar versuchen, Politik und Macht in Frage zu stellen, werden sie schnell zum Schweigen gebracht. Teng ist fasziniert vom Kapitalismus und dessen Erfolgen. Doch in den neuen Managementschulen von Schanghai und Dairen, wo junge Chinesen die kapitalistischen Managementtechniken lernen sollen, müssen die Studenten zugleich Kurse in Marxismus-Leninismus belegen. Keineswegs hat Teng die Absicht, China selbst zum Kapitalismus zu führen. Er möchte lediglich das sozialistische System verfeinern, um es wirksamer zu machen.

Nach Maos Tod und der Verhaftung seiner radikalen Gefolgschaft, der sogenannten Viererbande, hatte es ausgesehen, als stehe China am Morgen einer neuen Ära. Die Tatsache, daß in ganz China Maos Porträts verschwanden, die Ankündigung, daß die „Verbrecher" der Vergangenheit vor Gericht gestellt würden, die offene Diskussion über die Fehler der Kulturrevolution, die freien Reden an der „Mauer der Demokratie" — das alles vermittelte den Menschen innerhalb wie außerhalb Chinas den Eindruck, daß Teng ein gänzlich neues Kapitel in der Geschichte Chinas schreiben wollte. Es gab sogar ein paar Chinesen, die dachten, das Machtmonopol der Kommunistischen Partei werde abgeschafft. Doch der „Pekinger Frühling", wie die Periode relativer Meinungsfreiheit hieß, ging schnell vorüber, die literarische und künstlerische Produktion, die zwischen 1977 und 1980 aufgeblüht war, versank wieder in Stumpfheit und Orthodoxie. Die Privatisierung der Wirtschaft und der Zusammenbruch der kollektiven Gesellschaftsorganisation, in der jeder seines Nachbarn Polizist ist, hatten die Kontrolle über die Menschen so weit gelockert, daß Teng sich zu einer Modernisierung des Polizeiapparates gezwungen sah: Er teilte das alte Ministerium für öffentliche Sicherheit in zwei Superbehörden auf — ein Ministerium zur Überwachung und Kontrolle der Bevölkerung, ein anderes beauftragt mit Spionage, Gegenspionage und der Ausländerkontrolle in China. Zu diesem Zweck wurden etliche Einheiten der Volksbefreiungsarmee zur Polizei abkommandiert und beiden Apparaten große Mittel zur Verfügung gestellt. Nach dem Modell des KGB strukturiert, werden diese Überwachungsministerien dem Sowjetmodell auch in ihren Methoden immer ähnlicher. Da China sich der Außenwelt gegenüber öffnet und immer mehr Chinesen mit Ausländern oder mit ausländischen Gedanken in Berührung kommen, werden die Infektionsgefahren für groß gehalten. So müssen denn die neuen Kontakte aufs neue kontrolliert und unterdrückt werden.

Viele Hoffnungen der Jahre 1977 bis 1980 haben sich mithin als Illusionen erwiesen. Dennoch bleibt Tengs Regime bei den Chinesen populär, denn das Volk weiß wohl, daß die Alternative nur eine Verschlechterung sein kann: ein Zurück zu der radikalen Ideologie des Maoismus, wahrscheinlich in Form einer Diktatur von Militärs und Polizei – oder aber das Chaos. Deshalb steht das Volk hinter Teng, und deshalb kommt die einzige Opposition ausgerechnet aus den Rängen der Armee und aus jenen Teilen der Partei, die Teng von den Resten der radikalen Vergangenheit noch nicht säubern konnte. Durch sein Prestige ist es Teng bislang gelungen, diese „dunklen Mächte" in Schach zu halten. Ob aber seine voraussichtlichen Nachfolger, Premier Zhao Ziyang an der Spitze der Regierung und Parteichef Hu Yaobang an der Spitze der Partei, in der Lage sein werden, den Radikalen künftig ebenso standzuhalten, bleibt eine offene Frage. Dabei spielt der Faktor Zeit eine wesentliche Rolle: Je mehr Zeit verstreicht, um so besser sind ihre Chancen. „Wenn Teng noch hundert Jahre leben könnte …", hört man immer wieder Leute in Peking sagen, die den Tag seines Todes fürchten. Wenn dieser Tag kommt, wird Teng seinen Nachfolgern wahrscheinlich ein China in besserem Zustand hinterlassen als jenes, das er einst erbte. Es wird aber ein China sein, dem Glauben und Ideale abhanden gekommen sind. Mit seiner Utopie hatte Mao, wenigstens zu Beginn, die Menschen inspiriert. Die Jungen meinten, an der Spitze einer großen revolutionären Bewegung zu stehen, welche die Welt im Sturme erobern würde. „Für die Revolution konnten wir sterben. Können wir es für einen Kühlschrank?" fragt heute ein früherer Rotgardist.

Das alte China war ein selbständiges Universum, war die Mitte der Welt. Indem Mao es gegen äußere Einflüsse abriegelte, indem er versuchte, eine neue, aber ganz und gar chinesische Gesellschaft aufzubauen, führte er jene alte Fiktion fort. Als Teng die Tore öffnete, verschwand der Zauber, und China mußte auf schmerzhafte Weise erfahren, daß es ein unterentwickeltes Land unter vielen ist, wenn auch das größte von allen. Das alte

China ist tot, Maos neues China wurde nie geboren, und Tengs China ist bestenfalls bemüht, eine Kopie der übrigen Welt zu werden, nachdem es darauf verzichtet hat, eine eigene Welt hervorzubringen. Trotz allem könnten sich die Chinesen, wenn man sie nur ließe, mit ihren gewaltigen kulturellen Energien neue Wege bahnen. Aber man läßt sie nicht. In jenem Glassarg im Zentrum Pekings liegt nicht nur der Leichnam Maos und seiner zerronnenen Utopie. Der Sarg verbürgt auch die Treue zu jener Ideologie, die China äußerlich befreit, andererseits aber seine geistige Entwicklung abgewürgt hat. Solange jener Leichnam im Mittelpunkt Chinas angebetet wird, werden die Chinesen nicht die geistige Freiheit haben, einen eigenen Weg zu gehen, nicht die Phantasie, ihre eigene Zukunft zu planen.

„Gut für den einzelnen, gut fürs Vaterland"
Die Renaissance des mönchischen Kampfsports Kung Fu

Andrang in Dengfeng beim berühmten Kloster Shaolin. Jahrelang üben sich Schüler wieder in der traditionellen Kunst der Selbstverteidigung, zuvor als „Unfug des Feudalismus" gebrandmarkt.

„Meister, ich bin bereit. Kein Opfer wird mich abschrecken. Keine Mühe wird mich aufhalten. Laßt mich kommen, und ich werde Euer ergebener Schüler sein." Der flehende Brief kam aus Deutschland und war an den Abt des Klosters Shaolin gerichtet, das versteckt an den steinigen, kahlen Hängen des Song Shan, eines der fünf heiligen Berge Chinas, bei Dengfeng in der Provinz Honan liegt. Doch der alte Shaolin-Mönch konnte das Schreiben nicht entziffern und gab es deshalb an das zuständige Polizeirevier weiter. Dort war man an dergleichen Briefe bereits gewöhnt: Dutzende junger Männer aus aller

Welt haben in jüngster Zeit an das chinesische Kloster geschrieben und die Mönche gebeten, sie als Schüler aufzunehmen. Denn das buddhistische Bergkloster Shaolin ist in: Hier wurde vor über 1400 Jahren der Zen-Buddhismus entwickelt, hier entwickelten fromme Männer auch den tödlichen Kampfsport Kung Fu.

Der magische Name Shaolin hat der Volksrepublik China einen beispiellosen Boom beschert: Kung Fu, die hohe Kunst der Selbstverteidigung, der „Unfug aus der Zeit des Feudalismus", wie radikale kommunistische Ideologen den alten Kampfsport noch vor wenigen Jahren schmähten, begeistert heute wieder Ausländer und Chinesen, Parteikader eingeschlossen. Und das kam so: Vor drei Jahren genehmigte die Regierung in Peking einer Filmgesellschaft aus dem kapitalistischen Hongkong, als Koproduzent den ersten Kung-Fu-Actionfilm der Volksrepublik China zu drehen. Hongkonger Filmemacher hatten reiche Erfahrung mit Kung Fu auf Zelluloid, in oberflächlicher Bruce-Lee-Tradition. Erstmals durfte ein solcher Streifen nun in dem alten Bergkloster Shaolin gedreht werden. „Shaolin-Kloster" gibt sich als Historienfilm: Er schildert, wie Kaiser Taizong, ein Herrscher der Tang-Dynastie im siebten Jahrhundert, auf der Flucht vor mächtigen Feinden von 13 kampferprobten Shaolin-Mönchen gerettet wurde. Anführer der Kung-Fu-Kämpfer ist der Klosternovize Zhang, genannt das Tigerjunge. „Shaolin-Kloster", ein Unterhaltungsfilm, frei von den politischen Untertönen sonstiger chinesischer Filme, reiht spannende Kampfszenen und blutige Schlachtenbilder aneinander – und wurde ein Kassenschlager. In überfüllten Kinos in ganz China aufgeführt, löste er eine Begeisterungswelle für den Kampfsport Kung Fu aus, die inzwischen jede Provinz des Landes ergriffen hat. Der Hauptdarsteller von „Shaolin-Kloster" ist nationales Idol geworden. In allen Provinzen entstanden Kampfsportvereine, die millionenfachen Zulauf haben.

Dieser überwältigende Erfolg zwang die Pekinger Regierung, das bisher als bürgerlich und vergangenheitsbezogen gebrandmarkte Kung Fu zu rehabilitieren. Die staatliche Presse begann gar einen Werbefeldzug für den Kampfsport mit dem Slogan „Gut für den einzelnen und gut für das Vaterland." Die Zeitung „China Daily" wußte vom ältesten lebenden Kung-Fu-Meister des Landes zu erzählen, einem 97jährigen Mann, der jetzt in Harbin wohnt und seine ersten Kung-Fu-Erfahrungen in der Geheimgesellschaft der Boxer gesammelt hatte, die im Jahre 1900 alle Ausländer aus China zu vertreiben versuchte. Andere Zeitungen berichteten über Taiji Quan, die Kunst des Schatten-boxens, abgeleitet von Kung Fu, als „Mittel zur Gesunderhaltung und Verlängerung des Lebens". Es wurde sogar entdeckt, daß der langjährige Premier Tschou En-lai in jüngeren Jahren Kung Fu studiert hatte, späte Bestätigung dafür, daß der alte Kampfsport den Chinesen nicht nur ein Feudalrelikt ist. „China Martial Arts Magazine" brachte einen langen Artikel über den populären General Xu Shiyou, 76, der während des Langen Marsches der Roten Armee die einzige Kavalleriedivision führte. Er ist heute Stellvertretender Vorsitzender des Beratungsausschusses der Kommunistischen Partei und hatte acht Jahre lang, bis zu seinem 16. Lebensjahr, im Shaolin-Kloster gelernt. In einer Reihe von Zeitschriften wurden Anekdoten über die Kung-Fu-Fähigkeiten Xus für junge Leser berichtet: Wie es ihm während des Krieges gegen die Japaner gelang, über einen sechs Meter breiten Gra-ben zu springen; wie er zur Urbarmachung unbebauter Gebiete Bäume mit bloßen Händen rodete; wie er einen großen und starken sowjetischen Berater demütigte, indem er einen massiven Stein-löwen, der vor einem Restaurant in Schanghai stand, zu einem Spaziergang unter den Arm klemmte. Der Russe hatte sich auch daran versucht, den Löwen aber nicht einmal anheben können. Vor allem aber träumten und träumen immer mehr Chinesen seit der Premiere des Films „Shaolin-Kloster" davon, Kung Fu eben-dort zu erlernen, wo es einst seinen Ursprung hatte: in Shaolin.

Allein seit Beginn dieses Jahres schrieben 20 000 Menschen an das Kloster. Über 100 Kinder, das jüngste neun Jahre alt, liefen nach dem Besuch des Films von zu Hause fort, reisten per Zug, Schiff und Bus nach Dengfeng und klopften an das Tor von Shaolin — in der Hoffnung, sie würden von den Mönchen als ihre Schüler aufgenommen, wie die Legende berichtet. „Wir haben sie alle nach Hause zurückgeschickt, denn wir sind jetzt ein sozialistischer Staat, und Kung Fu muß in Übereinstimmung mit dem Staatsplan gelehrt werden", sagt Liang Yichuan, Stellvertretender Leiter des staatlichen „Kampfsportvereins Shaolin". Von der Kommunistischen Partei kontrolliert, lehrt er die sportlich-tödliche Kunst, die einst ein Monopol der zurückgezogen lebenden buddhistischen Mönche war. Auch die sozialistische Realität kann die üppig rankenden Legenden um Shaolin nicht verdrängen: Das Kloster lebte stets von Meditation und Mär, von Kung Fu und Kampfgeschichten.

Shaolin wurde im Jahre 495 als eine Stätte gegründet, an der indische Mönche chinesischen Gelehrten bei der Übersetzung der in Pali verfaßten heiligen Schriften des Buddhismus halfen. Der Buddhismus war noch neu im Reich der Mitte. Zu Anfang des sechsten Jahrhunderts kam so der indische Mönch Bodhidharma, der in China unter dem Namen Da Mo, in Japan als Daruma bekannt ist, nach Shaolin: Er wurde der Begründer des Zen-Buddhismus. Denn um sich Verdienste auf dem Weg ins Nirwana zu erwerben, ging Da Mo in eine einsame Höhle oben auf dem Berg hinter Shaolin und saß dort angeblich zwölf Jahre regungslos, in Meditation versunken, vor einem Stein. Dieser Stein, in den sich Da Mos Schatten einprägte, steht heute im Klostermuseum. Die Höhle darf nicht mehr besichtigt werden; aber ein tüchtiger Bauer aus der Umgebung verdient sich ein gutes Zubrot, indem er gegen Bezahlung an Touristen einen Feldstecher ausleiht, den er in Peking gekauft hat, um von Shaolin auf das entfernte schwarze Loch im Berge einen Blick werfen zu können. Da Mos Schüler suchten ihrem Meister auf dem Wege zur Erleuchtung nachzueifern; doch seine sagenhafte Meditationsausdauer hatten sie nicht. Deshalb entwickelten sie unter

Anleitung ihres Meisters für die langen Phasen der meditierenden Bewegungslosigkeit Übungen zur Entspannung der Muskeln.

In jener fernen Vergangenheit war Shaolin von dichtem Wald umgeben; und nach sorgfältigem Studium der Waldtiere stellten die Mönche ihre Gymnastik zusammen: Sie beobachteten, wie die Tiere untereinander kämpften, wie sie angriffen und sich verteidigten. Von jeder Art übernahmen sie die starken Seiten: das Kriechen der Schlange, das Hüpfen des Affen, das Springen des Tigers. Da die Mönche in der Einsamkeit lebten, Banditen und Räuber sie häufig überfielen, wurden ihre Übungen bald Mittel zur Selbstverteidigung. Die Mönche schützten sich, indem sie die Bewegungen der Tiere nachzuahmen versuchten – Anfang des Kung Fu. Zwar wissen Kung-Fu-Kämpfer sich auch etlicher Waffen zu bedienen, vom Schwert bis zum Kettenhammer, doch ihre furchtbarste Waffe ist ihr Körper, gestählt durch jahrelanges Training. „Die Hände sind die Tore, um den Feind abzuhalten. Die Füße sind der Vorschlaghammer, um ihn zu töten", sagt ein früherer Mönch, jetzt Kung-Fu-Lehrer. Auf dem Höhepunkt seiner Geschichte lebten in Shaolin bis zu 2000 Mönche, darunter 500 ausgebildete Kung-Fu-Kämpfer. Bauern suchten ihre Hilfe im Kampf gegen Banditen und Despoten; Kaiser sicherten sich die kämpferische Unterstützung der Shaolin-Mönche, um sich auf dem Thron zu halten.

Um ihre Hände abzuhärten, mußten die Kung-Fu-Novizen jeden Tag stundenlang die Finger in einen prall mit Bohnen gefüllten Stoffbeutel stoßen. Nach zwei oder drei Jahren wurde der Sack mit Sand gefüllt, und die schmerzhafte Übung mußte Tag für Tag wiederholt werden, bis die Fingerspitzen des Schülers wie „Stahlnadeln waren, die dem Feind das Herz aus der Brust reißen konnten", erinnert sich ein Mönch. Um seine Fäuste zu stählen, mußte der junge Mönch immer wieder auf einen Stapel von tausend Blatt Papier schlagen, die an eine Mauer geklebt waren. Im Laufe der Jahre wurde die Papierschicht immer dünner; am Ende hieb der Schüler mit seiner ganzen Kraft gegen den Stein. Zur Stärkung der Beine banden die jungen Mönche sich zehn Kilo schwere Sandsäcke an ihre Knie und liefen so um das Tempelgelände. Täglich schlugen die Kämpfer sich zur Abhärtung mit einem Stock auf den Kopf, nach ein paar Jahren schlugen sie sich mit Ziegelsteinen. Um ihre Sehkraft zu schärfen, schütteten sich die Mönche kaltes Wasser in die geöffneten Augen und blickten täglich 15 Minuten lang direkt in die Sonne. Zur Schärfung ihres Gehörs lauschten sie nachts auf den Wind und versuchten, nur so die Windrichtung zu bestimmen. Das hatte ihnen schon Da Mo vorgemacht: Nach zwölfjähriger Meditation in der Höhle konnte er angeblich die Bewegungen der Ameisen hören und ihre Wanderwege erraten. Kung-Fu-Lehrlinge traten spätestens im Alter von zwölf Jahren ins Kloster ein. Ihr erster Härtetest, „das Bett", bestand aus fünf Pfählen, die in zwei Meter Höhe horizontal in die Mauer getrieben waren. Wenn der Schüler von diesem Pfahl fiel, wurde er geschlagen. Der Tag eines Novizen begann um vier Uhr morgens und dauerte bis 22 Uhr: Fünf Stunden waren der Kampfausbildung gewidmet, die übrige Zeit der Meditation und dem Studium der buddhistischen Sutras. Das harte Training wurde über die Jahre kaum geändert. „Anfangs war es sehr schwer, ich habe oft geweint, aber ich lernte bald, die Schmerzen durch Konzentration zu überwinden", erinnert sich De Chan, der alte Abt, der mit sieben Jahren in Shaolin eintrat. „Ein Shaolin-Mönch zu sein und nicht Kung Fu zu beherrschen, wäre eine schreckliche Schande gewesen", weiß er. Bis zu 20 Jahre dauerte die Kampfausbildung im Kloster und endete mit der schwersten Prüfung: Der Schüler mußte über das gesamte Tempelgelände bis zum Haupttor gehen, und an seinem Weg warteten 36 Kung-Fu-Meister. Jeder durfte eine Kampflist anwenden, um ihn aufzuhalten. Nur wer alle Hindernisse überwand und durch das Haupttor den Tempel verlassen konnte, galt als wahrer Shaolin-Mönch. Abenteuer, Mut und Kampfeslust der Shaolin-Mönche gehörten jahrhundertelang zur chinesischen Folklore. So kennen viele Chinesen die Geschichte jenes Mönchs, der tausend Feinde siegreich mit einem einfachen Stock bekämpfte; oder die Geschichte des Klosterkochs, der während eines Bauernaufstandes den aufgebrachten Mob allein mit einem Feuerhaken abwehrte, während die anderen Mönche ungestört ihre Meditation fortsetzten.

Die militanten Mönche versagten während der Kulturrevolution allerdings kläglich. Als die Roten Garden 1966 auch nach Shaolin kamen, „um die Reste der Vergangenheit und der alten Kultur zu beseitigen und eine neue aufzubauen", stellte sich ihnen keiner der 200 Mönche in den Weg: Die Buddha-Statuen wurden umgestoßen und zerschlagen, auf alle Wände Parolen geschmiert, die meisten Mönche vertrieben und auf die Felder zum Arbeiten geschickt. Das Kloster Shaolin wurde geschlossen. Die Kunde von Shaolin lebte jedoch weiter, und zwar jenseits der Grenzen Chinas. „Alle Kampfkünste unter dem Himmel sind in Shaolin geboren", sagt ein altes chinesisches Sprichwort; und die Anhänger der verschiedenen Kampfsportarten, von Judo und Karate in Japan bis Taekwon-Do in Korea, betrachteten das alte Kloster in Honan weiterhin als ihren heiligen Schrein. Vor allem aber waren es Filme aus Hongkong, die Kung Fu in ganz Südostasien bekannt machten, ja selbst in Europa. In einem halben Dutzend solcher Streifen ließ Superstar Bruce Lee Fäuste und Füße wirbeln — Kung Fu wurde populär und überdies ein Riesengeschäft. Zu Ende der siebziger Jahre — Mao war tot, die Viererbande gestürzt — erkannte endlich auch die pragmatischer gewordene chinesische Führung, daß Kung Fu eine wahre Goldmine sei. China dürfe nicht mehr andere, die nicht einmal Shaolin vorweisen könnten, dessen Ruhm und mögliche Einnahmequellen ausbeuten lassen. Deshalb öffneten die Behörden in Peking das Kloster erneut, stellten auch Geld zu seiner Restaurierung zur Verfügung. Und das arme Dengfeng, die graue, verwitterte heilige Stadt am Fuße des Klosterberges Song Shan, wurde auf die neue Touristen-Landkarte Chinas gesetzt.

Kung Fu kehrte als Attraktion in die verschlafene Region um Dengfeng zurück: Tausende von Menschen wollten mit eigenen Augen den heiligen Schrein sehen und seine Kampfesgeheimnisse erfahren. Für die Unterbringung der Touristen ließen die Behörden eilig ein Motel erbauen. Zwischen Dengfeng und dem Kloster Shaolin wurde eine zehn Meter breite Straße angelegt; ein „Laden der Freundschaft", der Coca-Cola und Bier aus Peking anbietet, nahm in der Nähe des Klosters seinen Betrieb auf; der „Kampfsportverein" wurde gegründet, der junge Kung-Fu-Kämpfer ausbilden und den Touristen gegen Eintrittsgeld Vorstellungen bieten soll. Die Einwohner von Dengfeng haben kleine Werkstätten eingerichtet, in denen sie Shaolin-Andenken herstellen, an Kiosken bieten sie außerdem Getränke und Lebensmittel an. Ein blühender Handel mit Büchern für Selbstunterricht in Kung Fu und mit Sammlungen von Shaolin-Legenden ist entstanden. Der neueste Band, den die Mönche selbst verkaufen, heißt „Geheimrezepte für das Heilen von Verletzungen, die durch Fallen und Schläge verursacht wurden". Doch nicht nur Schaulustige kommen neuerdings nach Dengfeng, sondern auch viele Kinder, die in Kung Fu ausgebildet werden möchten, einige der Bewerbungen sind mit Blut geschrieben. Die Behörden des Ortes kamen gar nicht umhin, mehrere Spezialschulen in der kleinen Stadt Dengfeng zu genehmigen. Kung-Fu-Bewerber werden gleichwohl streng bürokratisch gesiebt: Jeder, der den Kampfsport erlernen möchte, benötigt die Zustimmung seiner Eltern, die Zustimmung der Behörden seines Heimatortes und die Zustimmung der Regionalverwaltung von Dengfeng.

In den Schulen, die in dem Gebiet um das Kloster entstanden sind, üben sich heute 500 Kinder in Kung Fu: 300 stammen aus der Gegend, 200 kommen aus den verschiedenen Teilen Chinas. „Ich sah den Film ‚Shaolin-Kloster' und bat meine Eltern, hierhergehen zu dürfen. Ich möchte Kung Fu lernen, und vielleicht trete ich eines Tages auch in einem Film auf", sagt ein schüchterner 13jähriger Junge, der vor einem Jahr aus einem

Dorf in der Provinz Kueitschou anreiste, ungefähr 2000 Kilometer entfernt. Er möchte fünf Jahre lang in der Schule bleiben. Seine Schule ist eine verlassene Hochofenanlage in der Nähe von Dengfeng. Die Lebensverhältnisse sind spartanisch: 13 Schüler, davon zwei Mädchen, schlafen in einem gemeinsamen Raum und essen in einer primitiven Kantine. Jeden Tag üben sie drei bis fünf Stunden. Die Kinder brauchen heute nicht mehr all die schmerzhaften, zum Teil grausamen Härtetests der Mönche von früher zu bestehen, dennoch bleiben von dem Stoßen und Schlagen auf Sandsäcke Blasen und Abschürfungen zurück. Die Schule wird von einer landwirtschaftlichen Kommune geleitet, die unter ihren Bauern einen früheren Mönch von Shaolin entdeckt hatte, der weggezogen war, als die kommunistische Armee dort 1949 eintraf. Das Schulgeld beträgt 30 Yuan monatlich (zehn Yuan für den Kung-Fu-Unterricht, 20 Yuan für Verpflegung und Unterkunft). Für die Kommune ist das ein gutes Einkommen aus einer „Nebenbeschäftigung", wie es im Bürokratenjargon heißt; die Kinder und ihre Familien belastet es finanziell erheblich. Der durchschnittliche Monatslohn eines Arbeiters liegt bei 60 Yuan. Zwölf solcher Kung-Fu-Schulen werden in Dengfeng kollektiv von Kommunen geleitet, drei weitere von den Mittelschulen der Region. Außerdem nehmen einige Bauern, die in dem berühmten Kloster Mönche waren oder dieses zumindest behaupten, „Privatschüler" auf, für eine monatliche Gebühr von 25 Yuan.

Das Wiederaufleben von Kung Fu ist in der Partei keineswegs unumstritten. Etliche Kader sehen in dem Kampfsport einfach ein Relikt finsterer Zeiten, „durch das die Feudalgesellschaft verherrlicht wird und die Jugend den Eindruck gewinnt, es wäre viel besser, man hätte vor tausend Jahren gelebt, als das Land heute aufzubauen", wie ein Zeitungsredakteur meint. „Dengfeng wird das gesamte Land mit echten Shaolin-Lehrern versorgen", sagt Wu Chengde vom Sportausschuß der Region. Aber Shaolin wird dennoch nicht mehr denn oberflächlich restaurierte Kulisse sein. Der Kung-Fu-Boom geht am Kloster, geht an den alten frommen Mönchen vorbei. Ein großer Teil des Klosters liegt in Trümmern. Die Buddha-Statuen sind neu, aus Gips gefertigt und in grellen Farben bemalt, die wenigen Mönche alt und gebrechlich. Einige können sich nicht mehr vom Bett erheben, geschweige denn mit ihren Händen Ziegel zertrümmern oder über Mauern springen. Mit Kung Fu beschäftigt sich im Kloster niemand mehr. Die berühmte Tempelhalle, in der Tausende von Mönchen ihre Füße durch unablässiges Stampfen auf dem Boden stählten, was tiefe Abdrücke hinterließ, ist mit einer dicken Staubschicht bedeckt. Shaolin Si („Kloster des jungen Waldes") ist kein Zentrum buddhistischer Meditation mehr, ist nicht mehr Mittelpunkt der Kung-Fu-Welt. „Der Kampfsport braucht zu seiner Entfaltung keinen Buddhismus", sagt ein Parteifunktionär in Dengfeng. „Die Mönche sollen sich um ihre Religion kümmern, und wir werden uns um den Sport kümmern." Tatsächlich jedoch haben die elf alten überlebenden Mönche nicht einmal die Freiheit, sich um die Religion zu kümmern, denn der Staat, der jetzt die Kung-Fu-Renaissance fördert, möchte natürlich nicht gleichzeitig den Buddhismus beleben. So darf das Kloster weder neue Schüler anwerben noch Religion unterrichten. „Viele junge Leute kamen zu uns und wollten Mönch werden, aber wir mußten sie abweisen", sagt Abt De Chan, „nur der Staat kann die Auswahl treffen." Gleichwohl ist das Kloster ein unerläßlicher Rahmen für Kung Fu und dessen Ausbeutung als Touristenattraktion. Nur deshalb wurde der Tempel wiedereröffnet und restauriert; nur deshalb wurden die wenigen Mönche, die die Verfolgungen der Kulturrevolution überlebt haben, hierher zurückgebracht: Sie spielen eine Statistenrolle auf neu hergerichteter Bühne. Als letzter traf aus Szetschuan, wo er 1966 Zuflucht gefunden hatte, der 82jährige Meister Hai De ein, der dafür berühmt ist, daß er in jüngeren Jahren auf zwei Fingern stehen konnte und seit 60 Jahren nie liegend in einem Bett geschlafen hat, sondern im Sitzen wie Da Mo.

Himmlische Stimmen
Die Grille, das liebste Haustier der Chinesen

Liebevoll gezüchtet, sorgfältig gehegt – seit tausend Jahren lieben es die Chinesen, Grillen zu halten und in kleinen Käfigen bei sich zu tragen.

Der General trat ans Podium, wollte zu reden anfangen, konnte aber nicht. Denn über die Lautsprecher schallte aus der wattierten Generalsjacke laut das Zirpen einer Grille durch den Saal. Der Redner trug das Tier in einem Käfig aus einem ausgehöhlten Kürbis bei sich. Die Zuhörer, Soldaten der chinesischen Volksbefreiungsarmee, brachen in tosendes Gelächter aus. „Ich bedaure, dem kleinen Spiel gefrönt zu haben", entschuldigte sich der General. „Das kleine Spiel" nennen die Chinesen ihre alte Neigung, sich Tiere zu halten, während der Kulturrevolution als „bürgerlich und verschwenderisch" verboten. Seit einem Jahr aber sind Tierkauf und Tierhaltung, mit Ausnahme des Hundes, offiziell wieder geduldet, der große Volkssport geworden. Im Morgengrauen jedes Sonntags versammeln sich Tausende von Menschen an den Ufern des Drachenteichs „Lung Tanghu" im Süden von Peking, um Tiere und Käfige, Futter und sonstiges Zubehör des „kleinen Spiels" und seiner vielen Freuden zu verkaufen und zu kaufen. Hunde sind in Peking seit der Kulturrevolution verboten. Damals wurden Hunderttausende getötet, und auch letzthin fing die Polizei wieder Tausende von Hunden ein und brachte sie durch Stromstöße oder Stockschläge um. So müssen die Chinesen ihre traditionelle Tierliebe auf Fisch und Katze, Affen, Kaninchen und Vogel beschränken – vor allem aber, eine chinesische Eigenart, auf die Grille. Mit China verbinden Westler für gewöhnlich Vorstellungen des Gigantischen: eine Milliarde Menschen, die Große Mauer, die Große Proletarische Kulturrevolution. Auch ihr eigenes Selbstverständnis füttern die Chinesen gern mit Größe: Sie sind das „Reich der Mitte", das „Zentrum der Welt", die ansonsten Barbaren bevölkern. Aber chinesisch ist auch die Miniatur, die Malerei mit einem einzigen Haar des Tuschpinsels, das kalligraphische Schriftzeichen, das bis zu 20 Striche enthalten kann – und der Kult um die Grille, ein Insekt, das in Europa allenfalls Schulkindern durch die La-Fontaine-Fabel „La cigale et la fourmi" (Die Grille und die Ameise) vertraut ist. Die umfängliche einschlägige Literatur über Grillenzucht in China reicht tausend Jahre zurück. Jede Dynastie der Kaiser brachte die Neuauflage eines Handbuches heraus, in dem nachzulesen ist, wie Grillen zu züchten sind, wie sie abgerichtet werden können, wunderschön zu singen, und tapfer kämpfen.

Es gab im alten China zwei Arten von Grillen: zirpende und kämpfende. Die Menschen hielten ihre Grillen in kostbaren kleinen Kürbisdosen mit geschnitzten Deckeln, zuweilen gar aus Elfenbein, und brachten es mit viel Liebe und besonderer Nahrung fertig, sie in den Winter zu retten. Dann verbargen die stolzen Besitzer ihre Heimchen in einer besonderen Tasche im Innenfutter ihrer warmen wattierten Jacke und konnten so ihrem sommerlichen Zirpen lauschen, während der Schnee auf die Höfe fiel. Kämpfende Grillen dagegen wurden für Wetten gehalten. Manche Chinesen züchteten ihre eigenen Gladiatoren. „Am besten waren die Grillen, die im Umkreis der Gräber geboren waren", sagt ein alter Mann aus Peking. Die kämpferischsten Grillen wurden ausgewählt und wochenlang mit Hilfe einer besonderen Bürste aus Ratten-Barthaar trainiert, damit sich so die Angriffslust steigerte. Dann setzte der Eigentümer die Tiere in einen irdenen Topf und trug sie auf den Markt zu einem Kampf, der nur wenige Sekunden dauerte. Mitunter wechselten bei solchen Kämpfen zweier großer schwarzer Grillen ganze Vermögen den Besitzer, zuweilen auch ließen die Grillenzüchter für ihre toten Helden silberne Särge anfertigen. Solcher Luxus durfte im Kommunismus nicht dauern.

Grillengeschichten gehören zur chinesischen Folklore. Die rührendste Kinderstory, immer wieder erzählt und als klassisches Beispiel kindlicher Liebe von Generation zu Generation weitergegeben, geht um eine Grille: Ein kleiner Junge verübt Selbstmord, um selbst eine Grille zu werden und seinen Vater vor Schande zu bewahren. Denn dem war ein unschätzbares Insekt aus dem Besitz eines Mandarins verlorengegangen. Die Damen des kaiserlichen Hofes sollen den Brauch eingeführt haben, unter ihrem Kissen Grillen in goldenen Käfigen zu halten, damit sie während einsamer Nächte im Palast Trost und Gesellschaft fanden. Um diesen Bedarf zu befriedigen, mußten die Bauern dem Hof und dem Provinzmandarin Grillen liefern – als Naturalsteuer. Im Laufe der Zeit wurde dieser alte Brauch des Kaiserpalasts vom Volk übernommen. Bis zur Kulturrevolution gehörte zu einem chinesischen Haushalt ein mit Watte ausgekleideter Bambuskorb für die familieneigene Grille, die mit einer Wärmflasche über den Winter gebracht wurde. Im Sommer dann zogen die Tiere in luftigere Quartiere: kleine Bambuskäfige in Gestalt von Palästen, Türmen oder Booten. Das Grillenbrauchtum kehrt nun wieder. Im vergangenen August war auf den Straßen Pekings nach vielen Jahren erneut der Ruf der Bauern zu hören: „Guo … guorr, guo … guorr" – die Grillenzüchter kamen mit ganzen Trauben kleiner runder Bambuskäfige in die Stadt, in jedem Käfig ein zirpender Grashüpfer. Zu Anfang, im August und September, kostete ein Heimchen nur einen Mao (zwölf Pfennig). Im Januar und Februar aber stieg der Preis um 50 Prozent, weil viele Grillen beim ersten Kälteeinbruch sterben. Das Züchten von Grillen wurde für die Bauern inzwischen ein derart einträgliches Geschäft, daß im Umkreis von Peking bereits wieder kleine Grillenfarmen entstanden. So ist das Insekt profane Geldquelle für die einen, sublimes Vergnügen für die anderen, die im Winter, wenn es in China bitterkalt wird, dem verheißungsvollen Frühlingsgeträller lauschen können.

Speziell Chinesen müssen dabei besonderes Glücksgefühl haben. „Das ewige Auf- und Abklingen des Zirpens, einem Vibrato continuo gleich, erfüllt mich mit Freude und Trauer", schrieb der Mandschu Tun Li-tschen im Jahre 1900, „es ist eine himmlische Stimme, eine Musik, für den Mann der Muße wie geschaffen." Die Musikanten sind unterschiedlich in Farbe und Gestalt: die einen gelb, die anderen grün oder schwarz, wieder andere weiß, purpurrot oder ölig-braun. Manche Arten sind groß wie eine kleine Wassermelone, andere so klein wie ein Saat- oder Reiskorn. Für jede Art haben die Chinesen einen Namen, für jeden Ton eine eigene poetische Bezeichnung. Eine Grillen- art zum Beispiel trägt den Namen „Jien Zhong", zu deutsch: Goldene Glocke. Ihr reines, monotones Zirpen wird mit „dem Klang von Trommeln und Trompeten" verglichen. Eine andere Grillenart, kaum drei Millimeter lang, heißt „Jin Lin Zi". Ihr Zirpen ist dem „Klang der heiligen Glocken in buddhistischen Tempeln" vergleichbar. Die beliebte „Hu Lu" wiederum zirpt in einem Vibrato, das die Chinesen an menschliches Schluchzen erinnert. Sich eine Grille zu halten, erfordert für den Chinesen ähnlichen Aufwand wie die Hundehaltung für den Europäer. Denn die Grille ist wählerisch schon beim Futter. Die eine mag nur Karotten, die andere nur Salat oder zerkleinerte Kastanien oder erlesene Würmer. Dann braucht sie ihr tägliches Bad – in lauwarmem Teewasser. Und schließlich muß sie auch ausgeführt werden, damit sie sich nicht vernachlässigt fühlt. So lassen die Chinesen in ihre Jacken besondere Innentaschen einarbeiten, um ihre Lieblinge in ihren Käfigen, umgeben von der wohligen Körperwärme, überallhin mitnehmen zu können. Das Winter- quartier einer Grille war von jeher der Flaschenkürbis, nicht der natürlich gewachsene Kürbis – damit würden sich Chine- sen nie zufriedengeben –, sondern ein künstlich geformter: Die Kürbisblüte wird in eine Tonform gezwängt, in der sie dann wei- terwächst. Dabei nimmt sie die Gestalt der Form mit allen Ver- zierungen an, die zuvor in sie eingekerbt wurden: Basreliefs mit

Gedichten und Landschaften, Götter- und Menschengestalten. Die Deckel dieser Flaschenkürbisse waren aus Elfenbein oder Holz, Jade oder Schildpatt, allesamt kunstvoll geschnitzt in Form von Drachen, Löwen oder anderen Symbolfiguren, die dem Besitzer Glück bringen sollten. Früher gaben die Menschen, vor allem die Mandschus, große Summen aus, um für die Fertigung der erlesenen Gemächer ihrer singenden Gefährten die besten Kunsthandwerker zu engagieren.

Noch größere Summen wurden in die Aufzucht von Kampf- grillen investiert, ganze Vermögen gar auf den Ausgang ihrer tödlichen Gefechte verwettet. Daß die Grille kämpferische Fähigkeiten hat, ist den Chinesen gleichfalls schon seit langem bekannt, die große Erfahrung befähigte sie, spezielle Kampf- grillen zu züchten. Gute Kämpfer waren angeblich die Reinkar- nation von Helden der Vergangenheit und wurden mit großem Respekt behandelt. Die Grillen, jede in einem eigenen irdenen Topf, ausgestattet mit einem Bett und einer winzigen Porzellan- tasse mit Wasser, bekamen täglich eine abwechslungsreiche Spe- zialdiät aus Fisch, Honig, Reis und Kastanien zu fressen. Beson- dere Ausbilder brachten den kleinen Gladiator in Hochform.

Am Tage des eigentlichen Kampfes standen sich zwei Gladia- toren derselben Art und Größe und von gleichem Gewicht in einem offenen Gefäß gegenüber, voller Spannung beobachtet von Züchtern und Wettenden. Der Kampfleiter reizte die Grillen durch eine Bürste mit Elfenbeingriff und steigerte ihre Angriffs- lust. Der Kampf selbst dauerte oft nur wenige Minuten: Unter zirpenden Schlachtrufen stürzten die Insekten aufeinander los, gingen sich an Beine, Flügel und Kopf. Am Ende war einer der Kämpfer entweder tot oder verstümmelt, mitunter auch gleich aufgefressen. Der Sieger wurde zum „General" ausgerufen. Eine Grille, die mehrere Kämpfe siegreich überlebt hatte, erhielt den Titel „Immerwährender Marschall". Die Überreste der besiegten Grillen aber wurden in kleinen, kunstvoll ziselierten Silbersärgen beigesetzt.

All das gehört inzwischen der Vergangenheit an, denn heute sind Wetten streng verboten. Auf dem Lung-Tang-Markt jedoch stehen sonntags wieder gute „Generale" zum Verkauf, während Kinder auf den Feldern nach weiteren Kämpfern suchen. Auf dem Guan Yuan, einem der neuen freien Märkte Pekings, gegenüber dem einstigen Wohnsitz der Mao-Witwe Tschiang Tsching, bieten Bauern und Händler wieder alte Krüge, Kampfarenen und Elfenbeinbürsten, Betten und Futtertröge für Grillen an. Und auch die kleinen Packungen mit den traditionellen Arzneimitteln gegen typische Krankheiten von Grillen — wie Schwindel, Erkältung, Völlegefühl und Asthma — sind wieder zu haben.

„Und nun beginnen wir mit Ihrer Umerziehung"
Meine Ausweisung aus der Volksrepublik China

Die Tätigkeit des Korrespondenten Terzani ging den Machthabern in Peking so auf die Nerven, dass sie ihn loswerden wollten. Billige „Antiquitäten", zum Teil nicht mal in China gekauft, reichten als Anlaß, ihn festzusetzen, Büro und Wohnung zu durchwühlen und ihn schließlich auszuweisen.

„Gestehen Sie, gestehen Sie Ihre Verbrechen, und die Volksregierung wird nachsichtig mit Ihnen umgehen. Wenn Sie irgendetwas verbergen, wird die Bestrafung sehr streng sein ... Gestehen Sie. Es ist zu Ihrem eigenen Besten. Denken Sie an Ihre Zukunft ... Gestehen Sie!" Fünf chinesische Polizisten in blauer Uniform starren mich an, und die metallische Stimme des Vernehmungsoffiziers erreicht mein Ohr, Stunde um Stunde, wie aus weiter Ferne. „Gestehen Sie! Wir kennen Ihre Verbrechen. Das Volk hat Sie seit langer Zeit beobachtet", sagt der zweite Vernehmungsoffizier. Mir fallen Bücher ein, die ich vor langer

Zeit gelesen habe: „Gefangener bei Mao" von Jean Pasqualini, dem Franzosen, der sieben Jahre im Gefängnis gesessen hatte, und „Geisel in Peking" von Anthony Grey, dem britischen Journalisten, der 26 Monate lang in Einzelhaft gehalten worden war. Doch dies ist nicht die Vergangenheit, dies ist nicht das China der Viererbande, es ist jetzt − 1984. Und es sind auch nicht sie, die anderen, ich bin es, und ich lächle innerlich bei dem Gedanken: Ich, jetzt, in Peking, eine „Geisel von Teng Hsiao-ping"? „Welche Verbrechen?" frage ich. „Sie kennen Ihre Verbrechen, und es wäre besser, wenn Sie sie gleich gestehen. Wenn Sie gestehen, können wir Ihnen helfen. Wir sind Polizisten der Volksrepublik China, und es ist unsere Pflicht, Ihnen bei Ihrer Umerziehung zu helfen. Sprechen Sie. Machen Sie keine Ausflüchte. Gestehen Sie."

Es begann alles am 1. Februar bei einer Ausreise aus China über Macao nach Hongkong. Am Grenzposten Gongbei durchsuchten mich Zollbeamte der Volksrepublik bis auf die Haut und beschlagnahmten meinen Talisman − einen kleinen Buddha, den mir Angela nach meiner Freilassung aus der Haft der Roten Khmer 1975 geschenkt hatte. Das Figürchen hat danach oftmals die Grenze in beiden Richtungen überquert. Nun bekam ich eine Quittung, bei meinem nächsten Aufenthalt in Peking könne ich die Statue wiederbekommen. Eine Woche später flog ich wieder nach Peking, auf dem Flughafen durchsuchten Zollbeamte gründlich mein gesamtes Gepäck. Die ganze Prozedur dauerte sehr lange, und ich weiß jetzt, daß die Verzögerung lediglich ein Vorwand war, um alle anderen Passagiere vorbeizulassen, so daß es keine Zeugen geben würde für das, was dann kommen sollte. Als ich auf den Ausgang zuging, hielt mich ein Polizist an: „Sind Sie Deng Tiannuo?" (mein chinesischer Name besteht aus einem Schriftzeichen für den Nachnamen, dasselbe wie bei Teng Hsiao-ping − chinesische Umschrift: Deng −, und zwei Schriftzeichen für den Vornamen mit der Bedeutung „Versprechen des Himmels"). „Ja, der bin ich." „Bitte folgen Sie mir", sagte er. Wir gehen in den ersten Stock des Flughafengebäudes in einen kleinen Raum, wo ich mich in einen Sessel setzen soll. Zwei Polizisten bauen sich vor mir auf und beobachten mich. „Darf ich telefonieren?" frage ich. Antwort: Es gebe kein Telefon.

Nach einer Stunde kommt ein großer, hagerer Offizier mit dicken Brillengläsern und Hakennase, zieht langsam und feierlich ein kleines Stück Papier aus seiner Tasche (am unteren Ende des Papieres klebt das große rote Siegel offizieller Dokumente) und will es vorlesen. Automatisch greife ich nach Notizbuch und Kugelschreiber. „Stecken Sie das weg. Dies ist nicht der Augenblick, sich Notizen zu machen!", brüllt er. „Ich bin Journalist", sage ich. „Von wegen Journalist", lacht er, „Sie sind ein Krimineller. Setzen Sie sich." Er hält das Papier mit beiden Händen und deklamiert, als ob es eine Kriegserklärung wäre: „Deng Tiannuo … im Namen der Volksregierung, nach Artikel 38 des Strafgesetzbuches der Volksrepublik China erkläre ich Sie für festgenommen zur Vernehmung. Ich bin angewiesen, Sie in das Pekinger Amt für öffentliche Sicherheit zu bringen. Ab sofort haben Sie meinen Befehlen zu gehorchen." Er zeigt mir den Haftbefehl, weist mit dem Finger auf die Unterschrift des Pekinger Sicherheitskommandanten und fordert mich auf zu unterschreiben. Ich weigere mich: „Erst muß ich die italienische oder die deutsche Botschaft anrufen." Mir wird bedeutet, daß mir alle Kontakte mit der Außenwelt verboten seien und sich meine Lage nur verschlimmern werde, wenn ich dieses Dokument nicht unterschriebe. Dafür würde ich noch schwerer bestraft werden. Ich weigere mich dennoch. Ein halbes Dutzend Polizisten geleitet mich hinaus. Wir gehen an dem leeren Taxistand vorbei, an dem mehrere Telephone stehen, und ich versuche, eines zu erreichen. Eine starke Hand reißt mich zurück. Zwischen zwei Polizisten auf den Rücksitz eines schwarzen Mercedes mit heruntergezogenen Vorhängen gezwängt, werde ich nach Peking gebracht, und die lange, stille Fahrt durch die menschenleeren Straßen der nächtlichen Stadt setzt Gedanken und Alpträume frei.

Ich lebe seit vier Jahren in China und habe so manche Schreckensgeschichten über Gefangene der gefürchteten Sicherheitspolizei gehört, Geschichten von Menschen, die ohne irgendein Vergehen oder wegen einer Bagatelle für zwei oder mehr Jahre in Arbeitslagern verschwanden, ohne je einen Richter oder auch nur einen Gerichtssaal gesehen zu haben. Verschwinden. Dieses Wort kommt mir immer wieder in den Sinn. Niemand hat mich gesehen, niemand weiß, daß ich festgenommen worden bin. Bevor wir den Tiananmen-Platz erreichen, biegt das Auto nördlich in die Pei-Shi-Zi-Straße, und wir fahren auf den Hof der ehemaligen Residenz einer Prinzenfamilie, jetzt Hauptquartier des Pekinger Amtes für öffentliche Sicherheit, Abteilung Ausländer. In einem Empfangsraum mit Teppich, Sesseln und dem üblichen Ölgemälde der Chinesischen Mauer stehen auf dem Tisch Tassen mit heißem Tee, aber keine für mich. Polizisten kommen und gehen. Einige wollen nur einen Blick auf den Ausländer werfen. Sie flüstern miteinander, ziehen sich wieder zurück. Welchen Vergehens könnten sie mich beschuldigen?

Einige meiner Artikel über China haben bei der Regierung Anstoß erregt, das weiß ich: Mein Bericht aus Tibet hatte „einigen Behörden sehr mißfallen", so der damalige Regierungssprecher. Im vorigen Jahr, nachdem der SPIEGEL eine Serie über die Zerstörung Pekings veröffentlicht hatte, wurde ich ins Informationsamt des Außenministeriums zitiert und „im Namen der deutschen Massen, die sich über eine solche Verzerrung chinesischer Wirklichkeit beschwert haben", getadelt und verwarnt. Ende vorigen Jahres erwog das Außenministerium, wegen meiner Artikel mein Visum als Korrespondent nicht zu erneuern. Aber nach einem offenen und sehr freundlichen Gespräch im Außenministerium wurde die Angelegenheit am 17. Januar geklärt und mein Visum um ein Jahr verlängert. Weshalb also sollte dieselbe Behörde nur zwei Wochen danach etwas gegen mich in Gang setzen? Oder war es nicht dieselbe Behörde, sondern jetzt das Ministerium für öffentliche Sicherheit, das mit der Entscheidung des Außenministeriums unzufrieden ist und versucht, mich mit seinen eigenen Methoden aus China loszuwerden – der übliche Kampf zwischen Moderaten und Radikalen?

Eine Gruppe von Polizisten betritt den Raum. Sie geben sich ganz offiziell. Ein junger Mann legt einige Blätter unbeschriebenen Papiers auf den Tisch und macht sich fertig, mitzuschreiben. Neben meinem hageren Vernehmungsoffizier nimmt noch ein anderer Platz, einer mit einem runden, völlig ernsten Gesicht. Der Hagere: „Wie heißen Sie?" Antwort: „Das können Sie selbst lesen." Ich reiche ihm meinen Paß. „Wie lautet Ihr chinesischer Name?" Ich gebe ihm meinen chinesischen Presseausweis, und beide Dokumente verschwinden in der schwarzen Plastiktasche, die der Beamte die ganze Zeit an sich drückt, als ob sie alle seine verborgenen Waffen gegen mich enthielte. Tatsächlich kommt bald darauf ein zweites kleines Blatt Papier mit einem roten Siegel wie beim ersten Dokument zum Vorschein: ein zweiter Haftbefehl. Dieser befaßt sich mit „der Festnahme des Deng Tiannuo und der Durchsuchung seiner Wohnung". Wieder werde ich aufgefordert zu unterschreiben. Wieder weigere ich mich, doch als das Dokument mir vorgelegt wird, bemerke ich das Datum darauf: 20. Januar. Der Befehl erging demnach drei Tage nach Verlängerung meines Visums. Das sieht in der Tat wie eine Aktion der Polizei gegen die Entscheidung des Außenministeriums aus. Ein junger starker Polizist filzt mich. Der Inhalt meiner Taschen wird auf dem Tisch ausgebreitet, der Inhalt meines Koffers und zweier Reisetaschen auf dem ganzen Fußboden. Jedes Papier wird untersucht, alles auf chinesisch Geschriebene und besonders Adressen chinesischer Staatsbürger. Um 1.45 Uhr am Morgen des 9. Februar, abermals zwischen zwei Polizisten auf den Rücksitz des Mercedes gezwängt, geht es in das Diplomatenviertel. Auf dem Weg dorthin wendet sich der hagere Vernehmungsoffizier vom Vordersitz zu mir: „Bis jetzt ist Ihre Festnahme geheimgehalten worden, und wir möchten sie auch nicht publik machen. Wir denken an Ihren Ruf, wir möchten nicht, daß Sie Ihre Stellung verlieren. Wir werden jetzt in Ihre Wohnung gehen, und wir werden das leise machen. Wir möchten kein Aufsehen erregen, wir möchten Ihre Nachbarn nicht wecken. Wir hoffen auf Ihre Kooperation." Ich dagegen hoffe nur, daß mich jemand sieht. Als wir am Haupteingang des Hauses, in dem ich wohne, ankommen, ist keine Menschenseele in Sicht, der Hof ist ruhig, alle Fenster sind schwarz, mit Ausnahme von zweien in der obersten Etage. Aber wer wohnt da? Erneut bitte ich, die Botschaft von dem Telephon aus anrufen zu dürfen, das in jedem Wohnblock vom Hauswart benutzt wird, um die Sicherheitspolizei zu informieren, wenn ein chinesischer Besucher die Wohnung eines Ausländers betritt. Antwort: Die Begleiter greifen unter meine Arme, jemand stößt mich zur Tür. Hinter uns, zwischen den vielen Polizisten, von denen einige schwarze Plastikkoffer tragen, ist ein Fernsehteam postiert, dazu zwei Photographen, die gerade ihre Blitzgeräte bereitmachen. Eine Falle, ein abgekartetes Spiel, in dem plötzlich Kilos von Heroin unter meinem Bett gefunden werden? Jetzt tue ich das, was ich die ganze Zeit geplant hatte: Ich schreie. Alle Polizisten fallen über mich her. Einer versucht, mir den Mund zuzuhalten, wobei seine Hand zwischen meine Zähne gerät ... Einer faßt zwischen meine Beine, viele Hände greifen in mein Haar und drücken meinen Kopf zur Seite. Ich fühle ein paar Schläge auf meinen Schultern, aber ich schreie weiter.

Vom Vernehmungsoffizier herbeigerufen, kommen der Hausmeister meines Wohnblocks und sein Kollege vom Nachbarblock zur Unterstützung der Polizei. Man will mich zurück in das Auto zerren, aber ich kann noch die Wagentür von außen zuschlagen. Kurz darauf haben sie mich überwältigt, Sekunden später stoßen sie mich in den Mercedes. Wir fahren zurück zum Polizeihauptquartier. Was ich nicht wußte: Meine Schreie hatten einen westlichen Diplomaten und seine Frau aufgeweckt. Die beiden gingen ans Fenster, erkannten in dem Durcheinander der schwarzen Schatten mein graues Haar und riefen die italienische Botschaft an. Da die Autos keine Kennzeichen trugen und die Männer in wattierten Wintermänteln aus der Ferne als chinesische Polizisten nicht auszumachen waren, hieß es zuerst, ich sei „von einer unbekannten Gruppe von Menschen zusammengeschlagen und entführt" worden. Im Polizeihauptquartier ist der Hagere außer sich vor Wut. „Sie führen sich ja wie ein Wilder auf. Glauben Sie, Sie können uns mit Ihren Schreien einschüchtern? Wir sind die Sicherheitspolizei des Volkes, und wir fürchten uns vor niemandem. Wir fürchten uns vor nichts. Wir haben Mittel und Wege, um Sie gefügig zu machen. Wir hätten Elektrostöcke benutzen können, aber wir dachten, es würde nicht notwendig sein." Als wir nach einer Stunde das Hauptquartier wieder verlassen, sehe ich, wie sich die Polizisten Gummiknüppel an den Gürtel hängen. Zwei kräftige junge Männer, die mich in Schach halten sollen, drehen mir sicherheitshalber die Finger beider Hände um. Beim Verlassen des Autos wirft mir jemand einen schweren wattierten Mantel über den Kopf. Meine Schreie ersticken, ich werde wie ein Paket in meine Wohnung getragen. Vorher noch gehen die Photographen und das Fernsehteam hinein. Sie bauen ihre Lampen auf; die Wohnung ist lichtdurchflutet. Die Polizisten schubsen mich in der Wohnung herum. Ich muß mich vor einer Bücherwand aufstellen, in einem der Sessel sitzen, dann an meinem Schreibtisch.

Die Durchsuchung dauert von drei Uhr bis 6.15 Uhr morgens. Mehr als 20 Menschen durchwühlen die Wohnung. Kein einziger Gegenstand bleibt unberührt. Schubladen werden ausgeleert, Bücher geöffnet, Photos, Akten, Adreßbücher mit den Namen aller Leute, die ich in China kenne, geprüft, Lampen werden abmontiert und von innen betrachtet. Man führt mich hierhin und dorthin, damit ich vor den Beweisen meiner Verbrechen, die sich langsam auf dem Eßtisch türmen, gefilmt werden kann. Bei der Bestandsaufnahme kommen 64 Gegenstände zusammen, daneben noch 16 Familienbilder und Photos von Kunstgegenständen, von Statuen, die ich in chinesischen Museen aufgenommen hatte. In drei großen Taschen wird der ganze Fund fortgetragen, dabei sind: ein Poster von Mao Tse-tung und Hua Kuo-feng, 1980 in China gedruckt, an das ich ein zwei Zentimeter großes Kruzifix gesteckt hatte: das Souvenir hatte ich in einem buddhistischen Tempel in der Provinz Honan erstanden; eine Postkarte mit der Reproduktion der Mona Lisa, deren Gesicht durch das von Mao ersetzt war (die Postkarte hatte mir ein Kollege aus Europa geschickt); sieben Specksteinknöpfe; ein modernes Weihrauchgefäß; einige wertlose Bronze-Buddhas, die auf einem Hausaltar standen; drei kleine alte Bronzefiguren von meinem Schreibtisch; ein Plakat eines Thangkas, eines tibetischen Wandbilds; eine hölzerne Schildkröte aus Thailand; ein Silberkästchen aus Laos; eine Steinabreibung aus Kambodscha; zwei chinesische Vasen; ein Schrankschloß; drei Grillenkäfige (ich bat darum, den Grillen, die während der ganzen Aktion friedlich weiterzirpten, die Beschlagnahme zu ersparen, diesem Wunsche wurde stattgegeben).

Peking erwacht, während wir zum Polizeihauptquartier zurückkehren. Die ersten Jogger laufen die Straße entlang, und ich denke an den Alten, der im Park der Sonne sein Schattenboxen lehrt: Heute morgen werde ich seinen Unterricht versäumen. Das Verhör geht weiter, Stunde um Stunde. Der Hagere und der Rundgesichtige wechseln sich ab. Zwischendurch räumen sie mir manchmal etwas Zeit zum „Nachdenken" ein. Ich verweigere jegliche Mitarbeit. In den Pausen treten einige Polizisten hinzu, die den freundlichen Part zu spielen haben. Einer spricht mich auf Französisch an, ein anderer auf Englisch, einer auf Spanisch, ein vierter auf Deutsch. Sie geben mir alle einen „persönlichen Rat": „Gestehen Sie. Es ist zu Ihrem Besten." Dann kommen wieder die harten Vernehmungsoffiziere dran mit ihren Drohungen und Unterstellungen: „Es hat keinen Zweck, sich zu sträuben ... Wir wissen alles ... Wir wurden informiert von ..."

Terzani in einem Vietcong-Dorf im Mekong-Delta, 1973

Mit dem südvietnamesischen Staatschef General Minh in Saigon, 1975

Unter jungen Chinesen, 1979

Vor der Kim-Il-Sung-Statue in Pjöngjang, 1979

© Archiv Terzani

Mit dem Pol-Pot-Vertrauten Heng Samrin, 1980

Bei dem auf S. 113 erwähnten alten Lama in Tibet, 1980

Saskia und Folco Terzani in ihrer chinesischen Schule, 1980

SPIEGEL-Gespräch mit dem Politikchef der Pekinger „Volkszeitung"
Tan Wen Rui (2. v. l.), 1980, Mitte: Tiziano Terzani, rechts: Dieter Wild

Auf dem Mekong bei Phom Penh, 1980

© Archiv Terzani

In Kaschgar, 1983

© Yves Wild

Im SPIEGEL-Büro Peking, 1983

Tiziano, Angela Terzani mit Chinesen, 1983

In einer Schädelstätte bei Phom Penh, 1985

Mit Hanako Ischii auf dem Tama-Friedhof in Tokio, 1986

Mit nordkoreanischem Offizier in Panmunjong, 1988

Unter jungen Mönchen in Burma, 1990

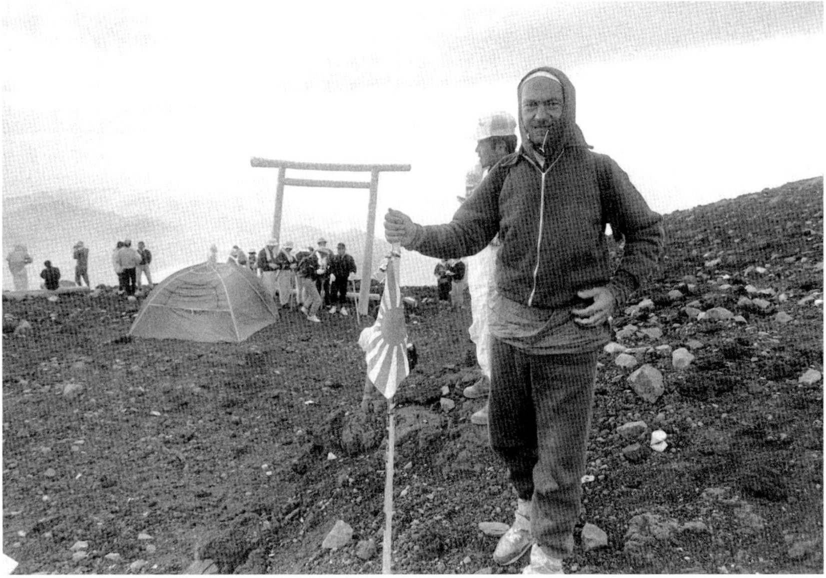

© Archiv Terzani

Auf dem Gipfel des Fujiyama, 1990

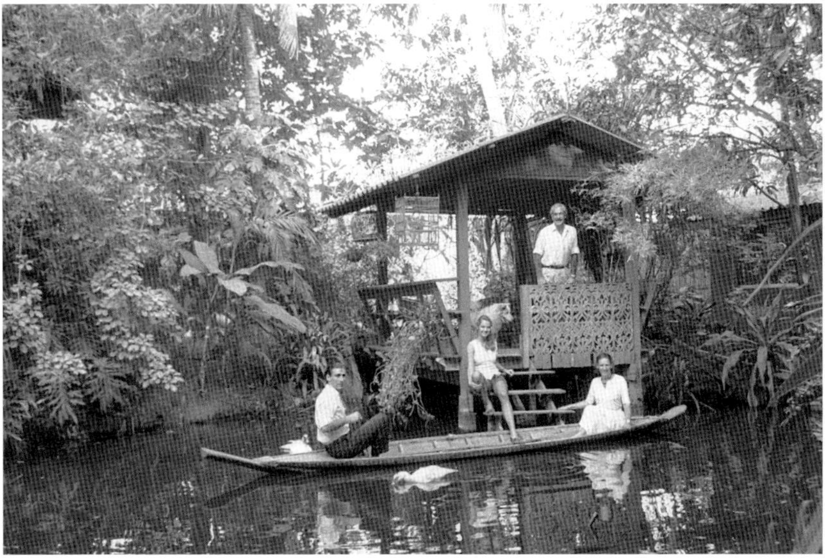

© Archiv Terzani

Terzani-Familie im Garten ihres „Turtle House“ in Bangkok, 1991

Mit dem kambodschanischen Staatschef Prinz Sihanouk, 1993

An der burmesisch-chinesischen Grenze, 1993

Beim Opiumkönig Khun Sa, 1993

An der kambodschanisch-vietnamesischen Grenze, 1993

Im Zug durch Vietnam, 1993

© Archiv Terzani

Im Himalaja-Königreich Mustang, 1995

© Ashotze das Gupta / Guwahati

Bei Mutter Teresa, 1996

Mit Sohn Folco in Orsigna, 2004

Jeder weiß, daß dies ein Trick ist, so alt wie die Polizei selbst, und doch ruft man sich alle Freunde ins Gedächtnis und denkt, daß sie alle potentielle Verräter sein könnten. Ich denke an das chinesische Adreßbuch, das in meinem Schreibtisch gefunden wurde, und überlege mir, wie viele dieser Leute erpreßt werden könnten, gegen mich auszusagen und mich der furchtbarsten Missetaten zu beschuldigen. Die Welt ist weit entfernt. Durch das Fenster schaue ich auf die Äste eines Baumes vor dem grauen Himmel über Peking und stelle mir vor, daß alle Chinesen, die ich kenne, genauso verhört werden können wie ich. Plötzlich fühle ich, wie sie sich wohl fühlen: Was ein Chinese vor der Polizei empfinden muß – verzweifelt, ohne Boden unter den Füßen, lediglich die Möglichkeit, zu gestehen, zu bereuen und sich den Rettern auszuliefern. Ich denke: Jetzt bin auch ich ein Chinese!

Die Ausländer in diesem Land kommen den Chinesen selten nahe, denn diese bleiben hinter den Mauern, die aufgerichtet wurden, um die Fremden von ihnen zu trennen. Die Ausländer leben in besonderen Wohnungen westlichen Stils, essen in besonderen Restaurants, reisen in besonderen Eisenbahnabteilen und übernachten in besonderen Hotels, immer geleitet und überwacht von besonderen Chinesen, deren besondere Aufgabe der Umgang mit den Fremden ist. Die Europäer, die Amerikaner, die Russen – sie leben in China wie auf einem Karussell, das sie von den Wirklichkeiten des Lebens fernhält. Jedesmal wenn sie versuchen abzusteigen, um eine normale Beziehung zu einem normalen Chinesen aufzunehmen, wenn sie in seine Wohnung gehen oder mit ihm einen Spaziergang machen, baut sich die unsichtbare Mauer auf. Für einen Chinesen ist der inoffizielle Kontakt mit einem Ausländer „illegal". Von Privilegien beschützt, haben sie keine wirkliche Chance, zu erfahren, was ein Chinese träumt oder fürchtet. Doch hier ist meine Gelegenheit. Plötzlich hat sich für mich ein winziges Fenster auf einen wichtigen Aspekt des chinesischen Lebens geöffnet: das Verhältnis eines Bürgers zur Volkspolizei, des einfachen Menschen zur etablierten Macht.

Endlich bin ich dabei, dem dunklen Kern nahe zu kommen, der ein so wichtiger Teil dieses Landes ist. Nach 19 Stunden erscheinen zwei italienische Diplomaten. Besorgt blicken sie auf den zerrissenen Ärmel meines Mantels. Jetzt erst wird bekanntgegeben, was man mir vorwirft: Verächtlichmachung der chinesischen Führung und der Kommunistischen Partei Chinas, was einer der Vernehmer einmal eine „konterrevolutionäre Tat" nennt. Beweise zum Beispiel: das Poster von Mao mit dem Kruzifix und die Postkarte der Mona Lisa; privater Erwerb und Besitz von „wichtigen chinesischen Kulturreliquien". Beweis: der Krimskrams aus meiner Wohnung, den ich, wie viele Ausländer in Peking, zum größten Teil auf Vogel- und Grillenmärkten gekauft habe; Transport „nationaler Schätze ins Ausland". Beweis: die Buddha-Figur, fünf Zentimeter hoch, die meine Frau mir vor neun Jahren als Talisman geschenkt hat. Nun stellen sie ihren Beschuldigten vor eine einfache Wahl: Entweder er unterschreibt die beiden Haftbefehle, die Bestandsaufnahme der Hausdurchsuchung, die Verhörprotokolle und verfaßt ein „Geständnis", oder er wird in ein chinesisches Gefängnis gesperrt.

Da ich bereits begonnen habe, wie ein Chinese zu fühlen, fällt mir der Entschluß nicht schwer, mich wie ein Chinese zu benehmen. In vielen Jahren habe ich gelernt, daß Nachgiebigkeit in China eine Tugend ist und Hartnäckigkeit ein Verbrechen. Deshalb unterschreibe ich die Dokumente und bereite eine Erklärung vor. Die Diskussion über diesen Text dauert eine Weile. Der Sicherheitsbeamte will, daß „Geständnis" darübersteht, ich will ihn „Erklärung" nennen. Wir einigen uns auf: „Mein Fehler". Der Kernpunkt: „ Ich, der Unterzeichnende Tiziano Terzani, in China bekannt als Deng Tiannuo, erkläre, daß ich in der Tat im Besitz einiger kleiner chinesischer Raritäten war, die ich privat erworben hatte. Ich erfahre jetzt, daß der Ankauf dieser Gegenstände, der Besitz und der Transport außer Landes gegen das Gesetz der Volksrepublik China verstößt. Ich bedaure, diesen Fehler begangen zu haben, und bitte um Verständnis." Um

18 Uhr des 9. Februar werde ich freigelassen, aber mein Status ist jetzt der eines „Verdächtigen unter Hausarrest": Mein Paß wird von der Polizei einbehalten, ich darf Peking nicht verlassen und muß dem Amt für Öffentliche Sicherheit für weitere Vernehmungen zur Verfügung stehen. Ich komme nach Hause in eine zerwühlte Wohnung. Für den nächsten Tag bin ich um 14.30 Uhr zum Verhör bestellt. Derselbe Raum, dieselben Polizisten. „Und nun beginnen wir mit Ihrer Umerziehung", erklärt der Hagere, während ein anderer Polizist sich Notizen macht. „Ihre Einstellung hat sich nach den ersten Stunden geändert: Sie haben einige Fortschritte gemacht, und wir werden Ihnen zu weiteren verhelfen. Erzählen Sie nun alles, erzählen Sie uns Ihre Gedanken. Verbergen Sie nichts vor uns." Verschiedene Gesetze und Bestimmungen werden mir vorgelesen bis zu dem Berg der Strafen, die meine Verbrechen nach sich ziehen können: von einem Bußgeld von wenigen Jüan bis hin zu zehn Jahren Gefängnis. Es hat keinen Sinn zu argumentieren, und ich entschuldige mich für das, was ich nach ihren Worten falsch gemacht habe. „Ihre Einstellung hat sich gebessert", sagt mit einem wohlgefälligen Lächeln der hagere Vernehmungsbeamte.

Belohnungen honorieren meine „ständigen Fortschritte". In der ersten Nacht bekam ich nichts zu trinken, und als ein junger Polizist versuchte, mir eine seiner Zigaretten anzubieten, riß ein anderer mir die Zigarette aus der Hand und wies seinen Kollegen aus dem Raum. Bei der zweiten „Umerziehungssitzung" bietet mir ein Wächter gekochtes Wasser an („weißen Tee" nennen es die Chinesen), bei der dritten Sitzung wird mir eine Tasse richtigen, dampfenden Tees vorgesetzt. Beim Verhör fahre ich fort, mich wie ein Chinese zu verhalten, bemerke aber, daß ich auf diese Weise mich von meiner europäischen Seele entferne. Der deutsche Botschafter Günter Schödel, der am Montag, 13. Februar, aus Bonn zurückgekehrt und vollständig unterrichtet ist, meldet sich drei Tage lang nicht bei mir. Es gibt auch noch Augenblicke der Spannung. „Wo haben Sie diesen tibetischen

Thangka, den wir in Ihrer Wohnung gefunden haben, gekauft?"
„Das ist kein Thangka, es ist die Reproduktion eines Thangka,
in London gedruckt. Sehen Sie, hier auf der Rückseite steht es:
‚Printed in London'. Ich habe es im Victoria & Albert Museum für
ein oder zwei Pfund gekauft." „Sie sind ein Lügner. Machen Sie
keine Ausflüchte. Sagen Sie die Wahrheit. Sie haben es in Lhasa
gekauft. Wann waren Sie in Lhasa?" „Ich war im September
1980 in Lhasa, aber ich habe dieses Plakat nicht dort gekauft."

„Sie lügen und Sie wissen das." Der Offizier, der mich verhört,
ist kein Narr. Warum also geht er so vor? In China ist das, was man
sieht, oft nur ein Schatten, und, was uns wie Wirklichkeit vor-
kommt, nichts als Theater. Deshalb ist es wahrscheinlich, daß der
hagere Vernehmungsoffizier, der brüllt und mich der Verächtlichmachung Maos oder des Kaufs eines Thangkas in Tibet beschuldigt,
in Wirklichkeit auf etwas gänzlich anderes aus ist. Aber worauf?

Während all dieser Tage der Verhöre und der Umerziehung
fühle ich mich auch zu Hause unter ständiger Beobachtung. Alle
meine Schritte werden registriert, und seltsame Dinge geschehen: Chinesische Bekannte, die ich seit Monaten nicht mehr
gesehen hatte, rufen an und erbitten Gefälligkeiten; eine „Studentin", die ich nie kennengelernt hatte, bittet mich am Telephon, ein Buch von mir ausleihen zu dürfen; ein Mann möchte
bei mir Geld wechseln. Zweimal kommen „Arbeiter" in meine
Wohnung, um einen undichten Wasserhahn zu reparieren, der
gar nicht undicht ist („Man hat uns benachrichtigt", sagt ihr
Anführer). Die Untersuchung meines Falles ist offensichtlich
noch nicht abgeschlossen. Weitere Anklagen? „Du solltest aufhören, dich in Peking wie ein Chinese zu kleiden und auf einem
Fahrrad zu fahren", riet mir vor einiger Zeit ein chinesischer
Freund, „die Polizei könnte glauben, du bist ein Spion." Könnte
ich der „Spionage" beschuldigt werden? „Sie müssen wissen,
daß es Ausländer gibt, die in unser Land kommen, um politische
und wirtschaftliche Sabotage zu betreiben", sagt mir einmal der
hagere Vernehmungsoffizier.

Jedes Dokument, das nicht von der offiziellen Presse veröffentlicht ist, wird in China als „Staatsgeheimnis" betrachtet, und der Erwerb solcher Dokumente durch Ausländer könnte daher als „Spionage" angesehen werden. „Meiyou, meiyou" („Nichts da, nichts da"), hörte ich einen Polizisten während der Hausdurchsuchung dem Hageren zuflüstern. Das war es wohl, wonach sie wirklich suchten: Selbst die interne chinesische Zeitschrift mit Übersetzungen von Artikeln, die in der westlichen Presse erschienen sind, meine eigenen eingeschlossen, ist ein „Staatsgeheimnis". Ich hatte keine Ausgabe dieser „Geheimsache" in meinem Archiv. Doch das Thema Spionage kommt während meiner Umerziehung nicht wieder auf. Nach der dritten Sitzung gibt mir der Vernehmungsoffizier als Hausarbeit die Niederschrift meiner Selbstkritik auf.

„Schreiben Sie präzise, verheimlichen Sie nichts, beschreiben Sie aufrichtig Ihre Einstellung, oder Sie werden das Ganze wieder und wieder schreiben müssen", sagt er. Ich habe drei Tage Zeit, die Hausarbeit abzuliefern.

Für einen Chinesen ist es heute eine selbstverständliche Angelegenheit, eine Selbstkritik zu schreiben. Ich habe gehört, daß Studenten, die nach zwei oder drei Jahren an westlichen Universitäten nach China zurückkehren, bis zu sechs Monate damit verbringen, Berichte über das zu schreiben, was sie gesehen, was sie getan, was sie gedacht und was sie im Ausland gefühlt haben. Mao hat einmal Selbstkritik „eine Besonderheit der chinesischen Kommunistischen Partei" genannt, „etwas wie Hundefleisch, bei dem man erst, wenn man es gegessen hat, feststellt, wie gut es schmeckt". Für einen Chinesen ist Selbstkritik wahrscheinlich das, was für einen Katholiken die Beichte ist: der einzige Weg zur Erlösung. So schreibe ich 20 Seiten und nenne sie „China und ich". Sie handeln von meiner langen Beziehung zu diesem Lande, meiner damaligen Sympathie für Mao Tse-tung. Ich wiederhole, daß ich, wie alle anderen Ausländer in China, von Chinesen kleine chinesische Raritäten gekauft habe. Und wie der kleine Buddha, der auf dem Wege nach Macao beschlagnahmt wurde, 1975 in meinen Besitz kam. Und daß dieser Buddha wie die anderen kleinen Kunstwerke aus anderen asiatischen Ländern mit meinem Umzug 1980 nach Peking gelangte, als es noch kein Gesetz gab, das die Ausländer verpflichtete, alle mitgebrachten Antiquitäten zu deklarieren. Beim Abliefern meiner Hausarbeit zeigt sich, daß der hagere Ausfrager inzwischen andere Sorgen hat: „Es wurde uns mitgeteilt, daß die italienische Botschaft erwähnt hat, Sie seien während der Durchsuchung Ihrer Wohnung geschlagen worden. Schreiben Sie jetzt eine Erklärung, daß das nicht wahr ist." Das tue ich nicht. Mir werden zwei Tage zur „Überlegung" gegeben. „Es ist unsere Pflicht, Ihnen bei Ihrer Umerziehung zu helfen", sagt der Vernehmer, „aber was Sie geschrieben haben, ist keine Selbstkritik, sondern eine Selbstverteidigung." Ich muß das Ganze noch einmal schreiben. Dazu kommt eine neue Beschuldigung: In der Nacht der Durchsuchung habe ich den Gang der Justiz gehindert und den schwarzen Mercedes beschädigt: „Wir haben Photos von diesen Schäden." So schreibe ich noch weitere fünf Seiten: Woher jeder einzelne Gegenstand kommt, wieviel er kostete, daß ich für einige Stücke noch die Quittungen habe. Der Umerzieher ist diesmal zufrieden, wird aber wütend, weil sein europäischer Zögling sich weiter weigert, eine Erklärung über die Schläge abzugeben. Dann findet er einen chinesischen Ausweg. Er gibt eine lange Rede zu Protokoll, Deng Tiannuo habe versucht zu entfliehen, und da er „dreimal stärker" sei als jeder von ihnen, habe Kraft angewendet werden müssen. „Wohin hätte ich fliehen sollen?", frage ich. „Sie müssen wenigstens zugeben, daß ich denken konnte, Sie wollten fliehen", sagt er. Diese Freiheit kann ich ihm nicht nehmen. Am 17. Februar treten beide Vernehmungsoffiziere zusammen auf und sagen mir, daß sie nun einen Bericht über meine Fortschritte an ihre Vorgesetzten erstellen müssen und ich auf die Entscheidung zu warten habe. Die typische chinesische Lösung für alle Probleme, der Kompromiß, scheint mir jetzt aussichtsreich.

Tage und Wochen vergehen in Ungewißheit, ich höre nichts mehr. Ohne Paß und ohne die Möglichkeit, mich in der Öffentlichkeit zu verteidigen – das würde, so sagten sie, meine Lage nur verschlimmern –, warte ich ab. Am Morgen des 2. März klingelt das Telephon: „Hier ist das Sicherheitsamt. Kommen Sie um drei. Wir werden Ihnen die Entscheidung über Ihren Fall mitteilen." Während ich im Innenhof des alten Palastes mit den rotlackierten Säulen und dem grauen Dach warte, hoffe ich, daß sich das kleine Fenster, das sich auf das innere Leben Chinas geöffnet hat, nun doch bald wieder schließen möge. Dasselbe Zimmer, derselbe Polizist. Auf drei Tischen sind alle 64 Gegenstände ausgebreitet, die beschlagnahmt wurden. „Sie können sich Notizen machen"; der Hagere liest vor. Kernsatz: „Nach Artikel 24, 27, 28 des Gesetzes zum Schutz der Kulturschätze der Volksrepublik China hat Deng Tiannuo kriminelle Taten begangen. Nach Artikel 137 des Kriminalgesetzes der Volksrepublik China wird jeder, der wertvolle Kulturschätze stiehlt oder exportiert, zu Gefängnis von nicht weniger als drei und nicht mehr als zehn Jahren verurteilt. Eine Geldstrafe kann zusätzlich verhängt werden. In schweren Fällen kann der Schuldige mit lebenslanger Haft bestraft werden. Wir hätten diesen Fall von Deng Tiannuo auf juristischem Wege behandeln können, aber aufgrund der guten chinesisch-italienischen und chinesisch-deutschen Beziehungen, aufgrund der Fortschritte, die Deng Tiannuo in seiner Umerziehung gemacht hat, und seiner Bewußtheit seiner kriminellen Taten haben wir beschlossen, ihn mit Milde zu behandeln. Das bedeutet: Beschlagnahme von 24 „Objekten", zusätzlich der in Gongpei beschlagnahmten Bronzestatue, und eine Geldstrafe von 2000 Jüan (2250 Mark). Schlußpunkt: „Deng Tiannuo ist nicht mehr geeignet, in China zu leben." Der Offizier: „Die Beweisstücke liegen vor Ihnen. Es sind unschätzbare Objekte von wissenschaftlicher, kultureller und historischer Bedeutung, Symbole unserer langen Geschichte und Kultur." Dabei ist das Thangka-Plakat aus London.

Die nationalen Schätze, soweit überhaupt von gewissem Wert: drei Buddha-Statuen aus der Ming-Dynastie, in Wahrheit: fünf, sechs und zwölf Zentimeter hohe grobe Kopien von alten Buddha-Figurinen; eine Tierfigur aus der Ming-Dynastie: ein Opiumgewicht in Huhnform, drei Zentimeter hoch, aus Burma; drei „Figuren aus der Ming-Dynastie": vier bis sechs Zentimeter hohe, wohl alte Figuren, aber einfache Volkskunst, die Bauern den Besuchern der Großen Mauer anbieten. Da hatte auch ich sie gekauft; sieben „alte Jadestücke": Knöpfe aus Speckstein. Als meine Familie im vergangenen Sommer nach Hongkong übersiedelte, wurden sie vom Büro zum Schutz der Kulturschätze für „unexportierbar" erklärt, ich könne sie besitzen, aber nicht ausführen – und deshalb waren sie noch in meiner Wohnung. Auf dem zweiten Tisch liegen die Gegenstände, die mir zurückgegeben werden. Von einer Beleidigung Maos ist nicht mehr die Rede. „Dieses Verbrechen hat man Ihnen verziehen", sagt der Polizist. „Ebenso haben wir Ihr Verbrechen des Widerstands gegen die Justiz vergeben."

Was bedeutet es, „nicht mehr geeignet" zu sein für ein Leben in China? „Das ist doch leicht zu verstehen: Es heißt, daß Sie China so bald wie möglich verlassen müssen", sagt der Hagere und liest seinen Zettel weiter vor. „Ich will Ihnen einen persönlichen Ratschlag geben: Wenn Sie einmal aus China raus sind und dann irgendwelche Tricks versuchen und die Wahrheit verfälschen, dann fällt die gesamte Verantwortung auf Sie. Es hat schon ähnliche Fälle gegeben, aber wir sind stets damit fertig geworden. Soviel für heute." Am nächsten Tag bezahle ich die 2000 Jüan und bekomme eine Quittung. Für die beschlagnahmten Objekte gibt es keine Quittung. Die italienische Botschaft bittet um die Liste und um eine Kopie des Urteils, beides wird abgelehnt. Bonns Botschafter Schödel geht zum Außenministerium und bittet, die Beweisstücke der kriminellen Aktivitäten besichtigen zu dürfen. Es wird abgelehnt. Begründung: „Dieses wäre eine unerträgliche Einmischung in die inneren Angelegenheiten der chinesischen Sicherheitspolizei."

Ich habe weder chinesische Kulturschätze oder Kunstschätze aus China geschmuggelt, noch habe ich in einem der von mir unterzeichneten Dokumente gestanden, dieses getan zu haben. Gestanden habe ich nur, Objekte gekauft zu haben, die nach meiner Kenntnis des Gesetzes legal gekauft werden dürfen. Aber in China bin ich jetzt ein Krimineller. Welche Finesse: In meinen Artikeln hatte ich die Zerstörung der alten chinesischen Kultur durch die Kommunisten immer wieder kritisiert, und jetzt werde ich als Räuber dieser Kultur hingestellt! Am 3. März bekomme ich den Paß zurück, ohne den man keine Flugkarte nach Hongkong kaufen kann. Den Presseausweis muß ich in der Informationsabteilung des Außenministeriums abgeben. Am 5. März bei Sonnenaufgang fahre ich zum Flughafen. Meine chinesische Kleidung habe ich zu Hause gelassen. Ich trage wieder eine Krawatte. Alle Formulare fülle ich auf englisch aus, nicht mehr auf chinesisch wie zuvor, und unterzeichne als „Terzani". Deng Tiannuo gibt es nicht mehr.

Schreckliche Ungeheuer in Chinas Herz
Peking nach dem Massaker auf dem Tienanmen-Platz

Die Studenten geflüchtet, die Hotels verödet, Soldaten beherrschen die Straßen. Der aus China ausgewiesene Terzani kehrt von Tokio aus unter anderer Identität noch einmal nach Peking zurück. Sein Bericht atmet Bedrückung und Trauer.

Es ist, als hätten die Menschen auch noch das Recht zu weinen verloren. Nicht mal an Gräbern trauern können sie: Tausende von Toten hat es gegeben, aber erschreckend wenig Begräbnisse – es fehlen die Leichen. Nach dem Massaker haben die Soldaten die Toten mit Bulldozern zusammengekehrt, sie dann mit Flammenwerfern und unter Benzinzusatz verbrannt. Wer sie waren, wie viele es waren, wird die Welt wohl niemals erfahren. In den armseligen, niedrigen Häusern dieser verschreckten Stadt fragen sich unzählige Familien, wo ihre Kinder geblieben sind. Wurden sie niedergemetzelt? Verstecken sie sich? Oder fielen sie jenen Patrouillen in die Hände, die jetzt die Stadtviertel durch-kämmen? „Alle Rebellen müssen sich der Polizei stellen; wer versucht zu fliehen, wird aufs strengste bestraft; die Bevölke-rung muß bei der Identifizierung der Gegenrevolutionäre hel-fen", wiederholen Radio und Fernsehen unaufhörlich. Zwei Telephonnummern werden angegeben, die wählen kann, wer Verdächtige denunzieren will.

Ein Militär-Lkw hält an einer Kreuzung, in der Nähe des Tors der Militärischen Tugend − der Name hat neuen Hinter-sinn bekommen. Acht Soldaten springen herunter, rennen mit dem Gewehr im Anschlag in ein Haus und schleppen einen etwa 20jährigen Mann weg. Acht weitere Soldaten halten eine kleine Menschengruppe in Schach, die wortlos zusieht. „Wir haben verloren, weil wir keine Gewehre haben", flüstert ein Mann, als der Lkw davonfährt. So zieht die Ordnung wieder ein in Peking. Die Barrikaden werden abgebaut, die Karkassen der verbrannten Autobusse, Militär-Lkw und Panzer abgeschleppt. Geschäfte öffnen wieder, Polizisten regeln den Verkehr. Dreiräd-rige Karren, viele noch mit dem Blut der Verwundeten befleckt, die auf ihnen abtransportiert wurden, haben wieder Gemüse geladen. An den Ufern des kleinen Sees beim Trommelturm hocken Menschen und fischen. Kinder mit Holzgewehren spie-len hinter der Verbotenen Stadt „Soldaten".

Revolution und Massaker waren den Chinesen immer schon eine vertraute historische Erfahrung. Selten aber wurde dieses Volk so kaltblütig niedergeschossen und dazu noch von einer Armee, die es für die eigene hielt. Selten sah es sich in seinen Hoffnungen auf Veränderung so brutal um Jahrzehnte zurück-geworfen. Die Maschinengewehre der aus der Provinz Schansi gekommenen 27. Armee haben nicht nur unbewaffnete Menschen umgemäht, sie haben eine Revolution gemordet – die kommunistische –, der Millionen Chinesen aufopferungsvoll gedient hatten. Vom Platz des Himmlischen Friedens aus war am I. Oktober 1949 Maos Botschaft um die Welt gegangen: „China hat sich erhoben." Durch das Massaker auf diesem Platz verloren Maos Nachfolger ihre moralische Legitimation. In den 40 Jahren seit ihrer Machtergreifung hatte die Kommunistische Partei das Land fortwährenden politischen Kampagnen ausgesetzt, die das Volk entzweiten, und fortwährenden Säuberungen, in denen viele der Besten jeder Generation untergingen. Jedesmal gelang es der Partei zu überleben, indem sie erklärte, die vergangenen Fehler eingesehen zu haben. Von nun an wird keine Rechtfertigung mehr annehmbar, kein Versprechen mehr glaubhaft sein. Von nun an kann sich die Partei an der Macht nur durch die Macht der Gewehre halten – so lange diese ihr gehorchen.

Für China von höchster Tragik, daß keine andere Kraft imstande wäre, die Stelle der schwer diskreditierten Partei einzunehmen. Den Kommunisten war es gelungen, die Regionen, Völker und Stämme des Reiches der Mitte zusammenzuführen – in der Hoffnung, Elend und Hunger zu überwinden. Jetzt besteht die Gefahr, daß diese Einheit wieder zerbröckelt, daß das Land wieder in die alten Regionalismen und traditionellen Machtzentren aus der Zeit der „Warlords" vom Beginn dieses Jahrhunderts zerfällt. Durch den brutalen Eingriff der Armee hat eine Gruppe alter Parteiführer ihre Schlacht gegen eine andere Gruppe alter Parteiführer gewonnen. Den historischen Krieg aber, das arme, riesige Land mit dem Rest der Welt in Gleichklang zu bringen, den haben sie verloren. Mit dem Massaker auf dem Tienanmen haben sie bewiesen, daß dieses Land mit seiner alten Kultur und seiner großen Menschlichkeit kaum fähig ist, eine Antwort auf die Frage zu finden, die es seit einem Jahrhundert bedrückt: wie es eine moderne Nation werden soll. Viele der in Peking ansässigen Ausländer, die sich nach dem Massaker der vergangenen

Woche in ihren Wohnungen verbarrikadierten, fühlten sich aus dem China des Jahres 1989 in das Jahr 1900 versetzt, fühlten sich belagert, ähnlich der internationalen Gemeinde in Pekings Legationsviertel während des Boxeraufstandes.

Sollte es möglich sein, daß China sich gar nicht erneuern kann? Dabei waren die Fortschritte der letzten Jahre unbestreitbar gewesen: Die Wirtschaft war dank Einführung der Privatinitiative wieder in Gang gekommen, die Landwirtschaft nach Abschaffung der Volkskommunen aufgeblüht. Alle Großstädte hatten sich mit den Glitzersilhouetten moderner Bauten geschmückt – Insignien eines neuen Wohlstandes und des Bruchs mit der Vergangenheit. Wie bunte Seifenblasen schweben jene ultramodernen, exklusiv für Ausländer gebauten Hotels, Bürogebäude und Klubs über dem Meer von Armut und Sorgen der chinesischen Städte. Sie sollten Schwärme von Touristen und Geschäftsleuten aus aller Welt beherbergen und China die für die Wirtschaft lebenswichtigen Auslandsdevisen eintragen. Sie waren, in mancher Hinsicht, auch ein Symbol der Ungleichheiten und Widersprüche der Reformpolitik Teng Hsiao-pings geworden. Als sie sich innerhalb weniger Stunden in ein Biwak verängstigter, auf ihre Evakuierung wartender Ausländer verwandelten, gerieten sie zum Symbol eines geplatzten Traumes. Zusammen mit den Familien der Diplomaten, den fremden Studenten und den Touristen zog die gesamte Gemeinde der ausländischen Geschäftsleute und Techniker ab, die China die Joint-ventures mit dem Westen beschert hatten.

Das gewaltige Peking-Hotel, in dem fast alle Verhandlungen für die großen Geschäfte mit China stattfanden, ist heute ein dunkles, leeres Gemäuer. Es spiegelt Chinas Geschichte in diesem Jahrhundert: Den ersten Flügel erbauten, in Granit, die Franzosen; den zweiten, in rötlichem Stein, die zaristischen Russen; der dritte entstand, in sozialistischem Stil, während der sechziger Jahre; ein letzter, aus Glas und Stahl, ist noch im Bau – das Joint-venture wurde letzte Woche abgebrochen.

Heute bevölkern das Hotel nur noch Sicherheitsbeamte. In der Halle brennt kein Licht, Geschäfte und Boutiquen haben dichtgemacht. Geschlossen ist auch die Bar, an deren Tischen etliche der verwegensten Abenteurer, Spione und Kaufleute dieses Jahrhunderts gesessen hatten. Aus den oberen Etagen schweift der Blick über die Straße des Ewigen Friedens, die Changan Jie, die sich, so weit das Auge reicht, von Osten nach Westen erstreckt. Wo früher dichte Schwärme von Fahrrädern laut klingelnd im Eiltempo über die ganze Fahrbahn rollten, marschieren heute wie grüne Reptilien die Reihen der Soldaten. Nur wenige Fahrräder schleichen an den Seiten entlang – ohne zu klingeln. In der erstickenden Stille der Stadt ist nur das Knirschen der Soldatenschuhe, Klirren der Waffen zu vernehmen. Armes China!

Tage noch nach dem Massaker hatten die Pekinger gewartet, daß ihr Schicksal durch eine Schlacht zwischen der „guten" 38. Armee und der „bösen" 27. Armee, die auf dem Tienanmen geschossen hatte, entschieden werde. Diese Schlacht hat nicht stattgefunden. Die Soldaten scheinen sich auch nicht darauf vorzubereiten, sie gehen auf Jagd nach den sogenannten Konterrevolutionären. Die Universitäten stehen fast leer, die meisten überlebenden Studenten sind nach Hause geflüchtet oder haben sich sonstwo versteckt, die Werktätigen haben sich wieder bei ihren Arbeitseinheiten eingefunden. Mit Hilfe der bei ausländischen Kameraleuten beschlagnahmten Filme versuchen die Sicherheitsbeamten, die Rolle eines jeden während der Unruhen aufzuklären. In den Krankenhäusern liegen kaum noch Verwundete: Seit Soldaten mit gezogener Pistole verletzte Studenten in den Krankensälen festnahmen, hat, wer eben konnte, sein Bett verlassen. Auf dem Tienanmen, vor dem Mausoleum, in dem der einbalsamierte Mao wie vergessen in seinem Glassarg liegt, wachen Tag und Nacht ein paar Dutzend Panzer: eine bedrohliche Brut schrecklicher Ungeheuer, die ihr Nest in Chinas Herz gebaut haben.

Nordkorea

Seit Jahrzehnten in völliger Isolation vom Rest der Welt, ist Nordkorea das einzige Land, das ein altstalinistisches Paradies in Reinkultur pflegt. Terzani gelangte hinein – getarnt als Mitglied einer italienischen KP-Delegation.

„Seine Liebe ist wärmer als die Sonne"
Im Wunderland des roten Diktators Kim Il Sung

Verkehrsampeln ohne Verkehr, Kliniken ohne Kranke –
Terzani erlebt ein spätkommunistisches Absurdistan.

Das Flugzeug, das die wenigen Reisenden zweimal pro Woche von Peking nach Pjöngjang fliegt, ist wie eine Zeitschleuder: Man verläßt China und sieht sich – nach nur einer Stunde und 45 Minuten – in das Jahr 1984 katapultiert. Nordkorea ist der bereits Wirklichkeit gewordene Alptraum der von Orwell beschriebenen totalitären Gesellschaft. Hier gehen die Kinder nicht zur Schule, sie marschieren dorthin. Hier arbeiten die Menschen nicht, sie ringen um die Produktion. Die Bibliotheken sind vollgestopft mit Tausenden von Bänden, jedoch handeln alle über denselben Menschen oder sind gar von ihm verfaßt. Alles ist sauber organisiert, geplant. Jeder ist diszipliniert, gehorsam, glücklich. Nordkorea ist nicht schlicht ein Land wie andere auch. Nordkorea wurde offiziell zum „Paradies" erklärt. Auch Präsident Kim Il Sung ist seit 35 Jahren nicht einfach der Führer dieses Landes, er ist ein Gott. Er weiß alles, was es zu wissen gibt; er hat alle Fragen beantwortet, die selbst die Philosophen jahrhundertelang nicht zu lösen vermochten: Sogar die Vögel singen sein Lob. Das zumindest sagt die Propaganda.

Blühten jetzt nicht überall auf den Hügeln und am Fluß die Akazien, Pjöngjang würde künstlich wirken wie eine riesige Szenerie für einen Science-fiction-Film: hypermodern, aber beruhigend leer. Ein großes, breites Straßennetz durchzieht die Stadt, Autos aber sieht man kaum. Die Plätze sind wie ausgestorben – weit und breit keine Spur der in Asien sonst allerorten quellenden Menschenmassen. Überall in der Stadt gepflegte Parkanlagen, Spielplätze und hübsch geformte Seen, niemand aber scheint sich daran zu erfreuen. Alles ist gewaltig. Riesige Marmormonumente ragen in den Himmel – neben ebenso riesigen Betonbauten, die vielfach verlassen aussehen und zumindest zum Teil auch gar nicht benutzt werden. Springbrunnen sprühen ihre Gischt in die Luft, ohne daß irgend jemand dieses farbenprächtige Wasserspiel betrachtet. An der Hauptkreuzung der Stadt lenken uniformierte Polizisten schweigend den Verkehr, den es nicht gibt. Alle hundert Meter, im Schatten eines Eingangs, beobachtet ein Sicherheitsagent in Zivil durch seine dunkle Brille die Reihe verlassener Häuser. Der Alltag in Nordkorea ist in drei Schichten eingeteilt. Hinter geschlossenen Türen sind die Fabriken rund um die Uhr in Betrieb. Jeder Bürger arbeitet acht Stunden und studiert drei Stunden. Zeit zur Muße hat er nicht. Die einzigen Gruppen, die man spät abends noch auf der Straße sieht, sind Menschen auf dem Heimweg aus Industriebetrieben oder von politischen Versammlungen oder Studenten, die von der Schule oder von paramilitärischen Übungen nach Hause gehen. Schweigend stehen sie an den Bushaltestellen, niemand lächelt, jeder scheint laut offizieller Redensart „zuversichtlich in die Zukunft zu blicken". Und das zu Recht. Am Ende des Koreakrieges nämlich war Nordkorea völlig zerrüttet. In Pjöngjang selbst standen nur noch ein paar Häuser, nachdem die Armeen des Nordens wie des Südens die Stadt auf dem Vor- oder Rückmarsch in ein Schlachtfeld verwandelt hatten.

Heute wirkt Pjöngjang mehr wie eine skandinavische denn eine asiatische Stadt. Die Männer in ihren dunklen westlichen

Anzügen, weißen Hemden, Krawatten und Lederschuhen, die Kinder in ihren rot-blauen Uniformen und die Frauen in ihren bunten Röcken vermitteln den Eindruck, als wäre für eine Feier gerade eine Nationaltracht an sie ausgegeben worden. Ein auch noch so geringes Anzeichen von Armut gibt es nicht. Statistiken sind schwer erhältlich in einem Land, in dem alles in Prozenten ausgedrückt wird und dessen Beamte sich beleidigt fühlen, wenn man sie nach Zahlen fragt. Dennoch ist der Fortschritt unverkennbar. Der Nordkoreaner wird vom Tage seiner Geburt bis zu seinem Tode vom Staat vollkommen versorgt. Die Gesundheitsfürsorge ist kostenlos, ebenso die elfjährige Schulzeit. Niemand zahlt Steuern. Die Arbeiterwohnungen sind klein, aber komfortabel, die Mieten niedrig. „Nichts auf der Welt kann unseren Neid erregen", singen die Kinder in einem Lied. Daß die Menschen offenbar tatsächlich glauben, im „Paradies" zu leben, ist fürwahr der größte Erfolg des Regimes. Die Indoktrinierung beginnt bereits in den absolut sauberen, mechanisierten, gut organisierten Kindergärten, wo die Kinder schon im Alter von drei Jahren lernen, sich vor dem Bild Kim Il Sungs zu verneigen, die ruhmreichen Taten seines Lebens auswendig und ihn lieben lernen. „Wie viele Kinder hat Präsident Kim Il Sung?" fragte ich etliche Male viele verschiedene Menschen. Stets kam die Standardantwort: „Wir alle sind seine Kinder."

Seit fast 30 Jahren leben die Nordkoreaner nun in völliger Isolation, abgeschnitten von der Welt, von der sie nichts wissen. Radios gibt es in jedem Haushalt, große Geräte, aber ohne Kurzwellenempfang. So ist denn das Volk auch tatsächlich überzeugt, daß die 240 Kilometer lange Betonmauer entlang der entmilitarisierten Zone von den verfluchten Amerikanern gebaut wurde, nur um einen Exodus der armen Südkoreaner in den paradiesischen Norden zu verhindern; daß Seoul eine Stadt des Elends ist, korrumpiert durch „Prostitution und Tourismus"; daß die Lebensbedingungen in der übrigen Welt grauenhaft sind und alle Menschen von der Südspitze Afrikas bis nach Grönland nur darauf brennen, die Lehre Kim Il Sungs zu lernen – der absurdeste Personenkult der Welt. Ein Bild in einer Pjöngjanger Zeitschrift zeigte unlängst einen Mann, der auf dem Hauptplatz in Wien ein Buch des ruhmreichen Führers las. Ein gängiger Anblick in Wien, nicht wahr? Kim Il Sung ist allgegenwärtig. Überall ist sein Bild zu sehen – auf den Straßen, in den Häusern, in den Bussen, Parks und Zügen. Er ist wohl der einzige im Land, der nicht die Plakette mit seinem Bild trägt. Alle anderen 18 Millionen Koreaner haben sie sich an die Brust gesteckt. Die Plaketten sind keineswegs alle gleich. Sie unterscheiden sich in Farbe, Form und Größe – je nach Rang in der Gesellschaft, nach Grad des Vertrauens, das der Führer in den Träger hat. Kaufen kann man sie nicht. Sie werden auch nicht kostenlos verteilt wie die Abzeichen Mao Tse-tungs im China der Kulturrevolution. Ausländer, auf der Jagd nach Souvenirs, bemühen sich vergebens, eine solche Plakette zu ergattern. Statt dessen erhalten sie freigiebigst die schweren sechs Bände der Werke Kim Il Sungs und die drei Bände seiner Biographie. Ausländische Besucherdelegationen frotzeln denn auch, wie um alles in der Welt sie diese Bücher nur wieder loswerden können, ohne sie in den Papierkorb zu werfen – ein Vergehen, für das man sofort des Landes verwiesen werden kann. Angesichts der totalen Kontrolle durch den Staat sind die Möglichkeiten, das Volk zu mobilisieren, natürlich groß. Wann immer eine befreundete Delegation in Pjöngjang eintrifft, wird die Bevölkerung eines ganzen Stadtteils für einen „spontanen, begeisterten Empfang" zum Flughafen befohlen. Von einer Opposition im Lande ist nichts zu spüren. Obwohl hin und wieder einmal Menschen verschwinden und die Existenz von Gefängnissen „für Klassenfeinde" offiziell zugegeben wird, gibt es, vor allem an der Basis der Gesellschaft, keine sichtbaren Anzeichen von Opposition. Die Bewegungsfreiheit im Lande selbst ist beschränkt. Für jede Entfernung von dem üblichen Weg zwischen Wohnung und Arbeitsplatz werden besondere Papiere benötigt. Die Behörden kontrollieren alles.

Pjöngjang ist die einzige Stadt Asiens, in der Menschen keine Fahrräder fahren – wahrscheinlich eine Vorsichtsmaßnahme gegen die potentiellen Gefahren menschlicher Mobilität. Auslandsreisen, selbst in verbündete kommunistische Länder, sind dem Normalmenschen nicht erlaubt, sondern wenigen hundert vertrauenswürdigen Beamten vorbehalten. Von Emigration spricht niemand. Wer möchte auch schon das Paradies verlassen?

Dennoch ist Nordkorea mehr als ein schlichter Polizeistaat, vielmehr eine Art religiöses Königreich, dessen vorherrschendes Glaubensbekenntnis nicht Kommunismus heißt – von dem man heute im Lande immer seltener hört –, sondern „Kimilsungismus". Der Name des Gottes wird mit zitternder Stimme genannt, stets begleitet von mindestens zwei der vielen Adjektive, die ihm vorbehalten sind: groß, ruhmreich, geliebt, generös, liebevoll, weitblickend, genial, willensstark, siegreich, besorgt. Kim Il Sung kann an verschiedenen Orten gleichzeitig sein, er kann sich mit geradezu phantastischer Geschwindigkeit fortbewegen, er kann in die Zukunft blicken. So heißt es in der Einleitung zu einer jüngst erschienenen Kurzbiographie: Die Geschichte der Menschheit berichtet über das Leben vieler großer Männer, die zu ihrer Zeit berühmt waren, und weiß viele rührende Geschichten über sie zu erzählen. An Reichtum und Vielfalt dieser Geschichten aber kann sich niemand mit General Kim Il Sung messen, dem Genius der Menschheit, hervorgebracht vom Korea des 20. Jahrhunderts. „Seine Liebe zu seinem Volk ist wärmer als die Sonne und tiefer als das Meer", singt der Chor am Schluß einer hervorragend inszenierten Oper, der „Paradieseshymne". Was immer dieser Gott berührt, bleibt erhalten. Jede Stelle und jedes Plätzchen in Mangjongdae, seinem Geburtsort, ist Ziel erbaulicher Pilgerfahrten. Die Menschen stehen schweigend vor dem Baum, auf den er als Kind kletterte, um nach dem Regenbogen zu greifen. Sie stehen ebenso schweigend vor dem Felsen, auf dem er saß und über den Widerstand gegen die Japaner nachdachte. Zu Füßen seiner 20 Meter hohen Bronzestatue, die nach Süden blickt und damit die Wiedervereinigung mit dem verlorenen Teil des Landes verheißt, nehmen die Menschen Haltung an, um sich dann minutenlang respektvoll zu verneigen. Ganz Pjöngjang ist praktisch ein Monument seiner Größe, jedes Bauwerk ein unsterblicher Beweis seiner Liebe zu seinem Volk. Bahnhöfe und öffentliche Gebäude, infolge eines phantastischen Größenwahns überdimensional und ohne jede Proportion, muten wie Kathedralen seiner Religion an. „Der große, geachtete Präsident Kim Il-sung hat diesen Bau persönlich überwacht und ist 300mal hierhergekommen, um Anleitung und Rat zu erteilen", berichtet der Präsident der luxuriösen Mammut-U-Bahn in Pjöngjang. Natürlich ist jede Station nach einer Episode aus dem Leben Kim Il Sungs benannt. Niemand spricht davon, daß Mao chinesische Ingenieure für diesen U-Bahn-Bau ins Land schickte. Niemand auch erwähnt, daß Kim Il Sung am Ende des Zweiten Weltkrieges durch die russische Armee an die Macht kam, nachdem er den Namen angenommen hatte, unter dem er jetzt bekannt ist. Ursprünglich war es der Name eines legendären Guerillakämpfers.

„Der große generöse Führer hat dieses Gebäude zum Wohlergehen des Volkes errichten lassen", erklärt die Führerin in schwärmerischer Verzückung dem Besucher, während sie ihn durch das „Gesundheitszentrum" führt – einen riesigen Komplex hellfarbener Swimmingpools, Massagesalons, Saunas, Friseurläden, Gymnastikräume mit Marmorfußböden und Mosaikwänden, in dem Ärzte und Krankenschwestern den Massen zur Verfügung stehen, die sich freilich gar nicht erst einzufinden scheinen. Alles ist in perfektem Zustand, sauber und gut duftend, aber kein Mensch darin – als sei alles nur dazu da, die Menschen zu beeindrucken. Mit Sicherheit noch nicht in Betrieb ist auch die riesige Entbindungsklinik der Stadt, 13 Stockwerke hoch, in neun Monaten aus Beton, Granit und Marmor errichtet und mit den modernsten Geräten aus aller Welt bestückt, sogar mit einer internen Fernsehanlage, die es Vätern und Verwandten

ermöglicht, ohne physischen Kontakt, mithin ohne Infektionsge-
fahr, mit den jungen Müttern zu sprechen. Das Mansudae-Thea-
ter, ein Mammutbau aus Stein, Glas und Spiegeln, errichtet um
einen kleinen, eleganten Aufführungsraum, in dem nur wenige
hundert Menschen Platz haben, besteht aus aneinandergereihten
hohen Räumen mit pastellfarbener Teppichauslage. Über verhalten plätschernden Springbrunnen, eingetaucht in gemächlich
wechselndes Farbenspiel, erheben sich verschlungene, künstlich
beleuchtete Treppenaufgänge, während Leuchtkörper an einer
Wand das Scheinbild eines riesigen Wasserfalls erzeugen und
Millionen Öltropfen langsam an einem unsichtbaren Gebilde
aus Hunderten von Plastikfäden auf- und abrinnen, die aus der
Decke kommen und im Fußboden verschwinden. Wohin man
auch blickt, überall sieht man Wasser, Wasser: wirkliches Wasser in Dutzenden Springbrunnen überall in der Stadt, Wasser als
optische Täuschung durch elektronische Lichtreflexe, Wasser
auf Wände gemalt oder in Mosaiken und Teppichen dargestellt.
Das Wasser scheint das beherrschende Symbol einer unerklärlichen Sucht nach Reinheit zu sein. Ein riesiger Springbrunnen, dessen Hunderte Wasserstrahlen in Gestalt eines farbenprächtigen, fließenden Monuments aufsteigen, überrascht den
Besucher in der Empfangshalle des „Regierungshauses", jenes
Pharaonenpalastes, in dem Kim Il-sung arbeitet und Besucher
empfängt. Draußen auf der Esplanade defilieren Soldaten im
Paradeschritt. Drinnen halten Dutzende von Leibwächtern,
Aufsehern und Sekretären in schwarzen Anzügen und mit dunklen Brillen, alle seine Plakette tragend, hinter Marmorsäulen
schweigend Wache. Besucher müssen mindestens eine halbe
Stunde warten, bevor Kim Il Sung erscheint.

Zwei riesige Uhren mit sich drehenden goldenen Soldaten-
und Arbeiterfiguren zu Füßen einer breiten Marmortreppe
zeigen die Zeit an. Dann schließlich erscheint Er, seine Untergebenen senken den Blick, krümmen sich in tiefer Verbeugung.
In eine schwarze Uniform gekleidet, schreitet er die breite,

mit einem feuerroten Teppich ausgelegte Treppe herunter. Die Geschwulst an seinem Nacken ist größer als eine Faust, scheint ihn aber in seinen Bewegungen nicht zu behindern. Seit Jahren ist sie ständig gewachsen, niemand jedoch wollte ihn operieren. Außerhalb Koreas wurde über diese Geschwulst viel spekuliert, im Lande selbst ist sie, wie alle anderen heiklen Themen, ein Tabu, über das nicht gesprochen werden darf. „Wer ist der junge Mann neben dem Präsidenten?" fragte ich wiederholt in Arbeiterwohnungen, in denen eine gerahmte Farbzeichnung von Kim Il Sung und seinem Sohn Kim Jong Il zum Standardmobiliar zu gehören schien. „Welcher Mann?" sagte der eine, „ich weiß nicht", der andere. Seit Jahren erscheint er nicht in der Öffentlichkeit. Sein Name wird nie erwähnt, die Zeitungen bezeichnen ihn schlicht als „Parteizentrum". Jeder aber weiß, daß Kim Jong Il der designierte Erbe Kim Il Sungs ist. Um vom Ausland nicht des „Erbsozialismus" bezichtigt zu werden, hat das Regime die Bekanntgabe der Nachfolge zurückgestellt. „Wir werden dem großen Führer von Generation zu Generation treu bleiben", heißt es in einem Lied, das heute in Pjöngjang oft zu hören ist.

Unterdes geht der Aufbau der Hauptstadt als größenwahnsinniges Erfolgssymbol weiter, als eine Art „utopische civitas solis", wie ein verständnisvoller ausländischer Besucher es formulierte, „die sich der korrupten Konsumgütergesellschaft widersetzt, wie sie im Süden errichtet wird". In Tag- und Nachtarbeit setzen Kräne und Arbeiter in dem neuen, gigantischen Kulturzentrum ein Stockwerk auf das andere, während unter den Klängen einer Militärkapelle Tausende Soldaten mitten in Pjöngjang eine Grube für das Fundament der neuen Eislaufbahn ausschachten. Kollektiver Wahnsinn? Immerhin, er funktioniert. „Nordkorea ist das einzige sozialistische Land, in dem selbst die Toiletten funktionieren", bemerkte unlängst ein Besucher aus Osteuropa. Diners in der glitzernden Festhalle der Residenz Kim Il Sungs im Glanze äußerst kunstvoller Kandelaber enden stets mit einer Kostprobe der besten koreanischen Früchte, die von weißgekleideten Kellnern mit unbeweglicher Miene und Kim-Il-Sung-Plaketten an der Brust serviert werden. „Alles in diesem Land ist wie diese Äpfel", sagte mein Nachbar, Mitglied einer europäischen kommunistischen Besucherdelegation in Pjöngjang, mit Blick auf den mir servierten glänzenden Apfel von der Größe einer Wassermelone, „es wächst und gedeiht, und dennoch scheint irgendwo eine Drüse nicht richtig zu arbeiten."

Japan

Ein diszipliniertes, aber verklemmtes Volk, das ihn deprimiert – mit Japan quält sich der polyglotte, weltläufige Journalist Terzani ab. Auf dem Kultberg Fuji hofft er, Japans Geheimnis zu ergründen – doch er findet es nicht.

„Die Bombe? Nein, nein, bitte Schluß damit"
Hiroschima und Nagasaki 40 Jahre danach

Für die Überlebenden ist der Abwurf der Atombombe nach wie vor „die Hölle", die Nachgeborenen möchten sie vergessen.

Jeden Tag locken Tausende von Besuchern im „Friedenspark" an Hiroschimas „Friedensallee" die Tauben mit einer Handvoll Körner, um sich mit ihnen vor dem „Friedensdenkmal" photographieren zu lassen. Jedes Jahr werden die Tauben mit großen Netzen eingefangen, über Nacht in Bambuskäfige gesperrt und dann am nächsten Morgen, dem 6. August, pünktlich um 8.15 Uhr für ihren jährlichen „Friedensflug" wieder freigelassen – genau zu dem Zeitpunkt, als 1945 die erste Atombombe über dieser Stadt explodierte, Symbol der letzten, kaum noch vorstellbaren Kriegstraumata. Tauben für den „Friedensflug" werden in Hiroschima immer noch gefüttert. Aber für die Menschen ist das Wort „Frieden" so alltäglich geworden, daß kaum jemand in Hiroschima es mehr hören mag: 60 Prozent der Bevölkerung sind nach dem Krieg geboren. Von einer Million Einwohnern haben nur 100 000 die Bombe erlebt. Sie haben die Erinnerung an die Greuel verdrängt; die Hauptprobleme dieser wohl berühmtesten Stadt Japans sind längst identisch mit jenen anderer Weltstädte. „Für die jungen Menschen", so Professor Hiroshi Yamada, Leiter des Instituts für Friedensforschung der Universität Hiroschima, „ist der Frieden so selbstverständlich wie die Luft, die sie atmen." Nur drei Studenten besuchen sein Seminar über Friedenserziehung noch. „Die heutigen Japaner", erläutert Yamada, „haben eine andere Einstellung zur Vergangenheit. Sie wollen von der Bombe nichts mehr wissen."

Auf Unbeteiligte übt die Bombe nach wie vor eine schreckliche Faszination aus. Seit 40 Jahren reisen nun Politiker, Schriftsteller, Berühmtheiten aus aller Welt nach Hiroschima, um die Toten zu ehren, Frieden zu wünschen und ihre Spuren hilfloser Weisheit in einem der vielen Gästebücher zu hinterlassen. Alljährlich reisen noch immer anderthalb Millionen Touristen, darunter 90 000 Ausländer, nach Hiroschima. Dort besuchen sie das Museum, füttern die Tauben und lassen sich mit ihnen photographieren, kaufen unzählige Souvenirs und fahren wieder heim: In Hiroschima ist der Frieden inzwischen eine Ware, die verkauft wird, wie die Autos aus dem nahe liegenden Mazda-Werk. Der erste Hiroschima-Besuch ist für jeden eine Art Pilgerfahrt. Doch bald schon entdeckt man, daß diesem Ort nichts Heiliges anhaftet. Kleine Schilder am Friedenspark weisen darauf hin, daß es, „um die Würde dieser Stätte zu wahren", verboten ist, Imbißstände zu errichten, Waren anzubieten und den Park für Werbezwecke zu benutzen. Unter einigen Denkmälern im Park jedoch steht zu lesen, daß sie vom amerikanischen „Lions Club gestiftet" wurden. Auf der Spitze des Uhrenturms, dessen Glocken nicht stündlich, sondern nur jeden Morgen um 8.15 Uhr schlagen, ist der Firmenname „Seiko" schier unübersehbar. Und in den grünen Telephonzellen im Umkreis des Friedensparks kleben unzählige farbige Plakate mit lächelnden, nackten Mädchen, die ihre Reize unter Angabe ihrer Telephonnummer feilbieten.

Die legendäre Stadt, die einst Hiroschima hieß, gibt es nicht mehr. Sie wurde von der Modernisierung überrollt. Das heutige Hiroschima mit seinen breiten, aseptischen Straßen, seinen glitzernden Wolkenkratzern aus Stahl, Beton und Glas, seinen eleganten Galerien und den endlosen Reihen von Warenhäusern, Restaurants und Cafés ist alles andere als eine Warnung vor dem Krieg. Das heutige Hiroschima erweckt vielmehr den Eindruck, als betreibe es eine absurde, makabre Werbung für eben jenen Wahnsinn, unter dem es selbst so sehr zu leiden hatte. Von hier aus gesehen scheint die Bombe sogar denkbar, ihr Einsatz möglich, die Überlebenschance fast rosig. Dieser Eindruck wird in Nagasaki, auf das die Amerikaner am 9. August 1945 ihre zweite Atombombe abwarfen, sogar noch verstärkt. Die riesige bronzene Friedensstatue hat inzwischen eine häßliche blaßgrüne Patina angesetzt. Sie stellt einen sitzenden Mann dar, dessen Rechte gen Himmel weist – er wirkt wie ein Tribut eher an die Bombe als an ihre Opfer. Die schwarze Säule, die das Epizentrum der Explosion kennzeichnet, ist in einem Park inmitten hoher Bäume verborgen, in denen Millionen Zikaden einen ohrenbetäubenden Lärm machen. Diese beiden Städte, in denen laut Vorhersage der Wissenschaftler unmittelbar nach der Explosion „in den nächsten 70 Jahren kein Gras wieder wachsen" würde, sind so grün, sauber und ordentlich, sprühen so von Vitalität und Energie wie das übrige Japan. Hiroschima besitzt einen botanischen Garten mit 190 000 Pflanzen, 8200 verschiedene Arten. In den Gewässern, in die sich vor 40 Jahren Tausende von Menschen stürzten, um ihre verbrannte Haut zu kühlen oder ihren unerträglichen Durst zu stillen, wimmelt es heute von Fischen. Und obwohl rund eine Viertelmillion Japaner in Hiroschima und Nagasaki getötet wurden, haben 313 000 der Betroffenen die Katastrophe bis heute überlebt. Ihre Lebenserwartung liegt angeblich sogar um zwei Jahre höher als die anderer Japaner.

„Das ist ein statistischer Trick", behauptet Kazuo Neriishi vom Forschungsinstitut für Strahlenauswirkungen in Hiroschima. „Erstens haben diese Menschen bereits einen radikalen Selektionsprozeß durchlaufen. Zweitens sind sie als Überlebende in regelmäßiger ärztlicher Behandlung, wobei die Vorsorge mit Sicherheit einiges bewirkt." Aus anderen Untersuchungen wiederum geht hervor, daß eine ungewöhnlich hohe Zahl der Überlebenden in den ersten drei Jahren nach der Bombenexplosion an Leukämie starb und die Zahl der an Schilddrüsen- und Lungenkrebs erkrankten Überlebenden seit 1958 viermal höher ist als normalerweise. Bei weiblichen Überlebenden ist die Gefahr, an Brustkrebs zu erkranken, immer noch dreimal größer als bei anderen Frauen. „Auf den ersten Blick", so Ohmuta Minoru, Chefreporter der Hiroschima-Tageszeitung „Chugoku Shimbun", „wirken Hiroschima und Nagasaki normal. Im Schatten dieser Gebäude aber lebt das Entsetzen jener Tage weiter. Es lebt weiter im Elend jener, die heute noch leiden."

Der Besucher, der vom Schloß in Hiroschima auf die Stadt blickt, könnte meinen, die großen Gebäude mit Blick auf die Seen und Teiche im Schloßpark seien elegante Wohnsitze für die Oberschicht. Weit gefehlt. Es sind Wohnblocks, welche die Stadtverwaltung Tausenden armen Überlebenden — Arbeitslosen, Bettlern und Kranken — zugewiesen hat. Sie hatten jahrelang im sogenannten „Atom-Slum" vor dem Bahnhof vegetiert. Um die Hiroschima-Besucher nicht als erstes mit diesem Bild des Elends zu schocken, beschloß die Stadtverwaltung, die Bewohner umzusiedeln. Aber immer noch leben viele im Elend. Oft kommt es vor, daß in diesen Wohnungen plötzlich Feuer ausbricht und Menschen sterben, weil die Feuerwehr die oberen Etagen mit ihren Löschkanonen nicht erreichen kann. Das Entsetzen verbirgt sich überall, sei es in dem schlichten Wort „Hibakusha" (wörtlich: „Die von der Bombe Betroffenen"), das die Überlebenden bezeichnet und das jeder Japaner mit einer Mischung aus Ehrfurcht und Angst ausspricht; sei es in dem gut geführten Altersheim auf dem Berg der Gnade außerhalb Nagasakis, in dem 530 verkrüppelte, komatöse Hibakusha-Patienten auf ihren Tod warten, auf die Erlösung von Krankheiten, die nach Aussagen der Ärzte altersbedingt sein können, nach der festen Überzeugung der Patienten aber durch die Bombe verursacht wurden. Das Entsetzen verbirgt sich ebenso im Gewebe von Lebern, Lungen, Hirnen und Knochen, die seziert und in Glasflaschen im Atombomben-Krankenhaus von Hiroschima konserviert sind. „Noch ist unsere Wissenschaft nicht weit genug fortgeschritten", sagt Kyoshi Kuramoto, stellvertretender Leiter des Krankenhauses, „in wenigen Jahren aber werden wir in der Lage sein, Dinge zu beweisen, die wir heute noch nicht beweisen können." Um „dem Elend auf der Spur zu bleiben", seziert er die Körper Verstorbener, auf einem alten deutschen Sektionstisch, der die Bombe überstand. An der Wand hängt ein Schild mit dem deutschen Satz: „Die Sektion ist das Fundament der Pathologie." Kuramoto sezierte alle Hibakusha, die in seinem Krankenhaus starben und legt die Organe für künftige Studienzwecke in Formaldehyd. „Dieses Grauen", so Kuramoto, selbst ein Hibakusha, „kann sehr wohl auch unsere Zellen durchsetzt haben." Die Forschung finanzieren die amerikanische und die japanische Regierung. Viele Angehörige der Friedensbewegung argwöhnen, daß die Ergebnisse geheimgehalten werden, wenn sie sich als zu brisant erweisen sollten. „Die Amerikaner haben uns damals als Versuchskaninchen benutzt und tun es heute noch", empört sich Michika Kato, Mitglied einer Hibakusha-Organisation in Hiroschima. Sie war zum Zeitpunkt der Explosion schwanger und gebar eine geistig zurückgebliebene Tochter.

Die Amerikaner scheinen die beiden Bomben abgeworfen zu haben, ohne sich über die mit der Strahlung verbundenen Folgen im klaren gewesen zu sein. Viele Japaner glauben aber, sie hätten mit den Bomben die Auswirkungen auf den Menschen testen wollen. Für diesen Verdacht spricht in ihren Augen, daß die Amerikaner nach der Besetzung des Landes den Japanern untersagten, das Strahlenproblem zu erforschen, sondern es selbst taten. Überdies unterdrückten sie zunächst sämtliche Informationen über Hiroschima und Nagasaki und beschlagnahmten einen großen Teil der Filmaufnahmen, welche die Japaner in den beiden Städten gemacht hatten. Die Erforschung eventueller genetischer Veränderungen bei den Strahlenopfern ist noch nicht weit vorangekommen. Merkwürdigerweise wurden in einem Jahr nur Mittel für die Untersuchung von 60 Fällen bewilligt. Werden die vorliegenden Erkenntnisse über den gesamten Hiroschima-Nagasaki-Komplex manipuliert, um das ohnehin schwierige japanisch-amerikanische Verhältnis nicht noch weiter zu belasten? Die Hibakusha glauben es.

Das Friedensmuseum scheint eher das Gegenteil zu beweisen. „Im März 1945, als die Endphase des Pazifikkriegs bevorstand, begann die US-Luftwaffe, zu massiven, wahllosen nächtlichen Bombenangriffen auf alle Städte Japans überzugehen", sagt die metallische Stimme eines Kassettenrecorders, den der Besucher für 120 Yen am Eingang mietet. Die Bilder verkohlter Leichen, die Haufen geschmolzener Glasflaschen, Münzen, Steine und menschlicher Knochen, die in Dutzenden Vitrinen gezeigt werden, erwecken den Eindruck, als sei die Bombe grundlos auf Japan niedergegangen – ein Akt ungerechtfertigter, ungeheuerlicher Zerstörungswut gegen unschuldige Bürger einer großen, friedlichen Stadt. In keiner Vitrine, an keiner Stelle der Ausstellung ist auch nur ein einziges Bild eines japanischen Soldaten zu sehen. Nirgends findet sich ein Hinweis auf die japanische Expansion in Südostasien, ganz zu schweigen von den Greueltaten, welche die kaiserlich-japanische Armee in jedem Land anrichtete, in das sie einmarschierte. Die Erbitterung einiger Besucher, vor allem amerikanischer, über die Art von Geschichtsdarstellung, steht denn auch im Besucherbuch deutlich geschrieben. „Kein weiteres Hiroschima. Einverstanden! Aber auch kein weiteres Pearl Harbor!", heißt es an einer Stelle. „Ihr Japaner habt noch nicht begriffen, daß ihr immer noch einen Kaiser habt, in dessen Namen alle Kriegsverbrechen begangen wurden", ist an anderer Stelle zu lesen. „Wenn wir erst einmal anfangen, zu prüfen, wer Recht und wer Unrecht hatte, werden wir nie zu einem Ende kommen", sagt Yoshitaka Kawamoto, Direktor des Museums und selbst ein Überlebender. „Die Geschichte begann am 6. August 1945 um 8.15 Uhr, und genau da müssen wir ansetzen", fügt er freilich hinzu. Warum erst am 6. August 1945?

Es besteht kein Zweifel, daß die Japaner sich mit Hilfe der Toten von Hiroschima und Nagasaki als Opfer des Zweiten Weltkriegs hinstellen wollten, um bei sich und anderen vergessen zu machen, welche historische Rolle sie bei der Anzettelung des Zweiten Weltkriegs in Ostasien tatsächlich gespielt haben. „Die Rolle der Opfer eignete sich gut, um die amerikanisch-japanische Freundschaft aufzubauen", erklärt Professor Kyoshi Sakuma. „Jetzt aber ist es selbst mit dieser Rolle vorbei. Unsere Regierung möchte, daß wir das Ganze vergessen. Die Spuren der Vergangenheit werden überall getilgt." Sogar aus den japanischen Geschichtsbüchern ist heute jeder Hinweis auf die amerikanischen Atombombenwürfe auf Hiroschima und Nagasaki entfernt. „Friedenserziehung" findet in den Schulen nur noch in begrenztem Rahmen statt. Erst vor zwei Wochen ließ die Stadtverwaltung von Nagasaki spontan eine unter den Schülern verteilte Broschüre einziehen, in der es hieß, die meisten der in der Stadt aufgetretenen Fälle von Kleinhirnentzündung seien auf die Bombe zurückzuführen. Die Stadtverwaltung von Hiroschima schlug sogar vor, die Atombombenkuppel abzureißen, jenes imposante Bauwerk, das 1915 von einem tschechischen Architekten für die Industriemesse errichtet worden war und das nach 1945 zu einem stummen, eindringlichen Mahnmal für die Atomwunden Hiroschimas wurde. „Wir mußten für die Erhaltung dieses Bauwerks sehr kämpfen", sagt Professor Sakuma. „Alles, was die pazifistischen Ideen inspiriert, richtet sich gegen die amerikanische Nuklearstrategie und damit gegen die Interessen unserer konservativen Regierung."

Kyoshi Sakuma macht einen traurigen, frustrierten Eindruck. Er ist Professor für Physik und mit Professor Nishima befreundet, der an der japanischen Atombombe mitarbeitete. „Nishima", so Sakuma, „begann 1940 mit den Forschungsarbeiten für das Projekt. Wir konnten die Bombe jedoch nicht herstellen, weil wir nicht genügend Uran besaßen." Gottlob nicht. Seit 1945 leitet Sakuma die japanische Friedensbewegung, die sich durch interne Spaltungen und Querelen inzwischen unentwegt geschwächt hat. „Wirtschaftswunder und Pazifismus", sagt Professor Sakuma, „scheinen unvereinbar." Er ist zutiefst bestürzt, daß „gerade in Japan der Widerstand gegen Kernwaffen immer mehr schwindet". Sakuma ist ein Hibakusha. Er lehrte 1945 an der Universität Hiroschima, 1,5 Kilometer vom Epizentrum der Explosion des 6. August entfernt. Er selbst wurde durch eine dicke Mauer gerettet, die nicht über ihm einstürzte und ihn gegen die Strahlungen schützte. Wie andere Hibakusha empfindet er Scham, angesichts so vieler Tote überlebt zu haben, spricht er von einem Gefühl der Schuld, Freunde und Verwandte im Stich gelassen zu haben, um sein eigenes Leben zu retten. „Ich hörte sie überall schreien", schildert Sakuma seine damaligen Erlebnisse. „Menschen klammerten sich an meine Füße und schrien um Hilfe. Ich mußte sie mit den Füßen zurückstoßen, um wegzulaufen und mich selbst in Sicherheit zu bringen." Wie viele andere Überlebende ist auch er von dem Sendungsbewußtsein erfüllt, allen, die es nicht selbst erlebt haben, die verheerende Wirkung der Bombe zu schildern und die Welt vor den Gefahren eines nuklearen Holocaust zu warnen. Viel Zeit bleibt nicht mehr, Sakuma ist 74 Jahre alt.

„Wir sind die Propheten der Zukunft, aber wir sterben aus", sagt Morishita Hiromu, Dichter und Kalligraph. Auf seinem Gesicht sind noch immer die Narben der Verbrennungen und die Spuren der Operationen zu sehen, mit denen die Verbrennungskeloide entfernt wurden. „Wer wird nach uns die Erinnerungen an das Entsetzen weitergeben?" „Kein Bild und kein Museum, kein Film und kein Buch berichten getreulich genug über das Geschehen. Nur wir, die Überlebenden, können es schildern", sagt Wakabaishi Setsumi von der Hibakusha-Vereinigung in Hiroschima. Für die meisten Überlebenden war die Bombe eine

Art religiöser Erfahrung, gleichsam eine Vision, nicht eines Heiligen, sondern des Bösen. „Ich habe etwas gesehen, was ich nicht hätte sehen sollen", bemerkt die Frau des Journalisten Ohmuta. Sie alle verbindet in einer Art Glaubensgemeinschaft das gemeinsame Erleben jenes Augenblicks, den viele als den „blendenden Blitz" oder die „absolute Stille nach der Explosion" in Erinnerung haben. Für die Überlebenden war die Bombe auch eine Art Expedition ins Jenseits, aus dem sie zurückkehren durften. Sie sind der Überzeugung, die Hölle erlebt zu haben, und können es daher nicht vertragen, wenn sie nicht gehört werden. „Die Gleichgültigkeit der anderen gegenüber ihrem traumatischen Erlebnis und dem Gefühl, gegen die Bombe machtlos zu sein, ist für die Überlebenden ebenso schrecklich wie die Bombe selbst", meint Pater Kopp, ein deutscher Jesuit in Nagasaki, dessen Bruder ein Hibakusha ist.

Die nachwachsenden Generationen der Japaner aber wollen die Statistiken über die Mißbildungen und Erkrankungen nicht mehr zur Kenntnis nehmen. Sie wollen auch von den düsteren Visionen eines „atomaren Winters" nichts wissen, der einem nuklearen Krieg folgen wird. Für viele von ihnen ist „Der Tag danach" nichts weiter als der Hintergrund für einen weiteren Film über das Leben in der nachatomaren Wüste. Für diese jungen Menschen sind der Tag, der Krieg, die Bombe Dinge, die einer fernen Vergangenheit angehören und sie nichts angehen. Die jungen Leute treffen sich nicht unter der Atombombenkuppel der Stadt, sondern im nahe gelegenen Kentucky-Hähnchengrill oder bei McDonald's in der Friedensallee. „Für uns bedeutet Amerika Kalifornien und Disneyland", kichert eine Gruppe lachender junger Mädchen. „Die Bombe? Nein, nein, bitte Schluß damit." Längst hat Hiroschima den Amerikanern verziehen. Den nächtlichen Himmel der Stadt beleuchten über dem Friedenspark Neonreklamen wie „Coke it is" auf. Und auch Nagasaki, jene Stadt, die in der Aufmerksamkeit und der Sympathie der Welt ständig von Hiroschima übertrumpft wurde, hat das böse Erleben erfolgreich verdrängt. „Die Greuel der Bombe", so ein Stadtverordneter in Nagasaki, „sollten nicht allzu sehr hervorgehoben werden. Schließlich kommen die Touristen hierher, um sich zu amüsieren."

„Arbeit, Arbeit, harte Arbeit"
Die Roboterfabrik Fanuc am Fujiyama

Wie einen Feldzug planen die Japaner, ihre Roboter zum Sieg zu führen: „Es gibt in der Welt nichts Vergleichbares."

Man hört sie wispern, seufzen, kichern, kreischen, keuchen. Im Dunkeln reproduzieren sie sich. Roboter machen Roboter. Draußen ist die Nacht kalt. Doch drinnen im riesigen Hangar entwickeln die Maschinen allein durch ihre Bewegung die Wärme, die ihre Computerhirne ticken macht. Sie stoppen nie. Sie schuften 24 Stunden, Tag für Tag. Tokio ist nur 110 Kilometer entfernt, und doch hat man hier oben das Gefühl, als sei man der Zeit weit voraus. Die Roboterfabrik zu Füßen des heiligen Berges Japans liegt schon in der Zukunft.

Schwere Stahlschränke öffnen ihre Riesenmäuler, schlanke Eisenarme holen Metallstücke aus wohlgeordneten Regalen und stopfen sie hinein. Die Mäuler schließen sich wieder. Von Dutzenden sich drehender Köpfe senken sich etliche, sie bohren, fräsen, hobeln, feilen. Der Arm ergreift das Stück wieder, dreht es um, andere Köpfe senken sich. Dann wird das Stück zur nächsten Maschine geschoben. In den Gängen, zwischen Hunderten von Maschinen, rollen auf unsichtbaren magnetischen Bahnen kleine unbemannte Wagen und singen metallische Schlager. Gespenstische Botschaften aus einer unheimlichen Welt kursieren zwischen den Robotern und den automatisierten Warenlagern hin und her, wo Zwischenprodukte abgelegt und zur endgültigen Montage wieder weggeholt werden. In einer Ecke macht eine Gruppe fertiger Roboter Turnübungen, um sich selber zu testen, mit yogaartigen Verrenkungen, unter dem blinkenden grünen Schimmer ihrer Kontrollampen. Die einzige menschenähnliche Figur weist auf einer beleuchteten Tafel den Notausgang. All das Drehen, Wenden, Hobeln, Löten, Montieren und Stapeln wird von einem Computer angeordnet. Ein einziger Operateur sitzt irgendwo vor einer Batterie von TV-Monitoren. Läuft etwas schief, stoppt er den gestörten Roboter, und der Computer programmiert die Arbeit neu, um den Versager herum. Bei Tag kommen dann Arbeiter zum Reparieren. Im Durchschnitt versagt ein Roboter einmal in 50 Monaten.

„Es gibt in der Welt nichts Vergleichbares", schrieb das US-Magazin „Fortune". Fanuc, die berühmte japanische Gesellschaft zur Herstellung von Werkzeugmaschinen am Fuß des Fuji-Berges, ist die automatisierteste Fabrik der Welt, erfolgreich und rätselhaft. Wer behauptet, daß die Japaner es darauf angelegt hätten, die Welt zu erobern, daß ein wirtschaftliches Pearl Harbor bereits stattgefunden, daß Tokio den Wirtschaftskrieg gegen Amerika und Europa bereits gewonnen habe, würde am Fuji dafür Beweise finden. Hier liegen die Symbole dicht beisammen. Gebaut auf der vulkanischen Asche des Fuji-Berges, dem Wahrzeichen der Nation, steht Fanuc wie das Sinnbild für Japans Wiedergeburt aus der atomaren Asche seiner Niederlage im Zweiten Weltkrieg.

Im Grunde ihres Herzens glauben viele Japaner, daß der Krieg fortdauert. Kriegerische Ausdrücke tauchen im Wirtschaftsleben auf. „Fanucs Kampfeinheiten sind in eine klirrende Schlacht verwickelt", schrieb die Wochenzeitschrift „Nikkei Business". In der Tat sieht es auf dem Areal von Fanuc aus wie bei einer Armee. Gelbgekleidete Arbeiter auf gelben Motorrädern rasen über das 400 000 Quadratmeter weite Gelände. Gelb sind die Uniformen, gelb die Gebäude, die Maschinen, die Schlafsäle, die Servietten in der Kantine, gelb ist das Haus des Gärtners, gelb das Papier, auf das man schreibt. „Gelb soll das Ich überdecken, damit wir alle zusammen für das Gemein, wohl der Fabrik arbeiten", sagt Seiuemon Inaba, 60, aus alter Samurai-Familie, ehemaliger Munitionsingenieur, jetzt Chef von Fanuc, in Wirklichkeit General dieser Armee, deren gelbe Uni, form er selbst oft trägt.

Wie in einer Armee ist auch bei Fanuc vieles geheim. Die Fabrik darf man nur mit Sondererlaubnis besuchen, und auch dann nicht alle Abteilungen. Photographieren ist überall streng verboten. Fanucs Forschungslaboratorien sind sogar leitenden Managern verschlossen. Jeder Angestellte darf nur wissen, was er für seine spezielle Arbeit benötigt. Wenn er vom eigenen Schreib, tisch zu dem eines Kollegen gehen will, muß er erklären, weshalb. Wie eine Armee, hat auch Fanuc eine eigene Disziplin. Da Herr Inaba nicht raucht, darf niemand rauchen, fehlen im Hauptquar, tier sogar die Aschenbecher für Besucher. Kein Manager darf ohne Inabas Genehmigung ins Ausland reisen. Seine Anweisungen werden „Oberbefehle" genannt und müssen buchstabengetreu befolgt werden. „Will man eine Gesellschaft leiten, ist eine weise Diktatur besser als eine unweise Demokratie", sagt Inaba, von manchen „der gelbe Kaiser des Fuji-Berges" genannt. Die Ergebnisse seiner Weisheit sind erstaunlich. Fanuc wurde 1972 als Sprößling der Elektronikfirma Fujitsu zur Herstellung com, putergesteuerter Kontrollmaschinen gegründet. 1980 beschloß Inaba, die Fabrik zum Fuji-Berg zu verlegen. Dieser Umzug gab ihm die Gelegenheit, zur vollen Automatisierung überzugehen. Nach 13 Jahren unabhängiger Tätigkeit hat die Gesellschaft mit ihren 1500 Angestellten heute einen Wert von sechs Milliar, den Dollar. Sie ist die japanische Gesellschaft mit dem größten Gewinn: 36 Prozent des Umsatzes. Die Rentabilität ihrer Arbei, ter ist eine der höchsten der Welt: Jeder Arbeiter bringt 500 000 Dollar im Jahr ein. Wie schaffen das die Japaner? „Arbeit. Arbeit, harte Arbeit. Seit Kriegsende haben wir an nichts als an Arbeit gedacht", sagt Inaba. Für einige Kritiker Japans ist Fanucs Erfolg ein Teil jener riesigen, unheimlichen „japanischen Konspiration" (so der Titel eines Buchs des Marvin Wolf), ausgeheckt im Miti (Ministry of International Trade and Industry) in der Absicht, die Welt wie mit einer wirtschaftlichen Dampfwalze zu überrollen, und die für diesen Zweck kein Mittel scheut: nicht Industriespionage, Dumping, Bestechung und Korruption.

Jedenfalls ist der Erfolg der japanischen Werkzeugmaschinen-Industrie, und insbesondere der Erfolg von Fanuc, ein gutes Beispiel für das Zielbewußtsein, mit dem die Japaner nach 1945 das langfristige Wachstum ihres Landes und die Rückeroberung ihrer nationalen Unabhängigkeit geplant haben. „Damals hatten wir eine Kriegswirtschaft. Wir haben beschlossen, sie beizubehalten", sagt Akio Ikumi, Präsident einer Consulting-Firma in Tokio. „Wir haben sie noch, und sie funktioniert." Die Japaner wußten, daß sie die Werkzeugmaschinen-Industrie in die Hand bekommen mußten, um alle Branchen der Industrie zu kontrollieren. Wegen dieser strategischen Bedeutung konzentrierten sie alle ihre Kräfte auf den Ausbau der Werkzeugmaschinen-Branche. Miti dirigierte die Angriffe, private Firmen fochten die Schlachten. Ein Beispiel für viele: 1970 schloß eine amerikanische Werkzeugmaschinen-Fabrik aus Florida, Houdaille Industries, einen zehnjährigen Vertrag mit Yamazaki, einer Firma in Nagoya, die während des Zweiten Weltkriegs an der Produktion des berühmten japanischen Jagdflugzeugs „Zero" beteiligt war. Die Abmachung war klar: Die Amerikaner lieferten den Japanern die Entwürfe zur Lizenzproduktion von Maschinen, die von den Japanern nur im Fernen Osten verkauft werden durften. Schon 1976 aber standen in Amerika ebendiese Maschinen ganz billig bei den Händlern, sogar mit jenen Mängeln, die Houdaille inzwischen korrigiert hatte. Die Amerikaner suchten Schutz bei Gericht, sogar beim Präsidenten – vergebens. Die japanische Regierung weigerte sich, den amerikanischen Rechtsanwälten ein Einreisevisum nach Japan zu geben. Den Managern von Houdaille blieb keine Wahl: „Kann man die Japaner nicht schlagen, muß man sich mit ihnen zusammentun", sagte einer von ihnen, als Houdaille nunmehr die gemeinsame Produktion mit der japanischen Gesellschaft bekanntgab. Heute stammen 75 Prozent der in USA unter dem Namen „Houdaille" verkauften Maschinen aus Japan.

Bei den Robotern, den Aristokraten unter den Werkzeugmaschinen, verlief die Entwicklung ähnlich. 1967 hielt Joseph Engelberger, Gründer der Unimation Inc., in Tokio einen Vortrag über Robotertechnik; die Japaner wußten noch sehr wenig davon. 600 Japaner hörten ihm zu. Ein Jahr später erhielt Kawasaki Heavy Industries von Unimation eine Lizenz für die Herstellung industrieller Roboter. Anfang der 70er Jahre waren die Amerikaner noch unbestritten führend in Design, Produktion, Export und Verwendung von industriellen Robotern. Zehn Jahre später nicht mehr. Die Japaner, Fanuc an der Spitze, hatten ihre Stelle eingenommen, „und die junge amerikanische Roboterindustrie hat sich nicht wieder erholt" (so das amerikanische Intellektuellenblatt „The New Republic"). 1981 versuchte General Electric, Fanuc mit dem Sonderprojekt „Piney-Berg" von der Spitzenposition bei der Herstellung zu verdrängen. Der Versuch dauerte vier Jahre und brachte 120 Millionen Dollar Verlust. Schließlich kam General Electric zu der Erkenntnis, daß es nur in einer Koproduktion mit Fanuc möglich ist, solche Maschinen wirtschaftlich zu produzieren. Dieselbe Erfahrung haben andere ausländische Firmen auf verschiedensten Gebieten gemacht. Nach dem japanischen Angriff auf die Werkzeugmaschinen-Industrie der Welt kamen die Angriffe auf die Automobilindustrie und auf die Elektronik. Jetzt ist die Luftfahrtindustrie im Visier. Miti hat die Strategie ausgearbeitet und bei der Finanzierung geholfen. Die Beihilfe für die Werkzeugmaschinen-Industrie etwa stammt unter anderem aus den Einnahmen von Wetten auf Fahrrad- und Motorradrennen. Die Höhe dieser Subsidien ist eines der am strengsten gehüteten Geheimnisse Japans.

Im Fall von Fanuc, die heute 70 Prozent des japanischen Markts und 50 Prozent des Weltmarktes aller computergesteuerten Werkzeugmaschinen beherrscht, hat sicherlich auch „harte Arbeit" viel zum Erfolg beigetragen.

Bei Fanuc versammeln sich um 8.30 Uhr morgens Arbeiter und Angestellte jeder Abteilung um ihre Führer zu einer zehn Minuten langen Aufmunterungs- und Planungsrede. Die Sirene, die um 17.25 Uhr ertönt, meldet nur, daß jetzt die Überstunden beginnen. Im Durchschnitt macht jeder Arbeiter 60 Überstunden im Monat, einige machen 100. Pünktlich nach Hause geht niemand. „Eine überwältigende, unsichtbare Kraft hält mich hier", sagt ein Arbeiter. Andere sagen, sie täten es ihren Chefs gleich. In Inabas Büro brennt das Licht täglich bis mindestens 23 Uhr. Die meisten Arbeiter wüßten auch gar nicht, wohin sie sonst gehen sollten. Die Hälfte von ihnen lebt in den gelb gestrichenen Schlafsälen der Fabrik, ebenso zwei Drittel der Ingenieure und höheren Angestellten, deren Familien in Tokio geblieben sind. In der kalten Einsamkeit der Wälder um die gelbe Fabrik herum gibt es keine Zerstreuung. Die Bar der Firma wird nur zur Bewirtung ausländischer Gäste geöffnet. Sie strahlt Kasernenflair aus: nackte Frauen an der Wand, das Photo eines pompejanischen Mannes mit zwei riesigen Phalli, hier „der Werkzeug-wechselnde Gott" genannt. Eine Bibliothek gibt es in Fanuc nicht. „Meine Leute brauchen keine Bücher", sagt Inaba. „Wenn Ingenieure lesen, können sie nichts Neues entdecken. Wenn sie an der Vergangenheit hängen, können sie die Zukunft nicht erfinden."

Für Inaba ist die Zukunft voller Roboter. Damit hat er wahrscheinlich recht. Die Roboter-Bevölkerung der Welt steigt Jahr für Jahr. Die ersten industriellen Roboter waren Maschinen, die nur einfache Bewegungen und Vorgänge erledigen konnten. Jetzt sind Roboter fähig, auch komplizierte Bewegungen zu vollziehen. Das Ziel ist, „intelligente Roboter" zu bauen, die einfache Entscheidungen treffen können. Die Fabrik der Zukunft ist Inaba zufolge ein „integriertes System von Computern und Robotern", das ein Produkt entwirft und herstellt. Die Vorteile der Roboter sind offenkundig. Während die Kosten der menschlichen Arbeitskraft steigen, werden sich die von Robotern stabilisieren oder sogar, mit der zunehmenden Stückzahl, sinken. Roboter arbeiten, anders als Menschen, an Ort und Stelle 24 Stunden pro Tag. Ihre Produktion ist stets von höchster Qualität. Außerdem, so schreibt der Experte T. A. Heppenheimer, „langweilen sie sich nicht, fahren sie nicht auf Urlaub, brauchen sie nicht auf die Toilette zu gehen". Selbstverständlich streiken sie auch nicht, verlangen keine Pension und murren nicht über Hitze, leiden nicht unter giftigen Abgasen oder radioaktiver Strahlung.

Der Einführung von Robotern steht in Japan, im Gegensatz zu westlichen Ländern, nichts im Weg. Da in Japan die Gehälter mit dem Alter und nicht mit der Verantwortung des Menschen wachsen, ist es hier leicht, Arbeiter von einer Stelle auf die andere umzusetzen. Gewerkschaften leisten keinen Widerstand. Japan hat heute schon die größte Roboter-Bevölkerung der Welt: 100 000 — inklusive der „dummen Roboter", die nur Gegenstände aufheben, laden und entladen. In Japan werden 20 Prozent aller Montagearbeiten schon von Robotern erledigt. In den USA stehen derzeit nur 20 000 Roboter im Dienst, die Hälfte davon in der Automobilindustrie. General Motors, wo zur Zeit 5000 Roboter arbeiten, plant, sich weitere 15 000 zuzulegen. Sie wurden sämtlich bei Fanuc bestellt. 300 werden pro Monat geliefert. Die gelbe Armee des Fuji-Berges scheint die Welt zu erobern. Und wo bleibt der Mensch? Die Zukunft, welche die gelben Fanuc-Ingenieure anvisieren, scheint fast menschenlos zu sein.

Von Tokio kommend, erreicht man die Fanuc-Fabrik nach zweistündiger Fahrt. Dann wird man begrüßt von einem Dutzend lächelnder, winkender Plastikpolizisten. Der Haupteingang zur Fanuc ist ein breites, eisernes Tor. Zwei Steingötter bewachen es. Drei bewegliche Augen des „Closed-circuit TV" prüfen den Besucher. Das Tor gleitet zur Seite. Ein paar hundert Meter weiter sieht man unter einer japanischen Fahne sowie der gelben Flagge von Fanuc ein gelbgekleidetes Mädchen, das sich wieder und wieder wortlos verbeugt. Das Hauptgebäude ist aus Stein und Marmor gebaut. An jeder Biegung der riesigen Korridore verbeugen sich schweigend weitere gelbgekleidete Mädchen. Roboter? Sobald sie niederknien und dem Besucher Tee anbieten, wird er gewahr, daß es Menschen sind. Sie haben allesamt die Universität absolviert. Die Tee-Damen sind Diätologinnen. Alle Angestellten werden von Dr. Inaba persönlich ausgewählt.

Inabas Erfolgsformel ist einfach: Den Markt studieren, ein benötigtes Produkt identifizieren, einen Preis festlegen, der fünf Jahre konkurrenzfähig bleiben soll, 35 Prozent davon als Gewinn ansetzen und den Ingenieuren den Befehl geben, das Produkt zu diesen Kosten herzustellen. Was nicht mit 35 Prozent Gewinn zu verkaufen ist, wird nicht gebaut, Rabatt wird nicht gegeben. Abgesehen von seinen eigenen Robotern und seinen speziellen Werkzeugmaschinen, produziert Fanuc heute die „zentralen Steuereinheiten" für viele der Werkzeugmaschinen, die in der ganzen Welt hergestellt werden – von Südafrika bis zur Sowjetunion. „Fanuc hat die Werkzeugmaschinen-Produktion kolonisiert", sagt der Präsident einer Konkurrenzgesellschaft. Ein wichtiger Aspekt der Erfolgsformel von Inaba ist das Timing. „Die deutsche Armee in Stalingrad wurde durch die sowjetischen T-34-Panzer vernichtet. Hätten die Deutschen ihre neuen Tiger-Panzer einige Monate früher produziert, wäre die Weltgeschichte anders verlaufen", sagt Inaba, der seine Produkte herstellt, kurz bevor Nachfrage danach besteht. „In fünf Jahren wird die Welt nach ‚intelligenten Robotern' verlangen, und wir bereiten uns vor, sie zu produzieren", sagt er.

Was im Fanuc-Forschungszentrum passiert, was in der riesigen unterirdischen Halle, derzeit noch ein Rohbau, gefertigt werden soll, ist nicht herauszubekommen. Der Wunsch einer deutschen Delegation, den Prototypen eines „Roboters mit optischen Sensoren" sehen zu dürfen, wurde abgeschlagen: Das Blitzlicht anderer Besucher habe ihn zerstört, hieß es. Ein von Miti finanziertes staatliches Forschungsinstitut arbeitet an Maschinenmenschen, die auf dem Meeresgrund arbeiten sollen; an anderen, die anstelle von Feuerwehrmännern Brände löschen oder in nuklearen Kraftwerken arbeiten können. Werden Roboter die Menschen glücklicher machen? Sieht man sich die Menschen an, die jetzt am Fuji-Berg Roboter herstellen, glaubt man es nicht. Inaba selbst fühlt wohl, daß das Glück fern liegt. Auf ein Stück Papier schreibt er ein altes Gedicht: „Einmal hatten wir Zeit, nach Ruhe zu suchen. Jetzt nicht mehr", und erklärt, dieses Gedicht habe ein General in Kriegszeiten geschrieben. Wenn man Inabas gelbes Hauptquartier am Fuji-Berg verläßt, bleiben einem die Geräusche der Roboter im Kopf und die leeren Gänge, an deren Wänden Bilder von Mondlandschaften hängen. Auf der Autobahn nach Tokio winken die Plastikpolizisten. Man ist in der Zukunft gewesen.

Rencontre im „Rheingold"
Auf den Spuren des sowjetischen Meisterspions Richard Sorge in Japan

Er verriet Stalin den bevorstehenden Angriff Hitlers, die Japaner hängten ihn wegen Spionage. Um den Deutschen Richard Sorge ranken sich immer noch Legenden.

Für Spione gibt es keine Ruhe. Oft nicht einmal im Tod. Unter dunklen Fichten des Tama-Friedhofs am westlichen Rande von Tokio liegt ein Grab, dessen Stein schon einmal verändert wurde. Ob die Asche unter dem blumengeschmückten Erdhügel dort bleibt, ist ungewiß. Dieser Spion findet auch Jahrzehnte nach seinem Tod kein Zuhause. Denn der Mann, der hier begraben

liegt und der trotz widersprüchlichster Beurteilung der Experten als einer der erfolgreichsten Spione aller Zeiten gilt, war in
Japan ein Fremder: Richard Sorge, Mitglied von Hitlers NSDAP
und dennoch Stalins bester Geheimagent in dem mit Nazi-
Deutschland verbündeten Japan. Im kaiserlichen Rußland als
Sohn einer ukrainischen Mutter und eines deutschen Vaters 1895
geboren, in Deutschland aufgewachsen, als Agent des Geheim-
dienstes der Sowjetarmee in China und Japan aktiv, tarnte
er sich als Zeitungskorrespondent deutsch-konservativer Blätter, so der „Frankfurter Zeitung". Richard Sorge hatte hervor-
ragende Verbindungen zur japanischen Regierung und zum Kai-
serhof, gleichzeitig war er ein enger Vertrauter des deutschen
Botschafters in Tokio. Sorge kam politischen und militärischen
Geheimnissen von ungewöhnlicher Bedeutung auf die Spur. So
konnte der „Spion aus Überzeugung" seine Auftraggeber im
Kreml am 20. Mai 1941 über den deutschen Angriff auf die
Sowjetunion unterrichten, nannte als Termin den 20. Juni und
berichtigte sich (am 15. Juni) auf den 22. Juni – und an dem Tag
begann der Angriff tatsächlich. Sorge verriet auch, daß Japan die
UdSSR nicht angreifen werde. Was er sonst noch alles über Funk
nach Moskau gemeldet hat, ist unbekannt; ob er, wie einige
Historiker behaupten, als Doppelagent auch für die andere Seite
gearbeitet hat, ist nicht erwiesen. Moskau weigert sich, seine
Archive und Dossiers über Sorge zu veröffentlichen. Um so mehr
Legenden haben sich um Sorges Tätigkeit gebildet. Nach acht
Jahren erfolgreicher Arbeit ging der Meisterspion der japanischen
Geheimpolizei ins Netz. Drei Jahre später wurde er in einem
Geheimprozeß zum Tode verurteilt und anschließend hingerichtet – Anlaß für weitere Spekulationen und Legenden. 42 Jahre
nachdem er von den Japanern als Sowjetagent gehängt wurde, ist
alles, was von diesem berühmten Spion übrigblieb, ein Gespinst
von geheimnisvollen Manövern, Doppelspielen und Lügen.

Einmal alle paar Monate hält ein Wagen mit diplomatischem
Nummernschild in einer kleinen Straße im Tokioter Stadtteil

Mitaka. Ein Mann steigt aus, geht zu Fuß durch ein verwin-
keltes Gäßchen und klopft an ein kleines Holzhaus. Dort unterhält er sich mit einer alten Dame, trinkt einen Kaffee und geht
dann wieder. Regelmäßig läßt er einen Umschlag voller Zehn-
tausend-Yen-Noten zurück. Sein Auto gehört zum Fuhrpark der
sowjetischen Botschaft in Tokio. „Schade daß er nicht öfter
kommt", sagt Hanako Ishii, 75, ehemalige Geliebte von Richard
Sorge, eine noch lebhafte und charmante Frau mit Spuren vergangener Schönheit im Gesicht (siehe Photo im Bildteil). Hanako
Ishii ist Erbin und Nachlaßverwalterin Sorges. Kürzlich kam
der Mann wieder und verlangte für seine Großzügigkeit einen
Gegendienst: Die Sowjetunion möchte, daß Hanako ihre Erlaubnis gibt, Richard Sorges Asche, seinen Grabstein und das kleine
Denkmal nach Moskau zu überführen. 1944, als Richard Sorge
unter der Schlinge des Henkers stand, hätten die Sowjets mit
einem Agentenaustausch sein Leben wohl retten können. Doch
sie taten es nicht, warum, ist unbekannt. Seit die Sowjetpropa-
ganda vor über zwei Jahrzehnten begann, das zuvor als unehren-
haft angesehene Spionagegewerbe als „Kundschafterdienst" fürs
Sowjetwohl zu rehabilitieren, machte Moskau aus Richard
Sorge einen Helden, einen sozialistischen James Bond. Bücher
sind über Sorge geschrieben worden, Briefmarken mit seinem
Porträt erschienen, Straßen, Schulen und Schiffe wurden nach
ihm benannt, mehrere Denkmäler ehren ihn. Kinder lernen seine
Abenteuer in der Schule auswendig. Als Mittelpunkt dieses vom
KGB geförderten Kults, der dem sowjetischen Geheimdienstler
eine romantische und abenteuerliche Aura geben soll, wie sie
westliche Kollegen schon haben, fehlt nur noch ein Grab. „Die
Jungkommunisten, die ihn verehren, können schwerlich nach
Tokio kommen", hat der sowjetische Diplomat der Traditions-
pflegerin Hanako Ishii erklärt. Um die Genehmigung der alten
Dame zu erhalten, hat er ihr versichert, daß in Moskau Tausende
von Menschen dieses Grab betreuen würden, darunter auch
einige frühere Schulkameraden von Sorge. „Das stimmt natürlich

nicht", lacht Hanako. „Er ist nie in eine russische Schule gegangen." Anders als die Sowjets es heute erzählen, zog er bereits im Alter von drei Jahren mit seinen Eltern nach Deutschland. Noch Jahre nach seinem gewaltsamen Tod hielt sich die Legende, daß er noch lebe. So erzählte man, er sei in einem neuen Anzug (ein Tokioter Schneider war bereit, dieses zu beschwören) nicht zur Hinrichtung, sondern nach Macao geschafft und dort von den Russen gegen japanische Spione ausgetauscht worden. Andere behaupten, ihn 1948 in Schanghai gesehen zu haben.

Verstreut im riesigen Tokio, leben heute noch einige Darsteller dieses Thrillers, jeder mit seinen Andenken und persönlichen Erinnerungen; jeder darauf bedacht, seine Wahrheit zu verteidigen; jeder gezeichnet davon, daß er auf irgendeine Weise in die rätselhafte Affäre Sorge verwickelt war. Im Stadtteil Kodaira wohnt, jetzt taub und blind, Ritsu Ito, 73, ehemaliger Funktionär der japanischen Kommunistischen Partei, der Mann, der den Sorge-Spionagering verraten haben soll, „der lebende Judas", so der Titel eines japanischen Buches über ihn. Ito ging 1950 in den Untergrund und tauchte 1980 in Tokio wieder auf. Er hatte in China politisches Asyl gesucht, geriet dort aber auf 27 Jahre ins Gefängnis. Für die japanische KP ist er heute noch der große Verräter. Andere meinen, er sei nur ein Opfer innerparteilicher Richtungskämpfe gewesen. Fünf Kilometer entfernt lebt Otsumi Ozaki, der Halbbruder von Sorges engstem japanischen Mitarbeiter Hozumi Ozaki, der mit Sorge gehängt wurde. 1945 gründete Otsumi eine Gesellschaft zur Verteidigung des Ozaki-Sorge-Falles. Er versucht heute immer noch zu beweisen, daß sein Halbbruder kein Spion, sondern ein japanischer Patriot gewesen sei. Am Rande von Yokohama lebt Yoshiko Yamasaki, die Witwe des Jugoslawen Branko Vukelic, eines der Hauptakteure im Sorge-Ring. Ihr Mann wurde zu einer lebenslangen Zuchthausstrafe verurteilt und starb an Hunger und Kälte kurz vor Japans Niederlage 1945 in einem Gefängnis in Abashiri, Japans Sibirien. Vukelics Witwe kämpft dafür, daß nicht nur Richard Sorge, sondern alle seine Gehilfen als Helden in die Geschichte eingehen.

Hanako Ishii spricht gern und viel. Sie ist die emsigste unter den Überlebenden. Ihr autobiographisches, stark romantisierendes Buch „Ningen Sorge" (Der Mensch Sorge) ist in der vierten Auflage mit 100 000 Exemplaren auf dem Markt. Sie war einst nach Tokio gekommen, um Krankenschwester zu werden, hatte aber keine Anstellung gefunden und arbeitete als Kellnerin im „Rheingold", einem Bierlokal im Stadtviertel Ginza. Es gehörte dem Deutschen Wilhelm Ketel, der im Ersten Weltkrieg von den Japanern in Tsingtau, der Hauptstadt des deutschen Pachtgebiets Kiautschou, festgenommen und als Kriegsgefangener nach Tokio gebracht worden war. Das „Rheingold" war ein Stammlokal der deutschen Kolonie in Tokio. Richard Sorge feierte dort am 4. Oktober 1935 seinen Geburtstag, und da er allein war, ging Hanako mit ihm nach Hause. Sie war nur eine von vielen Frauen, mit denen Sorge Beziehungen anknüpfte. Seine große Liebe war sie nicht, die bleibt weiter unbekannt. Hanako lebte auch nicht mit Sorge zusammen, hatte aber die Schlüssel zu seiner Wohnung. Die beiden konnten sich nur schwer verständigen, denn Sorge sprach nur gebrochen Japanisch und sie kaum Englisch oder Deutsch. Am 18. Oktober 1941 wurde Sorge von der japanischen Polizei festgenommen. Hanako war nicht dabei. Als er drei Jahre später, am 27. Jahrestag der Oktoberrevolution, zusammen mit Ozaki gehängt wurde, erfuhr Hanako nichts davon.

Die Familie Ozaki kam, um den Leichnam ihres Angehörigen abzuholen. Niemand kam für Sorge. Dessen Leichnam sollte verbrannt werden. Da aber in jenen Kriegstagen das Benzin knapp war, wurde er in Zushigaya, einem Friedhof für Arme und Obdachlose in der Nähe des Sugamo-Gefängnisses, begraben. Sein Name wurde auf ein Holzbrett gepinselt; das Grab geriet in Vergessenheit. Erst 1945 erfuhr Hanako Ishii, daß ihr Freund Richard Sorge hingerichtet, zwei Jahre später, daß er irgendwo in Tokio begraben worden sei. Sie fing an, die Grabstätte zu suchen. Die Amerikaner, die 1945 als Besatzungsmacht nach Japan gekommen waren, hatten auch gesucht, aber ohne Erfolg. Das Holzbrett auf dem Grab war gestohlen und wahrscheinlich verfeuert worden, die Armengräber waren nicht mehr zu unterscheiden. Eines Tages aber kam ein Totengräber zu Hanako nach Hause mit der Nachricht, er habe den Leichnam eines Ausländers gefunden, die Knochen seien für einen Japaner zu groß.

Hanako Ishiis Zweifel verschwanden, als sie die Knochen sah: Es war Sorge. Seit einer Verletzung im Ersten Weltkrieg hatte Sorge gehinkt. Hanako erkannte den gebrochenen Oberschenkelknochen seines rechten Beins. Sie erkannte eine Teilprothese seines Gebisses. Aus dem Knochenhaufen entnahm Hanako Sorges Brille, die Schnalle seines Gürtels und die Goldfüllung seiner Zähne. Aus dem Gold ließ sie sich einen Ehering machen, den sie heute noch trägt. Ihr Zeugnis bleibt bis heute der wichtigste Beweis dafür, daß Sorge wirklich hingerichtet wurde. Hanako ließ die sterblichen Überreste Sorges verbrennen, kaufte ein Stück Erde auf dem Tama-Friedhof und bestattete die Asche. Auf den Grabstein ließ sie in Frakturschrift einmeißeln: „Richard Sorge". Und auf japanisch: „Hier ruht ein Held, der sein Leben gegen den Krieg und für den Frieden in der Welt geopfert hat." Hanako Ishii zog in das kleine Holzhaus im Mitaka-Stadtteil und überlebte, indem sie drei winzig kleine Schlafstellen an Studenten vermietete. Nachdem sie die Leiche Sorges vor dem Verschwinden gerettet hatte, setzte sie sich in den Kopf, auch Sorges Ruf zu retten. In ihrer kleinen Wohnung sammelt sie seit über 40 Jahren alles, was über ihn veröffentlicht wurde – mehr als 100 Bücher sind es bislang. „Sorge war kein Trunkenbold, wie alle sagen. Sein Trinken war nur eine seiner Camouflage-Techniken. Wohl liebte er die Frauen, aber er war wie ein Ritter zu denen, die er liebte. Ich glaube, das gehörte zu seiner typisch deutschen Natur", sagt Hanako Ishii. In ihrem Buch, das sie 1949 über ihn geschrieben hat, erzählt sie, daß sie einmal mit ihm einen großen Krach gehabt habe: wegen einer anderen Frau, der Frau des deutschen Botschafters in Tokio, Eugen Ott. „Ich bedaure jetzt, diesen Namen genannt zu haben. Sorge hätte es nie getan. Er war ein richtiger Gentleman." 1964 wurde Hanako nach Moskau eingeladen (sie fuhr später noch zweimal hin). Nach langen Verhandlungen mit sowjetischen Diplomaten in Tokio erlaubte sie, daß der Stein auf Sorges Grab ausgewechselt wurde. Auf dem neuen schwarzen Granit steht die Inschrift in kyrillischen Buchstaben.

Sozialistische Helden dürfen kein dekadentes Leben geführt haben. Also wurde vor kurzem auf Sorges Grabstein aus der „Geliebten" Hanako Ishii eine „Frau Sorge". „Das Wort ‚aijin' (Geliebte) ist ungeeignet für die Delegationen, die aus der Sowjetunion zum Grab gepilgert kommen", erklärt die alte Frau die Änderung. Die Sowjetbotschaft in Tokio organisiert regelmäßig für hohe Besucher einen Ausflug zum Tama-Friedhof. Auch Matrosen von sowjetischen Schiffen, die in Yokohama anlegen, werden mit Bussen dorthin gefahren. Ein Andenkenphoto vor Sorges Grab gehört für Sowjetbürger zu einer Tokio-Tour wie der Kauf elektronischer Geräte. Ein eindrucksvolles Denkmal – zwei in eine Steinwand gemeißelte Augen – wurde 1981 in Baku eingeweiht. Trotz aller Denkmäler und Propaganda hat sich Moskau bis jetzt aus unerklärlichen Gründen hartnäckig geweigert, publik zu machen, was über den Sorge-Fall noch unbekannt ist. Sogar fast alle Geheimbotschaften, die Sorge aus Tokio funkte, bleiben unbekannt. Der Deutsche Sorge war so tief in den diplomatischen und militärischen Nazi-Apparat in Tokio eingedrungen, daß er in Moskau in den Verdacht geraten mußte, in Wirklichkeit ein Agent der Deutschen zu sein. Sowjetische Memoirenschreiber behaupten, daß Stalin an Sorges Mitteilungen nicht glaubte.

Sorge hat Stalin nicht nur vor dem deutschen Angriff auf Rußland einen Monat vorher gewarnt und sich dabei nur um zwei Tage geirrt. Er sagte Moskau rechtzeitig Bescheid, daß die

Japaner in Richtung Südostasien und nicht gegen die Sowjetunion vorstoßen würden. Diese Nachricht hat es Stalin ermöglicht, wichtige Truppen von der sibirischen Front abzuziehen und in den Westen gegen die Deutschen zu schicken – Sorge gilt als „der Spion, der Moskau rettete" (so der Titel eines Buches von Robert Guillain). Wie es Sorge nach der Verhaftung erging, bleibt – trotz aller Dokumente – ein Rätsel. Die Spuren des wahren Richard Sorge verschwinden auch in Tokio. „Das kleine Haus in Azabu" (so der Titel eines Kinderbuches aus der DDR), in dem der Spion wohnte, wurde durch amerikanische Bomben zerstört. Die Bierhalle „Rheingold", die eine Metzgerei geworden war, wurde geschlossen, „weil die ausländische Kolonie in Tokio keine deutsche Wurst mehr ißt" (so Helmut Ketel, Neffe des Gründers). Auf dem Tama-Friedhof, wo viele Japaner aus der Kriegszeit ihre Ruhestätte gefunden haben, liegen die erbitterten Gegenspieler von gestern friedlich nebeneinander.

Wenige Meter vom Grab des KP-Sympathisanten Ozaki entfernt steht der Gedenkstein des Generals Yamashita, des „Tigers von Malaya", der in Manila von den Alliierten als Kriegsverbrecher hingerichtet wurde. Wenige Meter von Sorges Grab entfernt liegt das Grab des japanischen Flottenchefs Admiral Yamamoto, vor dessen Angriff auf Pearl Harbor Sorge gleichfalls gewarnt hatte. Richard Sorge ist in Japan kein Name mehr. Viele Jugendliche wissen schon nicht mehr, daß es einen Zweiten Weltkrieg gegeben hat. Als die von Ozakis Halbbruder gegründete Gesellschaft, die sich jetzt „Gesellschaft für Studien über die Sorge-Ozaki-Affäre" nennt, einen Kongreß einberief, kamen aus ganz Japan nur ein paar hundert Leute zusammen, die meisten über 70 Jahre alt.

Exotisch und verlockend
Die Sucht der Japaner, Ausländisches zu kopieren

Ein spanisches, ein holländisches, ein deutsches Dorf –
all das gibt es, oft fehlerhaft nachgebaut, in Japan.

Die Straße biegt nach links, unzweideutig verkündet ein
Anschlag: „Willkommen in der Heimat Christi". Ist man in
Israel? Nein, in Japan, im Dorf Shingo, 680 Kilometer nördlich
von Tokio in der Präfektur Aomori. Die dortigen Bewohner rüh-
men sich einer Weltsensation: Jesus Christus habe hier gelebt,
sei hier gestorben und liege hier begraben. Straßenschilder weisen den verblüfften Reisenden den Weg zur Grabstätte. Warum
aber sollten sie verblüfft sein? Ist ihnen nicht bekannt, daß die
Wirtschaftsgroßmacht Japan schier alles besitzt: außer dem
Jesus-Grab auch die Tafeln des Moses mit den zehn Geboten,
die Pyramiden, den Baum, von dem Newton den Apfel fallen
sah, und der Welt größten Sängerchor? Auf einem kleinen Hügel
nahe dem Towada-See in Nord-Honshu liegen etliche, zyklopisch
anmutende Steinbrocken. Ein Schild verkündet: „Pyramiden
gibt es nicht nur in Ägypten und Mexiko, Japan hat Pyramiden,
die sogar 10 000 Jahre älter sind als jene. Hier steht eine davon."
Der Besucher hat Mühe, sich unter den Steinbrocken eine Pyramide vorzustellen, doch da hilft ihm ein weiteres Schild: Ein
Erdbeben habe die Pyramide leider weitgehend zerstört, allein
diese Steine von ihrem Fundament seien noch übrig. Die Steine
sehen uralt und einigermaßen sakral aus – möglich, daß sie zu
einem Votivaltar gehörten, vor dem die Urjapaner zur Sonne
beteten. Erst in diesem Jahrhundert wurden sie zu Resten einer
Pyramide erklärt. Und das kam so: Ein Herr Shogun Sakai, 1927
von der japanischen Armee in den Nahen Osten geschickt, ver-
faßte nach seiner Rückkehr etliche Bücher, um zu beweisen, daß
die japanische Kultur so alt sei wie alle anderen und daß auch
Japan eigene Weltwunder besitze. Er ortete in Japan gleich vier

Pyramiden. Von der „rätselhaften Pyramide" am Towada-See berichtet jetzt jeder Reiseführer, Scharen von Japanern pilgern dorthin und lassen sich neben ihr fotografieren.

Seit Mitte des 19. Jahrhunderts, als die Japaner ihre 250jährige Isolierung beendeten und sich mit dem Rest der Welt zu vergleichen begannen, leiden sie unter einem schrecklichen Minderwertigkeitskomplex: Andere Länder, so mußten sie feststellen, besitzen offenbar vieles, das es in Japan nicht gibt. Deshalb bemühen sie sich, diese Kluft zu schließen – auf die eine oder andere Weise. Historische Errungenschaften fremder Länder bei sich anzusiedeln ist eine alte japanische Tradition. Vor knapp 1500 Jahren übernahmen die Japaner das chinesische Schriftsystem, da sie kein eigenes besaßen. Seit sie in Kontakt mit dem Ausland stehen, umgeben sie sich mit Reproduktionen und Imitationen ausländischer Erzeugnisse, sind sogar stolz darauf, Kopien anzufertigen, die qualitativ besser sind als die Originale – oft aber einfach nur größer. Der „Tokyo Tower" etwa ist eine 1958 entstandene, exakte Reproduktion des Pariser Eiffelturms, aber 31 Meter höher. Alles Fremdländische mutet die Japaner exotisch und verlockend an. Gleichzeitig gilt aber alles Unjapanische auch als unzuverlässig und suspekt. Die begehrtesten ausländischen Produkte sind deshalb jene, die in Japan hergestellt werden. Wohl sehen die Japaner eine Auslandsreise längst als schick an – zehn Millionen von ihnen waren 1989 im Ausland. Doch dem Durchschnittsjapaner erscheint ein Ausflug in die Fremde immer noch als ein im Grunde gefährliches Unterfangen. Viel lieber reist er deshalb in ein Ausland, das er zu Hause findet. Das Dorf Donguri, im südlichen Teil der Insel Kyushu, erleichtert es ihm. Die Häuser wurden im Stil des französischen Médoc gebaut, jener Halbinsel nordwestlich von Bordeaux, wo der gute Rotwein gedeiht. Zum Eintrittspreis von 1500 Yen (knapp 18 Mark) können die japanischen Touristen Kühe melken, sich bei der Käsezubereitung oder der Traubenlese fotografieren lassen. „Wenn die Besucher wieder abfahren, sollen sie das Gefühl haben, in der tiefsten französischen Provinz gewesen zu sein", sagt ein Touristenführer. Ebenso können die Japaner in ein japanisches Spanien reisen – das original spanische Dorf liegt in der Präfektur Mie. Wer aber gern die Niederlande kennenlernen möchte, braucht nur nach Nagasaki zu fahren – mitten in der Stadt gibt es „Hollanddorf". Neueste Errungenschaft im Angebot eines Ersatzauslands „made in Japan" ist ein Dorf in der Nähe der Stadt Obihiro auf der nördlichen Insel Hokkaido, dessen deutscher Name bereits ein Versprechen enthält: „Glückskönigreich". Hier kann der Japaner Deutschland erfahren und in die Märchenwelt der Gebrüder Grimm eintauchen. Inmitten grüner Felder lockt von weitem die Silhouette eines mittelalterlichen deutschen Städtchens mit Kirche, Stadttor und Windmühle. Die Eintrittskarte ist einem deutschen Reisepaß nachempfunden. Der Besucher läßt ihn abstempeln, hat sozusagen Japan verlassen und tritt in die Traumwelt Deutschland ein. Deutsche Musik umsäuselt ihn aus versteckten Lautsprechern. „Sie werden deutsche Geschichte unter ihren Füßen spüren", verspricht ihm die Broschüre. Und wirklich: Das Kopfsteinpflaster stammt aus alten Gassen in Leipzig und Ost-Berlin.

Mitunter allerdings gerät dieses Deutschland à la Japan etwas durcheinander. So steht der Bremer Roland vor dem Stadttor von Rothenburg ob der Tauber, und die deutsche Inschrift hat acht Fehler in drei Zeilen. Auf den Marktplatz von Rothenburg hat sich die getreue Kopie des Rathauses von Hanau verirrt und das Bronzedenkmal der Gebrüder Grimm. Hinter dem Rathaus eine Nachbildung der Dorfkirche, in der ein Großvater der Gebrüder Grimm zu predigen pflegte. Drinnen eine Orgel aus der Universitätsstadt Göttingen, „dem Glückssymbol der deutschen Studenten", so die Broschüre. Läden verkaufen deutsche Wurst, ein Japaner backt deutsches Brot, jeden Tag frisch. Original junge Deutsche in Dirndl und Lederhosen spielen deutsche Bürger (Monatsgehalt: 70 000 Yen, 820 Mark), spazieren über den Marktplatz, um sich neben den japanischen Besuchern fotografieren zu lassen. Ein grüner Froschkönig, Schneewittchen und andere Figuren aus Grimms Märchen sind überall zugegen. Immerhin gibt es auch zwei echte Fachwerkhäuser aus der Nähe von Wiesbaden, die zu je 100 Millionen Yen (knapp 1,2 Millionen Mark) erworben und hier aufgestellt wurden. „Eigentlich standen sie unter Denkmalschutz, aber wir haben sie schließlich bekommen, als wir versprachen, sie zurückzugeben, wenn wir sie nicht mehr brauchen", sagt Toshihiko („Nennen Sie mich bitte Ludwig") Kimishima, der PR-Mann von Glückskönigreich. Eines der hessischen Fachwerkhäuser stammt aus dem Jahr 1702 – es gilt als ältestes Gebäude auf ganz Hokkaido. Die Insel war bis vor 150 Jahren fast ausschließlich von Ainu bevölkert, den Ureinwohnern, die Japaner sind dort Neusiedler. „Wir haben hier weder Tradition noch Geschichte und freuen uns deshalb, beides importieren zu können", sagt Mitsuhige Hayashi, Herausgeber der Tageszeitung der Stadt Obihiro. „Glückskönigreich soll das Kulturniveau unserer Bevölkerung heben." Eher als Kultur produziert Glückskönigreich Geld. Die Immobiliengesellschaft, die das Projekt entwickelte, hat einen Teil der Investitionen schon wieder verdient: 500 000 Besucher in den ersten sechs Monaten. Jetzt plant sie sinnige Ergänzungen. Eine Reproduktion des Schlosses Bückeburg etwa, als Hotel vorgesehen, ist bereits im Bau. „Meist kommen viele Besucher zurück", sagt PR-Mann „Ludwig". „Sie interessieren sich für Deutschland, wollen deutsche Sitten und Gebräuche lernen."

Deutschland war immer schon Vorbild für das moderne Japan gewesen. Japans Schwerindustrie wurde nach deutschen Richtlinien aufgebaut – das Hauptquartier von Nippon Steel in Kitakyushu ist die genaue Kopie des Verwaltungsgebäudes von Krupp in Essen. Deutsch war bis zum Zweiten Weltkrieg Pflichtsprache für japanische Ingenieure, Ärzte und Juristen. Jene Zeiten sind vorbei. An der Tokio-Universität stirbt die deutschsprachige Abteilung ab. Nur noch neun Studenten haben sich im vergangenen Semester immatrikuliert, an der Waseda-Universität nur vier. Was bleibt von Deutschland, ist ein Deutschland-Fimmel. So besitzt Japan die größte Sammlung von Goethe-Memorabilia. Ihr Gründer, Tadashi Kogawa, trug im Laufe seines Lebens eine Bibliothek von 70 000 Büchern und 150 000 mit Goethe verbundene Gegenstände zusammen, darunter 68 Erstausgaben von Goethes Gesamtwerk und eine Streichholzschachtel, die Goethes Namen trägt. Für Beethovens Neunte empfinden die Japaner eine einzigartige Leidenschaft. 150 Chöre im ganzen Land singen ausschließlich „Freude, schöner Götterfunken". Einmal im Jahr kommen 10 000 Japaner aus allen Schichten, von Geishas bis zu Bankangestellten, in Tokios Sumo-Stadion zusammen, um mit viel Hingabe und noch mehr Lautstärke die Hymne an die Freude zu schmettern. Dann jubiliert der größte Chor der Welt. In Tokio lassen sich Dutzende Lokale von Deutschland inspirieren. Allein im Umkreis des Imperial-Hotels heißt eins „Baden-Baden", ein anderes „Loreley". Sogar in dem winzigen Nest Tsukiyo-no-machi in der Präfektur Gumma steht ein mit deutschen Möbeln eingerichtetes Gasthäuschen. Ein 60jähriger Japaner in deutschen Uniformteilen aus dem Ersten Weltkrieg bereitet dort deutsche Gerichte. An der Eingangstür lockt das deutsche Wort „Traum".

Das Fremdländische, zu dem die Japaner so gern Zuflucht suchen, bleibt seltsam irreal und oft widersinnig. So mieten junge Brautpaare, die sich zu ihrer Hochzeit mit fremdländischer Kulisse umgeben möchten, ganze katholische Kirchen, obschon sie Shintoisten sind. Der ausländische Pfarrer, der mitgemietet wird, trägt zur Exotik bei. Fremdländisches zieht immer. Voriges Jahr wurde der Direktor des französischen Kulturinstituts in Fukuoka vom größten Kaufhaus der Stadt gebeten, beim Import einer echten Guillotine aus Frankreich behilflich zu sein. Man wollte sie ins Schaufenster stellen, um mit dem 200. Jahrestag der Französischen Revolution Kunden anzulocken. Ausländische Reliquien verschaffen ihrem Besitzer großes Ansehen. Eine Privatuniversität versucht, Studenten anzuwerben, indem sie mit einer „echten Kopie" von Englands Magna Charta aus dem Jahre 1215 prahlt. Der botanische Garten der Tokio-Universität behauptet, Newtons Baum zu besitzen – allerdings nicht direkt: Der Baum ist ein Sprößling aus dem Samen des Apfelbaums, unter dem Newton angeblich gelegen hatte. Die kleine Stadt Oshimizu auf der Halbinsel Noto hat sich einen Namen gemacht, weil sie behauptet, Moses sei mit seinen Gesetzestafeln aus Palästina hierhin geflohen. Die Tafeln sind nicht mehr zu sehen, befinden sich aber einem Gerücht zufolge im Besitz der kaiserlichen Familie. Ein „Moses-Grab" wird noch vorgezeigt.

Die seltsamen Erben der Samurai
Japans Yakuza, das größte Gangstersyndikat der Welt

Sie sind „das Schmieröl der Gesellschaft": fast hundert-tausend organisierte Gangster, oft gemeinnützig tätig und gesellschaftlich anerkannt.

In einer kleinen Gasse von Hanakuma, einem Bezirk in der Hafenstadt Kobe, tritt jeden Morgen ein junger Mann in kugel-sicherer Weste aus einem einfachen, weiß gestrichenen Haus und fegt die Straße vor seiner Tür. Eine alte Frau in weißer Schürze, die vor dem Haus gegenüber kehrt, grüßt ihn mit einer Verbeu-gung. Der Gangster verbeugt sich seinerseits tief. Japan ist ein eigenartiges Land, und die Gangster, wie alle guten Japaner, sind hier diszipliniert und höflich. Sie legen großen Wert darauf, daß die Nachbarn nur Gutes von ihnen hören. Mitglieder der Yama-ken-gumi werden gebeten, „nicht herumzulungern, nicht laut zu sprechen und keinen Abfall auf die Straße zu werfen", mahnt ein Schild vor dem Haus. Die Yamaken-gumi ist eine der wichtigsten Gangsterbanden (auf japanisch: gumi) in Kobe, das bescheidene weiße Haus ihr Hauptquartier. Der Name der Bande und das

Firmenzeichen ihrer Muttergesellschaft, ein stilisiertes Schriftzeichen für Berg (auf japanisch: yama), stehen rechts von der
Tür auf zwei Messingplatten. Die Muttergesellschaft ist Japans
größtes Verbrechersyndikat: Yamaguchi-gumi. Es ist zugleich
das größte Syndikat der Welt. Der Postbote, oder wer immer die
Gangster aufsucht, hat keinerlei Mühe, sie zu finden. Sie stehen
sogar im Telefonbuch. Auf den Gelben Seiten erscheinen Name
und Nummer unter der Rubrik „Gesellschaften für gegenseitige
Hilfe". Die Namen der Bandenmitglieder sind auch keineswegs
geheim. Im Erdgeschoß der Zentrale stecken auf einer großen
Holzplatte an der Wand 183 kleine Täfelchen, auf die jeweils
mit schwarzer Tusche ein Name gemalt ist. Streng hierarchisch
stehen die Führungskräfte zuoberst, untere Chargen in der
zweiten und dritten Reihe. Im Büro brennen die Neonlampen
den ganzen Tag. Denn die Fenster, durch schwere, kugelsichere
Schirme geschützt, lassen nicht genügend Tageslicht herein.
Nach einem blutigen Bandenkrieg, der 30 Gangster das Leben
kostete, wurde der Boß dieser Bande, Yoshinori Watanabe, 48,
schließlich im vergangenen Jahr zum alleinigen Chef von Yamaguchi-gumi gewählt. Einige verbissene Rivalen aber haben den
Beschluß noch nicht akzeptiert. Hanakuma ist ein dorfähn-
licher Bezirk — wie Tausende andere irgendwo in Japan, mit
engen Gassen, kleinen Läden, Verkaufsautomaten an den Wänden und Plastikblumen an den häßlichen Strommasten, die das
ganze Land verunstalten. Das Leben in Hanakuma („Schatten
der Blumen") geht trotz der Anwesenheit der Gangster ungestört weiter. Hinter dem Hauptquartier der Yamaken-gumi liegt
das örtliche Büro der japanischen Kommunistischen Partei, auf
der anderen Straßenseite ein buddhistischer Tempel, einige Häu-
serblocks weiter das Polizeipräsidium von Kobe.

„Die einzige Möglichkeit, sie auszumerzen, wäre, sie finanziell
auszutrocknen, doch trotz all unserer Bemühungen haben Gangster in einer Gesellschaft wie der unseren leichten Zugang zum
Geld", sagt Itzuo Hokosaki, Leiter der Abteilung zur Bekämp-

fung der Bandenkriminalität der Polizei von Kobe. Dieser Tage werden Japans Gangster, ähnlich wie Japans Industrielle, immer reicher und immer mächtiger. Vor über drei Jahrhunderten haben sie als kleine Dorfkriminelle angefangen, die vor allem am Glücksspiel verdienten. „Yakuza" hießen sie deshalb – das Wort bedeutet „8-9-3", die ungünstigste Kombination in einem alten Kartenspiel. Seit einigen Jahren gehören sie zu den gut-geführten, leistungsstarken Wirtschaftsverbänden, die expan-dieren und florieren wie andere japanische Unternehmen auch. Längst haben die Yakuza die Grenzen ihrer traditionellen Bran-chen – Glücksspiel, Prostitution und Drogen – überschritten. Sie haben sich im Immobiliengeschäft, in der Finanzwirtschaft und der Industrieproduktion engagiert. Sie mischen am Kunstmarkt mit und seit zwei Jahren auch an der Börse. „Die Yakuza sind zu wichtigen Steinen im Wirtschaftsmosaik des Landes gewor-den", meint Polizeioffizier Junichi Uchida, Vizechef des Dezer-nats für organisiertes Verbrechen bei der Nationalen Polizei in Tokio. Nach offiziellen Schätzungen setzen die Yakuza etwa 1,5 Billionen Yen (16 Milliarden Mark) im Jahr um, nach anderen Quellen fünfmal soviel. Das entspräche den Jahreseinnahmen aller Supermärkte Japans.

Angesichts ihres neuen Reichtums halten die Yakuza wie alle anderen japanischen Konzerne nach neuen Anlagemöglichkeiten und neuen Märkten Ausschau, auch außerhalb Japans. Sie haben sich bereits in allen Ländern Südostasiens etabliert, dazu in Südkorea und Taiwan. Sie sind auch in Australien und Europa vertreten. „Die Internationalisierung der Yakuza ist ein natür-licher Trend", sagt der FBI-Chef der amerikanischen Botschaft in Tokio. „Wir müssen darauf vorbereitet sein, wenn wir nicht überrascht werden wollen wie vor einem halben Jahrhundert, als die Mafia mit der Expansion über die Grenzen Siziliens hinaus begann." Einige der japanischen Firmen, die in den letzten Jahren auf Hawaii Hotels und Golfplätze kauften, erwiesen sich als Tarnorganisationen der Yakuza. Das gleiche gilt für japanische Erwerbungen an der Golden Coast von Australien. „Die Yakuza-Strategie ist sehr einfach", sagt der FBI-Mann. „Zunächst kaufen sie Grundstücke auf, dann übernehmen sie das Tourismusgeschäft, alsbald kontrollieren sie die Prostitution, das Glücksspiel, den Drogenhandel und das Erpressergeschäft, alles, was nun einmal dazugehört." Die amerikanischen Behörden fürchten, daß die Yakuza versuchen, Hawaii als Sprungbrett zu Operationen in den USA zu benutzen. Schon kommen viele sogenannte Yakuza-Ruheständler als Geschäftsleute in die USA – die Vorhut. Nicht allein die Amerikaner haben Grund zur Sorge. In Australien wurde bereits vorgeschlagen, ein Gesetz zu verabschieden, das den Yakuza die Einreise versperren soll. Die philippinische Regierung bat Japan um die Listen aller bekannten Yakuza, damit sie festgehalten werden können, sobald sie in Manila gelandet sind. Bezeichnenderweise lehnt Tokio solche Bitten stets ab. „Das wäre eine Verletzung der Persönlichkeitsrechte jener Leute", erklärt Polizeichef Uchida.

Deshalb haben die philippinischen Einwanderungsbehörden allen Grenzposten Weisung erteilt, Ausschau nach Yakuza zu halten – was nicht schwierig ist. Es zeugt für das Selbstbewußtsein der Gangster, daß sie sich rituell verstümmeln: Sie lassen sich die Kuppen eines oder zweier Finger bis zum Gelenk amputieren und bunte Bilder von Samurai-Kriegern, Blumen und Drachen auf den Körper tätowieren. Japan ist ein Land, das im Informationsüberfluß schwelgt: Alles und jedes wird in Computern gespeichert und schließlich in Statistiken, Grafiken und Broschüren dargelegt – dieser Besessenheit unterliegen auch die Yakuza. Die Polizei kennt fast alles Wissenswerte über die Gangster. Sie weiß, wie viele Yakuza es im Land gibt (1989 waren es genau 86 553), sie kennt den persönlichen Werdegang jedes der Mitglieder, ihre Anführer, ihre Organisationen, ihre legalen und illegalen Geschäfte. Im Polizeipräsidium von Kobe stellt eine große Tafel die Yamaguchi-gumi-Struktur grafisch dar, mit aktuellen Fotos aller Bosse und allen Lebensläufen. Dennoch scheinen die Yakuza, in offiziellen Verlautbarungen als „Pest" und „Feinde" der Gesellschaft gebrandmarkt, die Polizei nicht übermäßig zu beschäftigen. Von rund 1000 Polizisten des nationalen Polizeipräsidiums in Tokio gehören nur 14 dem Dezernat zur Bekämpfung der Yakuza an. Von den 250 000, die landesweit im Einsatz sind, widmen sich nur ein paar hundert hauptamtlich dem Kampf gegen das organisierte Verbrechen.

Das ist erstaunlich. Denn die japanische Polizei tritt an sich flächendeckend auf. Sie arbeitet nicht nur gründlich und effizient – von zehn Verbrechen werden sieben in kurzer Zeit aufgeklärt, die Schuldigen verhaftet, vor Gericht gestellt und in 99,8 Prozent der Fälle überführt. Sie unterhält vielmehr neben den normalen Polizeirevieren in jedem Stadtteil auch einen kleinen Posten, der vielerlei soziale Dienste leistet – er verleiht Geld an Einwohner, denen es ausgegangen ist, bringt Trunkenbolde nach Hause, mahnt, die Autos gut zu waschen. Dank dieser Basisorganisation weiß die Polizei letzten Endes genau über jeden Bürger im Revier Bescheid. Doch gegen die Yakuza gelang ihr noch kein bedeutender Erfolg. Keine nennenswerte Gang wurde zerschlagen, keiner der großen Bosse verhaftet oder gar zu schwerer Gefängnisstrafe verurteilt, keine der wichtigsten illegalen Tätigkeiten der Yakuza reduziert. Zwar ist die Zahl der Yakuza während der letzten 25 Jahre geschrumpft – 1965 gab es mehr Gangster als Soldaten des Heeres: 186 000. Dieser Rückgang ist aber nicht der Polizei, sondern der veränderten wirtschaftlichen Lage zu verdanken: Der Boom hat die Arbeitslosigkeit gemindert, die Gangster selbst haben sich umstrukturiert, Tausende ihrer Anhänger wurden zu Angestellten privater Sicherheitsfirmen umgeschult, die ihrerseits unter Kontrolle der Banden stehen. Bis Anfang der achtziger Jahre bestanden die Yakuza aus über 4000 Gangs, jeweils mit einem eigenen Territorium und einer losen Mitgliedschaft in einem der großen Syndikate. Inzwischen haben sie sich auf 3197 Banden und drei Syndikate gesundgeschrumpft: Sumiyoshi-rengo und Inagawa-kai mit Sitz in Tokio, Yamaguchi-gumi im Gebiet von Kobe-Osaka. Am mächtigsten ist Yamaguchi-gumi mit 20 000 Vollzeitgangstern und Repräsentanzen in 37 der 47 Präfekturen Japans. Und sie expandieren weiter. „Unser Ziel ist die Vereinigung aller Gangs unter einer Führung", sagt ein Vertreter der Führungsspitze von Yamaguchi-gumi in Osaka. „Bei Sturm bieten große Bäume den besten Schutz."

Das Gespräch findet in der Teestube des eleganten Nikko-Hotels im Stadtzentrum von Osaka statt. Zwei Leibwächter stehen am Wagen, als der Boß seinem Rolls-Royce mit Chauffeur entsteigt. Das Hotelpersonal erkennt den Gast sogleich und ehrt ihn mit tiefen Verbeugungen. „Er ist ein Mann, der jenseits der Wolken lebt und viel über uns berichten könnte", sagt der Chef einer kleineren Yakuza-Bande, der das Treffen gegen eine Gebühr arrangiert hat und jeden Satz des Bosses durch Kopfnicken bestätigt. Der Boß ist eine gepflegte Erscheinung, in hochelegantem dunklen Anzug, mit makellos gestärktem weißen Hemd und Seidenkrawatte. Seine Armbanduhr ist mit kleinen Diamanten eingefaßt, sein blasses Gesicht gespannt, das zurückgekämmte Haar glänzt. Das Vorstellungsritual läuft perfekt japanisch ab. Der Boß stellt sich mit zwei Visitenkarten vor, auf der einen als Präsident verschiedener Firmen, die seiner Organisation gehören und legale Geschäfte machen, auf der anderen in kunstvollen schwarzen Schriftzeichen als einer der obersten Chefs von Yamaguchi-gumi. Allein seine eigene Gang zählt über 800 Mann. „Die Gesellschaft nennt uns Gangster, aber wir sind die wahren Erben der Samurai", sagt der Boß, der trotz seiner zwei Visitenkarten namenlos bleiben will. „Im heutigen Japan sind wir die einzigen, die noch Prinzipien haben. Die anderen, die Normalbürger, die ,Sararimen', die Bürokraten und Politiker, denken nur an das Geld, aber wir, wir leben noch nach den alten Idealen der Krieger." Absurd? Nicht ganz. Die Yakuza leben tatsächlich anders als die anderen Japaner.

Sie haben ihre Traditionen und Gewohnheiten und pflegen sie. Monatelang nehmen sie quälenden Schmerz in Kauf, um ihre Körper tätowieren zu lassen – oft von der Schulter bis zu den Enkeln, vorn und hinten. Ihren Bossen sind sie immer noch in traditioneller Loyalität ergeben und erhalten dafür deren Wohlwollen. Auf Befehl ihrer Bosse hacken sie immer noch die Kuppe eines Fingers ab. Manchmal töten sie auch für sie und gehen dafür klaglos jahrelang ins Gefängnis. Sogar dort verhalten sich die Yakuza diszipliniert. Sie folgen allen Regeln und unternehmen niemals einen Ausbruchsversuch. Der Chef einer Yakuza-Gang ist so etwas wie ein General früherer Zeiten. Der Boß der Bosse aber, Yoshinori Watanabe, gleicht einem Shogun, dem obersten Herrscher des alten Japan. So lebt er auch. Im Gebiet Rokko in den Bergen von Kobe mit Blick über das Meer liegt die Residenz von Watanabe, dem erst kürzlich auf den Thron gehobenen Chef von Yamaguchi-gumi. Eine hohe Steinmauer aus mächtigen Felsblöcken umgibt die gepflegten Gärten, den Pool und das makellos weiße Haus. Das Haupttor ist aus weißem Holz gezimmert, die Stufen bestehen aus Granit. Nachts erleuchten zwei große Scheinwerfer das riesige Grundstück. Die Augen dreier Fernsehkameras erfassen jeden, der sich dem Anwesen nähert. Die Nachbarn blicken voll Ehrfurcht auf „das Schloß".

Für die Masse der erschöpften, gestreßten Japaner, die ihr freudloses Leben damit verbringen, daß sie zwischen elenden Büros und elenden Häusern hin- und herpendeln, ständig gefangen in einem Spinnennetz verpflichtender gesellschaftlicher Rituale, ist der elegant gekleidete, offenbar freiere und wohlhabendere Yakuza nicht ein Schurke, sondern eine Art Held. Filme über Yakuza waren in Japan stets Renner, Bücher über ihr Leben Bestseller. „Seltsamerweise sind die einfachen Leute von diesen Menschen fasziniert und hören gern Geschichten von Yakuza", sagt Joji Abe, der nach 28 Jahren Mitgliedschaft in einer Gang jetzt erfolgreicher Autor von Yakuza-Romanen ist. Die Yakuza betrachten sich als die letzten Romantiker, die auf verlorenem

Posten gegen Materialismus und Moderne kämpfen. Tatsächlich sind sie ein weiteres Beispiel für die gewaltigen Widersprüche einer Gesellschaft, die nie eine soziale Revolution miterlebt hat und deshalb innerlich feudalistisch geblieben ist, obwohl sie äußerlich alle Merkmale von Modernität und Fortschritt zeigt.

Die offizielle Erklärung für die andauernde Macht der Gangster lautet: Die auferlegte Demokratisierung der Nachkriegszeit hat die repressiven Mittel des Staates so sehr begrenzt, daß den Yakuza viel Spielraum bleibt. Das ist wahr. Anders als in anderen Ländern kann die Polizei in Japan keine geheimen Operationen durchführen, sie darf keine Vermögenswerte ausfindig machen, keine Aussagen erzwingen, keine Telefone abhören oder sonstige elektronische Überwachung durchführen. Noch wahrer ist aber, daß die Yakuza zur japanischen Gesellschaft gehören wie die Polizei, die „Sararimen" oder die Fabrikarbeiter. „Sie sind keine Krankheit. Sie sind Teil des Körpers", sagt Yukio Yamanuchi, Anwalt der Yamaguchi-gumi in Osaka und Autor eines Yakuza-Bestsellerromans mit dem Titel „Der einsame Killer". Und: „Man würde doch das Gedärm eines Menschen nicht nur deshalb entfernen, weil es eine schmutzige Funktion hat!" In einer Gesellschaft wie der japanischen, in der es üblich ist, das eine zu sagen, aber etwas anderes zu meinen. Wo es normal ist, zu behaupten, der Schein sei das Sein, selbst wenn jeder weiß, daß dem nicht so ist, gibt es viele schmutzige Funktionen, die erledigt werden müssen. Es sind Funktionen, von denen jeder weiß, von denen aber jeder behaupten kann, er wisse nichts davon. Eine ist die Prostitution.

Laut Gesetz steht die Prostitution in Japan unter Strafe. Doch Massagesalons und rosa Boudoirs, in denen nur spärlich bekleidete Mädchen ihren Kunden Sex im Schnellservice bieten, florieren oft nur wenige Meter neben den allgegenwärtigen Polizeiposten. Die Yakuza organisieren seit langer Zeit dieses Geschäft. Vor dem Krieg pflegten sie über Land zu reisen, um Töchter verarmter Bauern für die berühmten Yoshiwara-Bordelle in Tokio zu kaufen. Da der heutige Wirtschaftsboom nur noch wenige japanische Mädchen in die Prostitution treibt, gehen die Yakuza auf der Suche nach Zufuhr ins Ausland. Wenn „eine japanische Universität" in Bangkoker Zeitungen Thai-Studenten „Stipendien" bietet, weiß nur der Kenner, daß die Yakuza die Anzeigen aufgegeben haben. Bei der Vorstellung werden dann die Jungen nach Hause geschickt, nur die hübschesten Mädchen kommen in den Genuß des „Stipendiums". In Manila sind die Anzeigen deutlicher: Japanische „Impresarios" suchen „Schauspielerinnen, Tänzerinnen und Sängerinnen". Wenn die Mädchen in Japan eintreffen, nimmt man ihnen „sicherheitshalber" ihre Pässe ab, das versprochene Gehalt ist nach Abzug der Kosten für Reise, Unterkunft und Verpflegung ein winziges Taschengeld, sie selbst sind die Geiseln der Gangster. Ungefähr 60 000 ausländische Mädchen, einige aus Europa, arbeiten derzeit für die Yakuza.

Das Glücksspiel ist in Japan gleichfalls illegal, aber wiederum nur der Theorie nach. Überall in Japan rasseln und klingeln die Pachinko-Automaten, Spielmaschinen der stumpfsinnigsten Art. Hunderttausende hocken vor den Geräten, verbringen dort mehr Stunden als bei irgendeiner anderen Freizeitbeschäftigung und lassen dort mehr Geld als in Kinos oder Restaurants. Die 14 000 Pachinko-Spielhallen des Landes unterstehen den Yakuza. Seit Kriegsende haben die Yakuza auch das Drogenmonopol – und das kam so: 1940 ließ die Regierung „shabu" genanntes Amphetamin herstellen, das Luftwaffenpiloten während ihrer langen Flüge oder Kamikaze-Flieger vor ihrem letzten Einsatz und sogar Arbeiter in den Munitionsfabriken zwecks besseren Durchhaltens nehmen sollten. Nach Ende des Krieges fand sich noch viel Shabu in den Lagern der Armee, den Yakuza gelang es, sich die Vorräte zu beschaffen. Seither sind Studenten, Nachtschichtarbeiter, Entertainer, Taxi- und Lkw-Fahrer, überhaupt alle, die lange wach bleiben müssen, Kunden des Drogenhandels der Yakuza. Da der Verkauf von Chemikalien für die Arzneimittelherstellung streng kontrolliert wird und dadurch die

Shabu-Produktion in Japan ummöglich gemacht ist, lassen die Yakuza das Betäubungsmittel im Ausland herstellen, 80 Prozent in Taiwan, 15 Prozent in Südkorea und 5 Prozent in Thailand – ein phantastisches Geschäft: Das Kilo Shabu kostet beim Produzenten etwa 800 000 Yen, in Tokio erlöst man 40 Millionen dafür. Der Schmuggel kommt nur manchmal ins Stocken. Kürzlich fand die japanische Polizei 66 Kilo Shabu in gefrorenem Thunfisch aus Taipeh. Im wesentlichen ist es immer noch die gleiche Droge, die vor einem halben Jahrhundert munter machen sollte, nur der Name hat sich geändert: Die Yakuza nennen den Stoff jetzt „Kukoken" (Flugticket). „Ein Schuß kostet soviel wie ein Flugticket Tokio–Osaka", sagt ein junger Gangster, der die Droge in Shibuya verkauft – zusammen mit Eintrittskarten für die Baseballspiele am Sonntag: 3000 Yen das Ticket, 14 000 Yen der Schuß.

Gewiß haben die Yakuza das Verdienst, daß Japan bislang von der weltweiten Heimsuchung harter Drogen wie Heroin und Kokain verschont blieb. Sie wissen, daß die Einfuhr harter Drogen ihren Amphetaminmarkt zerstören und die japanischen Banden von ausländischen Lieferanten abhängig machen würde. Aber sie handeln wohl nicht nur gemäß ihrem Profitinteresse. Sie wollen vielmehr Japan vor „dieser westlichen Krankheit" schützen, so der Yakuza-Boß mit den zwei Visitenkarten. Drogenkampf mithin als Bestandteil der Aufgaben der Yakuza in dem ungeschriebenen Gesellschaftsvertrag, den die Gangster mit dem japanischen Volk und den japanischen Behörden geschlossen haben. Als Gegenleistung für ihre Zusammenarbeit bei der Aufrechterhaltung der Ordnung, jenes höchsten gesellschaftlichen Wertes, den alle Japaner als heilig betrachten, dürfen die Yakuza gewisse Grauzonen der Gesellschaft kontrollieren. In diesem Sinne teilen sich die Gangster und die Polizei die Verantwortung. In jeder japanischen Stadt florieren in bestimmten Vierteln nachts Pornoshows, Prostitution und Glücksspiel. Während der Geschäftszeiten geht dort niemals ein Polizist Streife –

die Polizeifunktion nehmen die Yakuza wahr. Wenn etwa zwei Betrunkene Streit anfangen, kommt einer der kessen jungen Männer, die an der Straßenecke Posten stehen, spricht ein paar energische Worte, die beiden verbeugen sich respektvoll vor ihm, entschuldigen sich und verschwinden. Wenn Japan die geringste Kriminalitätsrate aller Industriestaaten hat, so auch dank der Yakuza: Da sie das Verbrechensmonopol besitzen, gewährleisten sie, daß kein Unbefugter in ihren Markt eindringt. Unabhängige Kriminelle haben in Japan keine Chance. Ein Taschendieb, der auf eigene Rechnung in einem Vergnügungsbezirk arbeitet, würde Kunden verschrecken – die Yakuza fassen ihn deshalb sofort und legen ihm das Handwerk. Ein bewaffneter Raub würde die Öffentlichkeit aufbringen und die gesellschaftliche „Harmonie" stören. Die Yakuza treffen daher Vorsorge, daß ein solcher Raub nicht geschieht. Eine Ausnahme bestätigte vor fast vier Jahren die Regel: Gangster überfielen eine Bank im Tokioter Innenstadtbezirk Yurakucho und erbeuteten 333 Millionen Yen – es waren Franzosen.

Feuerwaffen sind in Japan strikt verboten. Keine Privatperson darf, aus welchem Grund immer, eine Pistole besitzen. Die 520 000 Jagdwaffen im Lande müssen ordnungsgemäß registriert sein und werden regelmäßig überprüft. Für die Yakuza jedoch ist der Besitz einer Waffe so etwas wie das Kennzeichen ihres Berufes und das Symbol ihrer Macht. In früheren Zeiten durften nur die Samurai ein Schwert tragen, war die Ausübung von Gewalt ein Privileg, das nur ihrer Klasse zustand. Da sich die Yakuza in dieser Tradition sehen, fühlen sie sich auch befugt, Waffen zu tragen. Irgendwie gelang es den 86 000 Gangstern, sich „mindestens pro Kopf eine Pistole" zu beschaffen, wie die Polizei zugibt. Seit Jahren kaufen die Yakuza ihr Schießzeug auf den Philippinen, wo Waffenkünstler jede Art von Pistole oder Gewehr nachbauen. Um das Schmuggelrisiko zu umgehen, haben die Yakuza die Waffenschmiede selbst nach Japan eingeschifft. Im April dieses Jahres standen vier Männer von der Philippinen-Insel Cebu in Kyoto wegen Herstellung von Waffen für eine Yakuza-Gang vor Gericht. Seit ihrer Ankunft hatten die vier 160 Revolver und 1000 Schuß Munition in Handarbeit hergestellt. Sie erhielten dafür je fünf Jahre Gefängnis, aber der Chef, der sie für die Waffenanfertigung nach Japan gebracht hatte, ist immer noch in Freiheit. Trotz ihres eindrucksvollen Waffenarsenals setzen die Gangster ihre Feuerkraft nur sporadisch ein – hauptsächlich in ihren eigenen Reihen. Selbst während ihrer Bandenkriege tun sie offenbar ihr möglichstes, um die Öffentlichkeit aus den Schießereien herauszuhalten.

Japan ist eine Gesellschaft, in der nicht gilt, was die Menschen sind, sondern welche Rolle sie spielen. Um so wichtiger, daß die Rolle eines jeden klar erkennbar ist. Deshalb war den Menschen in früheren Zeiten ihr Beruf auf den Rücken der Kleidung geschrieben. Heute tragen die meisten Japaner irgendeine Art Berufskleidung, vom Müllmann bis zum Intellektuellen. Die Infanterie der japanischen Industrie, die „Sararimen", stecken im dreiteiligen grauen Anzug mit weißem Hemd und dunkler Krawatte. Da man sie voneinander nicht unterscheiden kann, trägt jeder von ihnen das Abzeichen seiner Firma am Rockaufschlag. Die Gangster machen da keinen Unterschied. Ein Yakuza, der in seinem Job erfolgreich sein will, muß als Yakuza zu erkennen sein und trägt deshalb eine Art Uniform: schwarze Sonnenbrille, bunte Kleidung, krauses Haar und dazu manchmal das Bandenzeichen am Revers. Die Tätowierung ist besonders für das Fußvolk wichtiger Bestandteil des Gewerbes. „Man muß aus der Reihe tanzen, um ohne zuviel Arbeit leben zu können", sagt ein Yakuza in Tokio. „Wenn ich mich vorstelle, knöpfe ich nur mein Hemd auf. Die Tätowierung beeindruckt die Leute. Sie jagt ihnen Angst ein."

Gangster unterhalten deutlich gekennzeichnete Hauptquartiere, setzen Pressekonferenzen an – kürzlich entschuldigten sie sich dabei vor der Öffentlichkeit wegen der „Unannehmlichkeiten", die durch ihre Bandenkriege entstanden waren –, sie klagen vor Gericht in ihrem eigenen Namen und geben eigene Zeitschriften heraus, etwa „Asahi Geino". Das Wochenblatt berichtet exklusiv über Ereignisse und Klatsch in der Unterwelt. Bei öffentlichen Anlässen wie der Beerdigung eines Bandenchefs treten sie in Massen auf, da sie als wichtige Kraft im Japan von heute angesehen und beachtet werden wollen.

Ende März war der große Yamaguchi-gumi-Boß Watanabe nach Okinawa zum Golfspiel geflogen. Aber die Gangster auf der Insel – es gibt keinen Landesteil Japans, in dem sie nicht präsent wären – unterstehen noch nicht dem Osaka-Syndikat. Die Polizei befürchtete deshalb eine Konfrontation. Also verhinderte sie, daß Watanabe das Flugzeug verließ, und schickte ihn zurück. Innerhalb weniger Minuten war in Osaka die Parole ausgegeben, Yamaguchi-gumi-Mitglieder sollten dem Boß ihre Anhänglichkeit beweisen und der Polizei den Watanabe zugefügten „Gesichtsverlust" heimzahlen. Über 200 Mercedes-Limousinen, Cadillacs und Rolls-Royce rollten in Richtung Flughafen Osaka. Sie parkten mitten auf der Zufahrtsstraße, den Luxuskarossen entstieg die Creme der Gangster: alle in gediegenen Zweireihern, mit goldenen Uhren, in der Hand drahtlose Telefone oder Walkietalkies – ein selbstsicherer, herausfordernder Auftritt. Die gesamte Ankunftszone wurde von ihnen besetzt, nicht ein einziger Polizist ließ sich blicken. Anderthalb Stunden lang war es, als sei der internationale Flughafen Osaka von einer fremden Macht übernommen. Eine verdutzte Menschenmenge schaute stumm zu, wie die Yakuza-Elite „Osh, Osh" (Heil, Heil) brüllte und sich tief verbeugte, als Watanabes schwarzer Stretch-Mercedes 1000 SEL davonbrauste. Minuten später, als alles vorüber war, erschienen vier Polizisten. „Was ist passiert? Wer war jener Mann?" wurde einer der Beamten gefragt. „Welcher Mann?" fragte der Ordnungshüter zurück und antwortete bündig: „Nichts ist passiert."

Historiker datieren die Anfänge der Yakuza auf das beginnende 17. Jahrhundert, als der Shogun, der Herrscher des

Landes, Arbeitskräfte zum Aufbau seiner Hauptstadt und zum Anlegen neuer Straßen im Lande brauchte. Eine Gruppe in Ungnade gefallener Samurai wurde mit der Aufgabe betraut, diese Arbeitskräfte zu besorgen. Über 350 Jahre später ist die Beschaffung von Arbeitskräften immer noch eine der Yakuza-Aktivitäten. Nach einem der vielen Japan-Mythen gibt es in diesem Land eine wundersame Vollbeschäftigung, die Menschen haben garantierte Arbeitsplätze auf Lebenszeit. Doch für die große Mehrheit der japanischen Arbeitnehmer trifft das nicht zu – sie halten durchaus nach einer Beschäftigung auf Zeit Ausschau. Im Stadtteil Kamagasaki von Osaka liegt einer der Märkte, auf dem sich Arbeiter als Tagelöhner verdingen: 7000 Yen (75 Mark) kostet ein Wachmann, 10 000 ein ungelernter Arbeiter, 18 000 ein Tobi, einer jener Zimmerleute, die auf hohen Baugerüsten arbeiten können. Die Preise stehen auf Anschlagtafeln an den Seitenfenstern kleiner Busse, die unter einer Eisenbahnbrücke parken, die Angebote werden von Dutzenden junger Männer mit gekräuseltem Haar ausgerufen, viele von ihnen tragen militärähnliche Uniformen: Yakuza. Der Markt öffnet um 5.30 Uhr. Angesichts der vielen Bauprojekte in Osaka, einschließlich eines neuen Flughafens auf einer künstlichen Insel, gibt es Jobs für jedermann. Um 7.00 Uhr, wenn der Markt schließt, haben alle Busse mit der täglichen Ladung Arbeitskräfte den Platz verlassen, nur die Betrunkenen sind zurückgeblieben. Einige schlafen auf dem Pflaster, andere lagern um ein Feuer aus Fahrradreifen.

„In der gesamten japanischen Gesellschaft funktioniert ein Gewaltmechanismus, der von oben nach unten wirkt. Die unten sind am schwächsten und werden überrollt", sagt Bodo Walther, ein deutscher Missionar, der in Kamagasaki gegen den Alkoholismus kämpft, „Kamagasaki ist die Sammelstelle gebrochener Menschen." Hier findet man Leute, die ihren Arbeitsplatz in der Industrie verloren haben oder deren Geschäft bankrott gegangen ist; junge Aussteiger oder Menschen, die zu alt sind, um sich noch selbst ernähren zu können, und viele, die einfach untergetaucht sind: jene ständig wachsende Zahl von Angestellten, die eines Tages nicht mehr zur Arbeit erscheinen, nicht nach Hause gehen, die an Orten wie Kamagasaki in Osaka oder Sanya in Tokio oder in den entsprechenden Stadtteilen von Kawasaki und Yokohama auf Gelegenheitsarbeit warten. Ein weit einträglicheres Geschäft jedoch ist der Handel mit illegalen Einwanderern aus allen Teilen Asiens, die von der Hochkonjunktur und dem Reichtum Japans profitieren wollen. Tausende Filipinos, Pakistaner, Sri-Lankaner treffen jeden Monat, schon in der Heimat unter Vertrag genommen, illegal als „Touristen" auf dem Flughafen von Tokio ein und gehen direkt zu ihrer Arbeit auf den Baustellen der Industrievororte. Die fremden Arbeiter erhalten für gewöhnlich ein Drittel weniger, manchmal nur die Hälfte dessen, was ein Japaner bekommt. Die Behörden wissen das, wollen aber nichts dagegen tun. Denn in Wahrheit leidet die japanische Industrie unter erheblichem Arbeitskräftemangel, und obwohl es viel Widerstand gegen eine massive Zuwanderung ausländischer Arbeiter gibt, hat die Regierung entschieden, nichts gegen sie zu unternehmen. Weil sie aber offiziell nicht erlaubt ist, überläßt man ihre Organisation den Yakuza. Die Yakuza übernehmen die „Touristen" am Flughafen und bringen sie sofort zu ihren Unterkünften. Sie stellen auch sicher, daß niemand das gut laufende Geschäft stört. Wenn etwa ein engagierter Japaner in einer Menschenrechtsgruppe die Ausbeutung der illegalen Einwanderer anprangert, sieht er sein Haus unverzüglich von Lieferwagen umstellt, die wie Militärfahrzeuge aussehen, mit japanischen Flaggen bestückt sind und deren Lautsprecher dröhnen: „Verlaß das Vaterland! Verräter, warum hast du keine Achtung vor deinem Land?"

Yakuza-Gangs wurden zum Kampf gegen linke Demonstranten und als Streikbrecher in der Industrie mobilisiert. Yakuza-Gelder machten jene konservative Macht stark, die seither Japan regiert: die Liberal-Demokratische Partei (LDP). Heute sind die Yakuza und die japanische Rechte praktisch nicht mehr auseinanderzuhalten. Nach Angaben der Polizei agieren in Japan derzeit 850 Rechtsgruppen mit 120 000 Mitgliedern – im wesentlichen dieselben Leute, die auf den Listen der Yakuza-Gangs stehen. Kriminelle Erpressung und politischer Terrorismus gehen Hand in Hand. Statt sich als Gangster zu präsentieren und Schutzgelder zu verlangen, suchen die Yakuza in den Uniformen rechter Gruppierungen Firmenvorstände auf und fordern von ihnen, Beiträge für den Fonds zur Rückgabe der „nördlichen Gebiete" (der vier von der Sowjetunion besetzten Kurilen-Inseln) zu leisten. Wenn ein Unternehmen der Aufforderung nicht nachkommt, fahren Lautsprecherwagen der Organisation vor der Firmenzentrale auf, Sprecher prangern das „unpatriotische" Verhalten der Geschäftsführung an. Sobald die Firma zahlt, verschwinden die Wagen. 1988, während der Krankheit des Kaisers Hirohito, sorgten die Yakuza dafür, daß das Volk dem Kranken die nötige Achtung zollte, und nach seinem Tode, daß es gebührend trauerte. Als die Regierung vor der Frage stand, ob Hirohitos Begräbnis, wie im Westen üblich, als Staatsereignis oder gut japanisch als religiöse Shinto-Feier begangen werden sollte und ob der Staat die religiösen Riten zur Thronbesteigung des neuen Kaisers finanzieren werde, machten die Rechten Druck, daß der Tradition Genüge getan wurde.

Seit Kriegsende waren 27 Politiker und Regierungschefs Ziel der Rechtsextremisten. 1960 erstach einer von ihnen den Generalsekretär der Sozialistischen Partei, Inejiro Asanuma. Ihr letztes Opfer, der Bürgermeister von Nagasaki, Hitoshi Motoshima, hatte es gewagt zu behaupten, Hirohito sei zum Teil für die Führung des Zweiten Weltkriegs verantwortlich gewesen. Kazumi Tajiri, 41, Mitglied der Organisation Seikijuku (Die Schule des reinen Gedankens), einer weithin unbekannten rechten Splittergruppe, schoß dem Bürgermeister vor dem Rathaus in den Rücken. Nagasakis Motoshima überlebte den Anschlag und blieb bei seiner Meinung über den Kaiser. Der Kollege Bürgermeister von Hiroschima war da anfälliger. Hatte er zuvor gefordert, beim Umbau des Atombomben-Museums seiner Stadt eine Ecke zum Andenken an die Opfer der „aggressiven Rolle Japans im Zweiten Weltkrieg" einzurichten, so erklärte er jetzt, das Museum werde lediglich restauriert und nicht erweitert. Eine scharfe Kampagne seitens der rechten Splittergruppen Hiroschimas hatte ihn dazu gebracht, seinen ursprünglichen Plan fallenzulassen. Die Besucher des Museums werden so weiterhin den Eindruck gewinnen, daß die Japaner im Zweiten Weltkrieg die Opfer waren und nicht die Angreifer.

Japan ist ein Land, in dem das geschriebene Gesetz im Verhältnis zur Tradition nur wenig bedeutet, wo es die Menschen immer noch für eine Schande halten, vor Gericht zu gehen, und wo die Bürger lieber den Kopf einziehen, statt ihre Rechte geltend zu machen – für die Yakuza eine stets sprudelnde Geschäftsquelle. Auf diese Furcht vor negativen Presseberichten und dem Gesichtsverlust gründen die Yakuza eines ihrer raffiniertesten Geschäfte: das der Sokaya, „derjenigen, die an den Hauptversammlungen teilnehmen": Die Gangster kaufen ein paar Aktien einer Gesellschaft, oft nur eine einzige, und drohen dann der Firmenleitung, auf der jährlichen Hauptversammlung vor den Aktionären einige unangenehme Fragen zu stellen, es sei denn, die Geschäftsleitung zahlt. Der Durchschnittsjapaner sieht die Yakuza nicht als Übel an, vor dem er sich schützen müßte, im Gegenteil. „Es ist wichtig, daß man einige von ihnen kennt", sagt ein Taxichauffeur in Kobe. „Es kann sein, daß man einmal ihre Hilfe braucht." Wer meint, daß eine Versicherungsgesellschaft nach einem Autounfall nicht genug zahlen will, wendet sich an die Yakuza. Wer auf einen ungültigen Scheck hereinfiel, ebenfalls. Wer von einem Yakuza erpreßt wird, wendet sich an einen anderen Yakuza.

In einer Gesellschaft, in der jede Art von Auseinandersetzung Schande bedeutet und in der das oberste Gebot heißt, den Schein von Normalität zu wahren, fällt den Yakuza ein weites Betätigungsfeld zu. Die Gewalttätigkeit der Gangster, die so oft

Unruhe stiftet, bringt auch Lösungen zustande. Ein Gouverneur in Zentraljapan hatte kürzlich vor Wahlen den Wunsch, sein Gegner solle nicht gegen ihn antreten. Also bat er die Yakuza, den Konkurrenten davon abzubringen. Ein Besuch reichte nicht aus. Der Rivale verlangte eine „Entschädigung", und die Yakuza handelten den Preis aus. Die Yakuza sind so gut organisiert, daß sie gar keine direkte Gewalt einzusetzen brauchen, wenn sie Leuten Angst einjagen wollen. Oft reicht schon ein Kaugummi, der im Schlüsselloch einer Tür steckt, oder eine tote Katze, die vor dem Haus liegt, um die Botschaft für jeden verständlich zu übermitteln. „Es gibt viele Probleme, bei deren Lösung wir mithelfen. Wir sind das Schmieröl, ohne uns würde in Japan alles zum Stillstand kommen", sagt Akira Kurosawa, 55, der 13 Jahre im Gefängnis verbrachte und 51 Nahtstellen im Gesicht hat. Sie rühren von der Explosion einer Bombe her, die ihm eine rivalisierende Gang geschickt hatte, als er noch Chef einer der größten Banden von Osaka war, der Seikinshi-kai (Organisation der Aufrichtigkeit). Im Milieu hieß Kurosawa der „Kissinger der Yakuza", er war 1981 einer der Bewerber um die Nachfolge des sagenumwobenen Kazuo Taoka als Oberboß der Yamaguchi-gumi gewesen. „Jetzt bin ich im Ruhestand", sagt er, zurückgelehnt in einem grauen Plüschsessel in dem Büro einer Beratungsfirma in Osaka, deren Präsident er ist. „Ich vermisse die Organisation fürchterlich. Ich fühle mich innerlich leer." „Ja, wir sind feudalistisch, aber was ist dagegen einzuwenden?" sagt Kurosawa. „Wir möchten bleiben, was wir sind. Besser feudalistisch als ohne Moral wie die anderen, wie der Rest der Gesellschaft." Vor vier Jahren erfuhr Kurosawa, der auch ein Büro in Manila unterhält, daß ein junger freischaffender japanischer Fotograf von den Moslem-Rebellen in Mindanao entführt worden war — prompt bezahlte er das Lösegeld für dessen Freilassung. „Es war eben ein Japaner, der sich in Gefahr befand. Diese unmoralische Gesellschaft würde keinen Finger für ihn rühren. Ich mußte ihm helfen", sagt er.

In der Tat helfen die Yakuza vielen. Junge Schulaussteiger etwa, die auf ein normales Leben als Angestellte nicht mehr hoffen können, erhalten von den Yakuza eine neue Berufschance, allerdings als Gangster. Koreaner, die schon seit Generationen in Japan leben, aber immer noch als Ausländer angesehen werden und keine Aussicht haben, von der japanischen Gesellschaft akzeptiert zu werden, finden in den Yakuza-Organisationen einen alternativen Weg, um zu Spitzenpositionen aufzusteigen. Der Boß eines der drei großen Yakuza-Syndikate ist heute ein Koreaner.

Allen, die dem Konformitätsdruck der japanischen Gesellschaft nicht standhalten und deshalb wie Parias leben, bieten die Yakuza die letzte Chance zur Reintegration. So ist es kein Zufall, daß die Gangs sich als „Familien" bezeichnen und ihre Beziehungen nach diesem Muster gestalten: Der Boß heißt Oyabun, Vater, die Untergebenen sind Kobun, Kinder, ein höhergestelltes oder wichtigeres Bandenmitglied ist ein „älterer Bruder" im Verhältnis zu dem neu aufgenommenen „jungen Bruder".

Fragt man den Durchschnittsjapaner, ob er etwas mit den Yakuza zu tun habe, wird er mit Nein antworten. Die Wirklichkeit sieht anders aus. Ein Oshibori, der nasse heiße Waschlappen, den man in jeder japanischen Bar, jedem Café und Restaurant erhält, wird unweigerlich von einer Gesellschaft gewaschen, verpackt und angeliefert, die mit einer Yakuza-Gang verbunden ist. „Das ist eine einfache Methode, um zu kontrollieren, wieviel Kunden ein Lokal hat, so daß der Eigentümer bei den Schutzgeldern nicht mogeln kann", weiß ein japanischer Journalist.

Dem Durchschnittsjapaner fällt es auch nicht schwer zu akzeptieren, daß die Yakuza, wie sie behaupten, ganz normale Mitglieder der Gesellschaft sind, die wie jeder andere Japaner auch den Bürgersteig vor ihren Häusern kehren und an der Börse spekulieren. Deshalb können sie auch guten Gewissens im Alltag Geschäfte mit den Gangstern machen. Politiker erscheinen auf Yakuza-Partys – vor zwei Jahren zeigten Videoaufzeichnungen ein Unterhausmitglied der LDP, das gemeinsam mit Gangstern Lieder sang. Großkonzerne haben keine Skrupel, öffentlich mit den Gangstern Geschäfte abzuschließen. NTT, Japans Telefon- und Telekommunikationsriese, ließ Hunderte von Telefonkarten mit dem Yamaguchi-gumi-Symbol drucken – eine der Gangs in Osaka benutzte die Karten als Geschenk für ihre Kunden.

„Zeige mir deine reine Haut"
Der japanische Kultberg Fuji

15 Millionen Japaner erklettern ihn pro Jahr. Doch das Symbol ihrer einst innigen Beziehung zur Natur ist ein Schandfleck geworden.

Er ist der höchste, der heiligste, der schönste Berg Japans. Von seinem 3776 Meter hohen Gipfel aus wirkt das Land zu seinen Füßen zwischen der schimmernden See und den endlosen Ketten blauer Berge wie auf mythischen Bildern: großartig, geschichtsträchtig, unverdorben, ewig – das Land der Götter. Doch der Fujiyama (Berg Fuji) ist nicht, was er sein sollte. Von weitem erhaben und stark, magisch und elegant, erweist er sich, sobald man ihn besteigt, als klein, ordinär und bedauernswert: eine Masse grauer, roter und schwarzer Asche, ohne die Unerschütterlichkeit eines Felsens. Da gibt es weder Heiligkeit noch Schönheit noch Zauber. Die dicken Rauchschwaden, die um den Krater aufsteigen, kommen nicht aus den schwefligen Eingeweiden des Vulkans, sondern von stinkenden Abfallhaufen, die ständig verbrannt werden. Die freundliche Frauenstimme, die mitten in der Nacht oben auf dem Berg ertönt, stammt nicht von der Göttin aus der Höhe, die der Legende nach dort oben lebt, sondern kommt aus dem Verkaufsautomaten, der dem durstigen Bergsteiger für den Kauf eines Getränks dankt. Die Lichter dieses Automaten strahlen in der Dunkelheit heller als die Sterne. Jede Stelle auf dem Berg hat ihren eigenen romantischen Namen: die „Herberge zu den weißen Wolken", der „Pavillon des ersten Lichtes". Aber in Erinnerung bleibt letzten Endes vor allem der intensive Urindunst, der den Berg einhüllt.

15 Millionen Japaner klettern Jahr für Jahr auf den Fujiyama, 300 000 von ihnen erreichen gar die Spitze. Auf dem mühseligen Weg dorthin lassen sie Überflüssiges zurück: leere Dosen, Sauerstoffflaschen, Hüte, Handtücher, Zeitungen, Trockenbatterien und die bunten Plastikverpackungen ihrer Fertigmenüs. Entlang dem heiligen Weg mahnen hölzerne Torbögen, Torii, den Bergsteiger, daß er durch die Portale des Shintoismus das Reich der Götter betritt. Doch die himmlischen Bewohner scheinen sich von dem Berg zurückgezogen und ihre Plätze irdischen Spekulanten überlassen zu haben. „Halt, verbringen Sie die Nacht hier. Auf dem Gipfel zu schlafen ist verboten!" rufen aufdringliche Hotelwirte, um die Bergwanderer in primitive Hütten zu locken. Die Übernachtung auf dem Gipfel ist lediglich eine Frage des Preises: Für 5800 Yen (65 Mark) bekommt man gerade ein Schlafplätzchen auf einer Holzpritsche neben Hunderten anderen Fuji-Besteigern, dazu unsanftes Wecken um vier Uhr morgens, wenn die Sonne aufgeht. Über die Schönheit dieses bewegenden Ereignisses kann sich der Wallfahrer aber kaum freuen, denn direkt auf dem Gipfel, dem eigentlichen Altar der Sonne, verdirbt das grelle Licht starker Reflektoren die Magie des Sonnenaufgangs, und das Summen von Generatoren zerstört die Stille der Natur. Während sich einige alte Damen bei den ersten goldenen Strahlen verbeugen und ihre Gebete verrichten, sehen die meisten anderen Bergsteiger die aufgehende Sonne eher leidenschaftslos durch die dicken Rauchwolken ihrer Zigaretten.

Das erste Tageslicht weckt rund um den Fuji-Krater das Pandämonium eines Basars zu neuem Leben. Vor Kiosken preisen die Verkäufer warme Nudeln, kalte Getränke und Postkarten an. In einem kleinen Shinto-Schrein auf der höchsten Erhebung besitzen zwei junge Priester das Monopol, rote Stempelaufdrucke zu verkaufen, den Nachweis für einen erfolgreichen Aufstieg. Ein größerer Schrein, ein wenig weiter unten gelegen, beherbergt einen Supermarkt für Fuji-Amulette. Der Pfad um den Rand des Kraters ähnelt plötzlich der überfüllten Hauptstraße eines japanischen Dorfes, an der Waren jeder Art zum Kauf angeboten werden. Alles, was mit diesem Berg zusammenhängt, ist kommerzialisiert, in irgendein belangloses Souvenir verwandelt. War aber der Fuji nicht viel mehr als ein Berg? War er nicht das Symbol, die Quintessenz Japans? War er nicht gemeinsam mit dem Kaiser die Quelle der Identität dieses Landes, der eigentliche Grund dafür, daß Japaner sich als Japaner fühlen?

In früheren Zeiten muß es so gewesen sein. Jahrhundertelang war der Fujiyama für die Japaner das Haus ihrer Götter, der Schauplatz ihrer Legenden, der Maßstab ihrer Schönheit. „Kein anderes Phänomen hat im Denken der Japaner eine so wichtige Rolle gespielt wie der Fuji", schrieb vor einem halben Jahrhundert der Essayist Okakura. Maler und Dichter haben sich abgemüht, diesen Berg zu beschreiben. Vor allem spiegelte der Fuji das besondere Verhältnis der Japaner zur Natur. Seit eh und je empfanden sie ihr gegenüber Furcht und Respekt. Die Sonne war für sie der Ursprung der Götter und der Fujiyama ein göttlicher Wächter über ihr Schicksal. „Die Wolken des Himmels halten in ehrfürchtigem Wunder inne, ein Schatz, der dem Sterblichen gegeben wurde, ein schützender Gott, der über Japan wacht", schrieb im Jahre 757 Tachibana no Moroe in einem Gedicht, das seither jedes japanische Kind auswendig lernen mußte. Durch Besteigen des Fujiyama hofften die Japaner ihre Ängste zu verlieren und sich zu läutern. „Rokkon Shojo" (Mögen die sechs Seelen meines Körpers gereinigt werden) rezitierten die Pilger jahrhundertelang, wenn sie die Hänge erklommen. Alle waren in einfache lange weiße Gewänder gekleidet und trugen Strohsandalen, in der Hand hielten sie einen achteckigen Stock mit zwei Glöckchen. Deren Geläut klang wie eine Litanei, welche die Bedeutung eines jeden Schrittes zum Gipfel hin markierte. Pferde und Frauen durften nicht auf den Berg. Der Pfad war in zehn Abschnitte mit jeweils einer Station eingeteilt, an der Pilger rasten und beten konnten. Im Shinto-Schrein auf dem Gipfel wohnte der Geist des Berges: eine weibliche Figur mit dem Namen „Diejenige, die die Bäume erblühen läßt". Jeder Japaner betrachtete es als größtes Glück, auf dem Gipfel des Fujiyama die aufgehende Sonne anzubeten. Und jeder, der nächtens von dem Berg träumte, sah darin ein gutes Omen. Der Fuji war der Schrein, in dem die Japaner ihre inneren Überzeugungen offenbarten, er war ihnen ständig gegenwärtig. „Enthülle deinen Wolkenschleier und zeige mir deine reine weiße Haut", schrieb ein Zen-Maler auf ein berühmtes Fuji-Gemälde. Aus dem ursprünglichen, rund 2000 Jahre alten Fuji-Kult entwickelte sich eine Shinto-Sekte, deren Haupttempel am Anfang des heiligen Pfades lag. Jedes Dorf, von dem aus der Berg zu sehen ist, hatte seinen eigenen Fuji-Schrein. Jene Provinzen des Landes, die nicht mit dem Fuji gesegnet sind, benannten ihren eigenen höchsten Berg nach ihm. Und allerorts entstanden in Tempeln Miniaturnachbildungen des heiligen Vulkans, einige bis zu sechs Meter hoch.

Für Ausländer, welche die Seele Japans erkunden wollten, war es immer schwierig zu verstehen, wie ein Berg, der vor allem wegen seiner symmetrischen Form bewundert wurde, das Symbol einer Nation sein konnte. Manchen schien das bezeichnend dafür zu sein, daß die Japaner während ihrer ganzen Geschichte der Form viel größere Bedeutung beigemessen haben als der Substanz. „Den Kern Japans zu suchen ist wie Zwiebelschälen", pflegten Vertreter der abendländischen Kultur zu Beginn des Jahrhunderts zu sagen, „man schält und schält, aber am Ende hat man nichts als einen Haufen Schalen." Der französische Philosoph Roland Barthes war von der Symbolik des leeren Raums tief beeindruckt, die der Kaiserpalast in der Mitte Tokios ausstrahlt, und zog die Schlußfolgerung: „In Japans Mitte liegt die Leere."

Ähnlich steht es mit dem Fujiyama. Auf dem Gipfel des Berges, den im Lauf der Jahrhunderte unzählige Millionen Japaner mühevoll erstiegen haben, findet sich nichts als ein leerer Krater. Auf seinen Boden schreiben Besucher mit weißen Steinchen ihren Namen und oft den Namen ihrer Firma in die schwarze Asche. Der Krater hat einen Durchmesser von mehr als einem halben Kilometer und ist 250 Meter tief. Vor Sonnenuntergang, wenn der Himmel verblaßt und die Dunkelheit langsam das Meer, die Gebirgsketten und den Fuji mit allen Bergsteigern aufsaugt, spürt man ringsum den Hauch des Todes – auch er ein Symbol. Immer in ihrer Vergangenheit waren die Japaner vom Tod fasziniert, keinem anderen Phänomen als diesem haben sie sich ständig gestellt. Schwerter sind wahrscheinlich ihre größten Kunstwerke, gefallene Krieger ihre am inbrünstigsten verehrten Helden. Der Tod ist von einer schaurigen Schönheit – und der Fuji auch. So haben Japaner von alters her keinen heißeren Wunsch, als mit dem Blick auf den Fuji zu sterben. „Denke an deine Eltern, denke an deine Lieben, das Leben ist etwas Wertvolles. Bitte benachrichtige die Polizei, bevor du hier eintrittst", steht auf Tafeln am Aohigamori, dem „Blauen Wald" am Fuß des Fujiyama – er ist als Selbstmörderwald bekannt. Aus ganz Japan kommen die Menschen, um hier im Schatten des Zauberbergs ihr Leben zu beenden. Die Ortspolizei ist auf die Hilfe Freiwilliger angewiesen, wenn sie den Wald nach Leichen durchkämmt. Akira Kurosawa, der große japanische Filmregisseur, wählte die schwarzen Lavahänge des Fuji als die Stelle aus, an der seine japanische Inkarnation des Königs Lear den Verstand verliert und die letzte Schlachtszene seines Meisterwerkes „Ran" stattfindet. Ein Science-fiction-Roman über das Ende Japans, der in den achtziger Jahren ein Bestseller war, beginnt damit, daß der Fujiyama explodiert. Vor über 100 Jahren wurde der Fujiyama auch noch zu einem Symbol der japanischen Einmaligkeit. Damals entschloß sich Japan, seine Traditionen zu überwinden, um das Land nach dem Muster des Westens zu erneuern und zu modernisieren. Fortan blieb den Japanern, wie sie meinten, nur noch die Natur, die sie von den Menschen im Westen unterschied. So wurde die japanische Natur fortan als „einmalig" bezeichnet, der Fuji als Inbegriff japanischer Überlegenheit angesehen.

Die Besteigung des Fuji war nun plötzlich nicht mehr nur eine religiöse Kulthandlung, sie geriet zur patriotischen Tat: Zu den beiden Glöckchen an dem Pilgerstab, mit dem der Wanderer den Berg besteigt, kam die japanische Flagge. Der Kaiser als der „Eine und Einzige" und der Fujiyama als der „eine und einzige Berg" gaben der Idee Auftrieb, daß die Japaner einer göttlichen Rasse, ja einer Nation von Göttern angehören. Bilder mit dem Kaiser und dem Fuji waren in ganz Japan zu sehen, der patriotische Kaiserkult und der Fuji-Kult gehörten fortan zusammen.

Nähe zum Fuji war demnach ein Quell für Stärke und Stolz der Nation. Die kaiserliche Armee hatte am Fuß des Berges ihre Ausbildungslager – sie sind auch heute noch dort. 1923 bestieg Hirohito, damals noch Kronprinz, den Fujiyama. Nach dem Krieg begaben sich japanische Krieger ganz neuer Art in den schützenden Schatten des Berges. Dr. Inaba, Gründer einer der am schnellsten wachsenden Firmen des Landes, baute als erster am Fuße des Fujiyama eine riesige Fabrik, in der heute Roboter rund um die Uhr Roboter herstellen. High-Tech-Laboratorien und Fabriken auf dem höchsten Entwicklungstand folgten. Nationalistische Gruppen zogen dorthin und errichteten dem Kriegspremier General Tojo, den die Amerikanern gehenkt hatten, ein Denkmal. Die nationalistische Soka-Gakkai-Sekte unterhält dort einen eigenen Friedhof, auf dem 50 000 ihrer Anhänger die letzte Ruhe finden.

Im Diesseits versetzt einem der Fuji heute vorwiegend einen Schock, und zwar schon zu Beginn des Aufstiegs: Die ersten fünf Stationen des heiligen Pfades gibt es praktisch nicht mehr. Eine Straße führt den Berg hinauf, auf ihr rollt ein endloser Strom von Autos auf halbe Höhe. Von der fünften Station an ist der Pfad durch Seile, Ketten und Dutzende von Schildern markiert, die den Bergsteiger vor herunterfallendem Gestein warnen, ihm empfehlen, keine Abkürzungspfade einzuschlagen, sowie ihm anzeigen, welche Entfernung er bereits zurückgelegt hat und welche noch vor ihm liegt. Die Menschenmasse, die den Berg hinaufkraxelt, steht so dicht gedrängt wie in einer Tokioter U-Bahn-Station während des Berufsverkehrs. Tausende sind unterwegs, alle sehr diszipliniert, aber alle auch ohne eine rechte Vorstellung davon, warum sie sich die Klettertour zumuten. „Wieso besteigen Sie den Fuji?" fragten kürzlich Reporter einer Fernsehstation die schwitzenden Menschen auf ihrem Weg nach oben. Die häufigste Antwort lautete: „Weil der Berg da ist" oder „weil alle hinaufsteigen". Der Fujiyama hat seine Aura verloren. Er ist kein heiliger Berg mehr, sondern ein Ort, an dem man neue Rekorde aufstellen kann – der älteste Bergsteiger, der Bergsteiger mit der schwersten Last –, auch Bühne für irgendwelche sinnlosen Leistungsnachweise wie das Hinauftragen eines Fahrrads. Der Fuji ist außerdem ein Warenzeichen geworden. Neben einer Fuji-Bank und einer Fuji-Fernsehstation werben vielerlei Fuji-Produkte um Interessenten – ebenso etliche Fuji-Einrichtungen, von Bowlingbahnen bis zu Stundenhotels, die den einst heiligen Namen ausschlachten. „Der Fujiyama lebt", behaupten die japanischen Gelehrten und stufen den Berg unter die 77 noch aktiven japanischen Vulkane ein. Dabei hatte der Fuji seinen letzten großen Ausbruch im Jahre 1707. Als magische Präsenz Japans ist der Berg ebenfalls tot, und die Tatsache, daß ihn jährlich so viele Japaner besteigen, ist in gewisser Weise eine Art kollektives Begräbnis: das Ende jener japanischen Zivilisation, deren Symbol der Fujiyama war.

Ein klassisches Plakat zeigt eine kleine Schnecke am Fuße des mächtigen Berges und dazu die Inschrift: „Mit Entschlossenheit wird selbst dieses kleine Wesen die Spitze erreichen" – genau das haben die Japaner die letzten 100 Jahre vollbracht. Mit imponierender, manchmal beängstigender Entschlossenheit und unter Wahrung mancher nationalen Eigenart sind sie voranmarschiert, sind modern und wohlhabend geworden. Aber sie haben diesen Erfolg mit dem Verlust dessen bezahlt, was in der neueren Zeit die Quelle mancher Kunst, Literatur, Religion und letzten Endes ihrer Identität war: der Natur. Wer auf der Suche nach der Seele Japans den Fujiyama besteigt, den schockt der Verlust, den die Japaner sich selbst zugemutet haben: Die Wanderung, fünf bis zehn Stunden lang, vermittelt keine Erfahrung der Natur, keine Zwiesprache mit ihr, sondern ist eine Übung in Modern living. Die Spitze des Berges erscheint nicht mehr als Altar für die großartigen Kräfte der Natur, vor allem der Sonne, sondern als Wiederholung dessen, was man zurückgelassen hat: das unnatürliche Leben in der japanischen Zivilisation von heute, vor allem der großen Städte. Die Bergsteiger freuen sich, daß sie auf der Spitze des Berges ein betriebsfähiges Postamt finden; daß es dort reihenweise die üblichen grünen Telefone gibt, vor denen sie sich anstellen können, um aus der „höchsten Telefonzelle im Lande" daheim anzurufen; daß zahlreiche andere Bergsteiger nur gekommen sind, weil sie als Funkamateure ihre Antennen aufstellen und dem Stimmengewirr des Ausflugsbasars noch ihre monotonen Rufe hinzufügen.

Die gleichen Japaner, die jahrhundertelang in Ehrfurcht und Respekt gegenüber der Natur lebten, scheinen jeglichen Sinn für sie verloren zu haben. Aus Anbetern der Natur sind Zerstörer der Natur geworden. Die Ufer der meisten japanischen Flüsse haben sie zementiert, über die Hälfte der gesamten japanischen Küste verschandeln ganze Reihen von Beton-Wellenbrechern. Der Regenwald Südostasiens wird von japanischen Firmen weggerodet, der Grund der Weltmeere von den japanischen Trawlern leergefischt. Umweltschützer der ganzen Welt brandmarken Japan als Naturfeind Nummer eins. In den letzten drei Jahren stiegen die Bodenpreise am Fuße des Fuji um das Vierfache, in einigen Gebieten gar um das Achtfache. Alte Bauern wurden von ihren Reisfeldern vertrieben, 20 Prozent der Wälder in der Nähe des Berges von Spekulanten aufgekauft, die noch einen weiteren Golfplatz bauen wollen, obwohl es dort schon über 20 gibt und sich inzwischen auch in Japan herumgesprochen hat, daß Golfplätze eine große Belastung für die Umwelt sind. Ein altes Projekt, eine Drahtseilbahn bis auf den Gipfel zu bauen, wird neu belebt, dito ein Plan, in den Schluchten des Fuji, wo der Schnee sogar im Hochsommer liegen bleibt, den Skisport anzukurbeln. Noch rührt sich Widerstand gegen diese Pläne, aber das Profitdenken dürfte sich dennoch durchsetzen.

Der letzte religiöse Torbogen auf dem Fujiyama, der dem Wanderer das Ende des heiligen Pfades verkündet, ist heute mit Münzen übersät, die Pilger ihm geopfert haben. Die Japaner sagen, das sei nicht anders als an Roms Trevi-Brunnen, aber der war nie eine heilige Stätte. An dem Tor beschleicht einen der Eindruck, daß der Gott des Geldes auf der höchsten Spitze des Berges Platz genommen hat. Entheiligt, entstellt, voller Abfälle – in gewisser Weise ist der Fujiyama zum Symbol auch der destruktiven Macht der Japaner geworden. Sein Name schien einen Fluch zu enthalten: Das Wort Fuji, das möglicherweise einen Feuergott bezeichnete, ist nicht japanischen Ursprungs, es entstammt der Sprache der Ainus, jener Ureinwohner des Archipels, die von den Japanern fast ausgerottet wurden. Der Sage nach gelangte jedes Körnchen Sand, das die Pilger tagsüber vom Berg mit herunterbrachten, nachts auf geheimnisvolle Weise wieder hinauf, so daß nichts den Berg verändern konnte. Das gilt natürlich längst nicht mehr. Jedes Jahr verliert der Fuji rund 200 000 Kubikmeter Sand und Lava – sie werden vorsätzlich entfernt oder gleiten vom Berg herunter und gelangen nie wieder zurück. Die berühmte symmetrisch-konische Form des Fujiyama, die angeblich so stabil war wie das politische System des Landes, verändert sich durch Erosion. Doch Japaner lassen sich durch ein Problem dieser Art nicht entmutigen. Sie entwarfen einen Plan, dem gesamten Fuji-Gipfel einen Zementkragen zu verpassen, auf daß der Berg aus der Ferne auch weiterhin so aussehe wie in den Jahrhunderten zuvor. Die Japaner machen vor nichts halt. Da sie sich zur Moderne bekehrt und den Glauben an viele Millionen Götter – der Shintoismus hat deren acht Millionen – verloren haben, empfinden sie kaum noch etwas als unantastbar. Vor kurzem sagte ein junger Student der Universität von Tokio in öffentlicher Diskussion: „Luft? Es ist egal, ob sie verschmutzt wird oder verschwindet. Wir werden sie künstlich erzeugen können!" Zu Beginn dieses Jahrhunderts waren die Japaner stolz auf ihre Modernisierung gewesen – nur ein paar Jahrzehnte hatten genügt, wofür das Abendland Jahrhunderte benötigte. Ihre heutigen Wirtschaftssiege, ihre Fähigkeit, zu lernen, sich anzupassen, jeden nützlichen Aspekt anderer Zivilisationen zu verbessern, erheben sie nach eigenem Verständnis zum Inbegriff des modernen Menschen – und zum Beispiel für alle anderen. Der homo nipponicus sollte nach ihrer Überzeugung der Mensch der Zukunft sein. Ihre Stärke liegt in ihrem sozialen Zusammenhalt und in ihrer Entschlossenheit, vergleichbar der kleinen Schnecke, die auf dem Fuji-Plakat den Berg hinaufkriecht. Wenn man im Morgengrauen von der Höhe des Fujiyama hinunterblickt, sieht man sie heranströmen. Sie wirken wie ein riesiger Schwarm Leuchtkäfer, in endloser, unbarmherziger Masse. Sie klettern über Lava und Abfall, streben beständig dem Gipfel zu, tragen ihre Lampen, Bergstöcke, Glöckchen, Zelte, Fotoapparate, Fahrräder, Fahnen in dem Gefühl, Japaner zu sein. Läßt sich auf dem Fujiyama das Geheimnis Japans entschlüsseln? Der Blick von oben vermittelt die Erkenntnis, daß es vielleicht gar kein Geheimnis gibt, das zu entschlüsseln wäre.

Hongkong, Macao

Endzeitstimmung in den beiden Relikten des Kolonialzeital-
ters an Chinas Küste. Die kommunistische Volksrepublik ist auf
dem Sprung, die letzten beiden kapitalistischen Enklaven zu
beseitigen. Der bevorstehende Wandel geht Terzani nahe, ins-
gesamt hatte er mit Familie sieben Jahre in Hongkong gelebt.

Alles unter der Sonne kaufen und verkaufen
Hongkong angesichts der Stunde Null

*Das Dorado frühkapitalistischen Manchestertums kann-
te kein Sozialsystem und keine Statistik, denn „Statistiken bringen kein Geld".*

Lichter, Millionen weißer, bunter, strahlender Lichter. Sie sind
anders als in Tokio oder Singapur, in Los Angeles oder New York.
Hongkong erstrahlt im Dunkel der Nacht in einem atemberau-
benden, einem magischen Glanz: Ausdruck der Sehnsucht des
Abendlandes nach dem Osten.

Von der „Star Ferry" aus, der Fährverbindung zwischen den
beiden Seiten des „Duftenden Hafens", so die Bedeutung des
Namens Hongkong im lokalen chinesischen Dialekt, wirkt die
Stadt wie immer: quirlend und prächtig, glücklich und reich
funkelnd zwischen Himmel und Meer. Doch Hongkong zittert –
wie der Schimmer seiner Lichter im Wellenspiegel des nächtlich
schwarzen Wassers. Es zittert aus Angst vor der Zukunft. Diese
kleine, reiche Enklave des Kapitalismus – rund 1000 Quadratkilometer groß – ist nur durch einen ausgetrockneten Fluß von
dem riesigen armen kommunistischen Halbkontinent China –
fast zehn Millionen Quadratkilometer groß – getrennt. Während
jenseits dieser Grenze China von Modernisierung träumt und

erfüllt ist von dem Wunsch, ein zweites Hongkong zu sein, leidet Hongkong unter dem Alptraum, ein zweites China zu werden.

Sein Schicksal scheint bereits besiegelt: Nach 1997 wird Hongkong wohl nicht mehr britische Kronkolonie sein, sondern Teil der Volksrepublik China. Wann genau und unter welchen Bedingungen, mit welchen Privilegien und Garantien, ist noch nicht entschieden. Das Endergebnis jedoch steht bereits fest: Hongkong wird nicht mehr sein, was es einst war und, mit Einschränkungen, bis heute ist. „Wir alle wissen, daß wir die Unsterblichkeit nicht gepachtet haben", sagt eine chinesische Bankangestellte. „Und doch ist es etwas ganz anderes, wenn einem gesagt wird, man leide an einer unheilbaren Krankheit und habe nur noch wenige Monate zu leben. Das genau ist die Situation, in der wir uns jetzt befinden."

1997 oder, wie Peking es formuliert, „die Rückgewinnung der Souveränität über ganz Hongkong" ist denn auch das zentrale Thema, das Hongkongs Zeitungen täglich abhandeln, das die 5,5 Millionen Menschen in dieser scheinbar heilen Welt in Schrecken versetzt. Mutmaßungen und Pläne, Illusionen und Verzweiflung kreisen um dieses Datum. Die Stimmung in der Stadt ist bereits umgeschlagen, erste Anzeichen einer neuen Zeit sind unübersehbar, bedingt durch die weltweite Rezession, aber auch durch die dunkle Zukunft. Die Grundstückspreise an Hongkongs Des-Voeux-Road gelten zwar immer noch als die höchsten der Welt, aber einige Geschäfte, direkt im Stadtzentrum, haben bereits geschlossen. Riesige Büroneubauten sind nur halb belegt, 80 000 Wohnungen stehen leer.

Milliarden Hongkong-Dollar werden eilends in US-Dollar umgetauscht und auf sichere Bankkonten in aller Welt transferiert. Nervöse Bürger haben die Stadt bereits in Panik verlassen, viele rüsten für eine baldige Abreise. Im Wirtschaftsteil der Hongkonger Tageszeitungen werden spaltenlang Häuser und Fabriken, Jachten und Autos zum Kauf angeboten. „Auswanderungsexperten" preisen gegen Honorar ihre Dienste an, um Familien und Kapital ins Ausland zu schaffen. Packer und Versicherungsexperten, speziell Taxatoren, haben Hochkonjunktur. „Vor über 30 Jahren habe ich Schanghai in aller Eile verlassen. Das möchte ich nicht noch einmal tun", sagt ein Textilindustrieller, der seine Jade und das Porzellan, das er 1949 vor den anrückenden kommunistischen Armeen rettete, gerade nach London verschifft.

Ob Kapitalisten aus dem alten Schanghai oder ehemalige Kuomintang-Generale, hungrige Bauern oder enttäuschte Rotgardisten, Wissenschaftler, deren Bibliotheken verbrannt wurden, oder Künstler, die nicht mehr schreiben, malen oder spielen durften — sie alle, welche die Aussicht auf ein besseres Leben nach Hongkong gelockt hatte, bangen nun um ihre künftige Existenz. Sie waren Auswanderer unter anderen Auswanderern an einem Ort, der kein Erbarmen kannte, „wo Leben und Liebe, Seele und Blut und alle Dinge unter der Sonne gekauft und verkauft, geschmuggelt und verschwendet werden", so die Schriftstellerin Han Suyin. Diese Menschen machten Hongkong zu einer Stadt, in der mit Intelligenz oder Glück, Disziplin oder Rücksichtslosigkeit ein Vermögen zu verdienen war und die Früchte des Reichtums genossen werden konnten. All dies freilich, so der „Sunday Times"-Korrespondent Richard Hughes, an einem „geborgten Ort mit geborgter Zeit". Die Hongkong-Chinesen verwandelten Englands fernöstliche Handelskolonie in ein Wirtschaftswunderland, in dem 3000 Multimillionäre, aber auch Hunderttausende kleiner Kapitalisten Geschäften nachgehen, die auf dem Kontinent seit 1949 als gesellschaftsfeindlich verdammt sind. Doch das kapitalistische China besorgt dem kommunistischen etwa 40 Prozent seiner Deviseneinnahmen. Jeden Tag schickt China in dieses angeblich häßliche Relikt der Kolonialzeit gegen Bezahlung 1500 Tonnen Gemüse, 9500 Schweine, 600 Rinder, 400 Tonnen Fisch und zwei Millionen Eier. Allein 1981 verdiente China mit dem Verkauf von Wasser, das Hongkong zum Überleben braucht, 17 Millionen US-Dollar.

Die kommunistische Volksrepublik unterhält im kapitalistischen Hongkong 13 große Banken und Finanzinstitute mit 193 Zweigniederlassungen, verdient Geld nach kapitalistischer Bankerart: etwa dank der Tatsache, daß die meisten Hongkong-Chinesen, die irgendwie mit China handeln, ihre Guthaben bei chinesischen Banken halten oder ihre Kredite dort nehmen. Das Geld, das die Hongkong-Chinesen und viele der über 20 Millionen Auslands-Chinesen in Südostasien ihren Verwandten in der Heimat oft regelmäßig und reichlich zukommen lassen, geht über Hongkong. 90 Prozent der China-Touristen sind immer noch Hongkong-Chinesen – sie bringen ebenfalls Dollar.

Ferner: Fast alle Joint-ventures zwischen ausländischen und chinesischen Firmen laufen über Hongkong. China selbst unterhält dort Versicherungsgesellschaften, Warenhausketten, Fabriken, Zeitungen und Theater samt dem dazugehörigen Grundbesitz: Chinas Investitionen in dem kleinen Hongkong sind größer als sämtliche Auslandsinvestitionen in dem riesigen China. So kommt es, daß Pekings Bank of China rund 40 Prozent des Geldmarkts der Kronkolonie kontrolliert, der mithin weitgehend zu Chinas Verfügung steht.

Dieses faszinierende Gebilde arbeitet problemlos, weil der Hongkong-Dollar frei konvertierbar ist. Wie aber soll das alles laufen, wenn Hongkong wieder an China fällt? Wo sollen die Manager aus der Volksrepublik so lebensnah das Know-how für kapitalistisches Wirtschaften lernen können? Wo sollen die in der Kolonie lebenden KP-Kader und „roten Kapitalisten" aus China bleiben, die sich in ihren Nadelstreifenanzügen von Hongkong-Millionären kaum unterscheiden. In Sichtweite der Armut Chinas mit seiner total reglementierten Gesellschaft existiert ein Kapitalismusparadies in Reinkultur, wie es zu besten Zeiten des Manchestertums in Europa oder den USA nie gediehen war, glitzernder Kontrast zu der tristen Welt des „Großen Steuermannes" Mao Tse-tung.

Die britische Verwaltung garantiert absolut freies Unternehmertum. Personen und Firmen, einheimische wie ausländische, dürfen uneingeschränkt kaufen und verkaufen, anstellen und entlassen, Kredite aufnehmen und geben, Waren produzieren und Dienstleistungen anbieten. Für diejenigen, die in der Kolonie arbeiten wollen, gibt es fast keine Vorschriften oder Beschränkungen. Das Gesetz des freien Marktes triumphiert. Der Reichtum dieser Kolonie ist, mit chinesischen Augen gesehen, verführerisch, unermeßlich: Das Pro-Kopf-Einkommen in Hongkong liegt bei 4200 US-Dollar im Jahr, das der Volksrepublik China dagegen soll im Jahr 2000 erst 800 US-Dollar betragen, wenn die Versprechungen des gegenwärtigen Regimes eingehalten werden. Die Einwohner dieses gesegneten Landstrichs zahlen maximal 15 Prozent Steuern auf Einkünfte und Gewinne. „Als britische Kolonie besitzt Hongkong natürlich einen Tierschutzverein, ja selbst einen Verein zur Beobachtung der Vögel. Sozialversicherungsgesetze aber gibt es nicht", erklärt ein Kritiker der Kolonialherrschaft. Hongkong kennt keine Vorschriften über Mindestlöhne, keine Arbeitslosenunterstützung, keine Altersrente und keine Krankenversicherungspflicht. Stürzt ein Bauarbeiter von einem der Bambusgerüste, mit denen selbst Wolkenkratzer hochgezogen werden, erhalten die Angehörigen lediglich eine Entschädigung – dank der Großzügigkeit der Firma –, manchmal jedoch nur einige hundert Dollar.

Spendable Wohltäter treiben Sozialfürsorge nach Kapitalistenart. Ein Hongkong-Millionär etwa läßt sich gern einmal im Jahr für die Presse photographieren, wenn er zu Weihnachten kleine rote Umschläge mit jeweils 100 Hongkong-Dollar an jede Witwe und jeden Armen verteilt, die sich bei ihm einfinden. Dieser Akt der Barmherzigkeit kostete den bekannten Philanthropen Tan Shiukin, den die Königin adelte, im vergangenen Jahr 879 000 Hongkong-Dollar, 352 000 Mark.

Der Güterverkehr nach und von Hongkong unterliegt kaum Beschränkungen. Mit Ausnahme von Alkohol und Erdöl, Waf-

fen und Drogen kann alles und jedes in beliebiger Menge zoll-
frei eingeführt werden. So ist die Kolonie Einkaufsdorado für
2,5 Millionen Touristen geworden, die 1981 dort 1,2 Milliarden
US-Dollar ausgaben. Denn in Hongkong ist vieles immer noch
billiger als in den meisten anderen Ländern der Welt, ob Seide
oder Perücken, Kameras oder Computer. Ein Paar Lederstiefel,
ein Hemd oder ein Smoking werden innerhalb von 24 Stunden
von anerkannt guten Handwerkern angefertigt. Wer einmal in
Hongkong maßnehmen ließ, kann fortan per Post ordern. Die
Schneider und Hemdenmacher in Hongkong zeigen denn auch
voller Stolz Stapel von Briefen, die ihnen berühmte Kunden –
Schauspieler, Politiker und Hoheiten aus aller Welt – schickten.
Auch der Kapitalfluß von und nach Hongkong unterliegt keinerlei Kontrolle. Niemand käme auf die Idee, einem Reisenden, der
mit einem Koffer voller Banknoten in Hongkong ankommt oder
von Hongkong abreist, Fragen nach der Herkunft des Geldes
zu stellen. Dieses großzügige Laisser-faire, verbunden mit tota-
ler Informationsfreiheit, hat Hongkong zu einem der größten
Finanzzentren der Welt gemacht. Banken aus allen Ländern
haben sich hier eingerichtet, 350 Depositenbanken sind tätig.
Die Regierung plant nicht, garantiert nicht und macht keine
Vorschläge. Manche behaupten, sie regiere nicht einmal. In den
letzten Jahren, als Hongkongs Textilexporte unter den Einfuhr-
beschränkungen der Industriestaaten zurückgingen, verlangten
die heimischen Industriellen, dann auch den Billigimport aus
Taiwan und Südkorea nach Hongkong zu beschränken – die
Regierung lehnte ab. „Wir müssen den Briten dankbar sein",
so Finanzautor Jon Woronoff, „daß sie zumindest eine Spielart
eines sozioökonomischen Systems erhalten haben, das sonst
ausgestorben wäre." Bis Ende der sechziger Jahre führte die
Hongkonger Regierung noch nicht einmal eine Statistik, denn
„Statistiken bringen kein Geld ein". Hongkong lebt davon, daß
allmorgendlich Hunderttausende Chinesen aufstehen und darüber nachdenken, wie sie noch mehr Geld verdienen und von

dieser Herrlichkeit des kapitalistischen Systems noch besser profitieren können.

Seinen Boom verdankt Hongkong den Kommunisten: Aus Angst vor ihnen flohen Jahr für Jahr Zehntausende Festlandchinesen in die Briten-Kolonie Hongkong — möglichst unter Mitnahme ihres Kapitals. Allein bis zu Maos Machtergreifung hatten 280 Firmen aus Schanghai ihren Sitz in die Kolonie verlegt. Viele Unternehmen, vor allem der Textilindustrie, brachten ihren gesamten Maschinenpark mit und nahmen mit Hilfe der Arbeiter und Techniker, die ihren kapitalistischen Bossen folgten, in Hongkong den Betrieb rasch wieder auf. So verwandelte sich der Handelsplatz Hongkong innerhalb weniger Monate in ein Produktionszentrum, das alles und jedes herstellte — vom Hosenknopf bis zum Photoapparat.

Y. K. Pao, ein Bankier aus Schanghai, der 1949 aus dem kommunistischen China geflohen war, gründete in der Kolonie eine Reederei und baute die Handelsmarine Hongkongs einschließlich der ausgeflaggten Schiffe zur sechstgrößten der Welt aus. Die Kommunisten versuchten, diesen Exodus an Kapital und Facharbeitern nach Hongkong zu unterbinden. „Die Sonne ist nach Schanghai gekommen", schrieb die kommunistische Nachrichtenagentur, als die Soldaten Maos in die Industriemetropole Chinas einrückten und das neue Revolutionsregime den dortigen Geschäftsleuten versicherte, sie würden beim Aufbau eines wohlhabenden neuen Chinas mitwirken dürfen und sollten sich daher keine Sorgen machen. Etliche ließen sich überzeugen und blieben, nur um später von „Kampagnen" hinweggefegt zu werden, die sich angeblich gegen Bestechung und Korruption richteten, in Wahrheit jedoch dazu bestimmt waren, den Kapitalismus auszulöschen. Viele aber setzten sich ab.

Mindestens die Hälfte der 5,5 Millionen Hongkonger ist in den letzten 40 Jahren auf die eine oder andere Weise aus China gekommen. Einige, im Besitz regulärer Pässe, die sie sich offiziell oder gegen Geld verschafft hatten, kamen mit dem Zug. Andere schwammen durch die Bucht von China nach Hongkong. Viele wurden erschossen oder von Haien verstümmelt. Die Erfolgreicheren, deren Erlebnisberichte noch heute in Hongkong die Runde machen, schmuggelten ihr Kapital aus dem Land. So verließ eine alte Dame Schanghai nur mit einem Kleiderbündel und einem Schinken, den Freunde ihr auf dem Bahnhof geschenkt hatten. An der Grenze nach Hongkong befahlen die kommunistischen Wachtposten allen Reisenden, ihr Gepäck zur Kontrolle abzugeben. Nach der Durchsuchung erhielten sie es zurück. Erst als sie sich mit der übrigen Familie in Hongkong an den Tisch setzte, entdeckte die alte Dame, daß der Schinken voller Diamanten war: Die Wachtposten hatten ihr versehentlich den Schinken eines anderen Reisenden ausgehändigt, der ein Vermögen darin versteckt hatte. Mit diesen Diamanten gründete die Familie eine Schneiderei, die noch heute zu den erfolgreichsten und angesehensten der Kolonie zählt. Immer mehr Menschen strömten nach Hongkong, oft nächtigten sie zunächst in Pappkartons auf den Dächern, in Hütten an den Hängen oder in überfüllten Pensionen, in denen die Schlafstellen umschichtig vermietet wurden.

Dem Einfallsreichtum des einzelnen waren in Hongkong keine Grenzen gesetzt. Ein Einwanderer etwa erkannte frühzeitig den sich abzeichnenden Bedarf an Blitzlichtern. Er gründete 1954 ein Unternehmen – es ist inzwischen die größte Blitzlichtfabrik der Welt. Ein früherer Kinobesitzer aus Schanghai hielt es für praktischer, Filme zu produzieren, statt zu kaufen. Er kam auf die Idee, Kungfu-Filme zu drehen – es entstand ein Filmimperium. Ein anderer wiederum hatte den Einfall, das Coca-Cola-Monopol zu bekämpfen. Er produzierte ein einheimisches Getränk, das jetzt fast überall in Asien getrunken wird. Hongkong produzierte und exportierte auch das scheinbar Unmögliche: australische Puppen nach Australien, Quarzuhren in die Schweiz, Cowboyhüte nach Amerika.

Hongkongs Trumpf wurde die Textilindustrie. Viele westliche Edelprodukte, die das Etikett Cardin, Saint-Laurent oder

Bloomingdale's tragen, sind in Hongkong gefertigt. Denn hier erhält ein Arbeiter pro Tag nur einen Lohn von 9,20 US-Dollar. Als die Preise für geschliffene Diamanten anzogen, stieg Hongkong sofort in das Geschäft ein und wurde rasch Konkurrent so alter Diamantenhochburgen wie Antwerpen und Amsterdam.

„Ein amerikanisches Unternehmen braucht acht Monate, um ein neues Produkt herauszubringen, ein japanisches fünf. Wir brauchen nur drei Monate", sagt ein Hersteller elektronischer Artikel in Hongkong. Und wenn es ums Kopieren geht, ist Hongkong sogar noch schneller. Kaum waren in den fortschrittlichsten Ländern der Welt Heimcomputer Mode geworden, als Hongkong auch schon mit einer eigenen Produktion auf dem Markt erschien. Eine der Geschäftsstraßen Kowloons, in der mit echten und kopierten, jedenfalls aber Modellen aus Hongkong gehandelt wird, hat den Beinamen „Computerstraße" erhalten.

Hongkong hat ein instinktives Gespür für Marktlagen entwickelt – und für alle denkbaren Märkte. Wenn ein amerikanischer Flugzeugträger in den Hafen einläuft und Hunderte junger Matrosen auf der Suche nach den Überbleibseln des Suzie-Wong-Mythos an Land gehen, erwacht das Hafenviertel Wanchai mit seinen Bars, Nachtclubs, Massage- und Tätowierungssalons zu pulsierendem Leben. Hunderte junger Mädchen lassen sich von ihren Fabriken beurlauben, um sich den professionellen Prostituierten anzuschließen. Sobald die Matrosen wieder auf See sind, kehrt alles wieder ins ehrbare Gewerbe zurück. In Hongkong gibt es auch keine Gesetze zum Schutz der Leichtgläubigen. Jeder kann ohne weiteres ein Büro mieten, ein Firmenschild an die Tür hängen und Tickets für Flugzeuge verkaufen, die es gar nicht gibt. Tausende wurden vergangenes Jahr auf diese Weise betrogen. Wenn sie an den Ort des Geschehens zurückkehrten, um sich zu beschweren, war das angebliche Reisebüro unbekannt verzogen. Junge Vertreter können ohne weiteres eine Investmentgesellschaft gründen, von Interessenten Geld einziehen und dafür Papiere ausgeben. 1970 verloren Hongkong-

Einwohner eine halbe Milliarde US-Dollar an zahlreiche sogenannte Investmentfonds, die nur wenige Tage bestanden, bis sie
auf Nimmerwiedersehen verschwanden. „Diese Leute verdienen es, betrogen zu werden, weil sie selbst profitgierig sind",
sagte damals ein Regierungsbeamter.

Die Bewohner Hongkongs sträuben sich denn auch nicht,
diese Logik zu akzeptieren – obschon in ihrem Paradies unge-
heurer Reichtum und ungeheure Armut hart aufeinanderpral-
len. Kein Ressentiment ist erkennbar gegen die Prunkentfaltung
jener, die hier reicher sind als die Reichen anderswo in der Welt.
In einem pinkfarbenen Rolls-Royce pflegt Madame Brenda Chau
auszufahren, der Chauffeur in pinkfarbener Uniform, sie selbst
in einem pinkfarbenen Nerz. Natürlich besitzt Madame für
ihre anderen Pelze einen jeweils andersfarbigen Rolls-Royce. In
ihrer „Villa d'oro" sind in die Kaffeetische reingoldene malay-
sische Schmetterlinge und in die schwarzen samtbezogenen
Wände Goldbarren eingelassen – niemand ist deshalb neidisch
oder empört. Wenn Familien bei ihrem Sonntagsspaziergang an
den herrlichen Buchten Süd-Hongkongs die prunkvollen Villen
sehen, erzählen die Eltern ihren Kindern, wie diese Menschen
zu ihrem Erfolg gelangt sind.

Erfolgsgeschichten gehören zu den Legenden der Kolonie.
Da ist der Mann, der während des Koreakriegs ein Vermögen
verdiente, als er über Macao Öl und Gummi nach China schmug-
gelte und als Entgelt das Monopol für chinesischen Zement in
Hongkong erhielt. „Eines Tages werde auch ich Glück haben",
sagt ein kleiner Schneider in Kowloon, der sich selbst als Tex-
tilindustriellen bezeichnet. Beim Herumexperimentieren mit
bunten Stoffetzen war er auf die Idee gekommen, farbige BHs
für Afrikanerinnen zu produzieren, und er erhielt auch einen
Auftrag für 10 000 Stück. Jeder, der es noch nicht geschafft hat,
hofft wie dieser Schneider, daß sich eines Tages der große Erfolg
seines Lebens einstelle.

Unbewältigte Reste der Geschichte
Macao, die letzte Kolonie des Westens in Asien

Spielkasinos, Opiumhöhlen und Bordelle ließen Portugals kleine Besitzung an Chinas Küste florieren.

Die Kirchen sind leer, aber die Spielkasinos sind voller Menschen. Von ihren steinernen Sockeln recken portugiesische Helden und Heilige ihre Schwerter und Kreuze empor. Aus chinesischen Tempeln steigen Weihrauch und Gebetsgemurmel auf. Dschunken setzen ihre Segel und gleiten über das lehmige Wasser der Bucht. Die Morgendämmerung in Macao ist nicht Anfang eines neuen Tages, sondern nur ein Augenblick im endlosen Kreis von Licht und Finsternis, wie das Wechselspiel von Rot und Schwarz in der Rouletteschüssel, die sich hier unaufhörlich dreht. Hoch über dem Labyrinth elender chinesischer Behausungen und verfallener portugiesischer Villen erhebt sich die imposante Kirche von Sao Paulo. Nur die Fassade ist stehengeblieben, die Fensterhöhlen wirken wie leere Augen vor dem Himmel – ein Denkmal aller vergangenen Erwartungen und ein Symbol ihres endgültigen Scheiterns. Macao, 16 Quadratkilometer europäisches Land an Chinas Küste, wo seit 400 Jahren von Glauben und Aberglauben, Habgier und Laster angespornte Menschen zweier Kulturen ihr Leben und ihr Glück aufs Spiel gesetzt haben, war die erste Enklave des Westens in Asien – und wird auch die letzte sein. Am 20. Dezember 1999, zweieinhalb Jahre nach Hongkong, elf Tage vor Beginn des neuen Jahrtausends, soll das von Portugal verwaltete Gebiet mit seinen 480 000 Einwohnern der chinesischen Volksrepublik übergeben werden. Darauf einigten sich Portugal und China in einem Abkommen am 26. März. Mit portugiesischem Rotwein stießen in Pekings Großer Halle des Volkes Chinas Führer Teng Hsiao-ping und Portugals Premier Anibal Cavaco Silva nach der Vertragsunterzeichnung vorigen Montag lachend auf die chinesische Zukunft von Portugals letzter Kolonie an.

„Hongkong und Macao sind ungelöste Reste der Geschichte",
sagen die kommunistischen Chinesen seit der Revolution. Teng
Hsiao-ping will, daß seine Nachfolger ohne diese Überbleibsel ins
21. Jahrhundert treten. Im September 1984 einigten sich China
und Großbritannien auf die Rückgabe Hongkongs im Jahre 1997.
Jetzt war Portugal an der Reihe. „Das Abkommen über Macao
bedeutet die Tilgung der letzten kolonialistischen Spuren von
Chinas Gebiet", schrieb die „Volkszeitung" in Peking. Für Lissabon ist die Rückgabe von Macao nur ein sentimentaler Verlust.
Seit Jahrzehnten ziehen die Portugiesen keinen Nutzen mehr
aus ihrer Kolonie; schon zweimal haben sie versucht, Macao den
Chinesen zu überlassen. 1967, als während der Kulturrevolution Maos Sympathisanten durch die Straßen stürmten, empfahl
der portugiesische Gouverneur Nobre de Carvalho erstmals den
Rückzug. Auf Pekings Befehl aber blockierten Dutzende rot
beflaggter Fischerboote den Hafen: „Ihr habt uns 400 Jahre
lang ausgebeutet. Jetzt bleibt ihr, solange es uns paßt", lautete
die Parole. Nach der portugiesischen „Nelken-Revolution" von
1974 versuchte Lissabon es abermals, wieder lehnte Peking ab.
Die Rückgabe Macaos hätte das für China viel wichtigere Hongkong beunruhigt. Auch wollten die Kommunisten Macao unter
portugiesischer Flagge weiter zu Geschäften benutzen, die sie
auf eigenem Gebiet nicht hätten tätigen können. Also blieb die
portugiesische Fassade stehen. Der Gouverneur, die Richter und
drei Viertel der 8344 Verwaltungsbeamten sind Portugiesen. Die
chinesischen Kommunisten aber haben Macao schon seit Jahren
in der Hand. Pekings Vertrauensleute kontrolliieren die Banken,
die Gewerkschaften und jedes Nachbarschaftskomitee. Vier der
acht Tageszeitungen gehören ihnen. Vor kurzem nahm die Volksrepublik einen starken Rundfunksender in Zhuhai, jenseits der
Grenze, in Betrieb. Macao ist für Peking eine wichtige Devi-
senquelle, nicht nur dank der Exportgeschäfte. Die Chinesen
kassieren – selbstverständlich inoffiziell – einen Anteil aus dem
Spielbankgeschäft. Jede Woche rollen gepanzerte Wagen, voll-

beladen mit Geldsäcken, aus dem Hof der von Peking kontrollierten Banken Richtung China.

Gegenseitiger Nutzen ist von Anfang an der Grund für Macaos
Gründung gewesen: Mitte des 16. Jahrhunderts, als die Portu-
giesen auf dem Höhepunkt ihrer Seemacht standen, brauchten
Lissabons Schiffe auf ihrer Route zwischen Goa in Indien und
Japan einen Stützpunkt in China. Und die Chinesen brauchten
einen Verbündeten, der sie vor den Piratenbanden vor ihrer
Küste schützte. Portugiesische Kanonen vertrieben die Piraten,
als Gegenleistung durften sich die Portugiesen auf der kleinen
Halbinsel Macao ansiedeln. Das war im Jahr 1557. Anders als
Hongkong 300 Jahre später, wurde Macao nicht gewaltsam gehalten. Die Portugiesen führten nie einen Opiumkrieg gegen den
kaiserlichen Hof in Peking, so wie die Briten. Und anders auch
als Hongkong, das immer nur ein Handelsplatz war und blieb,
wuchs Macao zu einem Zentrum der westlichen Kultur in Asien
heran. Die Hafenstadt, welche die Portugiesen hier bauten, hatte
von Anfang an Kirchen, Seminare und Hospitäler, aber auch ein
Theater und eine Universität. Macao wurde zum Sprungbrett
für westliche Abenteurer, für Matrosen und Missionare, die los-
segelten, um zu entdecken und zu verkaufen, zu erobern und zu
bekehren. Von Macao aus erforschten die Portugiesen Indochina.
Der Jesuit, der die vietnamesische Sprache alphabetisierte kam
aus Macao — ebenso der Pater, der im 17. Jahrhundert als erster
Europäer die Wunder von Angkor in Kambodscha sah. Aus Macao
reisten die Missionare nach Japan ab. In Macao machten der italienische Jesuit Matteo Ricci und der deutsche Jesuit Johann
Adam Schall von Bell auf ihrem Weg nach Pekings Verbotener
Stadt Station. In Macao blühte der christliche Traum von der
Bekehrung der asiatischen Heiden: Die Madonna auf der Fassade
der Paulskirche tritt nicht auf eine Schlange, das traditionelle
Symbol der Sünde, sondern auf einen Drachen, der für China
steht. Der Traum erfüllte sich nicht; China blieb unchristlich,
Japan erst recht. Als Japan 1937 China angriff, flohen Tausende

von Chinesen nach Macao. Als 1941 Hongkong fiel, kamen Hunderte von überfüllten Schiffen aus der britischen Kolonie; die Bevölkerung schwoll auf über 600 000 Menschen an.

In neuerer Zeit fanden 20 000 Chinesen aus Burma, die niemand haben wollte, eine Heimat in Macao. Chinesen aus Indonesien, die Anfang der 60er Jahre aus patriotischen Gründen als Studenten nach Peking gegangen waren und in der Kulturrevolution davongejagt wurden, landeten hier – ebenso Armenier, vietnamesische und kambodschanische Bootsflüchtlinge, Mischlinge aus allen unabhängig gewordenen portugiesischen Kolonien, Inder aus Goa, Afrikaner aus Angola und Mosambik. 1962 schafften die Kommunisten auf Lastwagen Blinde und Krüppel aus der Volksrepublik nach Macao. In China waren sie nutzlose Esser, in Macao nahm die „Santa Casa da Misericordia" sie auf. Sie betteln immer noch in den Straßen mit ihrem Blechnapf, in dem eine einzige Münze rasselt. „Macao ist die Endstation der Hoffnung", sagt Pater Mario Aquistapace der 1949 vor den Kommunisten aus China und 1975 vor den Kommunisten aus Saigon floh und jetzt eine kleine Kirche auf der Insel Coloane leitet. Jeden Sonntag beendet er seine Messe vor ein paar alten Frauen und ruft, die ausgebreiteten Arme nach China gerichtet, das nur ein paar hundert Meter entfernt liegt: „Vade retro, Satana!" Macao war auch ein Zentrum aller Sünden und Laster. Männer und Frauen verschiedener Rassen und Länder suchten hier ein neues Leben und neue Vergnügen. Die Bordelle der berühmten Rua da Felizidade, der Freudenstraße, waren die luxuriösesten Asiens; ihre Opiumhöhlen die raffiniertesten. Das traditionelle Glücksspiel war „fan tan": Ein Croupier sticht ein Glas voller Knöpfe aus einem Haufen heraus und teilt sie mit einem kleinen Bambusstock in Viererheiten auf. Die Spieler wetten, ob am Ende ein, zwei, drei oder vier Knöpfe übrigbleiben werden. Seitdem die Prostitution offiziell abgeschafft ist, wurde die Rua da Felizidade zur Freßgasse. Außer Hunde- und Schlangenfleisch bieten Dutzende von kleinen Restaurants exotische Delikatessen an: gebratene Eulen, Waschbären und Schuppentiere. Die Prostitution blüht heute dürftig getarnt weiter. Die „Triaden", chinesische Verbrecher-Geheimgesellschaften, kontrollieren etwa 200 „Vilas", kleine Pensionen mit über 1000 Prostituierten.

Das Glücksspiel hat so sehr um sich gegriffen, daß es Macaos Leben völlig beherrscht und verzerrt. Arme Fischer und Fabrikarbeiter verlieren in wenigen Sekunden den Lohn langer Arbeitstage. Die fünf Kasinos gehören einer Gesellschaft mit etwa 10 000 Angestellten; Hauptaktionäre sind zwei Multimillionäre aus Hongkong, Stanley Ho und Henry Fok, von denen der letztere enge Beziehungen zu Peking unterhält. Jedes Jahr kommen über vier Millionen Besucher nach Macao — 90 Prozent sind Chinesen aus Hongkong, die zum Spielen anreisen. Das Glücksspiel fördert die Kriminalität. Wenn die Spieler nichts mehr in die 22 neben den Spielbanken gelegenen Pfandhäuser tragen können, die Tag und Nacht geöffnet sind, wenden sie sich an Privatbankiers. Diese sind Mitglieder der Triaden und verleihen ihr Geld stundenweise — zu Zinsen bis zu 100 Prozent. Als Garantie nehmen sie dem Spieler den Ausweis ab. Wenn er seine Schulden nicht begleichen kann, landet er in einem der Privatgefängnisse der Triaden, bis Freunde oder Verwandte aus Hongkong ihn auslösen. Die Triaden haben auch eine eigene Grenzpatrouille, die nachts, noch vor Macaos 2722 Polizisten, illegale Einwanderer aus China aufspürt. Hübsche Mädchen werden zur Prostitution gezwungen, die weniger hübschen als Dienerinnen an wohlhabende Familien verkauft. Jedes Jahr versuchen mindestens 50 000 Chinesen ihr Glück diesseits der Grenze. Zwei Drittel werden sofort festgenommen, die übrigen tauchen unter — oder treiben als Leichen an die Strände Macaos. In den gepflasterten Gassen von Macao kann man für gutes Geld alles kaufen; auch eine Jungfrau oder die Ermordung eines Feindes. 1982 übergaben zwei nordkoreanische Agenten bei einem geheimen Stelldichein zwei Kanadiern eine halbe Million US-Dollar; sie sollten dafür den südkoreanischen Präsidenten Chun Doo Hwan umbringen. Der jüngste Geschäftszweig ist der Handel mit chinesischen Antiquitäten. Einheiten der Volksbefreiungsarmee, politische Kommissare und Grenzschutzpolizei auf beiden Seiten sind in das einträgliche Schmuggelgeschäft verstrickt. Viele der schönsten chinesischen Stücke, die in den letzten Jahren in London und New York unter den Hammer kamen, wurden durch Macao geschleust.

Die Portugiesen beherrschen Macao kaum noch. Bei Sonnenuntergang, wenn aus dem rosa Regierungspalast die portugiesischen Minister, Sekretäre und Generaldirektoren eilen und sich mit südländischer Gestik voneinander verabschieden, wirken sie wie Darsteller aus einer anderen Zeit, weit abgerückt von Macaos Wirklichkeit. Die Gesetze werden immer noch ausschließlich auf portugiesisch geschrieben, die Richter dürfen nur portugiesisch sprechen, und der Gouverneur beantwortet keinen Brief, der nicht auf portugiesisch verfaßt ist. Die etwa 11 000 Portugiesen haben ihre eigenen Restaurants, ihre Klubs, aber auch diese kleinen Überbleibsel der Vergangenheit sterben langsam aus. „Ich kam aus dem Urlaub zurück, und im Militärklub saßen zwei Chinesen als Gäste beim Bridge. Einige Monate später waren es schon ein Dutzend. Jetzt besteht das Bridgeteam von Macao nur noch aus Peking-Chinesen", sagt wehmütig ein Bankier. Die portugiesische Verwaltung weiß nicht einmal genau, wie viele Einwohner ihre Kolonie hat. Vor kurzem ordneten die Behörden eine Volkszählung an. Weil aber fast jede Familie illegal eingewanderte Angehörige aus China versteckt, die den Zählern verborgen blieben, brachte das Ergebnis keine Klarheit. Die einzigen, die Bescheid wissen, sind die Kommunisten: Nam Kwong, die Handelsgesellschaft, die Pekings Interessen in Macao vertritt, importiert den gesamten Reisbedarf des Territoriums und weiß deshalb, wie viele Menschen sich davon ernähren.

Der Strom billiger Waren und billiger Arbeitskräfte aus der Volksrepublik ruiniert Macaos Wirtschaft — Schweinefleisch kostet in China 5 Pataca pro Kilo, in Macao 20. Die Bauern von Macao, die früher 4000 Schweine im Monat schlachteten, müssen jetzt aufgeben. Textilfabriken verlieren ihr Geschäft an die Produzenten jenseits der Grenze. Macaos Bauunternehmer unterliegen im Konkurrenzkampf mit kommunistisch kontrollierten Firmen, die billige Arbeitskräfte aus der chiñesischen Provinz Fujian einführen. Ihre Kontrolle über die Wirtschaft nutzen die Kommunisten auch zu politischer Pression. Wenn ein Ladenbesitzer sich gegen Peking ausspricht, tauchen alsbald ein paar Händler aus China auf, die direkt vor seiner Tür die gleiche Ware billiger verkaufen. Selbst die Polizei wird angeblich schon von der Volksrepublik beherrscht. Die Menschen erzählen von Polizeiautos, die mit Gefangenen zur Nam-Kwong-Handelsfirma fahren und ohne sie wiederkommen. Die Universität hat einen von den Chinesen eingesetzten Rektor, einen ehemaligen Sekretär Tschou En-lais.

Tausende von Chinesen kommen als Touristen aus der Volksrepublik nach Macao. „In der Vergangenheit haben wir Geschäfte gemacht mit Touristen aus kapitalistischen Ländern, die herkamen, um sich die Kommunisten anzusehen. Jetzt läuft es andersherum", sagt der Hotelier Adriano Gomez. In der „Paris Crazy Horse Show", zweimal täglich im Hotel Lisboa, sitzen seit einigen Monaten fast nur noch Zuschauer aus der Volksrepublik. Auf den Stühlen hocken sprachlose Bauern vor zwölf splitternackten Französinnen, die ihren Tanz aufführen. Aus Angst vor den politischen Kadern, die dabei sind, klatscht keiner. Deshalb folgt am Ende jeder Nummer auf Tonband aufgenommener Applaus. Selbst an den Roulette- und Black-Jack-Tischen des Kasinos im Hotel Lisboa tauchen gelegentlich Chinesen in Mao-Anzügen auf.

Im Abkommen mit Portugal haben sich die Chinesen verpflichtet, in Macao – wie in Hongkong – das kapitalistische System 50 Jahre über den Rückgabetermin hinaus aufrechtzuerhalten. Wie in Hongkong wird Peking gestatten, daß Einheimische das autonome Macao regieren werden. Im Laufe der letzten

Monate haben die Chinesen Hunderte von Kadern nach Macao geschickt. Sie sprechen alle Portugiesisch, hinter dem Hotel Bela-vista werden Wohnungen für sie gebaut. Endmund Ho, 38, Sohn jenes Ho Jin, der bis zu seinem Tod vor drei Jahren Pekings Stell-vertreter in der Stadt war, spricht über Pläne, eine vierspurige Brücke zwischen Macao und der kleinen Insel Taipa zu bauen, über einen internationalen Flughafen, über einen Tunnel unter Macaos Hügeln: „Die Chinesen werden ihr Versprechen halten und uns helfen, ein ganz neues Macao aufzubauen." Peking hat diesen Mann für den politischen Konsultationsrat benannt. In Macao erzählt man sich aber, daß er schon einen kanadischen Paß in der Tasche habe.

Keine Illusionen über die Zukunft macht sich die Kirche. Sie hat schon damit begonnen, ihr Land zu verkaufen und ihre Archive nach Portugal zu verschiffen. „Da wir die Zukunft nicht sichern können, versuchen wir wenigstens die Vergangenheit zu erhalten", sagt Pater Manuel Texeira, der mehr als hundert Bücher über die Geschichte der Portugiesen in Asien geschrie-ben hat. Texeira kam 1924 als 12jähriger Seminarist und hat sein ganzes Leben in Macao verbracht. Als 1966 das Seminar in ein neues Gebäude umzog, blieb Texeira allein im alten zurück. Er wandert in den verlassenen Hallen umher, seine Schritte verhallen in den Fluren und den 16 Räumen voller Bücher und Staub. „Ich bin das letzte Gespenst von Macao", sagt er.

Macao wird das Schicksal von Hongkong erleben, mit einem Aufschub von zweieinhalb Jahren. „Es wäre besser gewesen, wir hätten unsere Präsenz hier vor Hongkong aufgegeben", sagt ein portugiesischer Bankier. „Hongkong ist unsere Fluchtroute. Wie können wir hier bis 1999 bleiben, wenn Hongkong schon 1997 an China zurückfällt?" Die Portugiesen werden nach Portugal zurückkehren, die reichen Chinesen nach Kanada, Amerika oder Australien auswandern. Die armen Chinesen werden sich an die Volksrepublik anpassen. Schlimm wird es nur den 10 000 Men-schen ergehen, die halb Portugiesen, halb Chinesen sind. „Wir sind eine Rasse, die aus dem Liebesverhältnis zwischen Ost und West geboren ist", sagt Enrique Senna Fernandez, Rechtsanwalt und Schriftsteller. „Nur in Macao können wir überleben. Aber ohne die europäische Präsenz wird dieser Ort nicht mehr Macao sein." Einmal im Monat versammeln sich die führenden Persönlichkeiten dieser Gemeinschaft in einer Villa in Coloane, sprechen ihre alte Sprache, ein Gemisch aus Portugiesisch, Chinesisch, Thai und Malayisch, essen ihre Gerichte und reden von Macaos Vergangenheit, „wo Männer sich in Frieden unterhielten und Dichter träumten", wie der Literat Jorge Braga schrieb.

„Kein Sturm wird hier hohe Wellen schlagen, denn in unserem Hafen ist das Wasser nicht tief", sagt Ma Man-kei, Vorsitzender der Peking-freundlichen chinesischen Handelskammer. Um die Ängstlichen zu beruhigen, spricht er von einem Entwicklungsplan, der Macao über eine riesige Autobahn mit Zhuhai, Kanton, Shenzhen und Hongkong zu einer hochentwickelten Wirtschaftszone zusammenfassen soll. Macaos west-östliche Vergangenheit geht zu Ende. Das Epitaph schrieb Austin Coates, ein englischer Schriftsteller, auf die Speisekarte des Hotels Belavista: „Hier liegt der Katafalk eines Kreuzzugs, dessen Schwert und Grabstein vom Laub des Vergessens beschattet wird."

Philippinen

Rechte „Vigilantes", rote Guerrilleros und amerikanische Ex-
Generale im Kampf um das Erbe des Diktators Marcos – und die
Nachfolgerin Cory Aquino hilflos dazwischen.

„*Tropisches Land, viele Mücken*"
Die neue Ära auf den Philippinen

*Die Präsidentin Aquino hat große Reformen nicht ver-
sucht. Sie herrscht mit der alten Oberschicht, die Bauern
hungern, in der Hauptstadt Manila vegetieren zwei Millionen Obdachlose.*

Die Filipinos leben von Illusionen: „Endlich frei!"; „Ich habe
einen Panzer gestoppt!"; „Ich gehörte zur menschlichen Barri-
kade." Ausgebreitet auf den Bürgersteigen vor dem Malacanang-
Palast in Manila liegen Hunderte von gelben T-Shirts zum
Verkauf; sie sind mit dem Slogan „People's power" bedruckt –
stolzer Ausdruck der Selbsttäuschung, das Volk habe vor vier
Monaten den Diktator Ferdinand Marcos gestürzt. Die meisten Filipinos können sich so ein Hemd nicht leisten: Es kostet
35 Pesos, der Tageslohn eines Arbeiters. Also tragen sie die
T-Shirts weiter, die während der letzten Wahlkampagne zu Tausenden vom alten Regime verschenkt wurden: „Wähle klug –
wähle Marcos."

Vier Monate nach der „Wunderrevolution", die Ende Februar
in knapp vier Tagen Marcos davonjagte und Corazon („Cory")
Aquino an die Macht brachte, sind 40 Prozent der Filipinos noch
arbeitslos. 75 Prozent gehen jeden Abend hungrig ins Bett. In
Manila selbst kann sich nur jede zehnte Familie drei Mahlzeiten
am Tag leisten. „People's power" hat das tägliche Leben der Fili-

pinos sehr wenig verändert, und einer der jüngsten Witze lautet: „Das größte Wunder der Wunderrevolution ist, daß es keine Revolution war."

Als Marcos floh, gingen 20 Jahre Diktatur ohne Gewalt zu Ende; der Wechsel wurde von keiner der Begleiterscheinungen gekennzeichnet, die gewöhnlich zu Revolutionen gehören. Es hat keine Abrechnung, keine Rache gegeben. Noch wichtiger: Die Sozialordnung ist unangetastet geblieben. Diejenigen, die unten waren, sind nicht nach oben gekommen. Die Reichen sind noch reich, die Armen noch arm. „Der Umschwung ist wie von Coca-Cola zu Pepsi-Cola gewesen", sagt ein jetzt enttäuschter Cory-Fan.

In den exklusiven Stadtvierteln von Las Marinas und Alabam, von Mauern, Stacheldraht und bewaffneten Privatmilizionären beschützt, kämpfen die Mitglieder der Oberschicht, die den Aufstand gegen Marcos angeführt haben, jetzt um Macht und Positionen in der Regierung von Corazon Aquino. In den armen Stadtteilen und Slums von Manila kämpft das Volk weiter ums Überleben: „Wir haben der Sache gedient und sind, wie Diener, wieder nach Hause geschickt worden", sagt Romero Aguilar, ein Gewerkschafter in Tondo, Manilas größtem Slum-Gebiet.

Viel mehr als eine Revolution ist das, was im vergangenen Februar in Manila stattfand, eine Restauration gewesen: die Wiedereinsetzung der alten aristokratischen Oligarchie spanischer Herkunft, gegen die Marcos angekämpft und die er teilweise durch seine eigene Clique von Verwandten und Anhängern ersetzt hatte. Für diesen Verdacht gibt es deutliche Anzeichen: Im Laufe der ersten vier Monate von Cory Aquinos Präsidentschaft haben die 2,2 Millionen Obdachlosen der Hauptstadt, die in trostlosen Verschlägen in öffentlichen Anlagen, unter Brücken und am Rande von Autobahnen hausen, von der neuen Regierung nichts erhalten. Die alten vornehmen Familien, die Marcos' Diktatur zum Opfer gefallen waren, sind dagegen wieder erstarkt:

Die Lopez haben ihre Fernsehstationen, ihre Zeitung, ihre Banken und ihre Anteile an den Kraftwerken des Landes zurückbekommen: die Jacintos ihre Stahlwerke. Aus dieser Oligarchie stammt auch Corazon Aquino.

Cory und ihrer Familie gehört eines der größten Güter des Landes, die Hacienda Luisita — mehr als 7000 Hektar Land, 6100 Arbeiter, Golfplatz, Pferderennbahn. Während des Wahlkampfes hatte Cory versprochen, die Hacienda Luisita zu einem Muster der Landreform zu machen. Vor kurzem hat sie erklärt, sie werde es nicht tun: Es sei nicht im Interesse der Arbeiter. Doch obwohl die Begeisterung und Freude der ersten Tage der „Revolution" längst verflogen sind, bleibt Cory ungemein beliebt. Der „Freiheitspark", wie sie den Rasen um den Malacanang-Palast, Marcos' ehemaligen Amtssitz umgetauft hat, ist ein Hof der Pilger geworden, zu dem Menschen aus dem ganzen Land mit ihren Klagen und Bitten hinströmen. Mit allen hat Cory Mitleid, für niemanden aber hat sie eine klare Antwort. Sie hat die Witwen und Mütter der von Marcos' Polizei und Armee heimlich Ermordeten empfangen; aber sie hat bis heute noch nicht einen der Mörder — von vielen sind Namen und Adresse bekannt — der Justiz übergeben.

Cory hat Vertreter der hungernden Bauern gesprochen, aber eine Landreform hat sie nicht angepackt. Sie hat eine Kommission zur Überprüfung aller, die sich unter Marcos bereichert haben, gegründet. Aber sie hat keinen einzigen von ihnen festnehmen und den drittreichsten Mann des Landes nicht einmal überprüfen lassen: Juan Ponce Enrile. Er war Marcos' Verteidigungsminister und ist jetzt Verteidigungsminister unter Corazon Aquino. Er ist der Mann, der für Marcos das Kriegsrecht organisierte, mit dem der Diktator acht Jahre lang das Land knechtete. Je mehr Zeit seit dem Machtwechsel vergeht, um so klarer wird, daß nicht „people's power" Cory an die Macht befördert hat, sondern ein Putsch, von den Amerikanern angeregt und von Enrile angeleitet.

Als am 22. Februar Enrile und der stellvertretende Stabs-chef General Fidel Ramos sich gegen Marcos stellten, war es ursprünglich wohl ihre Absicht gewesen, selbst die Macht zu übernehmen. Erst als sie die „Cory! Cory!" schreienden Massen in den Straßen von Manila sahen, mußten sie nachgeben und der Volksheldin die Präsidentschaft überlassen. Die wahren Machtverhältnisse aber bleiben klar: Das Militär hat Cory an die Macht gebracht, das Militär könnte versuchen, sie zu stür-zen. Cory weiß, daß ihr im Moment von Enrile die größte Gefahr droht. Als in Manila das Gerücht umging, sie wolle ihn entlas-sen, ging auch sofort das Gegengerücht um, er bereite einen Putsch vor.

Die Präsidentin wandert auf einem sehr schmalen Pfad. Rechts steht die Armee, links stehen die Kommunisten, deren Guerilla, die „Neue Volksarmee" (NPA), aus der Enttäuschung über Cory Kapital schlägt. Beide Seiten behaupten, sie zu beschützen, beide benutzen sie und versuchen, sich an ihre Stelle zu setzen. Hinzu kommt, daß Marcos' Getreue, die sogenannten Loyalisten, wieder aktiv geworden sind. Jeden Sonntag laufen Banden von Zerlumpten im Luneta-Park zusammen, raufen sich mit der Polizei und schwören, Cory aus dem Malacanang-Palast zu vertreiben. „Die machen uns keine Sorge", sagt Miguel Perez Rubio, Corys Protokollchef. „Dies ist ein tropisches Land, da gibt es viele Mücken."

Anlaß zur Sorge aber ist: Diese Demonstrationen werden von mächtigen Persönlichkeiten gelenkt und finanziert. Die Demonstranten bekommen 50 Pesos pro Tag; 100 bei einer großen Schlacht mit der Polizei. Im Spinnennetz von Konspira-tionen, Gerüchten und Widersprüchen, in dem sie sich befindet, bewegt sich die Präsidentin mit großer Unbefangenheit. „Gott ist auf unserer Seite", sagt sie. Die T-Shirts übersetzen das in: „People's power is God power." Niemand zweifelt an ihren guten Absichten und ihrer Aufrichtigkeit. Nur fürchten einige, dies könnten ihre einzigen Eigenschaften sein.

Die Filipinos hatten geglaubt, Cory würde eine neue Ära einleiten und die alten Unsitten der philippinischen Politik endlich ausmerzen. Die Erfahrung mit den neuen Gouverneuren und Bürgermeistern hat anderes bewiesen. Mit Marcos' Flucht ins Exil war sein Regime noch nicht zu Ende. Überall saßen von ihm ernannte Verwalter, überall regierten Gouverneure und Bürgermeister, die mit seiner Hilfe gewählt worden waren. Um diesen Machtapparat der Marcos-Diktatur zu zerschlagen, beschloß Cory, alle gewählten Beamten zu entlassen und durch eigene „Loyalisten" vorläufig zu ersetzen. Dabei wurde sogleich wieder mit altvertrauten Tricks gearbeitet: Familienbeziehungen, Privatinteressen und Korruption waren oft wichtiger als die Qualifikation der Kandidaten. Die neuen Beamten stammen meist aus derselben reichen Klasse der Politiker wie die alten. Neue Gesichter hat man kaum gesehen. In Negros Occidental, einer der ärmsten Provinzen der Philippinen, hatten alle Massenorganisationen, die Bauernvertreter und sogar die Kirche einen eigenen Kandidaten vorgeschlagen: aber dreißig Familien von Großgrundbesitzern gingen zu Cory und setzten ihren Mann durch.

Der Versuch, die Machtstruktur des Marcos-Regimes durch eine neue zu ersetzen, war gewiß gut gemeint. Aber das Ergebnis ist Chaos. Einige Verwalter sind ohne Widerstand gegangen, haben aber die Kasse der Gemeinde mitgenommen. Andere Beamte haben sich in ihren Amtssitzen verbarrikadiert und weigern sich zu gehen. „Wenn du es wagst, dich hier zu zeigen, schmeiße ich dich aus dem Fenster!" sagte Chavit Sinson zu Sally Villanueva, die auf Corys Anordnung sein Amt als Gouverneur von Ilocos Sur übernehmen sollte. Wochenlang war es Frau Villanueva unmöglich, ihr Amt anzutreten. Tag für Tag kamen die Beamten aus einer der 34 von Gouverneur Sinson verwalteten Städte in die Provinzhauptstadt Uigan und umzingelten zum Schutze ihres Chefs den Gouverneurssitz. „Cory hat people's power benutzt, um in den Malacanang zu kommen. Wir werden people's power benutzen, um Gouverneur zu bleiben", kommentierte Sinson seine Taktik.

Die Sinsons haben seit Jahrzehnten die Macht in der Provinz. Chavits Großvater und Onkel waren Gouverneure, sein Vater war Bürgermeister der Provinzhauptstadt Uigan. Jetzt bekleidet sein Bruder dieses Amt. Seit 15 Jahren ist Chavit Gouverneur. Die Sinson-Familie kontrolliert die Hälfte der Wirtschaft der Provinz. Die andere Hälfte ist in den Händen der Villanuevas. In vielen Fällen sind die von Corazon Aquino auf ihre Posten gehievten Kommunalverwalter noch unbeliebter als ihre Vorgänger. „Wir haben so viele Fehler gemacht, daß Marcos' Leute leicht gewinnen würden,wenn es morgen Wahlen gäbe", sagt Noel Sorian, ein Mitarbeiter von Cory.

Als Cory die Macht übernahm, schien es, als würde sie für das öffentliche Leben neue moralische Maßstäbe setzen. Doch daraus wurde fast nichts. Niemand hält Corazon Aquino für korrupt. Aber ein Gerücht geht um, daß ihr Bruder Peping Cojuangco, ein großes Stück der Torte für sich genommen habe. Zwar hat er kein offizielles Amt in der Regierung, aber durch seine eigenen Vertrauensmänner, die er in wichtigen Stellungen untergebracht hat, soll er sehr rentable Sektoren der Gesellschaft kontrollieren: die neuen Spielkasinos des Landes, die Lotterie, die Stadien für Hahnenkämpfe.

Vergangenen Monat sind 65 sehr teure Kampfhähne aus Texas am Flughafen Manila eingetroffen. Der neue Zolldirektor, Wigberto Tanada, der versprochen hat, Korruption im öffentlichen Dienst auszumerzen, ließ die Hähne beschlagnahmen. Sie sollten so lange unter Verschluß bleiben, bis die Steuern auf ihren Wert bezahlt worden wären. Doch auf rätselhafte Weise verschwanden die Hähne eines Nachts aus dem Zollager – statt ihrer gackerten am nächsten Morgen dort nur Hühner. Einige Tage später kämpften die Hähne aus Texas in den Arenen von Cojuangcos Männern. Der Direktor des Manila-Flughafens verdankt Corys Bruder seinen Posten.

Der Stil, in dem Cory regiert, ist schlicht und einfach. Das Gästehaus im Malacanang-Bezirk, in dem sie arbeitet, hat nichts vom Pomp, mit dem sich der Marcos-Clan umgab. Entscheidungen werden schnell und direkt getroffen, ohne langatmige Konsultationen. Das Kabinett versammelt sich jeden Mittwoch; aber noch wichtiger ist, was ein paar Vertraute, die immer Zugang zu ihr haben, der Präsidentin erzählen. Dieses „Flüsterkabinett", wie die Filipinos es nennen, besteht aus drei, vier Leuten. Unter ihnen ist am einflußreichsten, wer als letzter flüstert: gewöhnlich Corys Bruder Peping. Cory entscheidet. Aber regiert sie auch? Sicher nicht immer und nicht überall.

Vor dem Rathaus von Serrat in Ilocos Norte, Marcos' Geburtsort, hängt ein Plakat: „Marcos ist noch Präsident". Überall auf den 7107 Inseln des Archipels gibt es Postämter, Rathäuser und Gouverneurssitze, in denen noch immer riesige Porträts von Marcos und seiner First Lady Imelda an der Wand hängen. Auf 25 Prozent des Territoriums sind es die Kommunisten, die sich wie die Regierung benehmen. In anderen Gebieten sind es die alten Kriegsherren, die mit ihren Waffen das Gesetz diktieren. Cory hatte versprochen, diese Großgrundbesitzer, die mit ihren Privatarmeen in manchen Provinzen die Bevölkerung seit Jahren terrorisieren, zu entwaffnen. Sie hat es nicht geschafft.

Der berüchtigste Kriegsherr ist Ali Dimaporo, Gouverneur von Lanao del Sur auf der Insel Mindanao. Vor den letzten Wahlen hatte er von Marcos 1000 Gewehre bekommen. Cory verlangte sie zurück. Was Dimaporo abgab, waren 127 verrostete Flinten aus dem Zweiten Weltkrieg. Daraufhin befahl Cory dem General der Region, Dimaporo zu entwaffnen. Das nächste, was die Filipinos zu Gesicht bekamen, war ein Zeitungsphoto, auf dem Dimaporo den General in Enriles Büro in Manila umarmt. Die Waffen hat er immer noch: Cory wollte keinen Bürgerkrieg auf Mindanao riskieren.

„Sie hat den Instinkt eines Politikers, sie kennt den Wert des Kompromisses", sagt einer ihrer Mitarbeiter. Andere dagegen meinen, Cory sei schon zur Gefangenen fauler Kompromisse geworden. „Sie hätte mindestens sechs Monate lang wie ein Diktator herrschen müssen, wenn sie eine Reihe von Problemen wirklich hätte lösen wollen", sagt Pater Hector Mauri von der jesuitischen Universität Ateneo in Manila. „Sie hat diese Chance verpaßt."

Hat das Land überhaupt noch eine Chance? Die Philippinen sind im Ausland mit 26 Milliarden Dollar verschuldet. Allein die Zinsen verschlingen jährlich die Hälfte aller philippinischen Exporterlöse. Das Symbol dieser wahnsinnigen Schulden, die Cory vom Marcos-Regime geerbt hat, steht in Morong auf der Bataan-Halbinsel, 120 Kilometer westlich von Manila. Vor dem Hintergrund eines strahlenden Meeres erhebt sich das Monstrum des ersten philippinischen Atomkraftwerkes. Sein Bau hat schon 2,1 Milliarden Dollar gekostet, als Vermittler steckte Marcos angeblich 80 Millionen Dollar in die eigene Tasche. Das Werk arbeitet noch nicht. Den Haushalt der Philippinen belastet der Geistermeiler täglich mit 355 000 Dollar.

Corazon Aquino hat sich gegen alle „revolutionären" Vorschläge gewandt, statt dessen eine neue Verfassung bestellt. Doch die Probleme bleiben. Während in den zwei Provinzen Ilocos, im nördlichen Luzon, das gutgekleidete und wohlernährte Volk auf Marcos' Rückkehr wartet, warten auf der Insel Negros unterernährte und zerlumpte Bauern darauf, daß Corys Regierung oder die Kommunisten ihnen Land gibt.

Ilocos ist Marcos' Heimatprovinz, und für seine Ilocanos hat Marcos viel getan. Die Städte sind sauber, die Straßen gut erhalten, fast jeder hat Arbeit. Ilocos hat eine der besten Universitäten des Landes; sie ist nach Marcos' Vater benannt. Überall gibt es Erinnerungen an Marcos. Eine Stadt wurde nach ihm benannt. Verschiedene Bezirke tragen die Namen seiner Kinder und anderer Verwandter. Das Haus in Batac, wo er aufwuchs, ist zum Museum geworden: Vier Monate nach der Revolution ist es täglich geöffnet. Besucher bewundern die 36 Marcos-Statuen und die 48 Kriegsorden, die er, der Sage nach, erworben hat, sowie die Stapel von Büchern, die er und seine Verwandten geschrieben haben. Zwei schwere Bände enthalten die „Ideen" von Imelda Marcos.

Auf dem Hauptplatz von Laoag, der Provinzhauptstadt, heißt heute das Gefängnis, in dem der junge Marcos einst wegen Mordes an einem politischen Rivalen seines Vaters einsaß, „Halle der Gerechtigkeit".

Aus seinem Exil in Hawaii telephoniert Marcos mehrmals die Woche mit seinen Anhängern in Ilocos. Solche Gespräche werden oft vom lokalen Radio übertragen. Alle warten auf seine Rück- kehr. Seine riesige Villa in Paoay, „der Malacanang des Nordens", steht für ihn bereit. Jeden Tag stauben Diener die Holzfußböden ab und pflegen die Blumen im Garten. „Da er nicht mit dem Flugzeug kommen kann, denn Cory würde es abschießen lassen, wird er mit einem U-Boot landen", sagen die Leute.

Die Politiker in Manila wissen wohl, daß Marcos erledigt ist. Aber die Treue der Ilocanos zu ihm ist ein Pfund, mit dem sich wuchern läßt. Verteidigungsminister Enrile, selber ein Ilocano, besuchte vor kurzem Ilocos, sprach sehr lobend über Marcos, und die Ilocanos nannten ihn dafür „den neuen Vater, den neuen Helden und Führer". Als sich jemand während eines Banketts in Laoang mit „Herr Präsident" an ihn wandte, antwortete Enrile: „Noch nicht."

Ganz anders sieht es auf Negros aus. Jetzt, da das Zucker- rohr geschnitten ist und die 41 Zuckerraffinerien für den Rest der Saison geschlossen haben, sind 300 000 Arbeiter ohne Arbeit, haben ihre Familien nichts zu essen. Auf Negros nennt man diese Saison „tiempo muerte", die Totenzeit. Zwei Drittel aller Kinder unter sechs Jahren sind unterernährt. Sieben von zehn Menschen im Krankenhaus der Hauptstadt Bacolod sterben an Krankheiten, die durch den Hunger verursacht sind. Früher pflanzten die Bauern ihren Reis auf Landparzellen, welche die großen Haciendas ihnen überließen. Jetzt sind die Haciendas durch Erbschaft kleiner geworden, und die Besitzer lassen die Bauern keinen Reis mehr anpflanzen. Nach dem Gesetz sollte ein Arbeiter 32 Pesos pro Tag erhalten. In Wirklichkeit bekommt er 15 bis 20 Pesos.

Nahe der Stadt Murcia lebt die Familie Gaelia in einer Bambushütte, in der es – abgesehen von einem Bambusfußboden, der als Schlafstelle dient – nur einen zerbrochenen Spiegel, einen Kalender und zwei Kochtöpfe gibt. Der Mann ist seit einem Jahr arbeitslos. 1984 hat die Familie zuletzt ein gebrauchtes T-Shirt im Austausch gegen Bananen erstanden. Die zwei Kinder gehen oft nicht zur Schule, weil sie von einem Landbesitzer angestellt werden, das Unkraut auf seinem Acker zu jäten. Auf die Frage: „Was möchtest du tun, wenn du groß bist?" antwortet der Elfjährige: „Arbeiten. Jeden Tag Arbeit haben." Der Neunjährige möchte Arzt werden. Er wird es niemals schaffen.

„Hier hat niemand das ‚Kapital' von Marx gelesen. Es sind die Ungerechtigkeiten, welche die Leute zu den Kommunisten treiben", sagt Antonio Fortich, Erzbischof von Bacolod.

„Hunger und Kommunismus" sind zwei Seiten desselben Problems. Dafür gibt es nur eine Lösung: Landreform, so der Monsignore, der Anfang des Monats einen Tag in der kommunistischen Guerillabasis in Süd-Negros verbracht hat. Die Kommunisten hatten ihn eingeladen, um ihm ihre Vorschläge zu erklären. Sie verlangen, daß die Grundbesitzer zehn Prozent ihres Landes an die Bauern verteilen, damit diese Reis anpflanzen können und nicht mehr verhungern. „Es scheint mir sehr vernünftig", sagt der Bischof.

Als Corazon Aquino an die Macht kam, hofften die Filipinos, daß ausländisches Geld, amerikanisches vor allem, auf die Philippinen regnen würde und daß die kommunistischen Guerrilleros aus den Bergen und dem Dschungel herauskämen. Keine der beiden Hoffnungen hat sich erfüllt. In den ersten fünf Monaten dieses Jahres gingen die ausländischen Investitionen auf den Philippinen gegenüber dem Vorjahr um 20 Prozent zurück. Und keine einzige Guerillaeinheit hat sich ergeben. Ausländische Investoren fürchten die Instabilität der Philippinen; sie vermuten, daß die Kommunisten unter Cory weiter schnelle Fortschritte machen werden. Das ist schon eingetreten. Als Cory an die Macht kam, schienen die Kommunisten in der Bevölkerung weitgehend isoliert. Das hat sich geändert: Heute präsentieren sie sich gern als Corys Hilfstruppe. Nun ist Corys „Revolution" bestimmt nicht das, was die Kommunisten sich wünschten. „Wir warteten auf einen anderen Zug. Dann ist dieser plötzlich angekommen. Also steigen wir ein, sagt Pater Edicio de la Torre, Gründer der prokommunistischen Organisation „Christen für Nationalbefreiung". Die Filipinos haben bewiesen, daß eine gewalttätige Revolution nicht nach ihrem Geschmack ist. Die Kommunisten haben das erkannt und versuchen jetzt, mit friedlichen Mitteln an die Macht zu kommen.

Cory Aquino hat in den wenigen Monaten ihrer Präsidentschaft zwei kühne Entscheidungen getroffen: Sie hat alle politischen Gefangenen freigelassen – gegen die Bedenken und den Widerstand des Militärs; und sie hat den Kommunisten einen Waffenstillstand angeboten. Die Verhandlungen haben begonnen. Wohin werden sie führen? „Entweder, wenn sie scheitern, zu einem grausamen Bürgerkrieg und schließlich womöglich zum gewaltsamen Sieg der Kommunisten. Oder aber zu einer neuen friedlichen Revolution, an deren Ende die Kommunisten wiederum als Sieger stehen", sagt ein westlicher Diplomat in Manila.

Schon heute sind die Kommunisten mit ihren 20 000 Kämpfern der Neuen Volksarmee und Hunderttausenden von Anhängern ein wichtiger Bestandteil des philippinischen Lebens. Man kann sich mit ihnen in Manila treffen oder sie in ihren Stützpunkten auf dem Land besuchen. Ein Viertel des nationalen Territoriums steht unter ihrer Kontrolle. Sie bilden eine Gegenregierung, sammeln Steuern ein, organisieren Dienstleistungen und sorgen über ein eigenes Justizsystem für ihre Art von Gerechtigkeit. In der Stadt Escalante in Negros, wo im September vorigen Jahres 21 demonstrierende Bauern von der lokalen Miliz erschossen wurden, ist der Bürgermeister geflohen. Cory hat keinen Nachfolger ernannt. Keiner der für die Massaker verantwortlichen Soldaten ist festgenommen worden. Die kommunistische NPA hat aber schon vier von ihnen hingerichtet. Am Ort des Massakers steht rot auf einer Mauer: „Die NPA ist da."

Überall im Land haben Landbesitzer mit den lokalen Guerillakämpfern ihre Abkommen getroffen. Einige, die das nicht taten, wurden von den Kommunisten „ausgeliehen", wie die Leute sagen, und tagelang gewarnt und umerzogen. Die Kommunisten bereiten sich auf die neue Zeit vor, wenngleich mit widersprüchlichen Signalen. Am Montag voriger Woche überfielen kommunistische Guerillas einen Militärkonvoi und töteten 13 Soldaten. Zugleich haben ihre Unterhändler begonnen, mit Vertretern der Regierung über einen Waffenstillstand zu verhandeln. Ihre Organisation beginnt, in der Legalität zu arbeiten. Sison baut seine „Volkspartei" auf, andere Kader sickern in die Gewerkschaften ein. Enrile und das Militär aber sind einmütig gegen Verhandlungen mit den Kommunisten.

Angesichts so vieler Feinde und so vieler Fallen, die ihr gestellt sind, ist Cory Aquino die einzige, die keine Organisation, keine richtige Partei, keine eigene Macht hat. Sie kann nur auf die eigene persönliche Popularität zählen. Vor drei Jahren habe eine Kugel, die ihren Mann Benigno Aquino tötete, „diese Revolution angefangen", hat Präsidentin Aquino in der Militärakademie von Baguio gesagt. Eine Kugel könnte die Revolution auch wieder beenden. Vor kurzem hat ein Mann, der wegen Diebstahls verhaftet worden war, gestanden, er sei in ein Komplott zur Ermordung von Cory verwickelt.

Cory, umgeben von Widersachern, könnte sich wohl nur durch ein Wunder noch sechs Jahre an der Macht halten. „Wunder geschehen für die, die an sie glauben", sagt Pater Ferman von der Santo-Tomas-Universität in Manila.

Das verfluchte Gold des Generals
Wer entdeckt den Yamashita-Schatz?

*Werte von 25 bis 100 Milliarden Dollar soll der japa-
nische General Yamashita versteckt haben, bevor er 1945
kapitulierte. Fieberhaft durchwühlen Schatzsucher die
vermuteten Orte.*

Der Mangobaum, an dem man ihn aufknüpfte, wurde sofort
gefällt, das Grab mit seiner Leiche unkenntlich gemacht. Nach
dem Willen der Amerikaner, deren großer Gegner er im Zweiten
Weltkrieg war, die ihn schließlich gefangen und als Kriegsverbrecher zum Tode verurteilt hatten, sollte er schnell und gründlich vergessen werden. Doch über 40 Jahre später ist General
Tomoyuki Yamashita, Oberbefehlshaber der Kaiserlichen Japanischen Armee in Südostasien – erst in Malaya, Singapur und
Burma, dann auf den Philippinen –, in den Träumen und Taten
unzähliger Filipinos noch lebendig, bewegt er auf unheimliche
Weise die Politik der Philippinen.

Das Schicksal des verjagten Diktators Ferdinand Marcos
und die Suche nach seinem sagenhaften Vermögen, aber auch die
Zukunft der Präsidentin Cory Aquino, die Klemme, in die sie
geraten ist zwischen kommunistischen Guerrilleros und bewaffneten rechten „Vigilantes", so gut wie alles auf den Philippinen
dieser Tage beginnt und endet mit dem General Yamashita. Der
Name des japanischen Generals steht für die größte und phan-
tastischste Schatzsuche aller Zeiten. Denn Yamashita soll vor
seiner Kapitulation 1945 den Befehl gegeben haben, das gesamte
Vermögen der japanischen Südostasien-Armee – die Schätzungen
reichen von 25 bis 100 Milliarden Dollar – an fast 200 Stellen der
Philippinen zu verstecken. Obschon von diesem Schatz, soweit
bekannt, noch nichts gefunden wurde und sogar zweifelhaft ist,
ob es ihn je gab, sind derzeit Tausende Filipinos – aber auch
etliche Amerikaner – auf Schatzsuche, in den rauhen Bergen

von Nord-Luzon etwa. Dort zählen Menschen mit Hilfe alter Karten Schritte in Bambushainen ab und durchsuchen mit komplizierten Metalldetektoren den Boden. Andere scharren im schlammigen Meeresgrund nahe dem Dorf Calatagan in der Provinz Batangas. Wieder andere kriechen in einen dunklen Tunnel in Los Banos, nur ein paar hundert Meter entfernt von dem Ort, an dem Yamashita gehenkt wurde.

Alle arbeiten sie für eine geheimnisvolle amerikanische Gesellschaft namens Nippon Star, die in Hongkong eingetragen ist und ihre Tätigkeit sogar offiziell als „Schatzsuche" angibt. Der „chief of staff" dieser Gesellschaft ist ein sagenumwobener, inzwischen in den USA wohlbekannter Mann: John Singlaub, 65, General der US-Armee im Ruhestand, Träger von 29 Orden, seit Jahrzehnten mit Operationen der CIA befaßt, Held vieler antikommunistischer Operationen und vor allem, gemeinsam mit Oberstleutnant Oliver North, in die Waffenlieferungen für die Contras in Nicaragua verwickelt.

Singlaubs Mannschaft auf den Philippinen besteht aus einheimischen Arbeitern und einem Dutzend ehemaliger amerikanischer Soldaten, vor allem Tauchern der US-Marine und Mitgliedern der Spezialtruppe Green Berets, die meisten Veteranen des Vietnamkriegs. „Die Sache stinkt, aber nicht unbedingt nach Gold", sagt der philippinische Historiker Renato Costantino und umschreibt damit den möglichen politischen Hintergrund der seltsamen Schatzsuche.

Finden Singlaub und seine Männer das Yamashita-Gold, wären sie in ihrem weltweiten Kampf gegen den Kommunismus aller Finanzsorgen ledig, bräuchten sie zu diesem Zweck keine Waffen mehr an Amerikas Feinde in Teheran zu verkaufen und dem Kongreß nicht mehr Rede und Antwort über die illegale Verwendung von Geldern zu geben. Es gibt aber auch Filipinos, die meinen, Singlaubs Schatzsuche sei nur der Deckmantel, unter dem der General auf den Philippinen ein großes Programm zur Bekämpfung der kommunistischen Guerilla organisiert.

Ob es auf den Philippinen wirklich einen versteckten Schatz gibt, ist nicht erwiesen. Sicher ist nur, daß seit dem Tage, an dem Yamashita gehenkt wurde, Dutzende Filipinos ihr Vermögen und oft auch ihr Leben verloren auf der Suche nach jener Beute aus Gold, Silber, Juwelen und Kunstschätzen, die der Japaner angeblich hinterlassen hat. Seit letztem Dezember steht der Yamashita-Schatz im Mittelpunkt geheimnisvoller Intrigen und Konspirationen, in die Berater und Verwandte von Cory Aquino, arbeitslose Abenteurer, CIA-Agenten und religiöse Fanatiker verwickelt sind.

Die Geschichte um den Yamashita-Schatz begann im Herbst 1944: Eine amerikanische Invasionsstreitmacht von rund 50 000 Mann unter General MacArthur näherte sich der Philippinen-Insel Leyte mit dem Ziel, den philippinischen Archipel zurückzuerobern, von dem die Japaner Anfang 1942 die Amerikaner vertrieben hatten. Um mit der amerikanischen Bedrohung fertig zu werden, schickte Tokio einen seiner brillantesten Generale hin, Yamashita, den „Tiger von Malaya". Yamashita landete am 5. Oktober 1944 in Manila. Er war bereits eine Legende: 1941/1942 hatte er in einer für unmöglich gehaltenen Operation binnen weniger Monate die gesamte Malaiische Halbinsel sowie die Inselfestung Singapur erobert, war er durch Burma bis an die Grenze Indiens vorgestoßen. Ein Großteil der 300 000 Soldaten, die Yamashita auf den Philippinen unter sich hatte, waren Veteranen des japanischen Siegeszuges durch Südostasien, die angeblich riesige Reichtümer mit sich führten: Goldbarren aus Burma und Indonesien, Juwelen und Edelsteine, Plündergut, das die Eroberer vor allem den reichen chinesischen Gemeinden in Malaya und Singapur abgenommen hatten.

Die Japaner konnten der amerikanischen Invasion nicht widerstehen. Als Yamashita gezwungen war, sein Hauptquartier von Manila weit in den Norden der Insel Luzon zu verlegen, beschloß angeblich der Generalstab, den Schatz in 172 verschiedene Teile aufzuspalten und möglichst raffiniert überall auf den

Philippinen zu verstecken. Schwere Holztruhen wurden in tiefen Tunneln vergraben, deren Eingänge dann gesprengt; andere wurden auf Schiffe geladen und ins Meer versenkt. Nur einige auserwählte höhere Offiziere bekamen Karten, auf denen die Lage des Schatzes gekennzeichnet war. Um alle fremden Zeugen aus der Welt zu schaffen, wurden die beim Verstecken beschäftigten Kriegsgefangenen und Zwangsarbeiter angeblich mit dem Schatz in den Stollen begraben oder im Meer ertränkt. Im August 1945 ergab Japan sich. Yamashita kämpfte im Dschungel von Nord-Luzon noch zwei Wochen weiter. Dann, am 2. September, übergab er einem amerikanischen Offizier sein Samurai-Schwert. Sieger MacArthur wollte die Besiegten für die Grausamkeiten bestrafen, deren sich die japanische Armee schuldig gemacht hatte. Der „Tiger von Malaya" war ein idealer Sündenbock. Nach dreimonatigem Prozeß wurde er verurteilt und im Februar 1946 gehenkt.

Die Geschichte von dem Schatz überlebte. Die Amerikaner befragten Kriegsgefangene danach. Seit 1945 floriert in Manila ein Markt für gefälschte japanische Karten über die Lage des Schatzes, Hochstapler bieten angebliche Augenzeugenberichte an. „Meine Tante hat einen ganzen Hügel auf der Insel Negros in die Luft gesprengt, weil ein Bauer ihr erzählt hatte, er sei beim Vergraben des Schatzes dabeigewesen", sagt Teodoro Locsin, Cory Aquinos Informationsminister. „Es gelang ihr nur, die Landschaft zu verändern." Ein Bienvenido Hu hat die Hälfte seines Familienvermögens ausgegeben, als er auf der Insel Cebu nach dem Schatz grub. Sein Partner war ein chinesischer Arzt, der in einem Lazarett auf Taiwan von einem sterbenden japanischen Offizier eine Lagekarte erhalten haben wollte.

Auf den Philippinen, dem Dorado wuchernden Aberglaubens, werden dem Schatz geheimnisvolle Kräfte zugeschrieben. Danach bewachen böse Geister den blutbefleckten Reichtum und bringen die Schatzsucher um. Das heißt aber auch: „Wenn bei der Suche jemand stirbt, war er dem Schatz nahe", sagt ein

Mann, der schon drei Arbeiter beim Graben verloren hat. Jede japanische Regierung der Nachkriegszeit hat die Existenz eines Schatzes der kaiserlichen Armee auf den Philippinen offiziell abgestritten. Doch das Dementi erscheint durchsichtig – sonst würde Tokio indirekt die Verantwortung für die japanischen Beutezüge quer durch Südostasien übernehmen.

Deshalb widerspricht dem Dementi auch, daß sich eine Reihe ehemaliger japanischer Offiziere auf die Philippinen zurück-geschlichen hat. Einige ließen sich als Geschäftsleute in verdäch-tig abgelegenen Teilen des Landes nieder. So sollen vor einigen Jahren ein paar Japaner in einem Wald auf der Insel Mindanao eine kleine Fabrik für Eßstäbchen errichtet haben. Ein Teil der Fabrik war eine Halle, die kein Filipino betreten durfte. Einige Monate später überließen die Japaner plötzlich die Fabrik den Filipinos und zogen weg. Als die Arbeiter die verbotene Halle betraten, fanden sie nur ein großes in die Erde gegrabenes Loch. Es war leer.

Auf jeden Fall hat der frühere Diktator Ferdinand Marcos mit dem Schatz zu tun gehabt. „Er benutzte die gesamte Armee, um das Land zu durchkämmen, und hat einen großen Teil des Schatzes gefunden", behauptet ein Mitarbeiter des Ex-Präsi-denten. „Daraus unter anderem besteht Marcos' sogenanntes verschwundenes Vermögen, das jetzt im Ausland ist." In Manila gibt es Zeugen, die beschwören, daß ein Flugzeug voller Gold-barren kurz vor dem Marcos-Sturz in die Schweiz geflogen sei. Was auch immer Marcos vom Yamashita-Schatz gefunden hat, alles, so nehmen Kenner an, war es nicht, und darauf hofft die neue Welle der Schatzsucher, die seit kurzem das Yamashita-Fie-ber gepackt hat. Diesmal sind es hauptsächlich Amerikaner – die Leute des Ex-Generals Singlaub.

In Alfonso, einem Bergdorf in der Provinz Cavite, 90 Minu-ten per Auto von Manila entfernt, leben in einem grünen Bun-galow vier ehemalige US-GIs. Jeden Tag steigt einer von ihnen im Taucheranzug in ein in den Garten gegrabenes Loch. Über eine Holztreppe gelangt er 50 Meter tief in die Erde und verschwindet dann in zehn Meter tiefem Wasser, um jenseits in einer Höhle zu graben. „Die Japaner hatten den Schatz durch Wasser geschützt", sagt der Amerikaner. „Daß wir an dieses Wasser geraten sind, beweist, daß der Schatz nicht weit ist." Überall liegt modernes Gerät herum, der Bungalow wird von Filipinos bewacht, Neugierige sind unwillkommen.

Starke Bewachung auch in Los Banos, Provinz Laguna. „Kehrt um, oder ich schieße!" schreit ein Mann mit einer Pistole in der Hand jedem Fremden zu, der den schmalen Pfad zum Berg Makilin hinaufsteigt. Das Gelände gehört der Universität der Philippinen, aber die Singlaub-Angestellten graben einen bereits 20 Meter tiefen Tunnel, niemand darf sich ihm nähern. Singlaubs Nippon-Star-Gesellschaft hat der Universitätsbehörde mitgeteilt, daß KGB-Agenten auf den Philippinen gelandet seien, und die sollen den Yamashita-Schatz nun wirklich nicht bekommen.

Vor philippinischen Kommunisten dagegen müssen sich die Singlaub-Leute schon vorsehen, im Gebiet um Majaji etwa, am Berg Banahaw, wo Nippon Star eine ihrer hoffnungsvollsten Grabungen ausführt. Die Gegend wird nämlich von den Guerrilleros der New People's Army (NPA) kontrolliert. „Wenn die Kommunisten den Schatz entdecken, werden sie ihre Waffeneinkäufe problemlos finanzieren können", schaudert es den Amerikaner Peter Lim, der die Ausgrabungen von Nippon Star auf dem Banahaw überwacht.

Wahrscheinlicher ist, daß der Schatz — wenn er je zutage kommt — nicht von den Kommunisten, sondern gegen sie eingesetzt wird. General a. D. Singlaub kam im vergangenen November in Manila an. Er war, zusammen mit Ray Cline, dem ehemaligen CIA-Vize, und US-General Robert Schweitzer, die unsichtbare Hand, die hinter den Kulissen den großen Putsch gegen Cory Aquino vereitelte. Singlaub hat auf den Philippinen beste Kontakte. General Villareal, Chef von Cory Aquinos Abwehrdienst und Vorsitzender der philippinischen Sektion der Antikommunistischen Weltliga, ist sein guter Freund. Innerhalb kürzester Zeit findet der Amerikaner Zugang zu höchsten Stellen des Landes. Durch ein Netz von Firmen, die mit Nippon Star verbunden sind, kommt er mit Corys Bruder Peping in Verbindung – eines der Treffen zwischen Singlaub, Peping und einigen Militärkommandeuren des Landes findet in Corys Hacienda „Luisita" statt.

Im Dezember bekommt Singlaub vom Präsidentenpalast die offizielle Erlaubnis, daß Nippon Star nach dem Yamashita-Schatz suchen darf. Der Vertrag ist einfach: Im Fall des Fundes gehen 50 Prozent an Nippon Star, 50 Prozent an die Regierung der Philippinen. „Wenn er seinen Anteil benutzt, um damit die Contras in Nicaragua zu finanzieren, haben wir nichts dagegen. Wir werden unseren Anteil benutzen, um unsere nationalen Schulden zu tilgen", sagt Minister Locsin.

Nippon Star ist für die Schatzsuche gut vorbereitet, hat sich alte japanische Karten sowie Interviews mit ehemaligen japanischen Kriegsgefangenen besorgt. In Japan machte sie einen alten Diener von General Yamashita ausfindig, der angeblich Bescheid weiß. In der philippinischen Armee unterhält Singlaub Kontakte sowohl zu Marcos-Getreuen wie auch angeblich zu Offizieren des Generals Ramos. Von Anfang wurden alle Operationen der Nippon Star streng geheimgehalten. Nach zweimonatigem Aufenthalt in einem Gebäude in Makati, das dem Marcos-Stabschef Ver gehört hatte, ist die Gesellschaft umgezogen, ohne eine Adresse zu hinterlassen.

Daß Singlaubs Schatzsuche politische Ziele verfolgt oder mit verfolgt, erhellt aus den sonstigen Tätigkeiten des Generals. Er selbst bezeichnete sich einmal als „Geheimwaffe Reagans", er war laut Report einer Washingtoner Untersuchungskommission für Geldsammlungen auf Taiwan und in Südkorea zugunsten der Contras in Nicaragua verantwortlich. Zu der Zeit, als Singlaub mit Erlaubnis des Präsidentenpalasts die Suche nach dem Yamashita-Schatz beginnt, werden in Cory Aquinos Regierung linke

Minister beiseite geschoben; ein Mann, der in der Vergangenheit mit der CIA zusammengearbeitet hat, Jaime Ferrer, wird zum Minister für die Lokalverwaltung berufen; die Philippinen werden Bühne eines großen antikommunistischen Kreuzzugs.

Während seiner Inspektionsreisen zu den Orten, an denen Nippon Star den Yamashita-Schatz sucht, trifft Singlaub mit Großgrundbesitzern und anderen Lokalgrößen zusammen. Er spricht über die Notwendigkeit, daß sich die Philippinen gegen die Kommunisten verteidigen. Er schlägt dazu den Aufbau von „Bürgerorganisationen" vor. Seltsamerweise entstehen auf den Philippinen kurz darauf die ersten antikommunistischen Verteidigungseinheiten, die „Vigilantes", die berühmteste von ihnen ist Alsa Masa in Davao auf Mindanao. Die Vigilantes arbeiten so: In jedem Wohnviertel gehen bewaffnete Zivilisten von Haus zu Haus, um eine Liste der Einwohner aufzustellen. Jede Familie wird gefragt, ob sie für Demokratie oder Kommunismus sei. Nachts patrouillieren die Alsa Masa durch die Straßen, errichten Straßensperren und suchen nach Menschen, die nicht auf den Familienlisten stehen – in ihren Augen Kommunisten.

Unbestrittener Führer der Alsa Masa ist Oberst Franco Calida, Polizeichef von Davao. Sein Dienstzimmer wirkt wie ein Tempel der Gewalt: auf seinem Schreibtisch ein Schnellfeuergewehr, in einem Regal Haufen von Handgranaten. Calidas Programm ist simpel. „Ich brate die Kommunisten im eigenen Fett. Ich bediene mich ihrer eigenen Methoden. Ich identifiziere sie und lasse sie erschießen." Den General Singlaub kennt er nicht persönlich, „aber wir sind Kämpfer in demselben Krieg", sagt Calida.

Dutzende von Vigilantes-Banden entstanden plötzlich im ganzen Land. Die meisten bestehen aus religiösen Fanatikern mit frommen Namen: „Krieger Christi", „Neue Kreuzzügler", „Heiliges Herz des Herrn", „Schutzengel". Jede Gruppe hat einen eigenen Guru, eine eigene Uniform, ein eigenes Initiationsritual, eigene Amulette. Die Tad-Tad („Schneide-Schneide") etwa tragen rote T-Shirts und ein rotes Kopfband mit einem Christus-Gesicht. Vor einigen Wochen überfielen junge Tad-Tad-Vigilantes, die nach offizieller Ansicht nur „unbewaffneten" Wachdienst versehen, in Santa Cruz bei Davao einen angeblichen Kommunisten. Sie schlugen mit langen Buschmessern auf ihn ein – und köpften ihn. Zeitungen in Manila berichteten dazu gar, die Vigilantes hätten das Blut ihres Opfers getrunken. Auf den Philippinen blühte religiöser Fanatismus schon immer. Fanatiker treten überall im Land öffentlich auf und sind allesamt von dem heiligen Ziel besessen, Kommunisten umzubringen. „Es sieht so aus, als stehe ein kluger Kopf im Hintergrund, der dieses heilige Feuer entzündet hat", sagt ein Journalist in Davao.

General Singlaub macht kein Geheimnis daraus, daß er ein Vertreter von Reagans Theorie des „low intensity conflict" ist, einer Strategie mit dem Ziel, in Ländern der Dritten Welt den Kampf gegen die Kommunisten zu gewinnen, ohne daß er in einen Ost-West-Konflikt ausartet oder auch nur einen massiven amerikanischen Eingriff wie in Vietnam erfordert. Die Siegesformel dieses „low intensity conflict" heißt: wirtschaftliche und humanitäre Hilfe, psychologische Kriegführung und „selective violence". Die Vigilantes sind die Hauptwaffe im Dienst dieser Strategie. „Wir beginnen jetzt, den Kampf gegen die Kommunisten zu gewinnen", sagt Jaime Ferrer, der Minister für die Lokalverwaltung. „Jeder Bürgermeister und Gouverneur muß noch vor dem Sommer seine Vigilantes organisiert haben. Wer es nicht schafft, wird entlassen."

Finanziert wurden die Vigilantes bis jetzt von rechtskonservativen Landbesitzern. Auf einem Treffen mit Zuckerbaronen in Negros bot General Singlaub aber auch eigene finanzielle Hilfe an. Über Nippon Star können ultrarechte US-Organisationen bereits ihre Spenden auf die Philippinen leiten. Der Yamashita-Schatz, wird er gefunden, könnte Wunder für die gesamte politische Entwicklung der Philippinen tun. Geld scheint Singlaub heute schon reichlich zu haben. Alle Filipinos, die von Nippon

Star für die Schatzsuche als Arbeiter oder bewaffnete Wächter angestellt sind, bekommen einen Tageslohn von 100 Pesos — doppelt soviel wie im Land üblich. Die Amerikaner bei Nippon Star erhalten Gehälter von „mehreren tausend Dollar" pro Monat, bezeugt einer von ihnen. In der Hauptstadt residieren sie in zwei eleganten Villen in Alaban, einer der Reichensiedlungen von Manila. Um von der vermuteten Singlaub-Beute etwas abzubekommen, bieten andere Amerikaner, Offiziere im Ruhestand die meisten, in Manila ihre Dienste an, als Vermittler, PR-Experten oder Aufkäufer von Teilen des erwarteten Schatzes.

Die Maschinen, die Nippon Star einsetzt, sind die besten auf den Philippinen. Die Kompressoren kommen aus Japan, die Metalldetektoren wurden von einer kalifornischen Gesellschaft eigens gefertigt, damit Singlaub in der Tiefe des philippinischen Bodens die Antwort auf das Yamashita-Rätsel finden kann. Viele Filipinos sind dennoch skeptisch. „Ich glaube nicht, daß General Singlaub wirklich den Yamashita-Schatz sucht", sagt Eva Estrada Kalaw, Vizepräsidentin der philippinischen Antikommunistischen Liga. „Er baut vielmehr eine rechte Bewegung auf."

Deckmantel oder echtes Ziel, das unentdeckte Gold der japanischen Armee ist stets präsent. Als vor vier Wochen ein schweres Erdbeben die Insel Luzon erschütterte, sagten viele Filipinos: „General Yamashita und seine Gespenster bewegen ihren verfluchten Schatz."

Burma

Die Militärjunta in der einstmals britischen Kolonie, mit dem eigenen Volk im Krieg, wird auch mit den ethnischen Minderheiten durch Terror nicht fertig und wirtschaftet das Land ins Elend. Inzwischen in einer verwunschenen Dschungel-Oase, dem „Turtle House", inmitten der Megalopolis Bangkok ansässig, erkundet Terzani vor allem den schwer zugänglichen Nordosten des Landes.

Straße der Habgier und des Schreckens
Burma auf dem Weg zum Kapitalismus

Eine neue „Burma-Road" erschließt die Grenzregion im „Goldenen Dreieck" für das Geschäft mit Rauschgift, Glücksspiel und Prostitution

Die jungen Männer, die am Straßenrand Steine hauen, bewegen sich langsam. An ihren Beinen hängen Eisenketten. Die Lasten der Maultierkarawanen sind unter Planen verborgen; die Fuhren transportieren meist Opium oder Heroin. Die Personenwagen, in rote Staubwolken gehüllt, haben keine Nummernschilder. Die Bewohner der Dörfer am Weg schweigen, da ein Wort mit einem Fremden sie Freiheit oder Leben kosten kann. Ungepflastert schlingt sich die Straße steile Hügel hinauf, schneidet durch dunkle Schluchten, überquert stürzende Bäche und dringt immer tiefer in ein Gebiet, das bis vor kurzem noch von Aufständen heimgesucht und von Kriegsherren beherrscht wurde. Ausländern war es verschlossen: Burmas Goldenes Dreieck, eine Region im Grenzgebiet zwischen Thailand, Laos und China, aus der 60 Prozent des Heroins stammen, das im Westen verkauft wird. Die Straße ist nur ein paar Meter breit, ein holpriger Stein- und

Sandstreifen. Im Oktober 1992 wurde sie freigegeben, und sie ist die erste Landverbindung zwischen Burma und der Außenwelt: 172 Kilometer von der thailändischen Grenzstadt Mae Sai bis zur alten Fabelstadt Kengtung, weitere 90 Kilometer bis zu Chinas Grenzprovinz Yunnan.

Manche nennen sie die „neue Burma-Straße" in Anklang an die berühmte, 1154 Kilometer lange „Burma Road", die während des Zweiten Weltkriegs das von den Engländern regierte Land mit China verband. Über sie wurden damals antijapanische Widerstandskämpfer mit Waffen und Munition versorgt. Andere nennen sie die „Aids Road", da inzwischen Hunderte burmesischer Mädchen auf diesem Weg in Thailands Bordelle geschafft werden; manche sind bereits wieder heimgekehrt, mit dem tödlichen Virus im Blut. Für die Generale der Militärjunta, die sich im September 1988 an die Macht putschten, Tausende von demonstrierenden Studenten massakrierten und die Heldin der demokratischen Bewegung, die spätere Friedensnobelpreisträgerin Aung San Suu Kyi, immer noch in Rangun unter Hausarrest halten, ist die Straße das Symbol ihrer neuen Öffnungspolitik. „Wir wollen aus unserer Isolierung herauskommen und endlich in die Zukunft eintreten", sagt ein Beamter am Grenzposten Tatschilek.

Doch Burmas Weg in die Zukunft sieht wie eine Straße der Habgier und des Schreckens aus. Tausende von Gefangenen und Zwangsarbeitern haben sie gebaut; genutzt wird sie hauptsächlich von Gangstern, Schmugglern und Zuhältern. Unter den hageren jungen Männern in Ketten, die sie instand halten, sind viele Studenten, die während der Demonstrationen von 1988 festgenommen wurden. Ihre Familien haben seitdem nichts mehr von ihnen gehört. Die Militärjunta, die unter dem schönen Namen „State Law and Order Restoration Council" (Rat für die Wiederherstellung von Gesetz und Ordnung) regiert, stand nach ihrer Machtergreifung vor einer schwierigen Situation. Von der internationalen Gemeinschaft geächtet, herrschten die Generale über ein Land, das durch jahrelange Isolierung eines der ärmsten der Welt geworden war. Die einzige Möglichkeit, zu Geld zu kommen, bestand in der Ausbeutung der natürlichen Rohstoffe, vor allem der dichten Wälder mit wertvollem Hartholz. Dazu brauchte die Regierung eine Verbindung zu den Märkten Thailands. Doch bevor sie die neue Burma Road öffnen konnte, mußte das Goldene Dreieck erst einmal befriedet werden. Kein einfaches Unternehmen: Unter den verschiedenen ethnischen Minderheiten, die alle ihren eigenen Unabhängigkeitskampf gegen Rangun fochten, gab es das alte Volk der Schan sowie zähe, von China unterstützte kommunistische Guerillakämpfer, die sich hauptsächlich aus ehemaligen Kopfjägern des Stammes Wa rekrutierten. Statt zu versuchen, das Problem militärisch zu lösen, machte die Junta den Rebellen einen simplen Vorschlag: „Hört auf zu kämpfen und steigt ins Geschäft ein! Wir werden uns nicht einmischen."

Der Appell wirkte. Binnen kurzem erlosch der kommunistische Widerstand. Die Aufständischen behielten zwar ihre Waffen, aber statt die Regierung zu bekriegen, mehrten sie ihren Reichtum. Die ausgebesserte Straße, nunmehr vor Überfällen sicher, wurde zu Transporten jeder Art benutzt – Opium, Jade, Mädchen, Antiquitäten und Autos. Jeden Tag überquert ein Konvoi nagelneuer Toyota-Coronas ohne Nummernschilder den thailändischen Grenzort Mae Sai und strebt der chinesischen Grenze zu. Die Fahrer zahlen 1200 Dollar Schmiergeld für jedes Auto an das burmesische Militär. Der Erlös für jedes abgelieferte Auto in China beträgt 10 000 Dollar. Auf der Rückreise bringen sie chinesische Konsumgüter mit und schmuggeln burmesische Waren nach Thailand. Westlich von Tatschilek liegt ein ungewöhnliches Dorf, in dem die meisten Männer mit Sprechfunkgeräten ausgerüstet sind. Es ist der Sammelort für das Heroin, das von dort nach Thailand weitergeschleust wird. Der Frieden brachte das Opiumgeschäft zum Blühen. 1988, vor dem Pakt zwischen Ranguns Generalen und den Rebellen, waren 90 000 Hektar mit weißen und roten Mohnblumen bepflanzt. Dieses Jahr sind es 160 000 Hektar geworden. 1988 betrug die Gesamtproduktion an Rohopium 300 Tonnen. Die neue Ernte wird mindestens das Dreifache erbringen.

Neben Opium wirft der Mädchenhandel die besten Gewinne ab. „In jedem Dorf sieht man sofort, welche Familie eine Tochter in Thailand hat", sagt ein Missionar. „Ihr Haus ist vergrößert und erneuert." Thailändische Banden erklären den Eltern, sie brauchten junge Arbeitskräfte für Thailands Fabriken; sie holen sich Mädchen, die manchmal nicht älter als 13 Jahre sind. Mit Hilfe des burmesischen Militärs, das dafür bezahlt wird, überqueren sie ohne Dokumente die Grenze – Nachschub für Thailands weitverzweigte Sexindustrie. Als Mitte vorigen Jahres eine Gruppe burmesischer Prostituierter aus Thailand ausgewiesen wurde, weil sie HIV-positiv waren, ging in Bangkok das Gerücht um, das Militär habe die Heimkehrerinnen mit Cyanid-Spritzen umgebracht.

Die Generale haben den neuen Frieden benutzt, um ihre militärische Präsenz im Goldenen Dreieck mächtig zu verstärken. Kasernen wurden entlang der neuen Straße gebaut, Stützpunkte der Armee beherrschen die Hügel rund um Kengtung. Vor zwei Jahren beschloß die Junta, dem Nationalismus der widerspenstigen Volksstämme im Goldenen Dreieck einen symbolischen Schlag zu versetzen. Kengtung war seit Jahrhunderten ein Kulturzentrum der Schan gewesen. Ihr König, „Sawbaw" genannt, war auch zur britischen Kolonialzeit als selbständiger Herrscher anerkannt. Im Herzen Kengtungs stand noch immer der Traumpalast, den der damalige Sawbaw sich zu Anfang des Jahrhunderts nach dem Modell einer indischen Maharadscha-Residenz hatte bauen lassen – ein Symbol der verlorenen Unabhängigkeit und der untergegangenen Dynastie, die über 650 Jahre regiert hatte. Im Januar 1991 rückten Soldaten an und walzten den Palast mit Bulldozern platt. Die königlichen Kunstgegenstände tauchten später in Thailands Antiquitätenläden wieder auf. Auf den Trümmern des Palastes soll bald ein Touristenhotel mit 200 Zimmern entstehen. Als letztes Andenken an die alten Zeiten sind nur noch fünf Königsgräber übrig, von hohen Mauern umgeben und dem Publikum verschlossen. Die Militärregierung will sie ebenfalls einebnen. „Wir leben in Angst vor der Armee. Niemand wagt zu protestieren", flüstert eine Frau in einem kleinen Laden.

Wie überall in Burma hatte bei den Wahlen vom Mai 1990 auch in Kengtung die National League for Democracy der Nationalheldin Aung San Suu Kyi, heute 47, die absolute Mehrheit gewonnen. Die Militärs ignorierten das Ergebnis. Seitdem ist die Oppositionsführerin offiziell eine Nichtperson. Für ihre Freiheit demonstrierten im benachbarten Thailand acht Friedensnobelpreisträger, unter ihnen der Dalai Lama und Südafrikas Erzbischof Desmond Tutu. Burmas Militärjunta hält die Fiktion aufrecht, daß die Oppositionspartei noch am Leben sei. Auf einem zweistöckigen Gebäude in der Nähe des Markts von Kengtung steht: National League for Democracy. Wer durch das Eisentor geht, gelangt wie zum Hohn in ein Pornokino. Der Verkäufer der Eintrittskarten behauptet, er sei der lokale Parteisekretär. Die Leute in der Nachbarschaft dagegen sagen, er sei ein Spitzel. Pornokinos sind nicht die einzige Neuerung in Kengtung. Obwohl die Stadt nur alle zwei Tage drei Stunden lang Strom hat, gehören Videokassetten aus Thailand zur begehrtesten Ware. In kleinen Läden, die Videospiele anbieten, drängen sich Kinder – darunter auch manch junger Mönch, der aus einem der 32 uralten buddhistischen Klöster der Stadt kommt.

Die prominentesten Bürger unter Kengtungs 30 000 Einwohnern sind Chinesen. Als der Diktator Ne Win 1962 die Macht an sich riß, den Handel verstaatlichte und das Land der Tempel und Pagoden auf den „burmesischen Weg zum Sozialismus" zwang, flohen viele Chinesen ins Ausland. Seit 1988 sind sie, mit Hilfe der Putschgenerale, wieder da. Ihnen gehören heute alle wichtigen Läden. Auch das Drogenmonopol der Kengtung-Region ist in der Hand von zwei Chinesen. Sie waren einst als Rotgardi-

sten nach Burma gekommen, um mit der maoistischen Guerilla-
bewegung gegen Rangun zu kämpfen. Nach dem Friedenspakt
wurden sie zu den einflußreichsten Geschäftsleuten Kengtungs.
Burmas Machthaber haben in Peking ihren besten Verbündeten:
China liefert Waffen im Wert von 1,2 Milliarden Dollar; Burma
bietet den Chinesen die Möglichkeit, ihren Drang nach Süden
zu verwirklichen. Chinesische Ingenieure setzen zwei burmesische Häfen am Golf von Bengalen instand. Sie könnten Pekings
Marine bald als Versorgungsbasis dienen.

Die neue Burma-Straße dient ebenfalls chinesischen Interessen. Deren Konsumgüterindustrie braucht neue Märkte. Peking
möchte deshalb die staubige Straße in eine Autobahn verwandeln.
Die Thai sind am Ausbau der Straße genauso interessiert. Sie
wollen ihr Land zum Kreuzpunkt einer neuen südostasiatischen
Wirtschaftsregion machen, die Südchina, Laos, Kambodscha
und Vietnam umfaßt. Schon bauen sie eifrig an eigenen Autobahnen, die in Richtung Burma und Laos führen. Das so lange
abgeschottete Burma wird dabei zum Vorposten eines zügellos
expandierenden Kapitalismus − und die Grenze nach Thailand
zum Schauplatz für alle möglichen dubiosen Geschäfte. Vor
einem Monat kam Burmas starker Mann, Geheimdienstchef
General Khin Njunt, über die Grenze nach Mae Sai und traf
sich mit einem japanischen Händler. Gegen zwei Taschen voll
Dollar übergab er eine Jadelieferung. Etwa 30 Kilometer weiter
östlich bauen Ranguns Generale zusammen mit ihren thailändischen Kollegen am Ufer des Mekong, wo sich die Grenzen von
Thailand, Burma und Laos berühren, ein riesiges Spielkasino.

Fast drei Jahrzehnte lang hatte Burma unter der Diktatur
von Ne Win in völliger Abgeschiedenheit gelebt. Die Absage an
Demokratie und Modernisierung führte das an Bodenschätzen
reiche Land in Ruin und Barbarei. Dafür versprach der Diktator,
Burmas Seele vor den Übeln der modernen Zeit zu retten, die traditionelle burmesische Kultur unversehrt zu erhalten − wie ein
in der Zeit eingefrorenes Kleinod. Mit der Eröffnung der neuen

Burma-Straße haben die Nachfolger das Land jetzt auf einen Kurs gebracht, dessen Folge vorhersehbar ist: der Ausverkauf an die reicheren Nachbarn. Tatschilek, der erste Flecken Burmas nach der Brücke über den Mae-Sai-Fluß, ist dafür ein Spiegel. Die kleine Grenzstadt hat bereits 14 Spielkasinos; Heroin ist leicht zu haben. Die Händler nehmen keine burmesische Währung. Nur Thai-Baht sind gültig. Eine riesige Diskothek mit kleinen Privatzimmern ist in Bau. Die Besitzer sind Thailänder. „Wir sind fest entschlossen, unsere Unabhängigkeit zu verteidigen", verkündet die Junta auf einem Poster im Stadtzentrum. Das alte Fußballfeld daneben ist schon an thailändische Geschäftsleute verkauft – sie wollen einen Supermarkt darauf errichten.

Der Prinz der Finsternis
Das Reich des Opiumkönigs Khun Sa in Burma

Zwei Drittel des weltweit erzeugten Opiums kommen aus dem „Goldenen Dreieck" an den Grenzen von Burma, China und Thailand. Dort erlebt Terzani den berühmten „Opiumkönig" Khun Sa.

Schönheit kann schrecklich täuschen. Die endlosen Ketten jadegrüner Berge und bläulicher Gipfel, die von Nordthailand aus zum burmesischen Horizont rollen, wirken wie ein tropisches Eden. Herrliche Berge mit saftigem Pflanzenwuchs, von wisperndem Dschungel bedeckt, von sprudelnd klaren Flüssen durchströmt: eine unbezwungene Natur von zeitloser Schönheit. Aber kein Paradies. Denn hier, unter den Ästen der riesigen Teakbäume, im Schatten der Bambushaine, beginnt der lange Pfad des Elends, der über Grenzen und Ozeane hinweg bis in die Städte des Westens reicht. Von hier aus werden die Süchtigen in Amerika und Europa mit „China Weiß" versorgt, dem reinsten und stärksten Heroin der Welt. Wie zur Tarnung trägt das 225 000 Quadratkilometer große Terrain zwischen Thailand, Burma, Laos und China den verführerischen Namen „Goldenes Dreieck". Von den 6000 Tonnen Opium, die jährlich weltweit gewonnen werden, stammen zwei Drittel aus diesem Gebiet. Die Giftküchen liegen versteckt in den Bergen. Doch Gold wirft das Goldene Dreieck nur für die wenigen ab, die von dem mörderischen Geschäft mit der Droge profitieren. Zehn Kilo Opium ergeben ein Kilo Heroin. Das kostet in Bangkok 10 000 Dollar, auf den Straßen amerikanischer Großstädte wird es für das 20fache gehandelt. Hinter der Schönheit des Goldenen Dreiecks verbirgt sich ein gewalttätiger, unheimlicher Landstrich. Er ist Schauplatz von Kriegen, Schnittpunkt internationaler Intrigen, Bühne vielerlei Schattenspiele, Treffpunkt von Spionen, Gangstern, Waffenhändlern, Abenteurern – und manchmal Journalisten.

„Sie werden gebeten, an den Neujahrsfeierlichkeiten der Schan teilzunehmen", stand auf der Einladung. Sie kam direkt von Khun Sa, dem legendären Prinzen der Finsternis, dem rücksichtslosesten Kriegsherrn des Goldenen Dreiecks. Seit Pablo Escobars Tod in Kolumbien ist er der letzte große Drogenkönig der Welt. Darüber hinaus hat sich Khun Sa Mitte Dezember 1993 zum Präsidenten eines neuen, selbstproklamierten Schan-Lands ernannt, eines Staates, der sich von Burma losgesagt hat, aber von niemandem anerkannt wird. Die Schan sind eines von 67 Völkern, die in Burma leben. Als eine der vielen unterdrückten Minderheiten führen sie seit drei Jahrzehnten einen Guerillakrieg gegen die Militärregierung in der Hauptstadt Rangun. Khun Sa, 59, halb Schan, halb Chinese, gibt sich als ihr Held und Befreier aus. Die Anweisung lautete, zwei Tage vor dem zwölften Neumond in einer Kleinstadt Nordthailands in einem Gasthaus einzukehren und auf den Kontaktmann zu warten. Eine Verabredung wie aus einem Krimi: Nach einigen Kilometern Fahrt auf einer asphaltierten Straße wurde der Wagen in einem entlegenen Bauernhaus versteckt; ein junger Schan mit

Maultier übernahm die Führung während eines neunstündigen, mühsamen Marsches durch die Berge. Ho Mong, die Hauptstadt des Rebellengenerals Khun Sa, liegt etwa 15 Kilometer jenseits der thailändischen Grenze. Der wild schäumende Fluß Salween schützt die Stadt und den von Khun Sa kontrollierten Land-streifen vor Übergriffen aus Rangun. Die thailändische Armee überwacht das Grenzgebiet scharf, weil sie nicht den Eindruck erwecken will, die Schan-Rebellen heimlich zu begünstigen. Die Regierung in Bangkok unterhält ausgezeichnete Beziehungen zu den Diktatoren in Rangun und hat offiziell mit Khun Sa nichts zu tun. Doch verbinden zwei planierte Straßen das Städtchen Ho Mong direkt mit Thailand. Über sie waren alle anderen Gäste in der mondlosen Nacht bequem per Auto angereist — darunter ein halbes Dutzend Offiziere der thailändischen Armee in Zivil. Ihre Anwesenheit verblüffte: Khun Sa ist immerhin seit Anfang 1990 in den USA als Heroinschmuggler angeklagt, und Thailand hat einen Preis von 20 000 Dollar für seine Ergreifung ausgesetzt.

Das war nur die erste Überraschung. Ho Mong ist kein Dschungelversteck, sondern eine lebhafte Siedlung aus Holz-häusern mit Wellblechdächern. Eine breite Esplanade dient als Fußballfeld, Paradeplatz und Jahrmarkt. Tausende standen vor zwei Freilichttheatern und einer Diskothek Schlange, in der zu Neujahr ein Schönheitspreis vergeben wurde; den Trostpreis gewann ein örtlicher Transvestit. Ein großer Dieselgenerator erzeugt Strom für die über 10 000 Bewohner. Jeder Haushalt hat das Recht auf kostenlose Neonbeleuchtung. Eine Brennerei stellt billigen Alkohol her, eine neueröffnete Fabrik näht Sarongs und Wolldecken. Die Stadt wächst. Selbst nachts roden riesige Bulldozer den Dschungel für neue Siedlungen und einen Stausee zwecks Energieerzeugung. Geschäfte von Schneidern, Barbie-ren, Juwelieren, Fotografen sowie ein Videoshop, der „Jurassic Park" als neuesten Hit anpreist, säumen die Hauptstraße. Fast alle Waren stammen aus Thailand. Bezahlt wird mit thailän-dischen Baht. Die Autos fahren wie in Thailand auf der linken

Straßenseite, nicht wie in Burma auf der rechten. Ho Mong hat einen Tempel mit 400 Mönchen, ein Krankenhaus, drei Hotels und ein Bordell mit 15 Mädchen. Auf den Dächern der größeren Häuser stehen Satellitenschüsseln zum Empfang internationaler Fernsehprogramme. Dank einer telefonischen Sonderleitung nach Thailand hat Ho Mong, die Heroinhauptstadt der Welt, Direktverbindung mit dem Rest des Globus.

Khun Sa bewohnt das einzige Gebäude, das aus Backsteinen errichtet und mit Ziegeln gedeckt ist. Es liegt auf einem kleinen Hügel, von Luftabwehrgeschützen und Militärbaracken umgeben, von modern ausgerüsteten Leibwächtern bewacht. Die Residenz mit Kamin im Wohnzimmer und bläulicher Neonbeleuchtung in den geräumigen Bädern spiegelt Khun Sas Traum von Komfort, die Sehnsucht eines Banditen nach Respektabilität. Wäre da nicht das Büro mit einer Sammlung tödlicher Schießbogen, scharfer Schan-Schwerter und Militärhelme, man könnte meinen, sich im Bungalow eines Neureichen zu befinden, der statt Büchern Videokassetten in den Regalen aufgereiht hat. Für die Neujahrsfeier steht das Haus Hunderten von Militärs und Zivilbeamten offen. Geboten werden ein üppiges Buffet und das kuriose Schauspiel eines Karaoke singenden Drogenkönigs. Der General ist gut gelaunt und zu Scherzen aufgelegt; die Gäste dürfen mitsingen. Einige seiner Helfer stellen sich halb im Scherz als Finanzminister, Außenminister und Informationsminister vor. Bereitwillig sprechen sie über Opium und Heroin. Die Welt versteht ihrer Ansicht nach das Drogenproblem nicht, Khun Sa werde mißverstanden. Ihr Argument ist einfach: Die Schan sind keine Drogenhändler, sondern Freiheitskämpfer. Die Burmesen haben sie von ihrem besten Ackerland verjagt, ihnen die Gebiete mit den reichsten Vorkommen an Rubinen und Saphiren geraubt. Den Schan, die immer weiter in die Berge zurückgetrieben wurden, sei keine andere Wahl geblieben, als Mohn anzubauen. „Wir würden lieber Mangos züchten. Das erfordert weniger Arbeit und würde unser Ansehen in der Welt nicht trüben", sagt Sai

Yi Siang, ein ehemaliger Tierarzt, jetzt Khun Sas Informations-minister. Aber um Mangos zu verkaufen, fährt er fort, „braucht man Frieden und Straßen, die zu Märkten führen. Opium dage-gen kann an Ort und Stelle verkauft werden. Die Händler kom-men von weit her, um es zu holen. Wenn wir unseren Leuten verbieten, Mohn anzubauen, verhungern sie".

Vor über einem Jahrzehnt hatte Khun Sa versucht, sein Opium gegen Entwicklungshilfe einzutauschen. Für 300 Millionen Dol-lar, über eine Zeitspanne von sechs Jahren verteilt, versprach er, die Drogenproduktion einzustellen. Sai Yi Siang nahm damals als Khun Sas Gesandter an mehreren Treffen mit amerikanischen und europäischen Rauschgiftexperten teil. Doch „sie wollten nur wissen, wo wir Heroin herstellen, wer uns die Chemikalien liefert und wer unsere Kontaktleute im Ausland sind", erinnert er sich. Vor kurzem hat Khun Sa in einem Brief an US-Präsident Bill Clinton seine Offerte erneuert: Stopp des Mohnanbaus gegen Wirtschaftshilfe und Unterstützung für seinen unabhängigen Staat. Aus dem Handel wird wieder nichts. „Der Westen ver-liert den Drogenkrieg, weil er mit den falschen Waffen gegen den falschen Feind kämpft", klagt Sai Yi Siang. „Der Westen sollte mit Khun Sa zusammenarbeiten. Die vergangenen Jahrzehnte haben bewiesen, daß Drogen durch Repression nicht beseitigt werden können." Die Zahlen sprechen für Khun Sa: 1948, im Jahr der Unabhängigkeit Burmas, wurden im Goldenen Dreieck 30 Ton-nen Opium geerntet. 1988 war die Produktion auf 3000 Tonnen gestiegen – trotz aufwendiger Fahndungen und eines riesigen Polizeiapparates. Dieses Jahr wird ein Ausstoß von über 4000 Tonnen erwartet. „Verfolgung bewirkt, daß der Preis der Droge steigt und der Anbau um so einträglicher wird", erklärt Khun Hseng, Onkel und Finanzminister Khun Sas, den Teufelskreis.

Die Schan haben noch eine andere Rechtfertigung: die Geschichte. Jahrhundertelang waren sie ein unabhängiges Volk, regiert von traditionellen Feudalfürsten, den Sawbwas („Herren des Himmels"). Selbst die britische Kolonialmacht erkannte die Eigenständigkeit der Schan an. Als London Ende des 19. Jahrhunderts sein Reich von Indien aus nach Osten erweiterte, erlaubten die Engländer den Sawbwas, ihre Rolle beizubehalten. Kurz vor der Unabhängigkeit einigten sich die Briten und die einheimische Führungselite darauf, ein einziges Land zu bilden, die Union of Burma. Wie die anderen Minderheiten auch wurden die Schan überredet, sich als „Autonomer Schanstaat" anzuschließen – ihnen gehörten 150 000 Quadratkilometer im östlichen Hochland Burmas, mit Taunggyi als Hauptstadt. Sie behielten sich vor, nach einer zehnjährigen Probezeit aus der Union zu scheiden. Die Burmesen nutzten die Zeit, um die Sawbwas zu entmachten und alle Völker der burmesischen Zentralgewalt zu unterstellen. Schan-Gruppen schlugen sich daraufhin in den Dschungel und begannen ihren Kampf gegen Rangun. Zum Schlachtfeld wurde das Goldene Dreieck, und Opium war der Stoff, der ihre Kriegsmaschine antrieb.

Die Infrastruktur war schon da: Nach dem Sieg von Maos Kommunisten in China 1949 hatten 10 000 Soldaten und Offiziere der geschlagenen Kuomintang-Armee die Grenze nach Burma überquert und einen Teil des Schanstaats besetzt. Diese Truppen dienten bald als Söldner im amerikanischen Feldzug gegen den Kommunismus in Asien. Mit der Massenproduktion von Opium hatten diese Kuomintang-Truppen angefangen; sie waren es, die aus Hongkong Chemiker herbeibrachten, um das Opium zu Heroin zu verfeinern. Sie handelten mit Duldung, manchmal sogar mit aktiver Hilfe von CIA-Agenten. Die Schan folgten ihrem Beispiel. Khun Sa selbst ist ein Produkt jener Zeit und jener Logik des Kalten Krieges. Mit drei Jahren verlor er seinen Vater, mit fünf seine Mutter; als 16jähriger begann er seine Karriere mit einem Anschlag auf eine Polizeistation und erbeutete seine ersten Waffen. Um seine eigene bewaffnete Bande zu bezahlen, handelte er mit Opium. Bald war er Herr über die erste Morphiumfabrik Burmas. Als überzeugter Antikommunist genoß Khun Sa höchste Protektion. In den sechziger Jahren stieg er zum

Chef der Lokalmiliz auf; Ende der siebziger Jahre half er Bang-kok, die thailändischen Kommunisten entlang der burmesischen Grenze zu bekämpfen. Als Gegenleistung erlaubte man ihm bis Januar 1982, seine Rauschgiftlabors auf thailändischem Gebiet zu betreiben. Nachdem die USA diplomatische Verbindungen mit Peking angeknüpft hatten und die Kuomintang-Söldner zu einer peinlichen Belastung geworden waren, verjagte Khun Sa die früheren Verbündeten aus Burma. Zugleich riß er ihr Ter-ritorium und ihren Anteil am Heroinhandel an sich. Er nahm alle übrigen Schan-Guerillakämpfer in seine eigene Armee auf. Rivalen fielen mysteriösen Morden zum Opfer. Heute gibt es nur noch eine nationalistische Schan-Gruppe, nur noch eine Schan-Befreiungsarmee, und Khun Sa ist ihr unangefochtener Chef.

Der Führer hat Menschen um sich geschart, die ihm blind ergeben sind, Chang Shu-chuan zum Beispiel, einen in der Man-dschurei geborenen Chinesen, der in Taiwan militärisch ausge-bildet wurde und für die CIA in China und Laos kämpfte. Seit über 20 Jahren ist er Khun Sas Oberbefehlshaber. Heute nennt er sich Sao Hpalang, „General Donner". Er kommandiert ein Heer, das angeblich 40 000 Mann stark ist und „mit jedem Jahr wachsen wird", wie er prophezeit. Auf der Esplanade von Ho Mong stehen die neuen Rekruten, „die jungen Tapferen", in der Sonne stramm und lauschen den Ansprachen. Schmächtige Bur-schen sind unter ihnen, manche nicht mal zehn Jahre alt. Sie kommen aus den Dörfern des Goldenen Dreiecks, sind Tage und Wochen gewandert, um das „Tigercamp" zu erreichen, wie das militärische Ausbildungszentrum heißt. Wenn sie 16 sind, erhal-ten sie ein Gewehr und einen Monatssold von 150 Baht. Bis dahin werden sie ernährt, gekleidet und unterrichtet: kein schlechter Job für armselige Dorfjungen in Burma. Die Strafen für Abtrün-nige sind barbarisch. „Wird ein desertierter Soldat erwischt, wird er enthauptet und sein Kopf seiner Einheit zur Warnung vorgezeigt. Gelingt ihm die Flucht, werden nach drei Monaten die Köpfe seiner Eltern zur Schau gestellt", erzählen die Menschen von Ho Mong mit einer Mischung aus Furcht und Respekt. Die Einnahme von Drogen ist im Schan-Land streng verboten. Ein Soldat, der Opium raucht oder Heroin spritzt, wird in ein Umerziehungslager außerhalb Ho Mongs verschickt. Die Kur besteht aus zehn Tagen Isolationshaft in einem drei Meter tiefen Loch und anschließender Zwangsarbeit auf den Feldern. Beim ersten Rückfall wird der Süchtige hingerichtet. „Wir müssen unsere Bevölkerung vor den Drogen schützen", sagt Khun Sas Finanzminister. Seinen Haushalt finanziert er zu 60 Prozent mit Opium- und Heroinsteuern; der Rest der Einnahmen stammt aus dem Handel mit Holz, Edelsteinen und Antiquitäten. Jeder Händler, der einem Bauern oder einem Zwischenhändler Opium abkauft, muß 20 Prozent des Warenpreises als Steuer entrichten – bis der Stoff das von Khun Sa beherrschte Gebiet verläßt. Niemand in Khun Sas Hauptquartier ist bereit, Auskunft über den Weg zu geben, auf dem das Rauschgift nach Europa und Amerika gelangt. Die Anwesenheit zahlreicher Chinesen in Ho Mong nährt jedoch die Vermutung, daß die Triaden, chinesische Gangsterorganisationen, den Vertrieb organisieren. Welche Rolle Thailand in Khun Sas Operationen spielt, ist ein Rätsel, an dessen Lösung wenige interessiert sind. Westliche Drogenfahnder behaupten, nahezu die gesamte Giftmenge werde durch Bangkok geschleust, ein Großteil davon in Fahrzeugen des thailändischen Militärs und der Polizei. Bis zu 1000 Thai-Offiziere sollen direkt in den Drogenhandel verstrickt sein. Manche Großunternehmer in Bangkok finanzieren jungen Kadetten das Studium an der Polizei- und Militärakademie; dafür erwarten sie, daß die Stipendiaten sich revanchieren, wenn sie im Sicherheitsapparat aufgestiegen sind. Im Dezember wurde ein hoher General der thailändischen Armee in Hongkong verhaftet, während er auf eine Überweisung von vier Millionen Dollar für eine Heroinlieferung wartete. „Die meisten Wolkenkratzer Bangkoks wurden mit Drogengeld bezahlt", sagt ein westlicher Diplomat in Thailands prosperierender Hauptstadt. „Drogengeld finanziert den Wirtschaftsboom in diesem Land. Respektable Vertreter der Gesellschaft sind in das schmutzige Geschäft verwickelt." Die Bauern im Goldenen Dreieck macht das Opium nicht reich. Die Zwischenhändler kassieren das große Geld. Neben den chinesischen Gangstern sind die wichtigsten Makler des Drogengeschäfts Politiker, Bankiers und Industrielle, die weit entfernt von den Mohnfeldern des Goldenen Dreiecks leben und das Megabusiness in Gang halten. Keiner Regierung in Asien ist daran gelegen, den Geldstrom aus dem Rauschgifthandel einzudämmen. Von Bangkok bis Schanghai, von Singapur bis Rangun treibt er das Wirtschaftswachstum an.

Bei Sonnenaufgang, wenn Ho Mong aus der weißen Nebelschicht auftaucht, die nachts das Tal bedeckt, wenn die Frauen kleine Feuer unter ihren schwarzen Töpfen anzünden und die jungen Tapferen ihr Loblied auf Khun Sa anstimmen, sieht diese im Dschungel versteckte Siedlung wirklich nicht wie die Hauptstadt eines neuen Reichs des Bösen aus. Ist Khun Sa der „schlimmste Feind, den die Menschheit hat" (so der frühere US-Botschafter in Thailand, William Brown)? Oder ist er nur ein Spielball mächtiger, unsichtbarer Kräfte im Hintergrund?[*] Khun Sas Versuch, sein Banditenimage abzustreifen und über politische Verhandlungen zu neuem Ansehen zu gelangen, wirkt beinahe rührend. „Als einsamen Finsterling, der im Dschungel Heroin herstellt, kann man ihn gebrauchen; als anerkannter Partner wäre er gefährlich. Khun Sa weiß zuviel über zu viele", sagt ein westlicher Drogenexperte in Bangkok. Ist das der Grund, weshalb Burmas Militärherrscher eine Großoffensive gegen die Streitkräfte Khun Sas gestartet haben? Drei Divisionen sind aufmarschiert, um bis zum Ende der Trockenzeit im Mai den entscheidenden Schlag gegen seine Bastion Ho Mong zu führen. Die Generale in Rangun wollen damit die rebellische Minderheit bezwingen – und sich zugleich den USA als entschlossene Dro-

[*] Khun Sa starb 2007

genbekämpfer andienen. Doch selbst wenn Khun Sa fiele: Das Opiumgeschäft käme nicht zum Stillstand, die Konkurrenz des bedrängten Drogenkönigs steht schon bereit. Der Erhalt des Goldenen Dreiecks als einträgliche Grauzone nutzt vielen. Anfang Dezember wand sich eine seltsame Karawane von 46 Autos die enge, ungepflasterte Straße nach Nordost-Burma hinauf. Von der thailändischen Touristenbehörde organisiert, war es der erste Konvoi seit fast einem halben Jahrhundert, der von Chiang Rai in Thailand bis nach Kunming in China fuhr. Rangun hatte die Durchfahrt erlaubt, obwohl sich das gesamte Gebiet in den Händen eines gefährlichen Stammes ehemaliger Kopfjäger befindet – der Wa. Als Freischärler der burmesischen KP kämpften sie einst gegen die Regierung. Heute betreiben sie mit Zustimmung des Militärregimes ihr eigenes kleines Opiumreich. Ihre Hauptstadt heißt Mong La, ein Dorf direkt an der chinesischen Grenze; ihr Führer ist Lin Mingxian, 48, Chinese und ehemaliger Rotgardist. In Daluo, einer Stadt auf der chinesischen Seite, sind die Wa gerngesehene Kunden. Die Stadt boomt, Waren für die Wa und ihre Kämpfer füllen die Geschäfte. Lin Mingxian läßt sich ohne Scheu blicken. Niemand bezweifelt, daß er mit chinesischem Einverständnis sein Heroin über Daluo nach Hongkong und in die Mongolei schleust. „Die Heroinraffinerie? Sie liegt dort, hinter dem Hügel", sagt ein chinesischer Polizist und zeigt auf einen Bambushain, wo er die Grenze vermutet. Deren Verlauf ist nicht eindeutig; Chinesen und Wa bewegen sich frei. Einen Großteil seines Opiumgeschäfts hat Khun Sa bereits an die von Rangun geförderte Konkurrenz eingebüßt. Doch er wehrt sich. Vor kurzem entkam Lin Mingxian nur knapp einem Mordanschlag. Und noch ist es keinem Regierungssoldaten gelungen, über den Salween-Fluß zu setzen, die natürliche Verteidigungslinie von Ho Mong.

Nach drei Tagen sind die Neujahrsfeierlichkeiten vorbei. Der Weg zurück führt zu Fuß durch die Berge. Was beim Anmarsch in der Nacht verborgen geblieben war, läßt sich jetzt gut erkennen:

Befestigungen, Bunker, Flugabwehrstellungen auf den Hügeln, die das Tal von Ho Mong überragen. Bei Dunkelheit ist Thailand erreicht. Eine silberne Mondsichel hängt über den Bergen. Im Hof des Bauernhauses steht wohlbehütet der zurückgelassene Wagen. Zwei Laster, beladen mit fetten Kühen, verlangsamen die Fahrt. Die Tiere werden ins Schlachthaus nach Bangkok transportiert. Stecken in ihren Eingeweiden Plastiksäckchen mit Khun Sas Heroin? Vielleicht.

Indien

Die sanfte Spiritualität, aber auch die Gewalttätigkeit auf dem Subkontinent ziehen Terzani an. Ungewöhnliche, fast mythische Menschen wie die „Räuberkönigin" Phoolan Devi oder die „Heilige erster Klasse", Mutter Theresa, faszinieren ihn.

Jeder Schatten ist verdächtig
Der nicht enden wollende Guerrillakrieg in Kaschmir

Terror und Mord im „glücklichen Tal": Kaschmir ist das Opfer der Teilung zwischen Indien und Pakistan.

Schöner kann eine Landschaft kaum sein. Das Kaschmir-Tal, ein Amphitheater des Himalaja, erscheint dem Besucher wie ein seltenes Beispiel natürlicher Vollkommenheit. Seine Berge verlieren sich in schimmernden Höhen, seine Flüsse sind klar wie Glas, und in den Seen spiegeln sich Pappeln und Weiden so majestätisch wie Kathedralen. Die Mogul-Kaiser, die im 16. Jahrhundert aus dem öden Zentralasien kamen und Indien eroberten, legten an den Ufern des Dal-Sees die schönsten Gärten Asiens an. Als Kaiser Jehangir, Vater des Erbauers des Taj Mahal in Agra, 1627 im Sterben lag und nach seinem letzten Wunsch gefragt wurde, flüsterte er nur: „Kaschmir, Kaschmir!" Ein berühmter Vers aus dem letzten Jahrhundert lautet: „Wenn es ein Paradies auf Erden gibt – dann ist es hier." Vorbei. Das „glückliche Tal", wie die englischen Kolonialherren es nannten, wurde zu einem Tal der Angst und des Terrors. Seit sechs Jahren ist Kaschmir Schlachtfeld in einem grausamen Konflikt: Auf der einen Seite steht die indische Armee, auf der anderen eine wuchernde Guerrillabewegung, die das Land von Indien befreien will und dabei vom indischen Erzfeind Pakistan unterstützt wird.

Srinagar, die Sommerhauptstadt des Staates Dschammu und Kaschmir mit ihren hölzernen Moscheen und Patrizierhäusern am Jhellum-Fluß, mit ihren Märkten, in denen Handwerker Schals, Teppiche und bemalte Kunstobjekte aus Papiermaché herstellen, ist zu einem bedrohlichen Militärlager geworden. An jeder Straßenkreuzung stehen mit Sandsäcken geschützte Bunker, aus deren Schießscharten Gewehrmündungen ragen. Schulen, Krankenhäuser, Kinos und Hotels sind vom Militär belegt; das Leben dieses „Venedigs im Himalaja", dieser „in Diamanten gefaßten Perle", wie Srinagar besungen wurde, ist völlig gelähmt. Soldaten haben sich in den Gärten und alten Forts der Mogul-Kaiser eingenistet, sie haben den Schrein aus dem Jahr 220 vor Christus besetzt, der auf einem Hügel über der Stadt wacht, sie kampieren sogar auf der künstlichen Insel im Dal-See, auf der die Moguln bei Vollmond ihre Picknicks veranstalteten. Touristen kommen kaum noch. Die Geschäfte sind leer, die Bevölkerung lebt in ständiger Furcht. „Du gehst aus und weißt nicht, ob du wieder nach Hause kommen wirst", sagt der Schriftsteller Muhammed Zahir, 55. Die Inder haben ihn vor ein paar Tagen von seinem Motorroller gezerrt und stundenlang geschlagen. „Sie wollten von mir nichts wissen. Sie wollten mir nur beweisen, daß wir kleine Fliegen sind, die sie zerquetschen können." Ganze Stadtviertel werden plötzlich von Sicherheitskräften abgeriegelt. Gewöhnlich beginnt die Razzia im Morgengrauen. Lautsprecher wecken die Schlafenden und befehlen den Männern, sich auf einem bestimmten Platz einzufinden. Dort muß jeder langsam an abgestellten Militärjeeps vorbeidefilieren, aus denen vermummte Gestalten äugen. Das sind die gefürchteten „Katzen": abgesprungene Guerrilleros, die jetzt als Spitzel ihre früheren Kameraden und Sympathisanten für die Inder identifizieren. Jeder Verdächtige kommt in ein Verhörzentrum, das er oft nur als Leichnam wieder verläßt.

„Eines Morgens lagen fünf Tote in meiner Gasse", berichtet ein Geschäftsmann in Srinagar. „Einer davon war der Sohn meiner Nachbarin, der tags zuvor aus Bombay gekommen war, um seine Mutter zu besuchen." Nach Angaben lokaler Menschen, rechtler − Amnesty International verweigern die Inder den Zugang − sind seit 1989 über 1500 Menschen in der Haft umgekommen; 15 000 bis 20 000 sitzen noch ein. Die Regierung in Neu-Delhi wendet in Kaschmir dieselbe Doppelstrategie an, mit der sie schon sezessionistische Bewegungen im Nagaland und im Pandschab erfolgreich unterdrückt hat: gnadenlose Verfolgung der bewaffneten Kämpfer, rücksichtsloses Einschüchtern der Bevölkerung. In Kaschmir aber wirken diese Methoden nicht. Auch unter denen, die sich nichts als Frieden und Normalität wünschen, wächst der Zorn auf die Inder, die nur noch als brutale Besatzungsmacht gesehen werden. „Sobald ich wieder gehen kann, nehme ich ein Gewehr und ziehe mit der Guerrilla los", sagt ein junger Lehrer und zeigt auf die Brandwunden, die Stromkabel auf seinen Schenkeln hinterlassen haben. Er war mit seiner kranken Frau aus der Provinz in die Hauptstadt gekommen, während einer Razzia geschnappt und drei Tage lang gefoltert worden. Niemand sieht einen Ausweg; die Furcht wächst, daß in Kaschmir schon bald ein Krieg ausbrechen könnte, der nicht nur die lokale Sicherheit, sondern die der ganzen Region bedrohen würde. Seit fast einem halben Jahrhundert ist Kaschmir Zankapfel zwischen Indien und Pakistan, dreimal haben die beiden Länder deswegen Krieg gegeneinander geführt − und inzwischen sind sie beide mit Atomwaffen gerüstet.

Das Unheil begann 1947, als London sein indisches Imperium in die Unabhängigkeit entließ. Zwei Staaten wurden aus dem alten Britisch-Indien geboren: Indien mit seiner mehrheitlich hinduistischen Bevölkerung und das vorwiegend muslimische Pakistan. Den Maharadschas der 562 indischen Fürstentümer stand es frei, zwischen beiden Staaten zu wählen. Am schwersten tat sich der Maharadscha von Kaschmir, Hari Singh. Als Hindu herrschte er über ein Völkergemisch, das zu 80 Prozent muslimisch war. Einer seiner Vorfahren hatte das Tal 1846 für

7,5 Millionen Rupien von den Engländern gekauft. Am Tag der Unabhängigkeit, dem 15. August 1947, hatte der Maharadscha noch immer keine Entscheidung getroffen. Zwei Monate lang blieb Kaschmir unabhängig. Erst als pakistanische Freischärler einfielen, um das Territorium zu annektieren, entschied sich der Herrscher für Indien. Kaschmir wurde zum Opfer der Scheidung zwischen Indien und Pakistan, „wie ein Kind, das beide Seiten für sich verlangten", so der pakistanische Historiker Eqbal Ahmad. Sofort kam es zu einem ersten Krieg. Ende 1947 ließ Neu-Delhi seine Armee einrücken und klagte sodann vor der Uno gegen die pakistanische Aggression. Die Vereinten Nationen schlugen einen Waffenstillstand vor, schickten Beobachter und erkannten das Recht der Kaschmiri auf Selbstbestimmung an; die Bevölkerung sollte frei wählen, wem sie sich anschließen wollte. Doch die Soldaten blieben, die versprochene Volksbefragung fand nie statt. 41 Blauhelme der Uno befinden sich immer noch auf sieben Beobachtungsposten entlang der Waffenstillstandslinie. Nach 48 Jahren ist Kaschmir „die älteste ungelöste Streitfrage vor der Uno", so deren Generalsekretär Butros Butros Ghali.

Kaschmirs Bewohner fühlen sich verraten. Ihr alter Traum von der Unabhängigkeit blieb unerfüllt. Wie schon seit vier Jahrhunderten werden sie weiter von Fremden regiert. Unter all den oft grausamen Unterdrückern hatten sich die Einheimischen immer friedfertig verhalten. Gewalttätigkeit war ihrem Charakter und ihrem Bekenntnis zum Sufitum – einer mystischen Variante des Islam – fremd. Geschah dennoch einmal Mord, fürchteten sie, der Himmel werde sich rot verfärben. Sie besaßen keine Waffen, die Ruder ihrer Shikara-Gondeln waren herzförmig geschnitzt. So weibisch fand der Mogul-Kaiser Akbar die Einwohner, daß er sie lange, weite Kleider tragen ließ – wie Frauen. Unter diesem Gewand verstecken heute die jungen Kaschmiri ihre Kalaschnikow. Den Wendepunkt brachten die Wahlen von 1987. Die Oppositionspartei, die für die Unabhängigkeit eintrat,

hätte wahrscheinlich gesiegt, wenn nicht Neu-Delhi die Ergebnisse gefälscht hätte. „Um das Recht zur Selbstbestimmung zu
erhalten, blieb uns nichts anderes übrig, als zu den Waffen zu
greifen", sagt Yasin Malik, 29, Präsident der Dschammu und
Kaschmir Liberation Front (JKLF), in seiner Wohnung im alten
Srinagar, in die er, nach vier Jahren Gefängnis, schwer gezeichnet zurückkehrte. Er hatte 1988 mit einer Gruppe von Teenagern
und Studenten die ersten Guerrilla-Angriffe in Srinagar geführt.
Noch immer ist JKLF die angesehenste Befreiungsbewegung –
aber sie ist nicht mehr die einzige. Zahllose andere Gruppen
sind in den letzten sechs Jahren entstanden, etliche werden von
Pakistan bewaffnet und finanziert.

Zwölf Kilometer östlich von Peschawar, Pakistans Grenzstadt zu Afghanistan, steht ein unzugängliches, weiß gestri-
chenes Gebäude, das als Hauptquartier des „Kaschmir Dschihad", des „Heiligen Kriegs um Kaschmir", gilt. Hier leiten
Funktionäre der fundamentalistischen „Dschamaat-i-Islami"
Rekrutierung und Training der „Hisb ul-Mudschahidin", die
inzwischen zur wichtigsten Kampfgruppe in Kaschmir aufgestiegen ist. Sie verfügt über große Waffendepots und hat 4000
bis 5000 Männer im Einsatz – junge Kaschmiri, die sich über
die Waffenstillstandslinie geschlichen und in Pakistan eine
militärische Ausbildung bekommen haben. Ihre Anführer sind
Veteranen des Afghanistan-Kriegs. Viele arbeitslos gewordene
Freiwillige aus Afghanistan werden heute vom pakistanischen
Geheimdienst benutzt, um neue Guerrillagruppen auszubilden,
die unter verschiedenen Namen in Kaschmir operieren. Niemand
weiß, wer wen kontrolliert. Denn auch die Inder haben kleine
militante Gruppen zusammengestellt, die sich als Befreiungskrie-
ger ausgeben, in Wirklichkeit aber die echten Guerrillakämpfer
verfolgen und ermorden. Als die Gruppe „Al-Faran" im Juli auf-
tauchte und fünf westliche Touristen entführte, wußte niemand
zu sagen, welche Interessen dahintersteckten. Ist Al-Faran eine
propakistanische Gruppe, die das Kaschmir-Problem mit einer

Schreckenstat vor die Aufmerksamkeit der Welt bringen will? Oder ist es eine von Indien unterstützte Gruppe, welche die Unabhängigkeitskämpfer als Terroristen diskreditieren will?

Wenn sich nach Sonnenuntergang die indischen Soldaten in Srinagar verschanzen, ist jeder Schatten verdächtig. Durch das Labyrinth der Gassen schleichen Bewaffnete, klopfen an Haustüren und verlangen Spenden für den Dschihad. Junge Kerle geben sich zum Schein als Freiheitskämpfer aus, um Bürger bestehlen und erpressen zu können. Kaufleuten in Srinagar zufolge nutzen auch indische Soldaten die Nacht, um in den Läden zu plündern. Charakteristisch für die neuen, von Pakistan unterstützten Guerrillagruppen ist, daß sie von der Dschihad-Ideologie geprägt sind. Mehr als für die Unabhängigkeit Kaschmirs scheinen sie für eine fundamentalistische Auslegung des Islam zu kämpfen. Indien, das sich als asiatisches Bollwerk gegen eine Kette islamischer Staaten von Afghanistan bis Indonesien sieht, kann deshalb die Unterdrückung des legitimen Unabhängigkeitsbestrebens in Kaschmir leicht als Abwehr einer islamisch-fundamentalistischen Verschwörung ausgeben, die auch den Westen bedrohe. Shabir Shah, Vorsitzender der People's League, hat 20 seiner 40 Lebensjahre in indischen Gefängnissen verbracht und tritt heute für eine friedliche Lösung ein. „Das Gewehr ist ein Teil der Lösung, aber nicht die Lösung selbst", sagt er in Srinagar. „Das Kaschmir-Problem muß politisch entschärft werden." Wegen seiner gemäßigten und versöhnlichen Haltung gilt er manchen schon als Kaschmirs Nelson Mandela. Die Regierung in Neu-Delhi betrachtet Kaschmir als innere Angelegenheit und hält die Uno-Resolutionen über die Selbstbestimmung für überholt. Das Problem löse sich von selbst, sobald Pakistan aufhöre, das Land mit Waffen und „Söldnern" zu überschwemmen.

Offiziell hält Pakistan seine Armee aus dem Guerrillakrieg heraus. Wer aber heute in Muzaffarabad, der Hauptstadt des sogenannten Freien Kaschmir, auf pakistanischer Seite ankommt, merkt sofort, daß diese kleine Provinzstadt, 30 Kilometer von der Waffenstillstandslinie entfernt, zum wichtigen Stützpunkt für den Dschihad geworden ist. Im Krankenhaus werden verwundete Guerrillakämpfer gepflegt, alle militanten Gruppen haben hier eine Niederlassung, und es genügt ein Telefonanruf, um einige der in Kaschmir von den Indern gesuchten Anführer zu treffen. Sie befinden sich in Muzaffarabad, weil sie Rekruten und Kriegsmaterial in Empfang nehmen. Um das Einsickern von Untergrundkämpfern zu erschweren, verstärken die Inder ihre Granatwerferangriffe über die Grenze. Uno-Beobachtern zufolge gab es allein im Juli 150 solcher Waffenstillstandsverletzungen – die höchste Zahl seit dem Krieg von 1971.

„Indien hat sich noch nicht mit der Existenz Pakistans versöhnt", sagt Sadar Abdul Kayum, der Premierminister von Asad Kaschmir. „Man muß damit rechnen, daß seine Truppen eines Tages die Waffenstillstandslinie überrennen, um die unfertige Geschichte der Trennung mit Gewalt zu einem Ende zu bringen." Eine halbe Million indische Soldaten und Polizisten ist in Kaschmir stationiert, der Krieg hat schon 30 000 Tote gefordert, in der Mehrzahl Zivilisten. In Srinagar hat jedes Stadtviertel inzwischen einen eigenen kleinen Märtyrerfriedhof. Viele sind schon überfüllt, weshalb die neuen Toten auf der riesigen Idqa-Wiese begraben werden. Über frischen Gräbern mahnt ein Schild: „Flüchtet nicht vor dem Gewehr, ihr Jungen, denn der Befreiungskampf ist noch nicht gewonnen!"

Die Allgegenwart der Gewalt und die Radikalisierung des Islam verändern die traditionelle Ethik und Lebensweise der Gesellschaft. Unter dem Druck der Fundamentalisten tragen immer mehr Frauen die Burka – einen Schleier, der den gesamten Körper verhüllt und nur für die Augen zwei kleine Gitterchen offenläßt. Die Mullahs beginnen, das Sufitum zu kritisieren, und auch die kleine Moschee in Srinagars altem Stadtviertel Kangyar, wo Generationen von Touristen das vermeintliche Grab Christi besuchten, wird heute von einem jungen Fundamentalisten bewacht, der von der alten Legende nichts wissen will. „Alles, was wir geliebt haben, wird zerstört", sagt eine Lehrerin in Srinagar. „Unser Schicksal ist es, daß Kaschmir mit seiner Eigenart untergeht."

Rächerin der Gequälten
Indiens Räuberkönigin Phoolan Devi

Grausam misshandelt, schlug sie grausam zurück. Phoolan Devi wurde die Ikone der Armen und Unterdrückten.

Legenden bilden Indiens Geschichte. Sie halten das Volk zusammen, flößen ihm Lebensmut ein und beflügeln seine Träume. Nun ist eine neue Legende geboren – die von der Banditenkönigin, die Abgeordnete werden möchte. „Ich bin Phoolan Devi. Ich habe den größten Teil meines Lebens im Dschungel und im Gefängnis verbracht. Ich habe kein Zuhause und bin gekommen, um mit euch zu leben." Eine kleine dunkle Frau, deren kugelrunde Augen verängstigt schauen, aber auch beängstigend blitzen können, spricht zu der armseligen, von Hitze und Hunger ausgemergelten Menge. Dutzende von Morden, Entführungen und Raubüberfällen wurden ihr zur Last gelegt. Aber die verstaubten Menschen sehen in Phoolan Devi, 39, nicht die Räuberin, deren gewalttätiges Leben Stoff für Erzählungen und Filme gab. Sie sehen in ihr die Blumengöttin (das bedeutet der Name Phoolan Devi auf Hindi), eine moderne Inkarnation der zehnarmigen Durga, der Göttin, die Dämonen tötet.

Phoolan Devi bewirbt für einen der 545 Sitze im indischen Parlament. „Sie ist das Gewitter, das Glückseligkeit spendet! Sie ist das Feuer, das Leben erzeugt!" preist der Dorfdichter von Gopiganj im Distrikt Mirzapur die Kandidatin. Die Wahlkämpferin reist in einem weißen Auto über Land, gefolgt von zwei Polizeijeeps und einem Lastwagen mit Männern, die ihren Namen schreien. Die Karawane bewegt sich durch eines der ärmsten, hoffnungslosesten Gebiete Indiens. Die Bewohner sehen weder fern, noch gehen sie ins Kino, aber über die Taten ihrer Heldin wissen sie bestens Bescheid. Sie haben im Basar von ihr gehört oder aus den Erzählungen der Wanderbarden. Sie wissen, daß sie eine Mallah ist, eine Angehörige der niedrigen Fischerkaste, die es gewagt hat, gegen die höheren Kasten aufzubegehren; eine Frau, die wie Durga zur Waffe griff, um die Bösen zu bekämpfen. Der Distrikt Mirzapur im Bundesstaat Uttar Pradesch hat 1,2 Millionen Wähler; 80 Prozent davon gehören wie Phoolan Devi den niedrigsten Schichten der Gesellschaft an, die seit 3000 Jahren als menschlicher Abschaum gedemütigt werden. Als der kleine Konvoi endlich eintrifft, stürzen einige Frauen sich Phoolan Devi zu Füßen; andere versuchen, mit wedelnden Händen die Luft einzufangen, durch die sie gefahren ist. „Gebt eure Stimme nicht dem Lotus, nicht der Hand. Gebt sie dem Fahrrad!" ruft die Kandidatin. Das Fahrrad ist das Symbol der sozialistischen Samajwadi-Partei, für die Phoolan Devi kandidiert — gegen die nationalistische Hindu-Partei Bharatiya Janata (BJP) mit dem Lotus-Symbol und die regierende Kongreßpartei mit dem Zeichen der Hand. Für ein Fahrrad und eine kränkliche Kuh hatte Phoolan Devis Vater einst seine Tochter mit elf Jahren einem Mann verkauft, der 20 Jahre älter war und das Mädchen bald verstieß.

Die Botschaft der Kandidatin ist eindringlich: „Ich habe die bestohlen, die mich bestohlen haben. Tut es mir gleich! Für jeden Hieb, den ihr bekommt, gebt zwei zurück. Fürchtet euch nicht, hackt die Hand ab, die euch foltert!" Wie oft sie selbst zurückgeschlagen hat, läßt sich nicht mehr genau feststellen, denn in ihrer Biographie haben sich Dichtung und Wahrheit längst untrennbar vermischt. Phoolan Devi wurde 1956 als zweites von sechs Kindern einer armen Bauernfamilie in Uttar Pradesch geboren. Mitglieder einer höheren Kaste, die Thakur, tyrannisierten das

Dorf und herrschten über alle Bewohner. Kein Mallah durfte aus einem Thakur-Brunnen Wasser holen. Um jeden Kontakt zu vermeiden, warfen die Herren den niederen Arbeitern ihren Monatslohn (50 Rupien, gut zwei Mark) aus gebührender Entfernung zu. Von ihrem ersten Mann verstoßen, kehrte Phoolan Devi, gerade 14, zu ihrer Familie zurück. 1979 wurde sie zum erstenmal verhaftet, weil ein Vetter sie des Diebstahls bezichtigte. Im selben Jahr entführte eine der vielen Banden, welche die Gegend unsicher machten, die junge Frau. Der Anführer benutzte sie als Sexsklavin — bis ein jüngerer Gangster ihn erschoß. Sie verliebte sich in den neuen Räuberhauptmann, und der gab ihr das erste Gewehr. Phoolan Devi galt jetzt als begehrte Beute. Ihr junger Liebhaber, selbst ein Mallah, wurde bald von zwei Thakur-Brüdern erschossen. Sie schleppten Phoolan Devi in ihr Dorf Behmai und ließen sie drei Wochen lang vergewaltigen. Ein alter Brahmane verhalf ihr schließlich zur Flucht. Sie schwor Rache und stellte eine eigene Bande aus 37 Männern auf.

Der Tag der Vergeltung kam am 14. Februar 1981. Phoolans Banditen umzingelten Behmai und forderten alle Männer auf, sich am Ufer des Flusses zu versammeln. Die zwei Thakur-Brüder, die Phoolan Devi gequält hatten, waren nicht dabei. Aber nach dem Überfall lagen 20 Thakurs ermordet am Boden. Obwohl bis heute nicht klar ist, ob Phoolan Devi selbst an dem Massaker teilnahm, war die Legende geboren: Die junge Frau, Opfer und Henkerin zugleich, die an der Spitze von wilden Banditen drei verschiedene Staaten (Uttar Pradesch, Madhja Pradesch und Radschasthan) durchstreift und die Reichen beraubt, um die Beute unter die Armen zu verteilen, stieg zur Volksheldin auf. Die Presse schmückte die Heldentaten der schönen Banditenkönigin so phantastisch aus, daß in Neu-Delhi die Regierung von Indira Gandhi befahl, das Treiben zu beenden. Ein geschickter Polizist führte Kapitulationsverhandlungen mit Phoolan Devi und machte Zugeständnisse: Keiner aus ihrer Bande dürfe gehenkt, jeder zu höchstens acht Jahren Gefängnis verurteilt werden. In der Stadt Bhind warteten am 12. Februar 1983 Tausende Schaulustiger, Journalisten und Fernsehteams aus aller Welt darauf, daß die Rachegöttin sich stellte. Als Phoolan Devi endlich kam, waren sie enttäuscht: Entgegen trat ihnen, zusammen mit sieben Bandenmitgliedern, eine schmächtige, verängstigte, fiebernde, auf 35 Kilo abgemagerte Frau, die noch dazu behauptete, nie einen Menschen umgebracht zu haben. Aber der Mythos lebt fort. In Indien werden zwei erfolgreiche Hindi-Filme über ihr Leben gedreht; eine Phoolan-Devi-Puppe, in Khakiuniform mit Schärpe, wird auf dem Subkontinent zum beliebten Spielzeug. Im Westen wird das arme, vergewaltigte Mädchen, das seine Folterer umbringt, zur Heldin der Frauenbewegungen, eine Rebellin gegen die von Kasten und Männern beherrschte Gesellschaft. Für den internationalen Markt dreht einer der bekanntesten indischen Regisseure den Film „Bandit Queen", der mit dem Slogan „Vergewaltigung ist Foltertod, spontaner Sex ist Ekstase" wirbt. Wie versprochen, kommen nach acht Jahren alle Mitglieder von Devis Bande frei. Sie selbst aber bleibt im Gefängnis. Erst als der damalige Chefminister von Uttar Pradesch ihr politisches Potential entdeckt, wird Phoolan Devi zum nützlichen Symbol: Mulayam Singh Yadav, selbst aus niedriger Kaste, läßt alle Klagen gegen sie zurückziehen; im Februar 1994 wird Phoolan Devi gegen 50 000 Rupien (2200 Mark) Kaution auf Bewährung entlassen.

Elf Jahre war sie gefangen, doch nie wurde die Wahrheit über ihr Leben von einem Gericht überprüft. Wer ist die wahre Phoolan Devi? Vielleicht kennt sie die Antwort selbst nicht mehr. In einer leeren Wohnung in Nord-Delhi genießt sie mit ihrem neuen Mann zum erstenmal ein freies Leben. Doch in Sicherheit befindet sie sich immer noch nicht: Die Thakur-Brüder aus Behmai haben geschworen, sie umzubringen. Drei Polizisten bewachen sie Tag und Nacht.* Abgesandte vieler Parteien, die

---

* 2001 wurde sie ermordet

ihre Popularität in den unteren Kasten nützen möchten, werben um sie. Vergebens — bis im Staat Madhja Pradesch erneut Mordanklage gegen sie erhoben wird. Die Banditenkönigin, des Lesens und Schreibens unkundig, aber gewitzt in der Kunst des Überlebens, ergreift ihre einzige Chance: die Politik. Um dem Gefängnis zu entkommen, muß sie ins Parlament. So kandidiert sie nun im Distrikt Mirzapur für die Samajwadi-Partei ihres Befreiers Mulayam Singh Yadav, der sein Amt als Chefminister von Uttar Pradesch inzwischen verloren hat und es mit ihrer Hilfe jetzt wieder zurückerobern will. „Ich habe dem Volk als Banditin gedient. Nun will ich dem Volk im Parlament dienen. Gebt eure Stimme dem Fahrrad!" wiederholt sie bei jedem Stopp ihrer Wahltournee.

Im Dorf Patikpura kauern Hunderte von Kindern mit verklebten Augen und verfilztem Haar zu ihren Füßen. Getrockneter Kot liegt vor jeder Hütte. Sobald die Kleinen laufen können, gehört es zu ihren ersten Arbeiten, die Haufen einzusammeln, als Brennstoff für die primitiven Kochherde. Glücklich sind hier die Kinder, denen es gelingt, in einer der kleinen Teppichwebereien der Gegend aufgenommen zu werden. Eine Frau wirft sich vor Phoolan Devi zu Boden, zeigt ihren verstümmelten Arm vor und erzählt weinend, ein Thakur habe sie so zugerichtet, weil sie ihm ihr Land nicht abtreten wollte. Phoolan Devis Auftritte dauern nur kurz. Sie hat wenig Geld, ihr Wahlhauptquartier, mitten im Basar von Mirzapur, besteht aus einem dunklen Gemach, vor dessen Eingang eine schwarze Kuh schläft. An Wahlgeschenken hat sie nichts als Papierfetzen mit dem Abzeichen des Fahrrads und dem Abbild Mulayam Singh Yadavs zu verteilen. Als nach Sonnenuntergang ihre Karawane in der kleinen Stadt Suryawa ankommt, strömt eine gewaltige, in Staubwolken gehüllte Menschenmenge zum Sammelplatz. „Wenn Phoolan Devi umgebracht wird, sprießen Hunderte von neuen Phoolan Devis hervor", ruft die Wahlkämpferin. Man hört sie kaum, der Lautsprecher funktioniert nicht, und die kleine Gestalt verschwindet fast in der

schwarzen Masse ihrer Anhänger. Aber vom Podium, im fla-
ckernden Schein einiger Gaslampen, zucken lange Schatten, als
wären es die vielen Arme einer riesigen Gottheit, die in jeder
Hand eine Waffe trägt. „Durga, Durga", wispert es aus der
Dunkelheit.

„Etwas Schönes für Gott tun"
Mutter Teresa, der Engel der Sterbenden in Kalkutta

*Eine „Heilige erster Klasse" oder nur eine fromme Kon-
zernchefin? Mutter Teresa schuf ein einmaliges Hilfswerk
für die Ärmsten.*

Bereits am Eingang hält der Besucher entsetzt inne. „Heim
für sterbende Arme" steht auf einem verblichenen Schild über
dem Tor. Auf dem nächsten heißt es: „Der höchste Zweck des
menschlichen Lebens besteht darin, in Frieden mit Gott zu
sterben." Eine solche Deutung des Daseins ist für einen westlichen Menschen, der in der Tradition der Aufklärung steht, eine
Provokation, gegen die sich alles sträubt. Am liebsten möchte
man diesen Ort fluchtartig verlassen. Dann fällt der Blick auf
ein Bündel Haut und Knochen, das auf einer Pritsche schmach-
tet. Ein verhärmter Mann mit gläsernen Augen haucht gerade
sein Leben aus. „Wir haben ihn gestern von einem Abfallhaufen
aufgelesen", sagt die Nonne, die seine Hand hält. „Bald ist
er im Himmel." Sie lächelt. Ist vielleicht doch etwas dran an
dieser empörenden Botschaft über den gottgefälligen Tod als
Zweck des Lebens? Mutter Teresas „Heim für Sterbende" steht
in Kalighat, im Süden der Armutsmetropole Kalkutta. Wer sich
dorthin begibt, unterzieht sich gleichsam Exerzitien, denn er
lernt Schritt für Schritt, alles, was um ihn herum geschieht, mit
neuen Augen zu betrachten.

Menschen, Hunde, Autos, Rikschas und Kühe verstopfen die Straßen. Auf den Bürgersteigen essen, schlafen und entleeren sich die Menschen neben den Tieren. Jeder Anblick rüttelt an der eigenen Weltanschauung. Allmählich scheint die Logik ihren Sinn zu verlieren, und der Verstand ist nicht mehr fähig, in dem stinkenden, lärmenden, ekelhaften und doch faszinierenden Puzzle, das hier Leben bedeutet, eine innere Ordnung zu entdecken. Menschen waschen sich im gelblichen Wasser, das aus zerborstenen Leitungen rinnt; andere tragen Leichen zum Krematorium, in dem täglich ein Teil der Toten Kalkuttas in Rauch aufgeht. Die Reste der Scheiterhaufen werden in das schmutzige, klebrige Wasser des Hugli geworfen, eines Nebenflusses des Ganges, in dem Frauen baden und Kinder nach Plastiktüten angeln, die sie dann auf dem benachbarten Markt verkaufen. Bettler stehen vor ihren leeren Blechtellern. Andere lagern regungslos neben dem Bordstein. Schlafen sie, oder sind sie tot? Grell geschminkte kleine Mädchen bieten sich an und versuchen, Kunden zum Spottpreis von 25 Rupien (etwa eine Mark) in ihre Höhlen zu locken. Im Hof des Kali-Tempels wohnen Menschen, in Gebete und Gesänge versunken, der rituellen Schlachtung schwarzer Ziegen bei, Symbol des Bösen. Sie tupfen ihre Finger in das frische Blut, das aus den abgehackten Köpfen quillt. Andere legen ihren Hals sekundenlang zwischen die beiden Steinpfeiler, bevor die nächste Ziege dort enthauptet wird.

Entsetzt, gerührt, aufgebracht spürt der Besucher gleichwohl, weshalb dieser Ort zur heiligen Geographie Indiens gehört: Es ist eine Stadt der Legenden, ein Quell der Mythen. Der Mythos der Göttin Kali entsprang hier aus einem schwarzen Stein, der angeblich vom Himmel fiel. Auch der Mythos Mutter Teresas wurzelt hier. Das „Heim für Sterbende" in Kalighat ist das Symbol ihrer Arbeit, der tätigen Nächstenliebe und des Mitleids. Es ist der Ort, an dem sie am meisten hängt. Agnes Bojaxhiu, wie sie eigentlich heißt, wurde 1910 in Skopje geboren, damals noch Teil des Osmanenreichs, dann Hauptstadt der ehemaligen jugoslawischen Republik Mazedonien. Ihre Mutter war italienischer Herkunft, der Vater ein albanischer Kaufmann. Die Familie lebte streng katholisch, und schon sehr früh äußerte die junge Agnes, die von ihren Eltern Gonxha genannt wurde (albanisch für „Knospe"), den Wunsch, Missionarin zu werden. Mit 17 verließ sie ihr Zuhause, im Dezember 1928 landete sie in Kalkutta, auf dem Weg zu ihrem Noviziat im Gebirgsort Darjeeling. 1931 legt sie das Gelübde als Loreto-Schwester ab und nahm den Namen Teresa an – nach der französischen Heiligen Theresia von Lisieux, nicht nach der gelehrten, bedeutenderen spanischen Theresia von Ávila – „nach der kleinen Theresia, nicht nach der großen", wie sie gern sagt. Sie wurde der Loreto-Schule in Kalkutta zugewiesen, einer eleganten, beschützten Oase mit kolonialem Komfort, wo die Kinder der englischsprachigen indischen Elite erzogen wurden. Nachdem sie einige Jahre – erst als Geographielehrerin, dann als Leiterin der Missionsschule – zwischen den Mauern des Internats, mit seinen schattigen Gängen und kühlen Klassenzimmern, verbracht hatte, bekam die Nonne das Gefühl, sie „verrate Gott", wie sie später sagte. Die Menschen, denen sie helfen wollte und für die sie nach Indien gekommen war, wohnten außerhalb des eisernen Tors, da, wo die junge Nonne sie während der großen Bengalischen Hungersnot von 1943 zu Dutzenden sterben sah.

1946 saß sie im Zug, der sie zu Tagen spiritueller Einkehr nach Darjeeling bringen sollte, als sie plötzlich „Gottes Ruf" vernahm: Ihre Mission sei es, „den Ärmsten unter den Armen beizustehen". Sie bat um die Erlaubnis, aus ihrem Orden auszutreten, und legte 1948 zum erstenmal den weißen Sari mit den drei blauen Streifen um, der inzwischen zum weltweiten Ordenskleid der „Missionarinnen der Nächstenliebe" wurde. 1950 erhielt die neue Kongregation die offizielle Anerkennung der Kirche; und 1952 bat Mutter Teresa die Stadtverwaltung von Kalkutta um die Erlaubnis, Kranke und Sterbende, die sie und ihre Mitschwestern aus der Gosse holten, im verlassenen Pilgerschlafsaal des Kali-Tempels unterbringen zu dürfen. Damit war der Samen der katholischen Mission im Herzen eines der heiligsten Hindu-Tempel gelegt, ein Zeichen für die damals in Indien noch typische religiöse Toleranz. Seitdem konnten über 25 000 Menschen dort sterben. Mutter Teresa würde ihre Arbeit unbemerkt fortgesetzt haben, hätte eine Tageszeitung in Kalkutta nicht einen langen Artikel über die seltsame Europäerin veröffentlicht, die sich um arme Inder kümmerte. Die Neugier war geweckt, und die BBC beauftragte 1969 Malcolm Muggeridge, einen einstündigen Dokumentarfilm über sie zu drehen. Muggeridge war ein bekannter, zynischer, atheistischer Journalist, den die Erfahrung in Kalighat mit Mutter Teresa zutiefst berührte. Sein Film „Something beautiful for God" („Etwas Schönes für Gott") und ein späteres gleichnamiges Buch malten die Armendienerin extrem positiv, spielten auf ihre Heiligkeit an und beschrieben ihr erstes „Wunder": Eines Morgens habe der BBC-Kameramann Muggeridge gewarnt, das Licht reiche nicht, aus dem Film werde nichts. Muggeridge ließ dennoch drehen, und als der Film in London entwickelt wurde, erwiesen sich die Aufnahmen als einwandfrei: Die große Halle, in der die Sterbenden auf Pritschen vor grauen Wänden lagen, erschien wie in wundersames Licht getaucht.

Der Mythos war geboren. Mutter Teresa wurde zu einem Lieblingsthema der internationalen Presse, ein Besuch in ihrem Heim Pflichtprogramm für jede hochgestellte Persönlichkeit, die nach Kalkutta kam. Regierungschefs und Präsidenten überall auf der Welt empfingen sie und überschütteten sie mit Ehrenerweisungen, Auszeichnungen und Spenden. Und als sie 1979 den Friedensnobelpreis erhielt, begann die Öffentlichkeit, sie als die bewunderungswürdigste Frau der Welt zu betrachten, eine Heilige fast, respektabler noch als der Papst. Doch die Medien zerstören gern, was sie vorher groß gemacht haben. Auch Mutter Teresa blieb dieses Los nicht erspart. Einen der ersten Angriffe führte Germaine Greer, die britische Feministin und Schriftstellerin; sie nannte die alte Nonne „Glamourgirl der Armut" und warf ihr vor, einen „Orden von Klonen" gegründet zu haben. Aber die wahre Entmystifizierung Mutter Teresas begann 1994 mit einem Dokumentarfilm des ehemals trotzkistischen Studentenführers Tariq Ali und einem Text von Christopher Hitchens, einem brillanten britischen Schriftsteller, der bereits ein giftiges Buch gegen Königin Elisabeth und die Monarchie verfaßt hatte. Der Streifen hieß – polemisch genug – „Hell's Angel". Der Titel des Buches war schlicht obszön: „Die Missionarsstellung: Mutter Teresa in Theorie und Praxis".

Im Gegensatz zu Muggeridge, der bei seinem Besuch in Kalighat auch Mutter Teresas Glaubenswelt akzeptiert hatte (nach seiner Erfahrung in Kalkutta konvertierte er zum Katholizismus), betrat Hitchens das „Heim für Sterbende" mit seiner „Vernunft" und ihren unerbittlichen Richtlinien gewappnet. Er betrachtete es mit der Logik eines Anwalts und der Moralität eines Buchhalters. Mit denselben Kriterien, die zur Bewertung der Leistung einer Fabrik herangezogen würden, machte er sich daran, Mutter Teresas Lebenswerk zu bemessen. Seine Schlußfolgerungen lasen sich niederschmetternd: Mutter Teresa sei gar nicht die politisch naive alte Frau, die sie spiele, sondern eine schlaue Manipulatorin, stets bereit, andere zum eigenen Nutzen auszubeuten. Sie sei nicht die selbstlose Missionarin, nur der Sache der „Ärmsten unter den Armen" hingegeben, sondern eine gerissene Öffentlichkeitsdarstellerin, die das Elend der anderen ausschlachte, um sich selbst berühmt zu machen. Sie habe sich außerdem nicht gescheut, mit fragwürdigen Machthabern umzugehen, mit Diktatoren und Gaunern wie Duvalier in Haiti, Ceausescu in Rumänien und dem britischen Pressetycoon Robert Maxwell. Hitchens beschuldigte sie, Blumen am Grab des albanischen KP-Führers Enver Hodscha niedergelegt zu haben, der sein Land in die völlige Isolation geführt und es zum Armenhaus Europas gemacht hatte. Und er warf ihr vor, dem bekannten amerikanischen Sparkassenbetrüger Charles Keating ein „personifiziertes Kruzifix" geschenkt zu haben.

Gewiß, all dieses stimmte. Es stimmt aber auch, daß Mutter Teresa jedesmal entweder Spenden oder eine Arbeitsgenehmigung für ihre Missionarinnen der Nächstenliebe erhielt. Keating gab dem Orden 1,25 Millionen Dollar. Als er 1992 zu zehn Jahren Gefängnis wegen Betrugs an Tausenden amerikanischer Kleininvestoren verurteilt wurde, richtete Mutter Teresa ein Gesuch um Milde an die Richter. Der Staatsanwalt verlangte daraufhin das gespendete Geld von ihr zurück. Eine Antwort hat er niemals bekommen, sie hatte das Geld auch nicht mehr. Was ist damit geschehen? „Wir haben es verwendet, und glauben Sie mir, wir haben es gut verwendet", sagt schmunzelnd Schwester Priscilla Lewis, die wahrscheinlich Mutter Teresas Nachfolgerin an der Spitze der Kongregation wird. Hitchens beendet sein Pamphlet gegen Mutter Teresa damit, daß er sie „eine religiöse Fundamentalistin, eine Demagogin, eine Obskurantin und eine Dienerin weltlicher Macht" nennt. Und das Wunder, das Muggeridge beobachtet haben wollte, entlarvt er nebenbei als Lüge: 25 Jahre später habe er den BBC-Kameramann ausfindig gemacht und von ihm erfahren, das Licht sei nur einem neuartigen Material zu verdanken gewesen. Dennoch geschehen täglich Wunder in Kalighat – für den, der entschlossen ist, sie zu sehen. Jeden Morgen um sieben versammeln sich 20 bis 30 Freiwillige aus aller Welt in der Halle des „Heims für Sterbende", um als Freiwillige den Schwestern bei ihrer Arbeit zu helfen. Viele davon sind Studenten, die, statt ihre Ferien an den Stränden von Goa zu verbringen oder im Himalaja zu wandern, lieber für Mutter Teresa schuften. Da arbeiten eine Gruppe junger Spanier, eine Frau aus der Modewelt von New York, die deutsche Gattin eines Nato-Offiziers und ein italienisches Paar auf der Hochzeitsreise. Die Fremden schrubben die Böden, wechseln die Bettwäsche, baden und massieren die Kranken. Der Gestank der Exkremente ist unerträglich, aber sie lachen nur. „Dies ist der schönste Ort in Indien", sagt Andi, 35, ein Bankangestellter aus München, der erst für zwei Wochen, dann für zwei Monate, dann für zwei Jahre in Kalkutta gearbeitet hatte und jetzt wieder für längere Zeit als Pfleger im Heim ist.

Folgen diese Freiwilligen einer Mode? Offensichtlich kommen manche nach Kalkutta, um sich selbst zu finden, manche lassen kaputte Ehen und Enttäuschungen hinter sich, andere helfen den Armen und versuchen in Wirklichkeit, sich selbst zu helfen. Doch was kümmert das den Menschen, der sterbend in einem Straßengraben von Kalkutta aufgesammelt wurde, der jetzt gewaschen, ernährt und gestreichelt wird? In einer Welt, in der Ego, Geld und materielle Werte alles beherrschen, stützt sich Mutter Teresa auf eine unerschütterliche moralische Ordnung. Der Anreiz der Arbeit ist der Dank des Nächsten. Sie leitet eine multinationale Organisation, in der jedermann unentgeltlich arbeitet und der Hauptteil der benötigten Mittel aus Spenden stammt.

1948, als sie das Loreto-Kloster verließ, um ihre eigene Mission zu beginnen, hatte sie fünf Rupien in der Tasche und eine ehemalige Schülerin im Gefolge. Heute gebietet Mutter Teresa über 3630 Schwestern aus 35 Nationen, ihre Kongregation besitzt 579 Heime in 122 Ländern. Seit 1963 steht den Nonnen auch ein Männerorden mit 400 Mitgliedern zur Seite. Das Management dieser verzweigten Arbeit, mit der Bilanzsumme eines Unternehmens, gemahnt in sich selbst an ein Wunder. Alles wird von einem kleinen, dunklen Büro aus im ersten Stock des Mutterhauses an der ehemaligen Lower Circular Road 54a in Kalkutta geleitet. Es gibt keine Computer, keine großen Aktenschränke, nur drei alte Schreibmaschinen. Das Büro hat ein einziges Telefon, das Mutter Teresa meistens selbst bedient. „Liebe ist wichtiger als Maschinen", sagen die Schwestern. Das ist das Prinzip, nach dem Mutter Teresas System funktioniert. „Als ich ankam, wollte ich alles umkrempeln", berichtet die deutsche Offiziersfrau. „Ich wollte die Verteilung der Medikamente rationalisieren, ich wollte die Patienten zu Labortests schicken. Schließlich verstand ich, angesichts des Lächelns der Menschen, daß dies ein Ort ist, an dem sie nur sauber und heiter sterben möchten."

Wer Mutter Teresa begegnet, spürt sofort, daß diese Frau etwas Besonderes, fast Erschreckendes an sich hat. Sie gehört einer anderen Welt an. Ihre Sprache stammt aus einer anderen Zeit; sie spricht über Gott und Glauben statt über Fortschritt und Entwicklung. Wenn sie sich in Kalkutta aufhält, tritt sie jeden Tag um fünf Uhr nachmittags aus ihrem Zimmer und verteilt, was sie ihre „Visitenkarten" nennt – kleine Papiere, auf denen die Worte stehen: „Die Frucht des Schweigens ist das Gebet; die Frucht des Gebets ist der Glaube; die Frucht des Glaubens ist die Liebe." Wie beim Dalai Lama liegt auch bei ihr die Größe in der Schlichtheit. Sie erzählt oft die gleichen Geschichten, doch wie Parabeln besitzen diese einen harten Wahrheitskern, der die Menschen fasziniert. In einer Welt, die immer unübersichtlicher wird, führt sie wieder Disziplin und Rechtgläubigkeit ein. Ihr Orden wird stramm regiert, Mutter Teresas Wort ist Diktat. An ihrer Überzeugung hat sie wohl niemals gezweifelt. „Wenn du dein Leben Ihm anvertraust, wie kannst du später Zweifel haben? Was wir tun, ist nicht unser Werk, es ist Seins", sagt sie und wendet den Blick zum Himmel.

Zur Zeit der sexuellen Revolution sprach sie von Liebe und dem Wert der Jungfräulichkeit. Heute, da die Anhäufung von Besitz oft einzige Lebensmaxime ist, spricht sie über „die Heiligkeit der Armut" und läßt ihre Missionarinnen nach diesem Prinzip leben. Die einzigen weltlichen Besitztümer einer Schwester sind drei Saris, ein Kruzifix, ein Rosenkranz und eine Tasche. Ihre Heime haben keine Radios, keine Fernsehgeräte, keine Klimaanlagen, nicht einmal Ventilatoren. Die Schwestern schlafen auf einfachen Pritschen, ähnlich denen im „Heim für Sterbende" in Kalighat. Sämtliche Wäsche wird mit der Hand gewaschen. Anfangs aßen die Schwestern die Reste der Mahlzeiten, welche die Armen zu sich nahmen; erst als sie daraufhin erkrankten, wurde dieser Brauch unterbunden.

Missionarin der Nächstenliebe zu werden ist nicht einfach. Bis zu acht Jahre Studium, Meditation und Arbeit müssen vergehen, bevor das Gelübde („Armut, Keuschheit, Gehorsam sowie freier Dienst aus ganzem Herzen an den Ärmsten der Armen") abgelegt werden darf. Erst dann ist es einer Schwester erlaubt, den einfachen weißen Baumwollsari mit den drei blauen Streifen zu tragen. Im Laufe der letzten 46 Jahre haben einige Schwestern den Orden verlassen (zwei unter scharfer Kritik der Methoden, mit denen Mutter Teresa Kranke behandelt), aber über 3000 sind geblieben, von ihrer Mission und deren Bedeutung durchdrungen. Wie Gandhi – mit dem sie oft verglichen wird, besonders von Indern – kennt Teresa die Wichtigkeit der Symbolik. Als sie 1979 nach Oslo fuhr, um den Friedensnobelpreis in Empfang zu nehmen, trug sie über ihrem Sari einen löchrigen alten Pullover. Statt am offiziellen Bankett teilzunehmen, bat sie um das Geld, das die Ausrichtung kosten würde, und organisierte damit ein riesiges Weihnachtsfest für 2000 Menschen. Die Geste rief soviel Wohlwollen hervor, daß sie danach weitere 50 000 Dollar an spontanen Spenden kassierte. Wie Mahatma Gandhi glaubt auch Mutter Teresa nicht, daß die Menschheit ihre Mühsal mit einer sozialen, politischen oder gar wissenschaftlichen Revolution lösen könne, sondern allein mit geistiger Umkehr – daher ihr fast besessenes Beharren auf Gebeten und einer unablässigen Beziehung zu Gott.

Nicht zufällig ist der Mittelpunkt ihrer Arbeit Indien, wo „der göttliche Atem noch unter den Menschen weilt", wie der in Kalkutta geborene Philosoph Sri Aurobindo sagte. Wenn Gott im Westen tot ist, so gibt es ihn für die Menschen in Indien noch überall, und er spielt unter den verschiedensten Namen eine wichtige Rolle in ihrem Leben. Die Missionarinnen der Nächstenliebe sind ein indischer Orden, und Mutter Teresa bestand darauf, daß ihr Ordenskleid ein indischer Sari sein müsse. Mutter Teresa hat ihre Wurzeln in dieser glaubensdurchtränkten Welt. Viele ihrer Kritiker, besonders im Westen, die das nicht verstehen, verstehen sie deshalb falsch. Rationalisten wie Christopher Hitchens betreten das hochreligiöse Universum Indiens und Mutter Teresas mit der Absicht, es nach wissenschaftlichen Maßstäben zu durchforschen. Sie meinen, Glauben mit Vernunft messen zu können, wollen wissen, was aus den Spendengeldern geworden ist, wollen ihre Buchführung überprüfen, und wenn sie merken, daß Mutter Teresa ihre Finanzen gar nicht richtig verwaltet, sind sie entsetzt: „Heilige, so scheint es, werden heute nicht nach ihrer Buchführung geprüft", schrieb Hitchens in der „Washington Post". Wie richtig. Die Inder haben eine vollkommen andere Einstellung dazu. „Mutter Teresa dient der Gesellschaft, und sie tut es besser als wir", sagt Swami Biswatmanandav, Generalsekretär der Bharat Sevashram Sangha, einer der größten humanitären Hindu-Organisationen mit Kliniken, Leprahäusern und Lebensmittelverteilungszentren in ganz Indien. Ein paar Meter entfernt von dem Heim für die Sterbenden hat in Kalighat eine alte zerknitterte Frau ein Heim eigener Art eröffnet: für sterbende Hunde. Sie ißt und schläft mit Dutzenden von ihnen unter den Augen furchterregender Statuen, die von den Wänden herunterstarren. „Gott ist einzig, aber er hat viele Namen", sagt Magala Ma. „Mutter Teresa ist eine Dienerin Gottes."

Kalkutta ist eine Stadt mit schätzungsweise zwölf Millionen Einwohnern. Vier Millionen davon leben in Slums, zwei Millionen schlafen, essen, vermehren sich und sterben in der Gosse. Hunderttausende betteln, und es gibt eine Vielzahl privater Organisationen, die Essen, Unterkunft und ärztliche Hilfe für die Armen bereithalten. Der Unterschied zu Mutter Teresas Missionarinnen der Nächstenliebe liegt in der Auffassung, welche die Nonnen von der eigenen Arbeit haben: Sie sehen sie wie eine geistliche Übung. „Ein echtes Opfer muß kosten, muß schmerzen, muß uns unser eigenes Ich vergessen machen", lautet ein

Satz Mutter Teresas, der gerahmt in Prem Dan hängt, dem zweiten Heim für Sterbende in Kalkutta. Bis auf den heutigen Tag bleibt die Höhe der Spenden an die Missionarinnen der Nächstenliebe ein Geheimnis. Schätzungsweise sind es 30 bis 50 Millionen Dollar im Jahr. „Mit all dem Geld, das sie über die Jahre gesammelt hat, sollte sie Kalkutta das schönste, am besten ausgerüstete Krankenhaus der Dritten Welt geschenkt haben", empört sich Hitchens. „Hätten wir Krankenhäuser gebaut, wären wir von unserer Mission abgekommen, hätten uns schließlich um die Reichen gekümmert und Abstand genommen von den Armen", erwidert Schwester Dolores, die heute das Heim für Sterbende in Kalighat leitet.

Mutter Teresas Ruhm hat ihr einen Sonderstatus in Indien verschafft, wo sie, erst recht nach dem Nobelpreis, dem dritten für einen indischen Staatsbürger, unangreifbar geworden ist. Die Regierung hat ihr einen Diplomatenpaß ausgestellt, die Fluggesellschaften geben ihr freie Tickets, wohin auch immer sie reisen möchte.* Keine indische Behörde würde es wagen, das Geschäftsgebaren ihres Ordens zu überprüfen. Land und Gebäude werden ihr generös zur Verfügung gestellt, während die Bürokratie andere private humanitäre Organisationen nach Kräften behindert. Große Geldsummen fließen über die Grenzen, ohne daß die Devisenkontrollbehörde hinschaut. „Offensichtlich gibt es Heilige der ersten und Heilige der dritten Klasse", sagt Dr. Preger, der britische Arzt, der Tuberkulose bekämpft, Leprakranke versorgt und Müttern und Kindern in Kalkuttas ärmstem Viertel Cossipore geholfen hat. Preger, der seine Arbeit als Arzt für Mutter Teresa begonnen hat, gehört heute zu ihren schärfsten Kritikern. Aber auch er gibt zu: „Ohne Mutter Teresa und ihre Nonnen gäbe es in Kalkutta sehr viel mehr schreckliches Leiden."

Unter den etwa 400 Kindern, die in der Obhut der Nonnen leben, befinden sich viele, die wegen schrecklicher Deformie-

---

* Sie starb 1997

rungen ausgesetzt wurden. „Dieses kann man operieren und adoptieren lassen", sagt Oberschwester Prasanna und nimmt ein kleines Mädchen auf den Arm, dem ein Geschwür aus dem Rücken wuchert. Kinder, die niemand adoptieren möchte, werden in ein Sonderheim außerhalb Kalkuttas gebracht, das die Missionsbrüder führen. Eines der Schilder über diesem Waisenhaus faßt zusammen, was Mutter Teresa und ihre Schwestern als ihre Mission betrachten: „Laßt uns etwas Schönes für Gott tun."

Sri Lanka

Die ehemalige britische Kolonie Ceylon schien alle Voraussetzungen für eine glückliche Zukunft zu haben. Politisch-religiöser Fanatismus machte alle Hoffnungen zunichte.

Eine Kultur des Todes
Haß und Wahn auf der großen Insel im Indischen Ozean

Tamilen und Singhalesen morden einander. Beide Volksgruppen haben die einst wohlhabende Tropeninsel ins Elend gestürzt.

„Sterben ist einfach", sagt der Junge und schiebt sich eine kleine transparente Glaskapsel, etwa vier Zentimeter lang, gefüllt mit weißen Kristallen, zwischen die Zähne. Bisse er zu, würde ihn das Zyankali augenblicklich töten. Aber er beißt nicht. Er grinst. Er ist gerade 15 Jahre alt, für ihn ist alles ein Spiel. Weitere Jungen kommen hinzu, zeigen ihre Ampullen vor. Sie tragen sie an einem schwarzen Band um den Hals – wie andere ein Kruzifix oder ein Buddha-Medaillon. Die Zyankalikapsel ist ihr Gott, Tod ihre Religion. Wie Mönche haben sie ein Gelübde abgelegt: nicht rauchen, keinen Alkohol trinken, keinen Sex, sich niemals lebend gefangennehmen lassen. Und vor allem – kämpfen bis zur Selbstaufopferung, kämpfen für einen eigenen Tamilenstaat. Dieser Staat soll den Norden von Sri Lanka und einen Küstenstreifen im Osten umfassen, rund ein Drittel der paradiesischen, von der rivalisierenden Singhalesen-Mehrheit dominierten Tropeninsel im Indischen Ozean. Im Volk heißen sie einfach „Boys". Sie selbst nennen sich „Tiger", Abkürzung für „Befreiungstiger von Tamil Eelam" (LTTE). Sie unterstehen dem 41jährigen Velupillai Prabhakaran – einem Mann, der vielen Tamilen als Nationalheld gilt, anderen hingegen als wahnsinniger Mörder. Unbestritten ist Prabhakaran Chef einer der schlagkräftigsten und brutalsten Guerrillabewegungen unserer Zeit. Die Tiger zu finden ist nicht schwierig: Einige Kilometer nur mit dem Fahrrad über einsame Feldwege südlich der Stadt Batticaloa – und inmitten von Reisfeldern, wo mehrere armselige Hütten stehen, erwarten die Boys des LTTE-Kommandos Kokkadicholai den Besucher. Am Dorfeingang hängt ein Plakat mit den Konterfeis von fünf „Märtyrern", sogenannten Schwarzen Tigern, die sich Sprengstoff um den Leib binden und sich mit den „Feinden" selbst umbringen. Wie kann eine solche Kultur des Todes und der Gewalt sich festsetzen auf einer Insel, deren überwältigend schöne tropische Natur nichts als Frieden und Freude zu beschwören scheint? Wie kann ein Mann Hunderte junger Menschen diesen geradezu religiösen Wahn einimpfen und ihnen seinen Willen aufzwingen, für eine so abstrakte Sache wie einen eigenen Staat zu töten und zu sterben? Wie bringt man Kinder dazu, Selbstmord im Paradies zu begehen? Vor gut einem Monat drang eine Gruppe der Befreiungstiger nachts in das Dorf Herath Halmillewa, südöstlich von Vavuniya, ein und schlachtete 25 schlafende singhalesische Bauern ab. „Einige der Täter waren gerade erst zehn oder zwölf Jahre alt", erzählt ein fassungsloser Überlebender des Massakers. „Die Mörderbande bestand aus Heranwachsenden, Jungen wie Mädchen", sagt der Dorflehrer. „Das sind neue Tiger-Rekruten, und Gefühlskälte ist Teil ihrer Ausbildung. Durch Morden soll ihr Wille gestählt werden." Das Land der Tiger ist eine eigene Welt mit eigener Logik, eigenen Gesetzen, eigener Kunst. Die Wände der Schule sind mit Schlachtenszenen bemalt, blutige Hände recken sich aus Gräbern empor und umklammern noch immer das Gewehr. Hier sind die Boys alles: Polizisten, Richter, Verwaltungsbeamte.

Vergangenen Monat wurden zwei Bauern öffentlich als „Verräter" erschossen, weil sie der Armee angeblich Informationen zukommen ließen. Vor dem LTTE-Büro stehen Frauen Schlange, jede mit einer anderen Bitte. Eine von ihnen möchte das Paßbild ihres Sohnes vergrößern lassen; er war vor kurzem als „Märtyrer" gestorben. Alle hier sind Tamilen, die Regierungssoldaten auf der anderen Seite der Lagune sind Singhalesen; sie sind „der Feind". Fast jede der etwa 600 Familien in dieser Gegend hat einen Sohn oder eine Tochter bei den Tigern. „Auch wenn wir nicht alles gutheißen, was sie tun – die Boys sind unsere Lebensversicherung", sagt ein alter Mann, „wenn sie gehen, wird die Armee einrücken und uns massakrieren." Tatsächlich hatte die Armee im Herbst 1990 einen Großteil des Distrikts Batticaloa einschließlich des Hauptortes unter ihre Kontrolle gebracht und die Tiger in den Dschungel vertrieben. Das Ergebnis ist vom „Friedenskomitee", einer unabhängigen Menschenrechtsorganisation, verzeichnet worden: 7200 Tamilen wurden von Militär und Polizei verhaftet, rund 4000 sind bis heute verschwunden. Ein katholischer Priester in Batticaloa erinnert sich noch heute an den Anblick aufgeschichteter Leichen, die in der Nähe der Lagune verbrannt worden waren: „Nur die Füße hatten die Flammen unberührt gelassen", erzählt er. „Sie lagen ordentlich auf- und nebeneinandergeschichtet, wie frischgebackene, zum Kühlen ausgelegte Brotlaibe. Einige der Füße waren so winzig; sie können nur Kindern gehört haben. Es war ein schrecklicher Anblick, menschenunwürdig."

Um mehr Truppen in den Norden zur Entscheidungsschlacht um die Tiger-Hochburg Jaffna entsenden zu können, zog die Regierung in Colombo vor knapp zwei Monaten das Militär aus 24 Stützpunkten in der Region ab – und die Tiger kamen zurück. Die Stadt Batticaloa mit ihren 250 000 Einwohnern, die meisten von ihnen Tamilen, ist noch unter Kontrolle der srilankischen Armee. Doch die sitzt wie belagert in ihren Bunkern und schwerbewachten Kasernen. Die Boys haben begonnen, Steuern zu erheben und eine eigene Justiz aufzubauen. Vor einigen Wochen wurde der Vizekanzler der Universität am hellichten Tag von den Tigern entführt. In der Landeshauptstadt Colombo wird über den Krieg im Norden nur bekannt, was Regierungsquellen preiszugeben bereit sind – das Militär hat bislang keinen unabhängigen Beobachter an die Front gelassen, und die Zeitungen schrieben seit gut einem Monat täglich von „Sieg", vom „Fall Jaffnas" und den „überall geschlagenen" Tigern. In Batticaloa hingegen stellt sich die Lage genau gegenteilig dar: Hier sind die Tiger auf dem Vormarsch.

„Das Militär hat 50 000 Soldaten losgeschickt, um ein paar Quadratkilometer auf der Halbinsel Jaffna zu erobern, während wir ganze Regionen im Osten neu gewonnen haben", sagt Karikalan, stellvertretender Politkommissar der LTTE und Befehlshaber der Tiger an der Ostfront. „Sie werden nach Jaffna einziehen, aber es nicht wieder verlassen können." Karikalan – ein Kriegsname, der „Schwarze Beine" bedeutet – ist 44 Jahre alt und war bei einer Baufirma in Batticaloa beschäftigt, ehe er sich 1988 der LTTE anschloß. Er ist ein hochrangiger Kader der Tiger und scheint sich in den Dörfern der Region sicher zu fühlen: Er kommt per Motorrad zum Interview, nur mit einem Leibwächter auf dem Soziussitz. Karikalan weist die Anschuldigung zurück, die Tiger finanzierten sich mit Drogenschmuggel: „Wir bedienen uns nie heimtückischer Mittel." Er bestreitet, daß viele LTTE-Aktionen reine Terrorakte seien: „Wir sind eine kleine Bewegung, die gegen eine große, erstklassig ausgerüstete Armee kämpft. Selbstmord ist eine unserer mächtigsten Waffen", sagt er, „der Weg zum Staat Eelam ist noch weit, und ich weiß nicht, ob ich seine Gründung noch erleben werde. Aber wir kämpfen." Karikalan hält den Fall Jaffnas für nicht weiter von Bedeutung für den Kampf der Tiger – wohl zu Recht. Es ist nur eine weitere Episode in einem Krieg, dem in den vergangenen zwölf Jahren schätzungsweise 50 000 Menschen zum Opfer fielen, der 600 000 Menschen aus ihren Dörfern vertrieb und der die gesamte Nation Sri Lanka brutalisiert hat. Aus einem Land von Milch und Honig wurde eines von Blut und Tränen.

Vor der Südspitze Indiens gelegen, war Ceylon schon den Römern und Griechen der Antike bekannt, wurde gerühmt von Reisenden des Mittelalters, durchdrungen von den Idealen aller großen Religionen: das mythische Ziel von Göttern und Heiligen. Auf dem Gipfel eines seiner höchsten Berge ist auf einem Felsen eine Art Fußabdruck zu sehen. Buddhisten werten ihn als Zeichen dafür, daß Buddha hier vorüberkam, Hindus sehen in ihm eine Spur von Schiwa, Christen die des heiligen Thomas, während die Muslime sagen, der Fußabdruck sei der Adams, der nach der Vertreibung aus dem Paradies mit Eva hierher kam. „Heute ist Sri Lanka Symbol eines weiteren Sündenfalls der Menschheit, des Absturzes in eine Ära der Finsternis, der Anarchie und des Wahnsinns", sagt Manik Sandrasagara, ein Filmproduzent, selbst Tamile, dem diese ethnische Zuordnung aber nichts bedeutet: „Jahrhundertelang haben wir auf dieser Insel in Frieden gelebt. Der jetzige Konflikt ist eine Erfindung der Politiker." Singhalesen (74 Prozent der Bevölkerung) sind überwiegend Buddhisten, die srilankischen Tamilen (14 Prozent) sind zumeist Hindus, aber die alten Tempel beider Religionen beherbergen jeweils auch die Götter der anderen. Toleranz und gegenseitiger Respekt waren Teil einer gemeinsamen Kultur. Das ist vorbei, und selbst die Erinnerung an diese Vergangenheit, die Tatsache etwa, daß der Herrscher des letzten singhalesischen Königreichs ein Tamile war, ist ausgelöscht. Die Geschichte wird umgeschrieben, neue Mythen werden geschaffen, den Interessen der jeweiligen Volksgruppe zu dienen.

Als die Insel 1948 aus britischer Kolonialhoheit entlassen und damit unabhängig wurde, waren alle Voraussetzungen für eine Erfolgsstory gegeben: Ceylon hatte ein gut ausgebautes Schienen- und Straßennetz, das Pro-Kopf-Einkommen war ein Drittel höher als in Indien, die Säuglingssterblichkeit die niedrigste, die Lebenserwartung die höchste in Asien. Die überwiegende Mehrheit konnte lesen und schreiben. Heute ist Sri Lanka eines der ärmsten Länder der Welt. Der Bürgerkrieg hat die Insel zweigeteilt: Süden und Westen des Landes kontrolliert die Regierung der Präsidentin Chandrika Kumaratunga; Norden und Osten werden – von wenigen Enklaven abgesehen – von der LTTE und ihrem geheimnisvollen „Ober-Tiger" Velupillai Prabhakaran beherrscht. Der Gründer der Killerkommandos zeichnet für Hunderte politischer Attentate verantwortlich, darunter die Ermordung des früheren Präsidenten von Sri Lanka, Ranasinghe Premadasa, und auch der gewaltsame Tod des früheren indischen Ministerpräsidenten Rajiv Gandhi soll auf sein Konto gehen.

Die Wurzel des Elends von Sri Lanka liege in der Mentalität der Singhalesen begründet, behaupten Historiker. Obwohl in der Mehrheit auf der Insel, würden sie an einem Minderheitenkomplex leiden, denn auf dem indischen Festland leben weitere 55 Millionen Tamilen. „Viele Singhalesen wollten unter britischer Herrschaft bleiben, da sie ein freies Indien fürchteten", sagt ein Journalist in Colombo, der ungenannt bleiben möchte. „Seit der Unabhängigkeit haben wir in der ständigen paranoiden Furcht gelebt, wir könnten von den vereinten Kräften der Tamilen ins Meer getrieben werden." Diese Paranoia lag wohl auch so manchen politischen Entscheidungen der singhalesisch dominierten Regierung in Colombo zugrunde – etwa Singhalesisch statt Englisch zur einzigen Nationalsprache zu erheben und so einen zusätzlichen Konflikt zu schaffen. Die Singhalesen gaben sich im neuen Staat stolz als Nachkommen der „Löwen" aus (Sinha heißt Löwe), einer den später zugezogenen Tamilen „überlegenen" arischen Rasse. Die Tamilen wiederum, die historisch nie als besonders militanter Volksstamm hervorgetreten waren, entdeckten plötzlich unter ihren Vorfahren etliche mächtige Krieger – und wurden „Tiger".

Für den Autor V. P. Vittachi hat die gegenwärtige Misere des Landes auch damit zu tun, daß „mehr als vier Jahrhunderte lang verschiedene Kolonialherren – Portugiesen, Holländer, Briten – mit ihren unterschiedlichen Wertesystemen unsere Zivilisation ausgehöhlt und die Volksgruppen gegeneinander ausgespielt haben. 1948 wurden wir plötzlich moralisch und kulturell orientierungslos allein gelassen". Mit grausamen Folgen: In einem Land, das vom Buddhismus geprägt ist, der Religion der Gewaltfreiheit, wurde das erste politische Attentat, der Mord an Ministerpräsident Bandaranaike, von einem buddhistischen Mönch verübt. In einer Gesellschaft, in der Totschlag bis dahin weitgehend unbekannt war, wurde Gewalt erstaunlich schnell zur Routine: Singhalesen töten Tamilen, Tamilen rächen sich – und das alles provoziert kaum öffentlichen Aufschrei oder moralische Entrüstung. Auf Sri Lanka finden sich bis heute Kirchen, Moscheen, Pagoden und Hindu-Tempel nebeneinander. Doch keine der großen Religionen hat sich ernsthaft eingesetzt, dem Grauen ein Ende zu bereiten, am wenigsten das buddhistische Establishment. In Kandy, der alten königlichen Hauptstadt am Ufer eines stillen Sees, liegt unter mächtigen Bäumen, in deren Geäst Hunderte von Fledermäusen der Nacht entgegendämmern, ein festungsgleicher Tempel. In ihm wird als Reliquie ein Zahn Buddhas verwahrt. Jeden Tag im Morgengrauen und bei Sonnenuntergang findet vor der Reliquie eine lautstarke Zeremonie statt; der aufdringliche Klang der Trommeln und Flöten läßt mehr an Schlangenbeschwörung denken, als daß er zur Meditation einlädt. Der Zahn des Buddha wird hier als Symbol singhalesischer Souveränität verehrt. Da die Furcht umgeht, die Tamilen-Tiger könnten deshalb versuchen, den Tempel zu bombardieren, wird das Gelände von schwerbewaffneten Soldaten bewacht. Die Mönche, zur täglichen Zeremonie angetreten, werden vom Staat gut versorgt: Sie müssen keine morgendlichen Almosen erbetteln – das Establishment ist wohlhabend und einflußreich, hat stets eine wichtige politische Rolle gespielt an der Seite extrem nationalistischer singhalesischer Politiker. Es ist die treibende Kraft hinter der Diskriminierung der Tamilen, die, da sie Hindus sind, als Feinde der „nationalen Religion" gelten.

1971 hatten sich in Jaffna, dem kulturellen und wirtschaftlichen Zentrum der Tamilen im Norden der Insel, 13 junge Männer zur Gründung der ersten revolutionären Gruppe versammelt. Prabhakaran, damals 17 Jahre alt, gehörte dazu und tat sich bald hervor: 1975 erschoß er eigenhändig den Bürgermeister von Jaffna. 1976 entstand die LTTE; ihr Wappentier, der Tiger, Symbol der Wildheit und Gegenstück zum singhalesischen Löwen, wurde von einer Streichholzschachtel kopiert. Seitdem hat Gewalt nur weitere Gewalt erzeugt. 1981, zwei singhalesische Polizisten waren ermordet worden, brannte zur Vergeltung die Bibliothek von Jaffna nieder, mit ihren 95 000 Bänden ein Monument vergangener Größe der Tamilen. Zwei Jahre später überfielen die Tiger eine Militärpatrouille und töteten 13 Soldaten — ein singhalesisches Pogrom gegen Tamilen in Colombo und im Süden war die Folge. Tausende wurden umgebracht, ihre Häuser angezündet. Viele Tamilen flüchteten ins Ausland. Die Repression führte dem Chef der Tiger neue Rekruten zu. Innerhalb weniger Jahre hatte sich Prabhakaran aller seiner Rivalen in der tamilischen Führungsriege entledigt und 400 von ihnen kaltblütig hinrichten lassen. Er baute sich eine Untergrundarmee auf, die ihm völlig ergeben war. Mit seinen mörderischen Methoden gewann Prabhakaran allmählich die Kontrolle über Jaffna und verwandelte die Stadt, einstmals ein weltoffenes kulturelles Zentrum, in ein reines Tamilen-Ghetto, in „einen Gulag, in dem die Menschen nur noch den Mund aufmachten, um zu essen oder sich die Zähne zu putzen", so ein tamilischer Anwalt, der heute in Colombo lebt. Hunderte von Menschen verschwanden in den unterirdischen Verliesen von Jaffna. Tiger-Killer jagten „Verräter" nicht nur in Sri Lanka, sondern auch unter Tamilen-Flüchtlingen im Ausland: Ein prominenter Intellektueller aus Jaffna, der die LTTE kritisiert hatte, wurde in Paris ermordet.

„Von der Idee her sollten die Tiger die Tamilen-Zivilisation retten; letztendlich aber haben sie diese physisch wie kulturell zerstört", sagt Rajan Hoole, ehemaliger Mathematikprofessor an der Universität Jaffna. Mit einigen Kollegen zusammen veröffentlicht er seit 1988 Berichte über das entsetzliche Leben unter dem Joch der LTTE. Hoole mußte fliehen und lebt heute, ein gejagter Mann, in Colombo im Untergrund. „Wir wollen besonders im Westen der Meinung entgegentreten, die LTTE sei die Stimme aller Tamilen", sagt Hoole, „wir müssen unter den Tamilen das Gefühl stärken, daß alle zu einem vereinten Sri Lanka gehören." Ungeachtet ihrer Schreckensherrschaft haben es die Tiger in den „besetzten Gebieten" jedoch verstanden, sich als die alleinigen Verteidiger ihres Volkes darzustellen. Ihre Gewalt wird als Gewalt der Opfer glorifiziert und, derart romantisch verklärt, von vielen Tamilen in Sri Lanka wie auch im Ausland akzeptiert. Heute unterhält die LTTE mehr als 40 Büros weltweit, die Spendengelder unter Exil-Tamilen sammeln. Es heißt, die Kriegskasse der Tiger sei mit rund 200 Millionen Dollar gefüllt. Vielen Srilankern will es so scheinen, als sei ihr „gesegnetes Land", wie es früher genannt wurde, mit einem furchtbaren Fluch belegt, der es unmöglich macht, der Spirale des Grauens zu entkommen. Als die Singhalesin Chandrika Kumaratunga, 50, im vergangenen Jahr zu den Präsidentschaftswahlen antrat, kam erstmals Hoffnung auf, die verfeindeten Gruppen könnten das Blutbad beenden. Der Fluch schien von der Insel zu weichen.

Kumaratunga symbolisiert die Leiden ihres Landes: Ihr Vater, Ministerpräsident Ceylons, wurde von einem buddhistischen Mönch erschossen; ihr Ehemann, ein charismatischer Politiker, der Frieden mit den Befreiungstigern anstrebte, wurde von singhalesischen politischen Gegnern ermordet. Sie versprach im Wahlkampf, mit den Tigern verhandeln zu wollen. Sie erkannte, daß die Tamilen unterdrückt worden waren, und sie entschuldigte sich dafür. Sie klang aufrecht und ehrlich – und wurde mit großer Mehrheit zur Präsidentin gewählt. Auch viele Tamilen stimmten für sie. Als die erste Regierungsdelegation zu Friedensverhandlungen in Jaffna eintraf, kamen Tausende zu ihrer Begrüßung. „Sie berührten uns und den Hubschrauber, als wollten sie sich vergewissern, ob wir auch echt seien", erinnert sich ein Unterhändler. Diese Reaktion muß den Guerrilla-führer Prabhakaran zutiefst beunruhigt haben, denn sie zeigte, daß die Tiger an Rückhalt im Volk einbüßten. Im April brachen die Rebellen die Verhandlungen ab – und eröffneten den Krieg erneut. Der Präsidentin Kumaratunga blieb kaum eine andere Wahl: Sie befahl die größte Militäroperation, die je gegen die LTTE gestartet worden war. Noch im August hatte sie den Tamilen weitgehende Regionalautonomie angeboten. Keine andere singhalesische Regierung hatte jemals ein solches Zugeständnis gemacht. Die Armee, die sich im Gegensatz zu früheren Operationen bemühte, die Zahl der Opfer ihres Angriffs in der Zivilbevölkerung möglichst gering zu halten, fügte den Tigern schwere Verluste zu. Die Guerrilla, deren Stärke auf etwa 10 000 Mann geschätzt wird, hat während der Offensive mindestens 1 500 Kämpfer durch Tod oder Verwundung verloren. Erstmals in diesem Krieg haben sich einige junge Tiger der Armee ergeben – und nicht ihre Zyankalikapsel zerbissen. Prabhakaran wußte sich nicht anders zu helfen, als 29 Zivilisten öffentlich zu exekutieren zur Abschreckung für alle, die „dem Feind Informationen zukommen lassen". Zumindest in Colombo hatte die Bevölkerung den Eindruck, der Krieg werde bald gewonnen werden, und der Fall von Jaffna bedeute praktisch das Aus für den Konflikt.

Doch Jaffna ist schon lange eine Geisterstadt; vor mehr als einem Monat befahl die LTTE der Bevölkerung, die Stadt zu räumen. Die Tiger haben mehr als ausreichend Zeit gehabt, ihre Ausrüstung und Waffen ungehindert in ihre Dschungelverstecke zu verbringen. „Kumaratunga hat Krieg über uns gebracht. Wir können Krieg über sie bringen", sagt uns der LTTE-Kommandant im Osten, Karikalan. In seinem Haus inmitten der Reisfelder von Batticaloa erklärt er: „Wenn sie den totalen Krieg will, wir sind bereit." Das wurde vergangenen Monat grausam deutlich: Ein junger Mann ging auf den schwerbewachten Haupteingang des Armeehauptquartiers zu – und sprengte sich in die Luft. Etwa hundert Meter entfernt wartete eine junge Frau, bis sich eine größere Menge Neugieriger und Schaulustiger angesammelt hatte, dann zündete sie den um ihren Leib gebundenen Sprengsatz. 21 zerrissene, verstümmelte Leichen lagen anschließend auf dem Asphalt mitten im Zentrum von Colombo, nur wenige Meter entfernt von drei großen Luxushotels, in denen immer noch viele ausländische Touristen absteigen. Nahe der Grenze des Tiger-Landes, in Kokkadicholai, hat die LTTE einen Friedhof für ihre Märtyrer ausgehoben. 75 Grabstätten sind festlich hergerichtet für die jährliche Feier zum Gedenken an den Opfertod der Tiger. Ihre Familien sind anwesend, Dutzende von Kindern auch, die darauf brennen, in den Krieg ziehen zu dürfen und auch eine Zyankalikapsel zu erhalten, die sie stolz an einer Schnur um den Hals tragen können. 50 Fackeln brennen nachts im Gedenken an die Boys, deren Leichen nicht in die Heimat zurückgebracht werden konnten. Der Friedhof umfaßt ein riesiges Gelände – viel Platz ist bereitgestellt für künftige Gräber.

Nepal

Abgeschnitten vom Rest der Welt, autonom im größeren Nepal, versucht Mustang, das „Land der vollkommenen Glückseligkeit", mit der Moderne fertig zu werden.

Im Reich der Sehnsüchte
Das winzige Himalaja-Königreich Mustang

Es ist das sagenhafte Shangri-La, eines der letzten Paradiese auf Erden. Doch der Tourismus zerstört in den Augen des Reisenden Terzani auch auf den Höhen des Himalaja die von ihm so geliebte alte asiatische Kultur.

In einem weit entfernten Tal, hinter den eisigen Gebirgsketten des Himalaja, lebt ein König aus vergangenen Zeiten. Seine Burg ist aus Stein und Lehm, sein Besitz besteht aus Schafen und Pferden. Sein einziger Wächter ist ein schwarzer Bluthund. Er herrscht über kaum 4500 Menschen, aber sein Reich entzündet die Phantasie aller Reisenden, die von einem exotischen, unberührten Ziel träumen. „Es ist das Land der vollkommenen Glückseligkeit, wo alles Notwendige und Erwünschte vorhanden ist, wo die Untertanen wie Sterne glitzern und der Geist sich am Anblick des Königs ergötzt", heißt es in alten Manuskripten, die heute in den Gompas, den buddhistischen Klöstern des Königreichs Mustang, verstauben. Befindet sich hier das irdische Paradies? Seit ewigen Zeiten haben die Menschen solch einen mythischen Ort gesucht – der sich dann doch immer wie eine Fata Morgana auflöste, wenn sie glaubten, ihn gefunden zu haben. Mustang, ein kleiner Landzipfel von 3573 Quadratkilometern, liegt im Nordwesten Nepals an der Grenze zu Tibet. Aus Tibet stammen seine Bewohner, seine Traditionen, seine Religion. Ein Edelmann aus Westtibet hatte sich 1380 hier niedergelassen, sich zum König ausgerufen und inmitten der atemraubenden Bergwelt eine mauerbewehrte Stadt gebaut. Er nannte sie Lo Mantang, „die Ebene der geistigen Sehnsüchte". Jigme Palbar Bista, 62, der jetzige Monarch, ist der 25. direkte Nachkomme des Dynastiegründers. Er steht jeden Tag vor der Dämmerung auf und meditiert anderthalb Stunden. Dann tritt er aus dem dicken, hölzernen Stadttor heraus und geht, Gebete murmelnd, mehrmals um die Stadtmauern herum – so wie alle seine Vorfahren es seit über 600 Jahren getan haben.

Abgeschnitten vom Rest der Welt, unberührt von äußeren Einflüssen war Mustang in Zeitlosigkeit erstarrt. Unpassierbare Berge hielten den Fortschritt fern. Als 1950 Einheiten der chinesischen Volksarmee nach Tibet einmarschierten, wurde die Nordgrenze des winzigen Königreichs geschlossen: Mustang blieb die Unterwerfung durch China erspart. Auch 1959, als Maos Soldaten Tibet annektierten, machten sie an der Grenze zu Mustang halt, respektierten die nepalesische Souveränität. 6000 hartnäckige Kämpfer des Dalai Lama, die Khampa, flüchteten nach Mustang und führten von dort aus mit Hilfe der CIA jahrelang einen Guerrillakrieg gegen die kommunistischen Chinesen. Der Widerstandskampf endete 1974. Auf Wunsch des Dalai Lama legten die Khampa ihre Waffen nieder, einige von ihnen brachten sich um. Mustang blieb auch danach verbotenes Land, eines der letzten und faszinierendsten. Jetzt öffnet es sich allmählich – und ist in Gefahr, zerstört zu werden. Die Vorstellung, daß auf dieser Welt, wo jedes Fleckchen erforscht scheint, noch ein unbetretenes Königreich inmitten der höchsten Berge der Erde existiert, weckt Entdeckerfieber. Der Reisende muß der inneren Stimme folgen, wie Rudyard Kipling es in seinem Gedicht „The Explorer" beschreibt: „Something hidden. Go and find it. Go and look behind the Ranges – Something lost behind the Ranges. Lost and waiting for you. Go!"

Schon immer haben Asiens Religionen und Legenden das Paradies im Himalaja vermutet. Hier liegt für die Hindus der goldene Berg Meru, der die Mitte der Welt und der Sitz der himmlischen Geister ist. Hier erhebt sich für die Chinesen der Jadeberg, auf den sich ihre acht Unsterblichen zurückgezogen haben. Und hier liegt für die Tibeter das Land der Reinheit, dem die geheimsten buddhistischen Lehren entspringen. Durch die Jahrhunderte haben sich Pilger, Abenteurer und Entdecker auf der Suche nach diesem verheißungsvollen Ort in den Himalaja gewagt. Viele sind nie zurückgekommen. Einige haben unterwegs verstanden, daß sie einer Schimäre nachjagten, die Suche nach dem Paradies nur eine geistige sein konnte. Dennoch ist die Vorstellung von einem geheimen Land des Friedens und der Freuden hinter den entfernten Gebirgsketten nie erloschen. 1933 schrieb der junge Engländer James Hilton einen Bestseller („Der verlorene Horizont"), der sich wie eine Parabel auf Mustang liest: Ein Flugzeug mit drei Männern und einer Frau an Bord wird entführt und landet zwischen den eisigen Gipfeln des Himalaja. Die vier Passagiere werden in ein Tal gebracht, wo Zeit keine Rolle spielt, die Menschen jahrhundertelang leben und alle Schätze der Welt aufbewahrt werden. Hilton nannte dieses Kloster „Shangri-La" — ein Name, der seitdem in den Wortschatz eingegangen ist und das irdische Paradies bezeichnet. Auch heute beginnt die Reise nach Mustang an Bord einer kleinen Maschine, die von Pokhara in Zentralnepal aufsteigt und schnell in den tintenblauen Schatten der höchsten Gipfel des Annapurna gleitet, die Grenzen der bekannten Welt gleichsam hinter sich lassend. Plötzlich senkt sich die Maschine auf ein sonniges Hochplateau und landet in Jomosom. „Tritt vorsichtig in diese zerbrechliche Welt!" bittet ein großes Schild. Eine Ökogruppe hat es aufgestellt; die Folgen des Tourismus, der Nepal in den letzten 20 Jahren zugleich entwickelt und beschädigt hat, sollen hier begrenzt werden. Im März 1992 hat die nepalesische Regierung unter dem Druck internationaler Reisegesellschaften

Mustang zur Besichtigung freigegeben. Eine kleine Zahl von Ausländern, anfangs 200 im Jahr, darf in kleinen Karawanen von Jomosom nach Lo Mantang trekken. Die Reisenden sollen unterwegs nichts von den Einheimischen annehmen, müssen alles Notwendige inklusive Nahrung und Brennstoff selbst mitbringen und alle Abfälle beseitigen. Jede Expedition begleitet ein Polizist, der aufpaßt, daß diese Auflagen beachtet werden. In das Königreich Mustang führt keine Straße. Ein abenteuerlicher Pfad verläuft durch das trockene Bett des Kali-Gandaki-Flusses, der den tiefsten Canyon der Welt gegraben hat. In die Flanken der Berge gehauen, windet sich der Weg an schwindelerregenden Abgründen entlang, schlängelt sich über die gewellte Hochebene und überquert 4000 Meter hohe Pässe. Das Klima ist erbarmungslos; die Karawane, die morgens unter brennender Sonne loszieht, kann nachmittags in einen Schneesturm geraten. Kein Laut, nur die leblose Steinlandschaft. Die menschliche Existenz schrumpft angesichts der erhabenen Präsenz des Göttlichen zur Bedeutungslosigkeit. Wer hier durchgeht, hat das Gefühl, kurz nach dem Urknall als erster Mensch auf der Erde zu wandeln. Jedesmal wenn die Karawane einen Paß überquert, werfen die tibetischen Träger mit Steinen, um die bösen Geister zu vertreiben, und rufen „scho scho scho", damit die Götter wissen, daß sie kommen. Auf den höchsten Graten lassen sie weiße Tücher mit handgeschriebenen Gebeten flattern.

Über diesen Pfad ist auch der Buddhismus aus Indien nach Tibet gelangt. Im 8. Jahrhundert reiste Padmasambhawa, „der aus dem Lotus Geborene", ein berühmter Yogi und Zauberer, mit seinen zwei Frauen durch Mustang nach Lhasa. Seine magischen Kräfte bezwangen die Dämonen des Schneelandes und verwandelten sie in göttliche Beschützer Mustangs. „Das ist das Blut des Ungeheuers, das Padmasambhawa umgebracht hat", ruft der Eseltreiber und zeigt auf einen Berg. „Und da liegen seine Eingeweide", sagt er und deutet auf eine Mauer, die unvermittelt an einem Berghang steht — aufgeschichtet aus Tausenden von Steinen, in jeden das heilige Mantra gemeißelt: „Om Mani Padme Hum" — „Oh, du Kleinod in der Lotusblume". Immer wieder trifft man auf Steinhaufen, die ein Wanderer den Göttern dargeboten hat, oder auf imposante Schreine, die auf den Bergkämmen und in den Tälern errichtet wurden. Vor jedem Dorf, durch das die Karawane zieht, stehen Reihen kleiner Gebetsmühlen. Gebetsmühlen auch an jedem Brunnen, wo sie vom Wasser angetrieben werden.

Auf einer Anhöhe vor dem Dorf Geling erheben sich wie Wachtürme zwei wunderschöne, rotangestrichene große Gompas, die Wände sind mit alten Fresken bemalt. Auf den Altären stehen alte Bronzestatuen und in Seide gerollte Thangkas. In der Befestigung des Ortes Tsarang wird ein altes Manuskript des Kanjur, des heiligen tibetischen Buches, aufbewahrt. Es wiegt über 40 Kilo, denn jedes Schriftzeichen ist aus purem Gold. In der Gompa von Lo Gekar, dem ältesten Tempel des Landes (Padmasambhawa hat in ihm gewohnt), werden Hunderte von Steintafeln aufbewahrt, jede mit dem Abbild eines Gottes. Hinter dem Altar erhebt sich, im Halbdunkel verstaubt, neben einem meditierenden Buddha die kraftvolle, meterhohe Bronzestatue von Padmasambhawa in schmachtender Umarmung mit einer seiner Frauen. Die meisten dieser Schätze stammen aus dem 15. Jahrhundert, dem Goldenen Zeitalter Mustangs, als die Karawanen, die Salz aus Tibet nach Indien trugen, das Land durchquerten und Steuern entrichteten. Was in Tibet zerstört ist, was die Chinesen dort längst verscherbelt oder verbrannt haben, ist in Mustang unversehrt geblieben. Alte tibetische Kunstwerke und Gebräuche konnten hier überleben. Wie das mythische Shangri-La ist Mustang ein Tresor voll unbekannter Kostbarkeiten.

Doch diesen Schätzen droht jetzt Gefahr. 15 seltene Thangkas sind schon aus dem Geling-Kloster verschwunden. Kürzlich stellten Einheimische einen Mann, der auf der Suche nach Antiquitäten durch Mustang streifte. Ein Händler aus Katmandu hatte ihm Fotos begehrter Gegenstände mitgegeben. Seitdem ist es verboten, in Klöstern zu fotografieren. Am fünften Marsch- tag erscheint mitten in einer Ebene, umringt von kahlen gelben Hügeln, die Residenzsastadt Lo Mantang. Mit ihren drei rot- bemalten Gompas, den weißgestrichenen Mauern aus Lehm und den zwei riesigen alten Weiden davor sieht die Stadt aus wie am Tag ihrer Gründung. Aus der Ferne drängt sich der Eindruck auf, im Herzen eines langgehüteten Geheimnisses angekommen zu sein. Doch aus der Nähe entzaubert sich das Bild – und der Rei- sende versteht: Der Sinn seiner Suche liegt im Weg, nicht im Ziel.

Schwärme von Kindern rennen den Besuchern mit ausge- streckten Händen entgegen und bitten um Geld, Schokolade, Kugelschreiber. Manche können schon in fremden Sprachen betteln. Alle haben vereiterte Augen und verklebte Nasen. Vor dem Stadttor wird abgesessen, nur der König darf es zu Roß durchqueren. Vor den Häusern sitzen Frauen und spinnen Wolle. Alte Männer murmeln Mantras, die Gebetskette in der Hand. Es hat nicht geregnet, aber die Gassen sind schlammig von Jauche und Kot. Im vierten Stock seines Palastes sitzt der König auf einem mit Teppichen belegten Bett und hält hof. Das lange Haar ist in einem Zopf um seinen Kopf gewunden. In einem Ohrläpp- chen steckt ein Türkis. Fast alle Touristen empfängt er persön- lich. Das Leben in Lo Mantang dreht sich um den Herrscher. Er entscheidet über jeden Streit. Manche seiner Untertanen reisen aus entfernten Dörfern an, um ihm ihren Zwist über Wasser- oder Grundstücksfragen zu unterbreiten. Er ist es auch, der im Frühjahr die Saat unter die Bauern verteilt. Seine Anwesenheit strahlt Schutz aus. Das Dach des Palastes ist mit Tierschädeln bedeckt. Wenn der König Lo Mantang verläßt, darf tagelang kein Besen benutzt werden, damit keine bösen Geister aufge- wirbelt werden; sie könnten ihm sonst auf seinem Weg folgen.

Für die mehrheitlich hinduistischen Nepalesen sind die buddhistischen Bewohner von Mustang mit ihrer anderen Spra- che und Lebensweise Fremde. Das Wort „Bhote", mit dem sie

die Tibeter bezeichnen, bedeutet auch „primitiv, schmutzig".
Die Regierung in Katmandu hat sich deshalb vorgenommen,
Mustang, den letzten reinen Teil Tibets, zu assimilieren. Nepalesische Lehrer, die nach Mustang geschickt wurden, sprechen
kein Tibetisch und geben den Kindern hinduistische Namen.
Der Direktor der Schule für junge Mönche in Lo Mantang ist
nicht einmal Buddhist. Für Katmandu wird Mustang immer
mehr zu einem Produkt, das sich touristisch vermarkten läßt.
Schon sind aus den 200 Ausländern, die pro Jahr kommen durften, über 1000 geworden. Vor den Stadtmauern von Lo Mantang
kampieren drei verschiedene Reisegruppen: eine französische
in blauen Zelten, eine italienische in grünen, die Deutschen in
Iglus. Kinder verfolgen die Touristen und wollen etwas ergattern.
„Die Öffnung des Landes für den Fremdenverkehr ist verhee-
rend. Sie hat uns eine Bettlerkultur gebracht", sagt Pushpa Tulal
Han, ein junger Anthropologe aus Nepal. „Die Menschen verlieren ihr Identitätsgefühl."

In ihrer Abgeschiedenheit hatten die Einwohner von Mustang jahrhundertelang ein System der Selbstversorgung entwickelt. Sie stellten her, was sie brauchten, und benutzten, was
sie vorfanden. Als Brennstoff diente ihnen der getrocknete Kot
der Tiere, zur Reinigung räucherten sie ihre Häuser mit Wachol-
der aus. Wenn jemand erkrankte, legten die Angehörigen zwei
rotbemalte Steine vor die Haustür, holten die Mönche und gingen zum „Amji", dem Lama-Arzt und Astrologen, der stets eine
Medizin zur Hand hatte. „Neuerdings kommen immer weniger",
sagt Tashi Chusang, 65, der heutige Amji von Lo Mantang. „Die
Medikamente der Ausländer wirken schneller." Auch die alten
handgemachten Filzschuhe verschwinden, statt dessen tragen
die Einwohner Sportschuhe – und Baseballmützen. „In den
letzten drei Jahren gab es in Mustang mehr Wandel als in den
letzten drei Jahrhunderten. Nachts kann ich oft nicht schlafen,
wenn ich bedenke, was noch auf uns zukommen wird", sagt der
König. „Ich bin nicht gegen Entwicklung, doch sollte sie unser

Leben verbessern, nicht zerstören. Elektrizität will ich haben, aber Fernsehen mißfällt mir aus tiefstem Herzen. Es entfernt die Menschen von der Religion." Aber was kann er dagegen tun?

Wenn der Abend hereinbricht, beginnt der schwarze Hund des Königs auf einem Balkon des Palastes wie wild zu bellen. Er knurrt farbige Schatten an, die in der Dunkelheit tanzen. Auf dem Lehmboden vor dem Palast hat ein Ladenbesitzer ein Videogerät eingeschaltet. Scharen von Kindern hocken davor, um sich einen indischen Film anzusehen. „Sie kennen die Namen der Filmstars schon besser als die der eigenen Götter", sagt der Anthropologe. Mustangs Bewohner merken inzwischen, daß der neue Andrang von Fremden das Gleichgewicht in ihrer Gesellschaft zerstört. Bläst der Wind stärker? Kommt der Regen später? Die Schuld liegt bei Touristen, sagen die Menschen: „Sie haben die Götter verärgert." In 600 Jahren zuvor waren kaum eine Handvoll Ausländer durch Mustang gereist: ein paar italienische Kapuziner auf dem Weg nach Lhasa Ende des 17. Jahrhunderts, ein japanischer Mönch 1899, ein halbes Dutzend Abenteurer und Forscher nach dem Zweiten Weltkrieg. Seit 1992 sind dagegen schon 1500 im Land der Sehnsüchte gewesen.

Frühmorgens, wenn der König seine Runde macht und die Frauen den nächtlichen Dung der Tiere aufsammeln, versetzt jede dem riesigen Rad der Gebetsmühle am Stadttor einen Schlag. Ihr Kreisen läßt ein Glöckchen klingeln. Der silberne Ton hängt lange in der Luft. Plötzlich knattert ein Hubschrauber. Eine neue Touristengruppe hat sich den beschwerlichen Anmarsch nach Lo Mantang erspart und fliegt direkt zum Ziel.

Quellennachweis

Sämtliche in diesem Band versammelten Texte sind zuvor im SPIEGEL veröffentlicht worden.

Vietnam
„Die Hauptstadt wacht jetzt früher auf": SPIEGEL 20, 1975
Die Städter fürchten die Umsiedlung aufs Land: SPIEGEL 20/22, 1976
„Sogar die Toten wurden betrogen": SPIEGEL 18, 1985

Laos
Der Geist der patriotischen Einheit: SPIEGEL 1, 1976

Kambodscha
„Ich höre noch Schreie in der Nacht": SPIEGEL 16/17, 1980

China
Einkaufen heißt das neue Zauberwort: SPIEGEL 22/23, 1978
„Der Himmel ist hoch und der Kaiser weit": SPIEGEL 32, 1979
„Wie Hunde mit gebrochenen Gliedern": SPIEGEL 46, 1980
Futter für Geier und Raben: SPIEGEL 46, 1980
„Die Mandschurei ist eine Schatzkammer": SPIEGEL 17, 1981
„Wir lehren, nicht zu rebellieren": SPIEGEL 4, 1982
„Jeder Parteisekretär ist ein Kaiser": SPIEGEL 51/52, 1982
„Das beste Baby ist ein totes Baby": SPIEGEL 17, 1983
Wenn Teng 100 Jahre leben würde: SPIEGEL 18, 1984
„Gut für den einzelnen, gut fürs Vaterland": SPIEGEL 26, 1983
Himmlische Stimmen: SPIEGEL 7, 1984
„Und nun beginnen wir mit Ihrer Umerziehung": SPIEGEL 11, 1984
Schreckliche Ungeheuer in Chinas Herz: SPIEGEL 24, 1989

Nordkorea
„Seine Liebe ist wärmer als die Sonne": SPIEGEL 30, 1980

Japan

„Die Bombe? Nein, nein, bitte Schluß damit": SPIEGEL 32, 1985
„Arbeit, Arbeit, harte Arbeit": SPIEGEL 33, 1986
Rencontre im „Rheingold": SPIEGEL 35, 1986
Exotisch und verlockend: SPIEGEL 6, 1990
Die seltsamen Erben der Samurai: SPIEGEL 26/27, 1990
„Zeige mir deine reine Haut": SPIEGEL 40, 1990

Hongkong, Macao

Alles unter der Sonne kaufen und verkaufen: SPIEGEL 11, 1983
Unbewältigte Reste der Geschichte: SPIEGEL 17, 1987

Philippinen

„Tropisches Land, viele Mücken": SPIEGEL 28, 1986
Das verfluchte Gold des Generals: SPIEGEL 26, 1987

Burma

Straße der Habgier und des Schreckens: SPIEGEL 8, 1993
Der Prinz der Finsternis: SPIEGEL 5, 1994

Indien

Jeder Schatten ist verdächtig: SPIEGEL 34, 1995
Rächerin der Gequälten: SPIEGEL 17, 1996
„Etwas Schönes für Gott tun": SPIEGEL 47, 1996

Sri Lanka

Eine Kultur des Todes: SPIEGEL 50, 1995

Nepal

Im Reich der Sehnsüchte: SPIEGEL 27; 1995

Mit Tiziano Terzani
in eine verlorene Welt

Tiziano Terzani
Meine asiatische Reise
Fotografien und Texte aus einer Welt,
die es nicht mehr gibt
ca. 300 Seiten mit ca. 300 Fotos, gebunden
ISBN 978-3-421-04492-1

Tiziano Terzani war nicht nur ein großartiger Reporter, sondern
auch ein begabter und äußerst produktiver Fotograf. Sein
Sohn Folco hat eine Auswahl von 300 Fotografien aus Asien
zusammengestellt, Bilder einer vergangenen Epoche von oft
bezaubernder Schönheit, die zusammen mit Texten Terzanis hier
überwiegend erstmals präsentiert werden.

www.dva.de